Journalistische Praxis

Gegründet von
Walther von La Roche

Herausgegeben von
Gabriele Hooffacker

Der Name ist Programm: Die Reihe Journalistische Praxis bringt ausschließlich praxisorientierte Lehrbücher für Berufe rund um den Journalismus. Praktiker aus Redaktionen und aus der Journalistenausbildung zeigen, wie's geht, geben Tipps und Ratschläge. Alle Bände sind Leitfäden für die Praxis – keine Bücher über ein Medium, sondern für die Arbeit in und mit einem Medium. Seit 2013 erscheinen die Bücher bei SpringerVS (vorher: Econ Verlag).

Die gelben Bücher und die umfangreichen Webauftritte zu jedem Buch helfen dem Leser, der sich für eine journalistische Tätigkeit interessiert, ein realistisches Bild von den Anforderungen und vom Alltag journalistischen Arbeitens zu gewinnen. Lehrbücher wie „Sprechertraining" oder „Frei sprechen" konzentrieren sich auf Tätigkeiten, die gleich in mehreren journalistischen Berufsfeldern gefordert sind. Andere Bände begleiten Journalisten auf dem Weg ins professionelle Arbeiten bei einem der Medien Presse („Zeitungsgestaltung", „Die Überschrift"), Radio, Fernsehen und Online-Journalismus, in einem Ressort, etwa Wissenschaftsjournalismus, oder als Pressereferent/in oder Auslandskorrespondent/in.

Jeden Band zeichnet ein gründliches Lektorat und sorgfältige Überprüfung der Inhalte, Themen und Ratschläge aus. Sie werden regelmäßig überarbeitet und aktualisiert, oft sogar in weiten Teilen neu geschrieben, um der rasanten Entwicklung in Journalismus und NeuenMedien Rechnung zu tragen. Viele Bände liegen inzwischen in der dritten, vierten, achten oder gar, wie die „Einführung" selbst, in der neunzehnten völlig neu bearbeiteten Auflage vor. Allen Bänden gemeinsam ist der gelbe Einband. Er hat den Namen „Gelbe Reihe" entstehen lassen – so wurden die Bände nach ihrem Aussehen liebevoll von Studenten und Journalistenschülern getauft.

Gegründet von
Walther von La Roche

Herausgegeben von
Gabriele Hooffacker

Axel Buchholz • Gerhard Schult (Hrsg.)

Fernseh-Journalismus

Ein Handbuch für
Ausbildung und Praxis

9. Auflage

 Springer VS

Herausgeber
Axel Buchholz
München, Deutschland

Gerhard Schult (†2009)

Journalistische Praxis
ISBN 978-3-658-12427-4   ISBN 978-3-658-12428-1 (eBook)
DOI 10.1007/978-3-658-12428-1

Die Deutsche Nationalbibliothek verzeichnet diese Publikation in der Deutschen Nationalbibliografie; detaillierte bibliografische Daten sind im Internet über http://dnb.d-nb.de abrufbar.

Springer VS
Bis 2011 erschien der Titel in mehreren Auflagen bei Econ Journalistische Praxis, bis 2008 in der Reihe List Journalistische Praxis.

Lektorat: Barbara Emig-Roller, Monika Mülhausen

Springer Fachmedien Wiesbaden GmbH ist Teil der Fachverlagsgruppe
Springer Science+Business Media (www.springer.com)

Inhaltsverzeichnis

Im Inhaltsverzeichnis sind mit dem Symbol 🖳 zusätzliche On-line-Beiträge aufgeführt. Sie ergänzen das Buch und finden sich unter www.journalistische-praxis.de/fern in der Rubrik »Online-Plus«.

Vorwort zur 9. Auflage

Sie wollen Fernseh-Journalist/in werden und Ihre ersten Schritte dahin richtig vorbereiten? Sie studieren Journalismus, besuchen eine Journalistenschule oder wollen an Fernseh-Kursen teilnehmen? Sie wollen beim Fernsehen ein Praktikum oder ein Volontariat machen? Sie tun dies bereits und wollen die praktische Ausbildung ergänzen? Sie arbeiten schon beim Fernsehen und möchten Ihre Kenntnisse erweitern und vertiefen? Sie interessieren sich für Video-Journalismus?

»Fernseh-Journalismus« ist ein aktuelles und praxisbezogenes Lehrbuch, das Ihnen eine wichtige Hilfe sein wird. Diese unveränderte Neuauflage erscheint nunmehr im Verlag Springer VS – erstmals auch als E-Book.

Seit mehr als dreißig Jahren immer wieder überarbeitet, erweitert und regelmäßig aktualisiert, ist »Fernseh-Journalismus« zum Standardwerk der praktischen Fernsehausbildung geworden, gleichermaßen geschätzt in TV-Redaktionen, Universitäten und anderen Ausbildungsstätten.

Die Autoren von »Fernseh-Journalismus« sind erfahrene Praktiker wie z. B. Peter Kloeppel, Sandra Maischberger, Jörg Schönenborn und Anne Will. Viele der Autoren genießen auch als Ausbilder und Fernseh-Dozenten einen ausgezeichneten Ruf.

In den immer wichtiger gewordenen Videojournalismus z. B. führt Sabine Streich ausführlich ein. Sie ist leidenschaftliche Videojournalistin und zugleich eine gesuchte Trainerin auf diesem Gebiet. Ebenfalls besonders praxisbezogen ist der Beitrag zum Texten von Susanne Scherer. Sie arbeitet als Fernsehredakteurin und Moderatorin beim Saarländischen Rundfunk, betreut dort die Volontäre und gibt Kurse u. a. zum Texten an der ARD.ZDF medienakademie.

Alle Beiträge sind in sich abgeschlossen, bauen aber gleichzeitig systematisch aufeinander auf. Berufsanfänger werden den größten Nutzen haben, wenn sie der Systematik des Buches folgen. Profitieren wird aber ebenso, wer die Texte gezielt einzeln liest.

Ein Kurzfilm in Storyboards zeigt gleich zu Beginn des Buches, wie sich die Fernseh-Information aus Bild, Ton und Text zusammensetzt. Ausführlich werden diese drei »Bausteine« dann erläutert. Anschließend sind die Beitrags- und Sendungsformen sowie Interview und Moderation dargestellt. Wie ein Fernseh-Beitrag geplant und realisiert wird – das wird danach aufgezeigt.

Hilfreiche Hinweise für erfolgreiche Praktika und Hospitanzen finden sich genauso wie Informationen über Aus-, Fortbildungs- und Arbeitsmöglichkeiten im Fernsehen.

Die Autoren und der Herausgeber (vgl. »Autoren/Herausgeber«) haben für die Vorauflage alle Beiträge aktualisiert und bei Bedarf ergänzt. Simone Schneppensiefen (BR) und Joachim Weyand (SR) halfen über ihre Beiträge hinaus dabei mit, das gesamte Buch auf den neuesten Stand zu bringen. Viele andere Fernseh-Kolleginnen und Kollegen steuerten wertvolle Hinweise und Tipps bei (vgl. »Danksagung«). Moderne journalistische Fernseh-Arbeit bedeutet heute digitale Produktion. Die Diplomingenieure Peter Hardt (ZDF) und Joachim Ullrich (SR) haben dafür gesorgt, dass dies sachkundig und auch für Nicht-Techniker gut verständlich dargestellt ist.

Der Internet-Auftritt von »Fernseh-Journalismus« (www.fernseh-journalismus.de) ergänzt das Buch um weitere praktische Arbeitshilfen und Beispiele.

»Fernseh-Journalismus« ist das Lehrbuch, das Ihnen auf fast 500 Seiten mit vielen Grafiken, Beispielen und Tipps dabei helfen wird, schnell in die Fernsehpraxis hineinzufinden, sich dort zu bewähren oder zu verbessern.

Saarbrücken, im Dezember 2015   Axel Buchholz

In Bildern erzählen

Ein Nachrichtenfilm als Beispiel

Der Zeitungsjournalist formuliert seine Meldung vom Volkswandertag etwa so:

Rund 1600 Menschen beteiligten sich am Sonntag am 6. Volkswandertag der baden-württembergischen Landesregierung. Ausgangspunkt und Ziel der 30 Kilometer langen Wanderschleife war der Wintersportort Schonach im Schwarzwald. Bereits um 8 Uhr ging die erste Gruppe von 300 Wanderern an den Start. An einer Verpflegungsstation auf halber Strecke nahmen Busse die ›Fußkranken‹ auf. Die erfolgreichen Teilnehmer erhielten Medaillen.

Der Fernsehjournalist dagegen beginnt seinen Filmkommentar (Text) so:

Ein Tausendfüßler in Wanderstiefeln – der Start zum 6. baden-württembergischen Volkswandertag. Schlag 8 Uhr marschierten die ersten 300 los – die Medaillen im Blickwinkel. Ausgangspunkt und Ziel: das Schwarzwalddorf Schonach, ein bekannter Wintersportort.

Warum dieser Unterschied? Der Fernsehjournalist formuliert so, dass sich aus

- Bild,
- Originalton und
- seinem Text

eine *einheitliche Aussage* ergibt – die *Fernsehinformation*. Welche Überlegungen dabei notwendig sind, wird auf den nächsten Seiten am Nachrichtenfilm »Volkswandertag« beispielhaft dargestellt. In dem anschließenden Kapitel »Bild, Ton, Text« werden diese drei Elemente einer Fernsehinformation erklärt. Darin wird systematisch – und immer wieder auch an diesem Beispiel – erläutert, was der Übungsfilm beim ersten Anschauen nur im Überblick vermittelt.

Bild	Erklärung zum Bild

Die erste Einstellung (sehr lange Brennweite) soll optisch animieren und Spannung erzeugen: Viele Füße und Beine hinter- und nebeneinander. Die Fahrbahn unten noch zu einem Drittel im Bild, die Kamera sehr tief, knapp über dem Boden: Es entsteht eine Art Spiegelung.
Nach ca. 1" Stand: mit dem ersten Schlag der Kirchturmuhr setzt sich der Pulk in Bewegung – ein Durcheinander an Füßen und Beinen.

Die Totale zur vorhergehenden Einstellung.
Das Bild gewinnt an Aussage: Häuser zu beiden Seiten, viele Menschen, die auf die Kamera zugehen, Zuschauer. Die Füße der Wanderer müssen auch in dieser Einstellung das untere Bilddrittel frei halten – sonst »springt« das Bild.

Nach dem Umschnitt im Vordergrund ein Tisch mit Medaillen; dahinter ziehen die Wanderer vorbei, halbtotal von der Seite. Wichtig: Die erste Einstellung von der Seite legt die Achse fest. Da die Wanderstrecke eine Rundstrecke ist, muss die Kamera von nun an immer von der gleichen Seite aus »schießen«. Nur so entsteht für den Zuschauer der Eindruck, daß die Menschen tatsächlich eine Runde wandern. Gehen z. B. die Wanderer von der linken zur rechten Bildkante, müssen alle folgenden Einstellungen ebenfalls links-rechts angeordnet sein.
Die Medaillenschachtel im Vordergrund deutet bereits auf etwas wie Wettbewerb hin. Je stärker der Kameramann die Medaillen ins Bild nimmt und die Wanderer in den Hintergrund setzt, umso gewichtiger werden sie. In unserem Fall sind sie nur angedeutet.

Totale: die Wandergruppe von schräg hinten (die Achse beachten!). Im Hintergrund für das Dorf typische Häuser. Die Einstellung schräg von hinten ist begründet. Bis jetzt kamen die Wanderer im Dorf auf uns zu, gingen an uns vorbei. Jetzt gehen sie von uns weg auf die große Runde, sie verlassen das Dorf. »Ausgangspunkt« heißt es im Text dazu – sie gehen hinaus.

Text	Erklärung zum Text	Ton
Ein Tausendfüßler in Wanderstiefeln.	Der Text ist nur eine Art Schlagwort, ordnet zu: Tausend Füße und Wanderstiefel, dies wiederum über einen fast absurden Vergleich: der Tausendfüßler in Wanderstiefeln. Die Spannung, die das Bild vermittelt, verstärkt der Text.	Atmo Stimmengewirr. Nach ca. 1" der erste Schlag der Kirchturmuhr. Original-Atmo des Starts, lachende, rufende, anfeuernde Leute, Geräusche von vielen Schritten. Nach ca. 4" Textbeginn.
Der Start zum 6. baden-württembergischen Volkswandertag. Schlag 8 Uhr marschierten	Der Text bringt Sachinformationen, erklärt, worum es geht, ohne das Bild zu beschreiben: was geschieht, wann, wie viele sind dabei.	Original-Atmo der Wanderer im Dorf.
die ersten 300 los – die Medaillen im Blickwinkel.	Der knappe Hinweis auf die Medaillen ist eine Zusatzinformation: Es geht um einen Wettbewerb; hier wird dies nur angedeutet.	
Ausgangspunkt und Ziel: das Schwarzwalddorf Schonach, ein bekannter Wintersportort.	Der Text erklärt hier, wo das ganze stattfindet: Schwarzwald, Dorf, Schonach. Zusatzinformation: Sonst kennt man es nur vom Wintersport her. Und er sagt: Hier ist Start und Ziel. Ausgangspunkt, das heißt: Jetzt beginnt der eigentliche Marsch. Hierher werden sie wieder zurückkommen: Ziel. Ausgangspunkt ist hier nicht genau identisch mit Start, dieser hat schon stattgefunden, Start ist die Linie, Ausgangspunkt das Dorf.	Originalatmo der Wanderer im Dorf.

Bild	Erklärung zum Bild

Totale, die den Gegensatz zum Dorf vermittelt: eine Buschgruppe, hinter der die Wandergruppe hervorkommt, seitlich von vorn aufgenommen (Achse!). Im Hintergrund Wiesen und Wälder, die Wandergruppe selbst halbtotal.

Umschnitt:
Über Grashalme hinweg, z. T. durch die Halme Wandergruppe halbnah, geht durchs Bild.

Umschnitt:
Totale von der Seite, im Hintergrund See mit einem Boot, Wandergruppe geht am Seeufer entlang.
Die Bilder sind z. T. Antibilder zum Text. Sie zeigen kein Waldsterben, weil man in dieser Umgebung nichts davon spürt.

Groß-Aufnahme Ski-Langläufer-Symbol.
Schwenk nach rechts in Landschaft …

… mit Wandergruppe schräg von hinten. Der harte Schnitt aus der Idylle mit dem Gedanken an Waldsterben führt zunächst zu einem unerwarteten Thema, von dort aber sofort wieder zur Wandergruppe zurück.

Halbnah: Tee trinkende Wanderer.

Text	Erklärung zum Text	Ton
30 Kilometer lang ist die große Wanderschleife durch eine der schönsten Schwarzwaldlandschaften. Wege und Stege ohne Autos, eine Idylle, die kaum einen Gedanken an übersäuerte Seen und sterbende Tannen aufkommen lässt.	Der Text gibt Informationen über den Verlauf der Wanderstrecke, erläutert das Bild, ohne es nur zu beschreiben, erklärt das, was hinter dem Bild steht, übersäuerte Seen, Waldsterben. Sie sind da, aber die Idylle lässt kaum zu, daran zu denken. Am Ende dieses Textteils muss eine Pause von 3–4 Sekunden liegen, um dem Zuschauer ein kurzes Nachdenken über dieses Problem zu ermöglichen und um ihn danach wieder ins eigentliche Thema hineinfinden zu lassen.	Originalatmo der Wanderer in der Landschaft.
Keine Angst – nur im Winter müssen hier, auf der berühmten 100-Kilometer-Langlaufstrecke, Skier angeschnallt werden.	Der Text nimmt zunächst die Wirkung des Bildes – der Skiläufer – zurück, erklärt es und informiert gleichzeitig über ein Groß-Ereignis, das jedes Jahr hier stattfindet. Durch den Hinweis auf die Ski-Langlaufstrecke wird im Unterbewussten der besonders einsame Verlauf der Wanderroute angesprochen. Langlaufloipen sind fast immer so angelegt, daß sie abseits der bewohnten Gebiete verlaufen.	Original-Atmo Wandergruppe
Auf halbem Wege eine Verpflegungsstation –	Der Text als Spiel mit dem Wort »Pflege«, um Gleichzeitigkeit der Bedürfnisse und der Hilfen zu betonen.	Original-Atmo Stimmengewirr, Gespräche. Der Ton bleibt am Anfang ca. 3 Sekunden offen, um die Stimmung wirken zu lassen, erst dann Textbeginn.

17

Bild

Erklärung zum Bild

Schwenk nach unten, wo ein Wanderer ein Pflaster auf die Ferse bekommt.
Die Schnittfolge der Wanderung war bisher von vorn, von der Seite, von hinten. Jetzt, in der Zwischenstation, nehmen wir die Wanderer wieder von vorn auf, eine Sequenz ist zu Ende, eine neue beginnt.

Halbtotale: ein Bus, in den zwei humpelnde Wanderer einsteigen.
Der fersenpflasternde Wanderer der vorangegangenen Einstellung saß mit dem Gesicht nach links, der Schwerpunkt des Bildes lag also rechts. Jetzt steigen die Leute von links ein, der Bus steht rechts: der Schnitt wird dadurch klarer. Der Bus wird schräg von hinten unten gezeigt. Diese Ansicht vermittelt deutlicher den Grundgedanken: Die Wanderung endet am Bus. Das bestärkt auch die Richtung, in der der Bus steht, nämlich in Gegenrichtung zur allgemeinen Wanderrichtung.

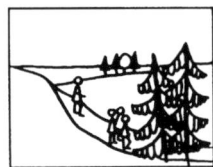

Totale im Wald.
Wanderer verschwinden an einer Weg-Ecke zwischen Bäumen.

Umschnitt:
Halbnah von der Seite, die Kamera ist ein Stück vom Weg ab im Wald postiert. Ruhiger Schwenk (lange Brennweite) mit einer Gruppe von Wanderern. Zwischen den Menschen und der Kamera schieben sich immer wieder Bäume durchs Bild. Die Wanderer unterhalten sich. Am Ende des Schwenks bleibt Kamera stehen, lässt die Wanderer aus dem Bild gehen. Diese Einstellung vermittelt ein sehr ruhiges, fast intimes Bild. Durch den Blick zwischen den Bäumen hindurch wird fast der Eindruck von Belauschen erweckt. Dies verstärkt das Gefühl, dass die Menschen einander näher gebracht werden.
Die zweite Einstellung dieser Sequenz ist länger als alle vorangehenden. Dies erhöht den Eindruck von Ruhe, von Harmonie – der Schnitt wird hier dramaturgisch eingesetzt.

Text	Erklärung zum Text	Ton

auch Pflegestation, vor allem für wundgelaufene Füße.

Wer nicht mehr weiterwandern wollte, der konnte von hier aus mit dem Bus zum Start- und Zielplatz zurückfahren.

Der Text erläutert das Bild. Das Wort »weiterwandern« ist schon mit Blick auf den nächsten Satz gewählt, mit dem eine neue Sequenz des Films beginnt.

Original-Atmo

Veranstaltet wurde dieser Wandertag von der Landesregierung. Das Ziel: Menschen in einer ungezwungenen Atmosphäre einander näherzubringen, ein gemeinsames aktives Freizeiterlebnis zu vermitteln.

Der Text verlässt hier das Filmbild, informiert nun wieder über die Hintergründe der Wanderung. Trotzdem wird versucht, Bild und Text möglichst aufeinander abzustimmen.

Original-Atmo

Am Ende des Textes bleibt das Bild noch ca. 3" stumm stehen; das überträgt die ruhige Atmosphäre.

19

Bild	Erklärung zum Bild

Halbnah, die Kamera fährt knapp über dem Boden seitlich vor einer Gruppe von Wanderern her. Sie gehen schnell, nur ihre Füße und Beine sind im Bild. Durch diese Kameraposition wird der Eindruck von Geschwindigkeit erreicht.

Umschnitt: Kamera fährt neben den Leuten her. Nahe Gesichter, schwitzend, alle im Profil.

Umschnitt:
Halbtotal, die Kamera schwenkt mit langer Brennweite von der Seite mit den Wanderern mit. Hinter den Wanderern ein Lattenzaun. Durch das hektische Durch-das-Bild-Huschen des Lattenzauns entsteht der Eindruck von hoher Geschwindigkeit, das Bild wirkt unruhig.

Umschnitt:
Gruppe halbtotal von schräg hinten, verschwindet rasch um eine Hütte.
Diese Sequenz ist völlig anders als alle vorangehenden aufgenommen. Die Kamera ist bei den ersten beiden Bildern in Bewegung, das erzeugt Unruhe. Auch der Lattenzaun in der 3. Einstellung schafft Unruhe, ebenso das hastige Um-die-Ecke-Gehen der 4. Einstellung. Objektiv könnten dies die gleichen Situationen der vorangehenden Sequenz sein. Subjektiv allerdings drücken sie etwas völlig anderes aus: Der Text beschreibt es.
Durch den verkürzten Schnitt-Rhythmus gegenüber der vorigen Sequenz wird die Unruhe weiter verstärkt.

Halbtotale des Startplatzes: eine Gruppe von zwei Wanderern marschiert ab (immer noch die Bildachse beachten!). Kamera schwenkt nach rechts mit in eine Totale.

Text	Erklärung zum Text	Ton
Den Wander-Organisationen wie Alb- und Schwarzwald-Verein ist dieses Erlebnis mit zu viel Masse, mit zu viel Wettkampf verbunden.	Der Text geht nun in die Gegenrichtung. Er äußert die Kritik, die Fachleute an Veranstaltungen wie dieser üben. Die Meinungen, ob das in einem Filmbericht dieser Art zulässig ist, gehen sicherlich auseinander. Meines Erachtens ist es zulässig, da sich die Kritik an objektiven Kriterien misst. Das Wandern um Medaillen z. B. wird von allen Wander-Organisationen abgelehnt, da es das Wettkampfmäßige verstärkt. Überdies handelt es sich bei der Kritik nicht um eine Einzelmeinung.	Original-Atmo. Schnell gehende Menschen, das Geräusch der Schuhe überdeutlich, Schnaufen, keinerlei Unterhaltung.
Der eigentliche Sinn, nämlich wandern ohne zu hetzen, in Ruhe die Natur zu erleben, das gehe verloren.		
Bis 12 Uhr konnte in Schonach gestartet werden, zogen immer wieder größere und kleinere Gruppen los.	Wiederum Text-Informationen über den Ablauf des Wandertags. Sachinformationen: Bis 12 Uhr kann gestartet werden, Gruppen von Wanderern, wieviele Teilnehmer insgesamt.	Original-Atmo. Gespräche am Start, Unterhaltungen, Geh-Geräusche.

Bild	Erklärung zum Bild

... Der optische Unterschied zur ersten Einstellung, nämlich dem Start um 8 Uhr: hier geht es gemächlich zu, keine Wettkampfsituation, auch relativ ruhige Einstellungen, im normalen Rhythmus geschnitten.

Umschnitt:
Nah: Vater mit Kind im Rucksack geht los, Kamera schwenkt auf seine Füße, läßt sie aus dem Bild gehen. Bei Zeitproblemen kann man auf diese Einstellung verzichten.

Totale des Ziels im Dorf. Drei Wanderer kommen rasch marschierend an, bleiben direkt hinter der Ziellinie schnaufend stehen. Im Vordergrund rechts groß die Stoppuhr.

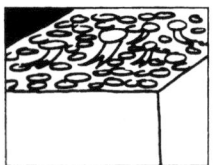

Umschnitt:
Groß: Medaillenkasten bildfüllend von oben. Eine Medaille wird herausgenommen. Kamera geht mit, Medaille wird dem Ersten an die Brust geheftet.

Umschnitt:
Medaille groß an der Brust.

Text	Erklärung zum Text	Ton
1600 Wanderer waren es schließlich.	Außer beim Einstieg wurden bisher Marsch-Einstellungen von der Strecke gezeigt. Der Sprung zurück zum Start läßt spüren, daß über einen langen Zeitraum hinweg Wanderer aufbrechen, zu einem Zeitpunkt also, an dem im Film die Wanderung beinahe beendet ist.	Im Gegensatz zum Film-Anfang keine hektische Start-Atmo, sondern gemütliches Aufbrechen, freundschafliche Zurufe usw.
Als die letzten auf die 30-Kilometer-Schleife gingen ...	Mit der Summe der Wanderer wird bereits eine Bilanz gezogen, das Film-Ende kündigt sich an.	
... hatten die ersten bereits das Ziel vor sich.	Der Text schlägt – wie das Bild – den Bogen zum Beginn des Wandertags wie zum Filmbeginn: die Medaille. Er greift aber auch auf eine Situation vor, die sich erst nach der Sendung ereignen wird: das Eintreffen des letzten Wanderers im Ziel. Das Ereignis bleibt zum Ende offen, die Veranstaltung ist noch nicht abgeschlossen, ist noch aktuell, damit unmittelbarer, näher.	Original-Atmo, Beifall, Rufe.
Das Ziel: die Medaille.		Original-Atmo, Beifall.
Die letzten werden sie vermutlich erst in der Abenddämmerung erhalten.		Original-Atmo, Beifall.

Bild, Ton, Text

Bildsprache: Der Aussagewunsch

Inhalt und Form der Bilder sind ein wesentlicher Teil der Gesamtgestaltung eines Fernsehfilms, bei der Bild, O-Töne und Text in fester Beziehung zueinander stehen sollen und gemeinsam zum Träger einer Information werden.

Der Film, den wir herstellen, ist nur ein Teil dessen, was wir erreichen wollen: erst einmal nur ein *Aussageangebot*.

Beim Anschauen folgt dann der zweite Teil: die durch die persönliche Erfahrung geprägte *Verarbeitung* des Aussageangebots im Zuschauer. Erst das Produkt aus unserem Informationsangebot/Aussageangebot und dem Wahrnehmungsverständnis des Zuschauers können wir als das Ziel unserer Arbeit betrachten. Dieses Produkt nennen wir *Aussage*.

Ein Aussageangebot wollen wir durch Bilder und Bildfolgen gestalten, die wahrgenommen werden können, die etwas bedeuten und dadurch unser Aussageangebot an den Zuschauer herantragen.

Wir müssen also ständig den spezifischen Zweck jeder einzelnen Einstellung im Blick haben. Nur wenn wir uns über ihre Funktion innerhalb einer Bildfolge im Klaren sind, wird es uns gelingen, dem Zuschauer ein deutliches Informationsangebot zu vermitteln.

Der Aussagewunsch. Das Wesen der filmischen Gestaltung liegt in der Einschränkung, dass sie jeweils nur einen sehr kleinen Teil der Wirklichkeit in einer Einstellung abbilden kann. Aus diesem scheinbaren Mangel ergibt sich jedoch als wichtiger Gestaltungsgrundsatz das *Prinzip der Ausschließlichkeit*. Je größer die Ausschließlichkeit ist, mit der dem Zuschauer etwas gezeigt wird, desto geringer ist seine Möglichkeit zu eigenständiger Interpretation.

Wenig differenzierte Bilder liefern wenig differenzierte Aussagen.

Bilder mit hohem Ausschließlichkeitsgrad sind unmissverständlich und führen zu einem deutlichen Informationstransport. Eine Einstellung darf ausschließlich das enthalten, was tatsächlich ausgesagt werden soll – nicht mehr und nicht weniger.

Die Auswahl der richtigen Bildausschnitte hat also herausragende Bedeutung. Um dieser Bedeutung gerecht zu werden, bedarf es allerdings der genauen Vorstellung, *was* überhaupt ausgesagt werden soll.

Der erste Arbeitsschritt zum wirksamen Informationstransfer ist die präzise Formulierung eines Aussage-Ideals, also des Aussagewunsches.

Aussagewunsch im Team formulieren. Im Fernsehteam wirken sich nicht deutlich formulierte Aussagewünsche negativ auf die gemeinsame Arbeit aus. Darum muss der Aussagewunsch vor Beginn der gestaltenden Arbeit präzise formuliert werden.

Differenzierte Bilder ergeben eine eindeutige Aussage

Nur so kann ein gemeinsamer Aussagewunsch für das Team zum Leitfaden für die Arbeit werden.

Der Gesamtaussagewunsch muss von den Einzelaussagewünschen der *Komplexe* getragen werden. Die Komplexe bestehen aus *Sequenzen*, denen jeweils ein Aussagewunsch als Arbeits-Ziel vorsteht.
Und schließlich muss man auch nach Sinn und Zweck der einzelnen *Einstellung* fragen.
Erst wenn diese Fragen im Team beantwortet werden können, haben wir das Arbeitsziel »Aussagewunsch formulieren« erreicht.

Die Orientierung des Zuschauers ist Voraussetzung für die spätere richtige Wahrnehmung einzelner Inhalte. Sie ist ein Teil des Wahrnehmungsprozesses.
Über unser Vorbewusstsein spricht die Orientierung einen *Horizont* an, den wir brauchen, um Einzelheiten einzuordnen. Unter Horizont verstehen wir eine den *Verständnishintergrund* bildende

Gesamtvorstellung. Sie ist notwendig, um vor diesem Hintergrund einen Fokus, eine Konzentration zu bilden.
Für die Gestaltungsarbeit müssen wir unterscheiden, ob, je nach Thema, der Horizont erst gebildet wird oder ob er bereits besteht, so dass wir ihn über bestimmte Gestaltungsklischees nur ansprechen müssen. Je eingeengter die Darstellungszeit innerhalb der Programmstruktur ist, umso mehr müssen wir auf Klischees zurückgreifen, um damit die bereits beim Zuschauer bestehenden Horizonte abzurufen und zu aktivieren.

Horizontbildung durch Informationen über Raum und Zeit ist die übliche Methode. Beispiele:
Bilder von Landschaften, Städten, Straßen oder Häusern orientieren über den *Raum.*
Deutlich darstellbare Handlungsabläufe oder zeitlich definierbare Handlungsteile orientieren über die *Zeit.*
Der raumzeitliche Horizont ist eine sichere Einführung in einen Bericht oder in eine Geschichte.

Horizontbildung durch begriffliche Einstellungen wie zum Beispiel Symbole orientiert über abstrakte inhaltliche Zusammenhänge (*semantischer* Horizont).
Beispiel: Eine Story kann durchaus mit einem Kindergesicht als Großaufnahme beginnen. Wenn dazu gleichzeitig im Text der Begriff »Schule« genannt und damit ein bereits vorhandener Horizont angesprochen wird, realisieren wir das Kindergesicht sofort als Schulkind.
Im Gegensatz zu dieser Bild-Text-Verbindung sind natürlich auch rein visuelle begriffliche Orientierungsformen möglich, wie die fünf Ringe vor einer Olympia-Story.

Die emotionelle Horizontbildung ist am schwierigsten zu begreifen, weil dabei Assoziationen ausgelöst werden:
Bestimmte *Farben* erregen oder beruhigen. *Dunkelheit* kann Angst auslösen. Schnelle *Lichtwechsel* machen unruhig oder aggressiv.

Bei unzureichender Horizontbildung können die Einstellungen, die die Aussage tragen, nicht sinnvoll eingeordnet werden. Das Gehirn mit seinem programmatischen Auftrag, eine geschlossene Vorstellung von der Realität zu entwickeln, ergänzt die fehlenden Horizont-Teile dann nach den eigenen Möglichkeiten. Das kann zu einer Interpretation der Bilder führen, die mit dem Aussagewunsch nichts gemein hat.

Unabhängig vom Bildinhalt haben wir ein Spektrum von Möglichkeiten, mit denen wir den Zuschauer beeinflussen können. Diese Einflüsse werden vorbewusst verarbeitet und dringen nicht in das Bewusstsein ein. Sie stehen damit auch außerhalb der Kritikfähigkeit des Zuschauers, der unseren Manipulationen deshalb wehrlos ausgeliefert ist. Einige Beispiele:

- So, wie wir uns in einer gespannten Situation mit einer schnellen Folge kurzer Blicke orientieren, reagieren wir auch auf eine entsprechende Folge kurzer Einstellungen mit Spannung.
- Ähnliches lässt sich aus Kamerastandpunkten und Einstellungsgrößen ableiten. Genaues Betrachten erzeugt Neugierde, oberflächliches Betrachten Desinteresse.
- Häufige Reizerneuerung macht nervös und unsicher und führt bei länger anhaltender Reizüberflutung zu Abstumpfung und Resignation.
- Dinge oder Menschen, die uns zu nahe kommen, bedrängen uns. Wir fühlen uns unterlegen, wenn jemand auf uns herabschaut, und wir gewinnen Übersicht aus der Vogelperspektive.

Weiterführende Literatur:

Werner van Appeldorn, Handbuch der Film- und Fernseh-Produktion. Psychologie, Gestaltung, Technik (5. überarbeitete Auflage, TR-Verlagsunion, München 2002)

Pierre Kandorfer, DuMont's Lehrbuch der Filmgestaltung. Theoretisch-technische Grundlagen der Filmkunde (5. Auflage, DuMont Buchverlag, Köln 1998)

Peter Kerstan, Der journalistische Film. Jetzt aber richtig. Bildsprache und Gestaltung (Zweitausendeins, Frankfurt/M. 2000)

Bildsprache: Die Einstellung

Zwei Menschen stehen sich gegenüber. Jeder hat eine bestimmte Stellung im Raum, also einen eigenen Standpunkt. Die mehr oder weniger große Entfernung zwischen diesen Standpunkten stellt eine Beziehung zwischen den beiden Menschen her. Sie haben eine Einstellung zueinander. Es gibt also keine Einstellung ohne Standpunkt. Dabei gehen wir zur Definition der Positionen in der Realität von den Axiomen *Raum* und *Zeit* aus.

Verändert sich ein Standpunkt (auch der der Kamera), dann kommt es zu einer Veränderung der Beziehung der unterschiedlichen Standpunkte zueinander. Unterschiedliche Einstellungen sind also das Produkt der Veränderungen im Bezugssystem, nach dem der Mensch, ausgehend von seinem eigenen Standpunkt, die Welt um sich ordnet. Dieses Bezugssystem nennen wir *Perspektive* (vgl.»Bildaufbau«, Regeln für die Kameraaufstellung). Habe ich eine Einstellung zu etwas, dann muss es etwas Bestimmtes sein, etwas Festumrissenes, das ich aus einer bestimmten Perspektive eine Zeitlang betrachten kann. In diesem Satz zusammengefasst, ist es jetzt einfach, den Begriff »Einstellung« zu definieren.

Die drei wichtigsten Kriterien, die eine Einstellung bestimmen:
- der *Bildausschnitt* als das Festumrissene,
- die *Perspektive,* die durch meinen eigenen Standpunkt bestimmt wird, und
- eine begrenzte *Betrachtungszeit*, die durch das Ein- und Ausschalten der Kamera, durch eine Kamerabewegung oder durch die Kürzung beim Schnitt bestimmt wird.

Beschäftigen wir uns mit diesen Kriterien ausführlicher.

Der Bildausschnitt steuert die Konzentration. Gemeint ist der durch den Blickwinkel der Kamera bestimmte Ausschnitt aus unserem realen Gesichtsfeld, also aus dem realen Raum. Dieser

Winkel ist im Verhältnis zu unserem Gesichtsfeld (beide Augen mit Augenbewegung und Kopfdrehung) begrenzt. Der Amateurfilmer empfindet das kleine Sucherbild als so bedrückend, dass er mit fortwährenden Schwenks und Zooms versucht, dieser Enge zu entkommen.

Der Fachmann dagegen weiß, dass in der Konzentration auf das Wesentliche, also in der *Ausschließlichkeit* des Raumausschnitts das Geheimnis der Gestaltung liegt.

Die Definition der Einstellungsgröße. Im Allgemeinen werden fünf Kategorien unterschieden:

- total,
- halbtotal,
- halbnah,
- nah,
- groß.

Dabei stoßen wir auf das weit verbreitete Missverständnis, dass ein großes Gesicht grundsätzlich eine Großeinstellung sei, mehrere Personen im Bild seien dagegen stets eine Totale. Das kann natürlich so sein, muss aber nicht. Ein Gesicht kann nämlich durchaus die Totale einer Sequenz sein, deren Aussage von Nase und Augen handelt.

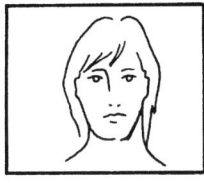  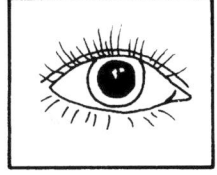

Totale	Nah	Groß
Besser: Orientierung	Differenzierung	Aussagekern

Die Großeinstellung ist nach unserer Definition die größte Detaileinstellung. Sie bildet meist den Aussagekern. Die dem Aussagewunsch entsprechende Ausschließlichkeit ist bei Detaileinstellungen leichter herzustellen als bei einer Totalen.

Die Ausschließlichkeit der Bildaussage wird aber keineswegs immer mit der Großaufnahme erreicht. Das ist nur der Fall, wenn der Bildausschnitt dem Kern des Aussagewunsches völlig entspricht.

An den Sinn der Großaufnahme kommen wir deshalb nicht über *die* Größe der Detaildarstellung, sondern nur über die *Ausschließlichkeit des Bildinhaltes.*

Die Großeinstellung zeigt also nicht das Objekt besonders deutlich, sondern sie verhindert durch ihre Ausschließlichkeit, dass sich die Wahrnehmung der Zuschauer auf etwas konzentriert, was nicht dem Aussagewunsch entspricht. Die Großeinstellung ist damit der eigentliche Aussageträger einer Sequenz (vgl.»Bildsprache: Sequenz und Komplex«) und wird auch erst in einer Sequenz voll wirksam.

Die Totale ist oft schwieriger festzulegen als die richtige Großeinstellung. Die Totale soll alle Details einer Sequenz räumlich einordnen und nach Möglichkeit darüber hinaus nur noch Bildinhalte zeigen, die der Aussagewunsch ausdrücklich fordert.

Zwischeneinstellungen wie halbtotal, halbnah oder nah sind *ordnende Bindeglieder* zwischen der Totalen und den Großeinstellungen. 🖥

Die richtige Einstellungslänge zu finden, ist sehr wichtig. Ein Foto sehen wir uns so lange an, bis wir meinen, alles für uns Wichtige gesehen zu haben. Es stellt einen kleinen Ausschnitt aus einem Handlungsverlauf dar. Das Bild wäre aber langweilig, wenn es nur diese Bedeutung hätte. Tatsächlich verleitet der Foto-Ausschnitt aus der realen Gesamtraumzeit zu einer Interpretation, entsprechend den Erfahrungen und Assoziationsmöglichkeiten des Betrachters. Der vollendet eine im Foto begonnene Handlung in seiner Vorstellung und entwickelt Voraussetzungen und Konsequenzen. So wird das Foto zum Repräsentanten der realen Gesamtraumzeit.

Angemessene Betrachtungszeit. Erreicht schon das Foto einen solchen Denkvorgang, so muss eine Einstellung diesen Prozess verstärken: Sie gibt ja räumliche und auch zeitliche Ausdehnung wieder. In diesem starken, realitätsnahen Eindruck liegt die ungeheure Glaubwürdigkeit, die Film- oder Fernsehaufnahmen vermitteln.

Allerdings kann der Betrachter die Betrachtungszeit, anders als beim Foto, nicht nach seinen eigenen Ansprüchen bestimmen. Sie wird ihm von Kameramann und Cutterin vorgegeben. Sie müssen dafür die richtige Einstellungslänge wählen: Eine Totale z. B., die viele Details in sich vereinigt, muss länger eingeschnitten werden als eine Großaufnahme, die nur ein einziges Detail zeigt.

Das entscheidende Hilfsmittel für die Entscheidung über die Einstellungslänge ist auch hier wieder der Aussagewunsch. Die Einstellungslänge lässt sich einfach und sicher daraus ableiten.

Visuelle Wahrnehmung, Denken und Sprechen sind als Arbeitsprozess im Gehirn miteinander verbunden. Wenn wir in einer bestimmten Zeit eine Einstellung verbal beschreiben können, haben wir tatsächlich gesehen und verstanden, was wir sagen. Für den Zuschauer dürfte das ebenfalls zutreffen.

Beispiel: Ich habe eine Einstellung, die nur 2 1/2 Sekunden lang ist.

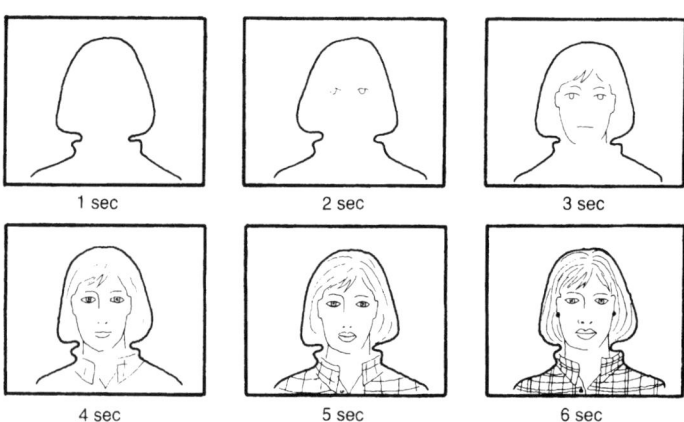

1 sec	2 sec	3 sec
4 sec	5 sec	6 sec

Ich sehe den Kopf einer Frau. Wenn ich nun überprüfe, wie lange es gedauert hat, um zu sagen, was ich gesehen habe, nämlich: »Ich sehe den Kopf einer Frau«, dann liegt das ziemlich genau bei 2 Sekunden. Ich werde nicht mehr Bildinhalt wahrgenommen haben als diese Feststellung ausdrückt.

Verlängere ich nun die gleiche Einstellung auf sechs Sekunden, so habe ich mehr Zeit, die Frau zu betrachten, und ich werde der einen Feststellung, dass es sich um eine Frau handelt, zwei weitere hinzufügen können, zum Beispiel meine Beobachtungen über die Länge ihres Haares und über ihre Augenfarbe. Diese Feststellung dauert ziemlich genau sechs Sekunden.

Ich habe also mit der Verlängerung der Einstellung gleichzeitig die Voraussetzung für *zusätzliche* inhaltliche Aussagen der Einstellung geschaffen.

Beim Schnittrhythmus können wir uns auf empirische Forschungsergebnisse stützen. Visuelle Wahrnehmung setzt häufige Reizerneuerung voraus. Diese Reizerneuerung erhalten wir bei ruhiger Umgebung durch unser Sehverhalten, durch den ständigen Blickwechsel unserer Augen.

Dabei steht die Häufigkeit der Blickwechsel in direktem Zusammenhang mit unserem Erregungszustand. Bei äußerer und innerer Ruhe, bei Interesse und Konzentration ruhen unsere Augen wesentlich länger auf einem Objekt als wenn wir unruhig sind. Dann wechseln die Blicke in schneller Folge.

Bedeutungssteuerung durch die Einstellungslänge. Dieses Sehverhalten kann man auf dem Fernsehschirm durch die Schnittlänge, also schnelle/kurze oder langsame/lange Schnitte simulieren. Damit lassen sich Rückwirkungen auf den inneren Zustand des Zuschauers erreichen. Es ist nachgewiesen, dass eine Folge kurzer Schnitte ansteigenden Blutdruck und unterschiedliche Werte des elektrischen Hautwiderstandes zur Folge hat.

Eine Folge kurzer Schnitte entspricht einem *oberflächlichen* Sehverhalten*, das wir aus der Orientierungsphase gewöhnt sind. Lange Schnitte dagegen induzieren *Interesse* und geben dem Objekt Bedeutung. Dabei kommen wir natürlich mit der fehlenden Reizerneuerung in Konflikt, so dass wir bei höheren Bedeutungsansprüchen *mehrere* Einstellungen vom gleichen Objekt in eine Sequenz aufnehmen müssen. So können wir Bedeutung und Aufmerksamkeit gleichzeitig beeinflussen.

Bildsprache: Die Perspektive

Unterschiedliche Perspektiven von einer Einstellung zur anderen fordert eine Regel der klassischen Filmgestaltung.

Man darf dasselbe Objekt in anderen Größen vom gleichen Standpunkt aus nicht noch einmal aufnehmen.

Die unterschiedlichen Kamera-Perspektiven haben sich über eine lange Zeit hinweg bewährt.

Die perspektivische Verschiebung als Notwendigkeit optischer Gestaltung lässt sich mit einer *Sehgewohnheit* erklären, die wir als ererbtes Verhalten beibehalten haben. Können wir ein Objekt nicht genau erkennen – sei es bei Dämmerung oder größerer Entfernung –, dann neigen wir unbewusst zu einer leicht pendelnden Kopfbewegung. Diese führt zu perspektivischen Verschiebungen, die unser räumliches Sehen verstärken und unser Erkennen verbessern, weil sich Vorder- und Hintergrund gegeneinander verschieben. Ein ähnliches Verhalten zeigen wir, wenn wir ein Objekt – auch aus nächster Nähe – ganz genau betrachten wollen. Wir bewegen den Kopf seitlich hin und her, versuchen, um das Objekt herumzugehen, betrachten es von allen Seiten.

Diese Möglichkeit des besseren räumlichen Erfassens fehlt uns auf der Leinwand oder auf dem Bildschirm. Jedes Angebot

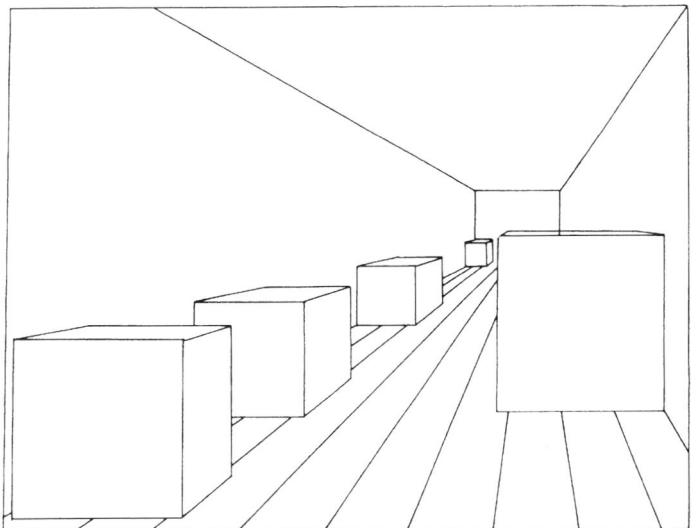

Fernsehbilder sind zweidimensional. Die Größenunterschiede von Gegenständen und Personen in der Perspektive sind ein Code für die Beschaffenheit des Raumes. Diesen Code braucht der Gestalter für die räumliche Darstellung.

an verbesserter Raumempfindung wird deshalb bereitwillig aufgenommen und ersatzweise wie eine realistische Rauminformation verarbeitet. So akzeptieren wir die unterschiedlichen Kamerastandpunkte anstelle der uns so vertrauten ständigen perspektivischen Verschiebung, die wir uns beim normalen Sehen durch Kopfbewegungen selbst verschaffen.

Schuss und Gegenschuss sind Standpunktwechsel der Kamera, die dem Zuschauer eine umfassende Vorstellung von der Realität vermitteln sollen. Weil sie eine orientierende Funktion haben, muss sich der Gestalter davor hüten, andere, desorientierende Elemente in das Bild zu bringen. So muss z.B. der Verlauf von Linien, der für den Betrachter Orientierung ausdrückt, erhalten bleiben. Geht der Verlauf verloren, wäre zum Verständnis des Bildes eine längere Betrachtungszeit erforderlich. Sie ist aber nicht vorhanden, wenn es nur eine orientierende Einstellung innerhalb der Sequenz gibt.

Bild, Ton, Text

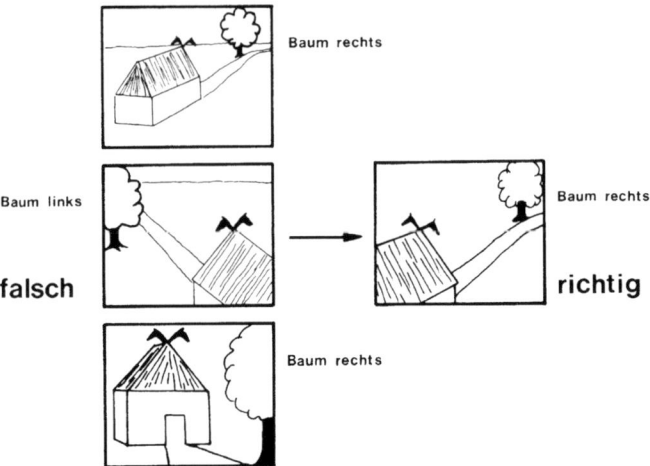

Im ersten Bild der Sequenz steht das Haus links vom Baum. Werden durch den Wechsel des Kamerastandpunktes Haus und Baum von links nach rechts miteinander vertauscht, entsteht eine Desorientierung. Dominante Linien in Bildern, wie der Weg zwischen Haus und Baum, ergeben damit eine Grenze, die von der Kamera nicht übersprungen werden darf (vgl.»Bildaufbau«, Kameraaufstellung).

Bleibt die Kamera vor dieser Grenze, sind bei Objekten extreme Richtungsunterschiede der Einstellung möglich: Haus von hinten, Haus von vorn. Wichtig ist, dass die grundsätzliche Orientierung über den Raum erhalten wird. Das ist der Fall, wenn (im Beispiel) der Baum auf der rechten Seite bleibt.

Leichter verständlich wird die Schuss-Gegenschuss-Funktion, wenn wir *Menschen* zeigen. Worin liegt der Grund? Immer wollen die Menschen erraten, was andere denken und fühlen. Sie wollen miterleben oder wenigstens sehen, was erlebt wird. Stehen wir in der Realität einem Menschen gegenüber, dann ist seine Umgebung auch unsere Umgebung, die voll in unser Wahrnehmungsprogramm einbezogen wird. Seitenblicke, die unsere Konzentration auf den Menschen durchaus nicht stören, orientieren uns ständig über unsere und damit auch seine Umgebung. Dieses Orientierungsverhalten lässt sich nur unzureichend auf unsere Gestaltungsarbeit übertragen. Besonders bei der Großaufnahme, die ausschließlich einen Menschen zeigt, fehlt die Umfeld-Information, und damit entstehen beim Zuschauer Unsicherheit und Neugier. Der vorbewusste Wunsch, zu sehen, was auch der andere sieht, ist so mächtig und formt eine Erwartungshaltung die ihn unlogische *Schnittfolgen*, ja selbst die Unlogik eines extremen Wechsels des *Kamerastandpunktes* akzeptieren lässt.

Beispiel: Man kann den dargestellten Menschen dabei auch auf Dinge schauen lassen, die sich in der Realität weit außerhalb seines Gesichtsfeldes befinden oder die sogar nur in seiner Vorstellung existieren.

Ähnliche Bilder irritieren, weil der Betrachter daran gewöhnt ist, dass seine Augen in »harten Schnitten« von einem Objekt zum andern springen. Er ist zum Beispiel nicht in der Lage, mit den Augen einen Schwenk auszuführen; auch beim größten Bemühen springt sein Blick von einem Punkt zum anderen. So erhält er bei jedem Blickwechsel Informationen über völlig veränderte Konturen, die er in das in seiner Vorstellung entstehende Gesamtbild (Horizont) einordnet. Offensichtlich entsteht der Arbeitsauftrag für dieses Einordnen aus dem plötzlichen und totalen Wechsel der Umrisse. Ähnliche Umrisse müssen, wie es scheint, vorbewusst genauer überprüft werden, damit nicht »Dasselbe« für »Unterschiedliches« gehalten wird und umgekehrt.

Mit zum Teil überlappenden Bildinhalten von Einstellung zu Einstellung arbeiten, sollten wir andererseits sehr wohl. Damit bleibt die räumliche Orientierung innerhalb einer Sequenz erhalten. Es gilt also, Gleiches mit möglichst *unterschiedlichen Umrissen* aufzunehmen; auch dabei hilft uns die Änderung der Perspektive beim Einstellungswechsel.

Bildsprache: Zoom, Kamerafahrten, Gänge und Schwenks

Das Bedürfnis des Menschen nach ständiger Reizerneuerung ist in seinem Sehverhalten sehr stark ausgeprägt. Deshalb verhilft er sich durch Augen- und Kopfbewegung ständig zu neuen Reizen, wenn seine Umwelt nicht genügend hergibt. Zu visuellem Reiz kommt er dadurch,

- dass sich in seiner *Umgebung* etwas bewegt,
- dass sich in seiner Umgebung scheinbar etwas bewegt, wenn er *sich* selbst bewegt, also durch die perspektivische Verschiebung, oder
- indem er seinen Standpunkt beibehält und sich nur seine Augen bewegen, so dass er bei jedem *Blickwechsel* einen neuen Reiz erhält.

Diese drei Reizerneuerungsprozesse können natürlich gleichzeitig ablaufen. Mit der Kamera- und Montagearbeit sind wir in der Lage, dieses Wahrnehmungsverhalten zu simulieren:

- Die Kamera zeigt ein Aufnahmeobjekt, das sich bewegt. Das nennt man die »innere Bewegung« eines Bildes.
- Die Kamera bewegt sich selbst von einem Standpunkt zu einem anderen, eine *Kamerafahrt*.
- Die Kamera bewegt sich nicht, zeigt aber sich gleitend verändernde Bildausschnitte durch die Veränderung der Brennweite mit dem Zoom (Gummilinse), eine *Linsenfahrt* (Zooming).
- Die Kamera verändert ihren Standpunkt nicht, bewegt sich aber an diesem Standpunkt, ein *Schwenk*.

Durch permanente Veränderung des Bildinhalts führt diese Kameraarbeit zu einem starken Bewegungsanreiz. Hinzu kommt eine hohe Relativbewegung zwischen Bildinhalt und Bildrand.

Schwenk und Kamera- wie Zoomfahrt (vgl. »Die Bilder mit der Kamera gestalten« und »Übungsplan Bildgestaltung«) erkennen wir als eine Montageform, die ein hohes Maß an Gestaltungsbewusstsein fordert. Die Kameraarbeit ist durch die Nachbearbeitung nämlich nicht mehr zu beeinflussen. Werden also Kamerabewegungen als Gestaltungsmittel verwendet, müssen sie besonders genau dem Aussagewunsch entsprechen, weil sie sonst durch ihr hohes Maß an Reizerneuerung und neuen Bildinhalten den Zuschauer nur verwirren.

Der Umschnitt dagegen (also der Wechsel von einer Einstellung in eine andere durch Schnitt), als Blickwechsel von einem Objekt zum anderen, findet statt, ohne dass sich das Aufnahmeobjekt bewegt und ohne dass eine Relativbewegung am Bildrand vom eigentlichen Bildinhalt ablenkt.

Mit ganz besonderer Vorsicht einsetzen müssen wir die drei Gestaltungsmittel *Schwenk, Zoom* und *Fahrt*. Sie entsprechen nicht den physiologischen Wahrnehmungsgewohnheiten und werden dadurch als Verfremdung empfunden. Grundsätzlich sind Verfremdungen die stärksten Gestaltungsmittel. Sie werden aber zum einschneidenden Fehler, wenn wir sie in falscher Weise verwenden.
Da Reizerneuerung unser Wahrnehmungsverhalten steuert, folgt der Betrachter dem vorbewussten Wunsch, alles, was sich bewegt, besonders deutlich sehen zu wollen.
Jedes Reizangebot aber, das über ein direkt aus dem Aussagewunsch abgeleitetes Maß hinausgeht, mindert die Konzentrationsfähigkeit. Es wird zu einem wesentlichen Teil inhaltlose Erlebnisgewohnheit, die den Zuschauer an den Fernseher fesselt. Mit dieser Mechanik erreicht der Fernseh-Journalist auf sichere Weise die Kritikunfähigkeit des Rezipienten. Die Aufmerksamkeit wird nicht mehr durch ein spezifisches Interesse am Inhalt, sondern durch einen physiologischen Automatismus gesteuert.

Schwenk. Die Eigenbewegung der Kamera beim Schwenk führt dazu, dass nicht nur Teile des Bildinhaltes hinzugefügt oder abgezogen werden, sondern dass ein Bildinhalt mehr oder weniger schnell gegen einen neuen ausgetauscht wird. Dementsprechend ist die reizerneuernde Wirkung eine doppelte. Wir erfahren einmal Reizerneuerung

- von der Relativbewegung zwischen Bildmitte und Bildrand und zum zweiten
- durch die völlig neuen Umrisse.

Der langsame Schwenk wirkt als erweiterte Totale und kann eine orientierende und hinführende Wirkung haben. Er kostet aber viel Zeit, und man muss sich fragen, ob er nach dem »Prinzip der Ausschließlichkeit« nicht viel zu viel Information enthält.

Der zügige Schwenk verbindet zwei Einstellungen räumlich miteinander, den Stand vor und den Stand nach der Kamerabewegung. Die Vor- und die Nacheinstellung sind die eigentlichen Aussageträger und dürfen auf keinen Fall bis zur Unkenntlichkeit gekürzt werden. Der verbindende Schwenk beschreibt räumliche Konditionen.

Beispiel: »Links neben dem Rathaus steht ein Denkmal« oder »Der Laufsteg führt zu einer kleinen Insel im See«.

Der Reißschwenk, bei dem die Kamera so schnell bewegt wird, dass räumliche Einzelheiten nicht mehr zu erkennen sind, verbindet zwei Schauplätze, deren Abstand für den Zuschauer ungewiss ist, deren Gleichzeitigkeit jedoch dargestellt wird. Auf diese Weise kann man Einstellungen miteinander verbinden, die bei einem harten Schnitt schlecht aneinanderpassen würden, also z. B. zwei Halbtotalen.

Der Verfolgungsschwenk (die Kamera schwenkt z. B. bei einem Wettkampf mit einer Gruppe von Läufern mit) entspricht als einziger Schwenk unseren Sehgewohnheiten, weil er ein bewegtes Objekt fixiert und praktisch von diesem eine stehende Einstellung herstellt.

Der Zoom (also: die kontinuierliche Brennweitenveränderung) wirkt als Ausschnittvergrößerung (oder Verkleinerung) – genauso,

als betrachte man ein Foto einmal mit und einmal ohne Lupe. Perspektive und Kamerastandpunkt bleiben dabei erhalten.
Der falsche Einsatz des Zooms ist wohl der am häufigsten vorkommende Gestaltungsfehler. Richtig eingesetzt wird der Zoom nur bei einem besonderen Hinweis oder entgegengesetzt beim Rückzug vom Besonderen auf das Allgemeine.
Beispiel: »In einem Dorf sind viele Fachwerkhäuser, besonders schön ist die alte Kirche« oder entgegengesetzt: »Das alte Haus steht völlig einsam im Wald.«

Die echte Kamerafahrt ist eine permanente Veränderung des Aufnahmestandpunktes und der Perspektive. Damit werden Annäherung oder Distanzierung ausgedrückt. Es wird aber auch die Darstellung der räumlichen Konditionen des aufgenommenen Schauplatzes besonders deutlich. Die perspektivische Veränderung simuliert die Bewegung im Raum sehr realistisch und wirkt damit stark dramatisierend.

Der Gang mit der Handkamera fällt natürlich auch unter den Begriff »echte Fahrt«. Er wird oft eingesetzt. Hierbei besteht immer wieder die Gefahr, dass die Relativbewegung am Bildrand (Wackeln der Kamera) so stark vom Bildinhalt ablenkt, dass das angestrebte Aussageangebot nicht zum Zuschauer transportiert wird.

Bildsprache: Sequenz und Komplex

Die Sequenz ist eine Folge von Einstellungen als raumzeitlich geschlossene Einheit oder als abstrakter Sinnverbund.
Sie ist das aktivste Gestaltungselement. Ihr Aussagewert ist größer als der der Summe der einzelnen Einstellungen.
Ein Vergleich mit der Sprache bietet sich an: Auch hier lässt sich die Aussage nicht auf die Bedeutung der einzelnen Wörter (Semantik) reduzieren, sondern sie benutzt außerdem die Beziehung der einzelnen Wortbedeutungen zueinander (Grammatik).

Innerhalb einer Sequenz (Einstellungsfolge) führt die Einstellungsdifferenzierung dazu, dass sich beim Betrachter viele *Einzelinformationen* zu einem *zentralen Begriff* verdichten. Entspricht dieser Begriff dem Kern unseres Aussagewunsches, dann haben wir unser Gestaltungsziel erreicht.

Eine solche Einstellungsfolge kann zum Beispiel von einer orientierenden Totalen über eine halbnahe Einstellung zur Großeinstellung führen, die den Aussagekern trägt.

Aussagewunsch: Am Kirchweiher sitzt ein Angler.

Aussagewunsch: Auf dem Kirchweiher rudert ein Mann; die Sonne scheint.

Eine deutliche Begriffsbildung beim Zuschauer erreichen wir also nur mit einer Einstellungsfolge, einer Sequenz, in der zunächst zielstrebig *orientiert* und dann der *Aussagekern* nach dem Prinzip der Ausschließlichkeit eindeutig herausgearbeitet wird. Eine Folge von Einstellungen, die durch die differenzierte Wahl des Bildausschnitts aufeinander abgestimmt sind, stimuliert das Wahrnehmungsverhalten, steuert Aufmerksamkeit und Spannung des Zuschauers.

Die vorbewusste Verknüpfung einzelner Einstellungen beim Zuschauer funktioniert nicht anders als auch sonst im Leben.

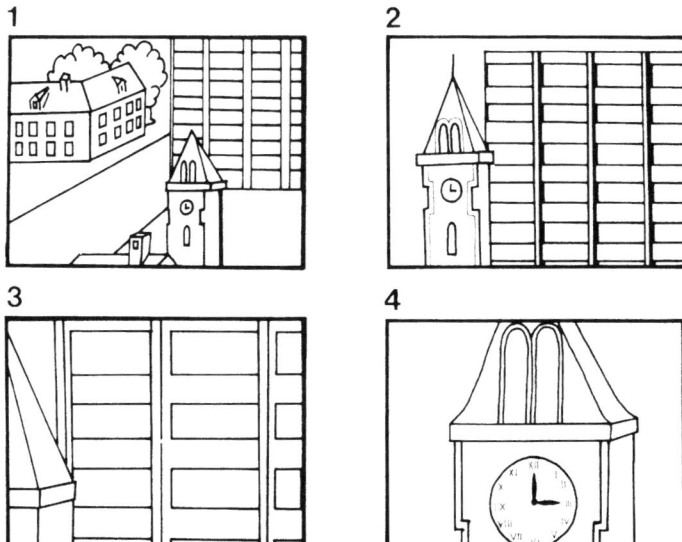

Alt und neu im Stadtbild: Der Aussagekern muss nicht aus nur einer Einstellung gebildet werden. In diesem Beispiel wird er aus den Großeinstellungen 3 und 4 zu einem Begriff – ein Prozess, der sich im Betrachter unbewusst abspielt.

Der Mensch erlebt die unterschiedlichsten Schauplätze, doch ob er von einem Haus in ein anderes geht oder mit dem Flugzeug eine Reise unternimmt, also eine größere Strecke überwindet – immer sind die Schauplätze miteinander verbunden durch Raum und Zeit. Alles menschliche Erleben basiert also auf der Einheit von Raum und Zeit, koordiniert sich in Raum und Zeit.

Unterbrechungen dieser Raumzeit sind uns zwar aus Rückerinnerung und Traum vertraut, aber bei der unmittelbaren Wahrnehmung lehnen wir sie ab und bemühen uns, solche raumzeitlichen *Erinnerungslücken* zu ergänzen. Ebenso bemüht sich das Vorbewusstsein, die fragmentarischen Repräsentanten realer Raumzeit auf der Erlebnisebene von Film oder Fernsehen (also die einzelnen Einstellungen) so miteinander zu verknüpfen, dass eine neue, allerdings synthetische Raumzeit entsteht. Diese vorbewusste Verknüpfung einzelner Einstellungen zu einem neuen

Ganzen nennen wir den induktiven Effekt. Er vollzieht sich sozusagen auf der Grundlage der Summe der tief in uns gespeicherten Erinnerungen, Erlebnisse und Erfahrungen, und zwar von ganz allein, ohne dass wir uns dessen bewusst sind.

Der induktive Effekt verhindert, dass wir eine Folge einzelner raumzeitlicher Einstellungen als getrennte Einheiten ansehen. Da es in der realistischen Wahrnehmung keine Raumzeit-Lücken gibt, kann es nach vorbewusster Wahrnehmungslogik auch in dem simulierten Wahrnehmungsvorgang Film nur die Einheit von Raum und Zeit geben. Wird durch Darstellungsfehler oder durch bewusst zu diesem Zweck eingesetzte Gestaltungsmittel eine Einstellungsfolge als unlogisch empfunden, müssen wir diese einzelnen Einstellungen getrennt wahrnehmen. Wir reagieren darauf unterschiedlich:

Bei Gestaltungsfehlern lassen sich die Einheiten entweder überhaupt nicht über einen Horizont verbinden. Dann verweigert der Zuschauer vorbewusst die Aufnahme der Information. Er versteht nicht. Oder er ordnet diese Einheiten falsch in seinen Horizont ein und wird sich dann der Unlogik der Wahrnehmung bewusst (»Das kann doch nicht sein!«).

Bei bewusstem Einsatz von Lücken als Gestaltungsmittel sind diese so kalkuliert, dass sie ergänzt werden können. Diese Art der Montage steigert Aufmerksamkeit, Spannung oder Lernprozess, solange ein bestimmter Grenzwert nicht überschritten wird. Andernfalls kommt es zur Verwirrung.

Die Überbrückung von Raum und Zeit empfindet der Zuschauer als einen deutlichen Raum- oder Zeitsprung. Sie ist z. B. durch folgende Gestaltungsmittel möglich:
- Blenden (Übergang vom Abend auf den nächsten Morgen),
- handlungsneutralisierende Einstellungen,
- Schauplatzwechsel,
- textliche Überbrückung oder
- zeitbeschreibende Stilmittel (Dekoration, Kleidung).

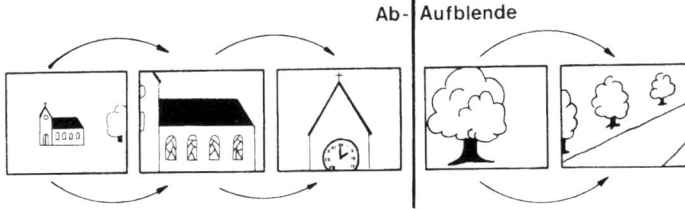

Einstellungen verkoppeln sich raumzeitlich, wenn sie nicht durch Gestaltungsmittel, z. B. Blenden, bewusst getrennt werden.

Handlung dominiert. Bei der raumzeitlichen Einordnung ist die Handlung besonders wichtig, genau genommen: die Bewegung. Diese Bewegung muss nicht einmal vom gleichen Objekt ausgehen. Selbst ähnliche Objekte reichen aus, um einen Einstellungswechsel zu einer Raumzeit zu verbinden, wenn sich die Bewegungen der beiden Einstellungen zu einem spekulativen Handlungsverlauf koordinieren lassen. Diese spekulativen Handlungen entstehen hauptsächlich im Vorbewusstsein und stellen sich als Selbstverständlichkeit dar.

Beispiel: »Ein Mensch geht durch die Stadt«. Solange nicht unterschiedliche Menschen ausdrücklich vorgestellt und unterschiedliche Orte definiert werden, bleibt es für den Zuschauer bei diesem einen Menschen und bei dieser einen Stadt. Die realistische Selbstverständlichkeit von Raum- und Zeiteinheit, mit der er die Darstellung betrachtet, verbindet die einzelnen Einstellungen dieser Darstellung zu einer Raumzeit.

Spannen und Entspannen. Erlebnisse in der Realität bewirken unterschiedliche Spannungszustände. In ihrer Auswirkung auf das Bewusstsein sind Interesse und Desinteresse direkt mit Spannung und Entspannung verbunden.

Die Sequenz ist die kleinste Einheit, die einen solchen Spannungsverlauf steuert. Sie soll den Aufmerksamkeitsgrad so steigern, dass dem Aussagekern die größte Bedeutung zufällt. Danach muss der Reiz-Einfluss jedoch abgeschwächt werden, damit die bereits transportierte Information nicht sofort durch einen Folgereiz überdeckt oder ausgelöscht wird.

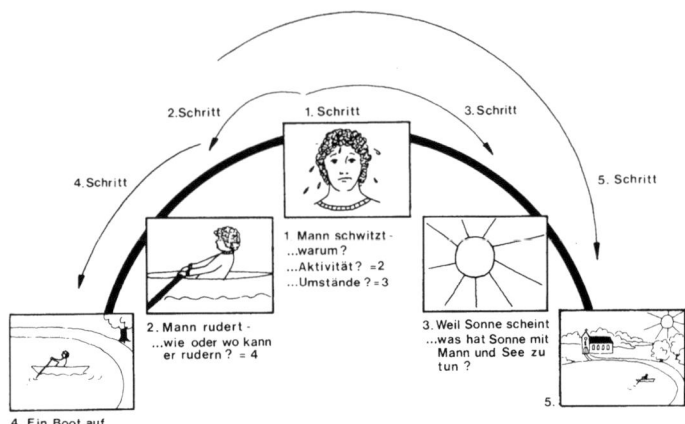

Spannungsverlauf in einer Sequenz

Wie eine Sequenz aufgebaut wird. Wir beginnen mit unseren Überlegungen nicht bei den ersten, den orientierenden Einstellungen. Vielmehr müssen wir uns zunächst auf den *Aussagekern* konzentrieren, der sich mit dem *Höhepunkt* des Spannungsverlaufs decken soll.

Hier werden also vor allem Einstellungen mit hoher inhaltlicher Ausschließlichkeit zu finden sein, häufig Großeinstellungen oder handlungstragende Aktionseinstellungen. Das muss jedoch nicht so sein.

Beispiel: Wenn der Aussagekern »Weites Land« ausdrücken soll, wird man am Spannungshöhepunkt der Sequenz eher eine Totale finden. Versuchen wir uns an Aussagewünschen wie »Weltwirtschaftskrise« oder »Der Glaube gibt dem Menschen Kraft«, dann wird es schwerer sein, Einstellungen für den Aussagekern zu finden.

Erst wenn wir für den Aussagekern Einstellungen haben, können wir auf den Aussagekern hin *orientieren.* Mit diesen ersten orientierenden Einstellungen wird aber nicht nur ein Horizont geschaffen, sondern gleichzeitig die Spannung zum Aussagekern hin gesteigert.

Der Inhalt der ersten Einstellung kann aber auch rein zufällig wirken, weil sie bei aller guten Absicht für die Orientierung zu indifferent geraten ist oder weil sie im Zusammenhang mit dem individuellen Vorwissen des Zuschauers einen falschen Horizont aufbaut.

Die zweite Einstellung einer Sequenz sollte die Möglichkeit eines Zufalls so verringern, dass das Vorbewusstsein des Zuschauers bereits eine Bestimmung erkennt. Mit der *dritten* Einstellung kann man dann begriffliche Wahrnehmung erreichen und die eigentliche Aussage der Sequenz transportieren oder damit beginnen. *Folgeeinstellungen* festigen oder differenzieren die Aussageeinstellungen im Aussagekern noch einmal.

Entspannung nach dem Sequenz-Höhepunkt ist notwendig, wenn wir die Wahrnehmungsmöglichkeiten des Zuschauers nicht überfordern und seine Aufmerksamkeit über eine längere Zeit erhalten wollen. Entspannung erreichen wir am einfachsten durch eine oder mehrere orientierende Einstellungen. So hat der Zuschauer Gelegenheit, noch einmal einzuordnen, was ihm vorher gezeigt worden ist. In solchen Fällen sind zum Beispiel zur räumlichen Distanzierung Rück-Zoom oder Rückfahrt angebracht.

Sequenzen bilden einen Komplex, der wiederum nur ein Teil des Gesamtbeitrags ist. Natürlich muss auch der Komplex einen

Von der Orientierung zum Aussagekern
Aussagewunsch: Auf dem Kirchweiher (1) fährt ein Boot (2): der Mann rudert (3) und schwitzt (4), weil die Sonne scheint (5).

Spannungsanstieg, einen Höhepunkt und eine Entspannungs-
phase haben, um die Aufmerksamkeit des Zuschauers zu erhalten. Diese Konstruktion formiert sich aus entsprechend mehr
oder weniger aktiven Sequenzen. Die Komplex-Aussagewün-
sche müssen direkte, aber voneinander unabhängige Stützen
des Gesamtaussagewunsches für einen Beitrag sein. Die Sequenzen dagegen formen ausschließlich die Komplexaussage.

Mit der eigenen Sequenzaussage können sie im Widerspruch
zum Gesamtaussagewunsch stehen, wenn darin z. B. die gegenteilige Sicht/Erfahrung einer Person dargestellt ist.

Beispiel: Die Gesamtaussage bei einem Kriminalfilm ist:»Das
Gute siegt über das Böse«, dann müssen die Komplexe folgende Aussageaufträge haben:

Exposition:	Orientierung über Raum, Zeit und handelnde Personen
Aufbau:	Das Gute und das Böse werden charakterisiert. Eigenschaften, Fähigkeiten und Möglichkeiten werden dargestellt.
Konflikt:	Das Gute kämpft gegen das Böse. Handlungs-umschlag (Peripetie): Der Kampf entscheidet für das Gute.
Abbau:	Das Böse wird überführt und bestraft.
Ausklang:	Das Gute wird belohnt.

Dieses Dramaturgie-Modell, das als die Franzsche Pyramide
bekannt ist, ordnet alle Komplex-Argumente unmittelbar dem
Gesamtaussagewunsch der Produktion unter. Der Komplex, in
dem das Gute und das Böse charakterisiert werden, kann aber
Sequenzen enthalten, die das Böse als gut erscheinen lassen.
Dann muss eine weitere Sequenz diesen Irrtum aufklären, wodurch die vorangegangenen Sequenzen eine deutliche Um-
kehrung erfahren. Trotz kontrapunktischer Sequenzaussage
bleibt die Komplex-Aussage»Das Böse ist böse« erhalten, und
der Komplex wird zum stützenden Argument der Gesamtaussage.

Dramaturgische Überlegungen (vgl. »Dramaturgische Hilfen für Aufbau und Gestaltung«) sind nicht nur auf Spielhandlungen anzuwenden. Sie gelten *für jeden Aussagewunsch,* also selbst für die relativ abstrakten Inhalte einer politischen Informationssendung. Solche gewöhnlich spannungsärmeren Inhalte bedürfen sogar einer besonders sorgfältigen formalen Aufbereitung, wenn der Aussagewunsch den Zuschauer erreichen soll. Damit beantwortet sich die Frage, ob die Bildgestaltung bis in dramaturgische Überlegungen hineinreicht. Akzeptiert man die Sequenz nicht nur als das aktivste Gestaltungsmittel, sondern auch als Grundbaustein der Spannungsbögen in einem Film oder einer Aufzeichnung, dann muss sich die Bildgestaltung von dramaturgischen Überlegungen leiten lassen.

Bildaufbau

Mit der Kamera lassen sich ständig neue Gestaltungsprinzipien erproben, die zu einer zeitbezogenen Weiterentwicklung der Bildsprache beitragen. Dennoch gibt es für die Kameraarbeit einige Grundregeln. Der Fernsehjournalist muss sich mit ihnen auseinandersetzen, um seine Themen in die Sprache der Bilder übertragen zu können.

Richtiger Abstand zum oberen Bildrand. Darauf ist vor allem zu achten, wenn mehrere Köpfe nacheinander (oder ein Kopf mehrfach) in Nahaufnahme gezeigt werden sollen. Ist der Abstand zum oberen Bildrand von Einstellung zu Einstellung sehr unterschiedlich, dann »springen« die Köpfe in der Bildfolge immer auf und ab. Für den Zuschauer ist das ärgerlich.
In der Regel sollte über einem Kopf etwa eine Handbreit Raum bleiben. Zumindest dürfen bei Bewegungen nicht immer Teile des Kopfes vom oberen Bildrand abgeschnitten werden (Schlechte Bildfolge, Bild 2, nächste Seite).
Soll ein Kopf so nah gefahren werden, dass die Stirn angeschnitten wird, dann muss der Anschnitt der unteren Gesichtshälfte entsprechend ausfallen (Gute Bildfolge, Bild 3).

Schlechte Bildfolge

Richtige Bildfolge

Gute Bildfolge

Flächenaufteilung eines Bildes. Eine harmonische Aufteilung der Bildfläche erfordert den sicheren Blick eines Kameramannes. Soll eine Dialogszene oder ein Gespräch in einer Fernsehszene in optisch unauffälliger Weise wiedergegeben werden, so ist ein ausbalancierter Bildaufbau notwendig. Jede Leere oder Zusammenballung von Personen im Bild würde der Situation einen bestimmten Bedeutungsakzent verleihen, der unter Umständen den Sinn der Szene entstellt.

Ein überwiegend *harmonischer* Bildaufbau ist auch notwendig, um extreme Bildeinstellungen als besondere Ausdrucksmittel deutlich werden zu lassen. Bei einem heftigen Wortwechsel können die Gesprächspartner z. B. am Bildschirmrand stehen, weil die Leere in der Bildmitte aus der Handlungssituation erklärt wird.

Bildaufbau bei Personengruppen: Das kleine Bildschirmformat zwingt dazu, eine Personengruppe mehr in die Tiefe als in die

Flächenaufteilung eines Bildes

Breite zu arrangieren. Die Aufstellung nebeneinander hat leicht zur Folge, dass die Bildeinstellung dann zu total wird und die Personen zu klein erscheinen, oder dass die Personen am Bildrand abgeschnitten werden. Wird jedoch eine größere Menschenmenge aufgenommen, sind derartige Anschnitte unvermeidlich und auch gar nicht störend. Man verwendet solche Anschnitte sogar als Trick, um eine größere Menschenmenge vorzutäuschen.

falsch   richtig

Bildaufbau bei Personengruppen

Bei der Nahaufnahme einer Person wird die *»en face«*-Einstellung bevorzugt, weil sie mehr vom Gesichtsausdruck und vom Mienenspiel zeigt.

Wird allerdings eine Person *im Profil* gezeigt, muss der Kameramann darauf achten, dass der Kopf nicht in der Bildmitte ist. Blickt die Person nach links, muss sich der Kopf in der rechten Bildhälfte befinden (und umgekehrt). Würde das Profil in der Mitte oder sogar in der linken Bildhälfte sein, bekäme man den

Eindruck, als blicke die Person in einen undefinierten Raum. Wird diese Regel von zwei Kameras missachtet, die jeweils einen Gesprächspartner im Profil zeigen, dann entsteht beim Zuschauer sogar der Eindruck, dass die Dialogpartner Rücken an Rücken zueinander stehen.

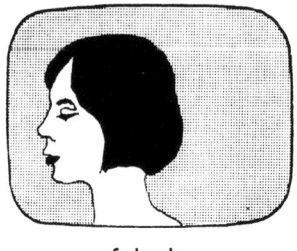 

falsch   richtig

Bildausschnitt bei Profileinstellungen

Regeln für die Kamera-Aufstellung sind nötig, um das Orientierungsvermögen der Zuschauer nicht zu überfordern. Es wäre beispielsweise höchst verwirrend, wenn bei der Übertragung eines Fußballspiels je eine Kamera auf einer der beiden (sich gegenüber liegenden) Längsseiten des Fußballfeldes aufgestellt würde. Bei der ersten Kamera würde die Mannschaft A von links nach rechts stürmen und nach einem Bildschnitt auf die zweite Kamera in entgegengesetzter Richtung, also nach links. Kamerapositionen haben also unmittelbaren Einfluss auf die Verständlichkeit der übertragenen Informationen. In diesem Beispiel würden sie den Zuschauer verwirren.

Die Kontinuität der Bewegungsrichtung muss deshalb bei der Übertragung jeglicher Art von Bewegung erhalten bleiben.

Die Regel lautet: Alle Kameras müssen auf einer Seite des Weges stehen, auf dem sich das zu übertragende Objekt bewegt. Die Hauptbewegungsrichtung bei einem Fußballspiel verläuft von Tor zu Tor; deshalb dürfen die Kameras auch nur auf einer Seite des Spielfeldrandes stehen.

Die Kontinuität der Blickrichtung. Eine Abwandlung dieser Regel: Auch ein Darsteller darf nicht in der einen Kamera nach links und in der folgenden nach rechts blicken. Die Abbildung »Kontinuität der Blickrichtung« zeigt die beiden richtigen Kamera-Positionen und die falsche.

Die Grafik stellt eine Interview-Situation dar. Kamera 1 zeigt eine Zweiereinstellung, und Kamera 2 bringt mit einer längeren Brennweite eine Nahaufnahme von der Person A, in der sie nach rechts blickt. Einen (richtigen) Wechsel von Kamera 1 auf Kamera 2 wird der Zuschauer kaum registrieren.

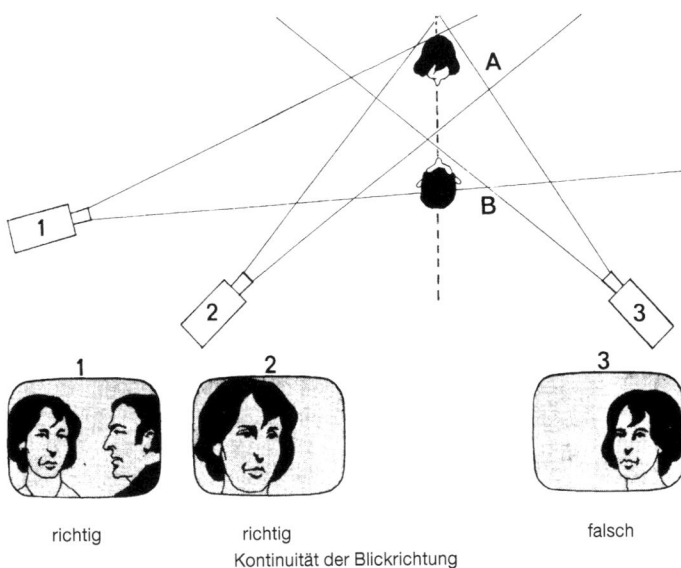

richtig   richtig   falsch
Kontinuität der Blickrichtung

Kamera 3 bringt ebenfalls eine Nahaufnahme von der Person A, in der sie jedoch nach links blickt. Bei einem Bildschnitt von Kamera 1 auf Kamera 3 würde die Person A eine vermeintliche Kopfdrehung machen. Diese plötzliche Änderung der Blickrichtung, die noch störender bei einem Wechsel von Kamera 2 auf Kamera 3 auftreten würde, empfindet der Zuschauer als unnatürlich und irritierend. Die verschiedenen Kamerastandpunkte veranlassen ihn in einem solchen Fall zum Umdenken in die neue Position.

Als Achsenschnitt oder Achsensprung wird solch ein Bildschnitt von Kamera 1 auf Kamera 3 bezeichnet, weil durch den Bildwechsel die Kamera gleichsam über die Achse der Personenblickrichtung springt.

Von der Bildführung wird also auch eine Kontinuität der Blickrichtung gefordert, die dadurch erreicht wird, dass alle Kameras auf einer Seite jener gedachten Linie stehen (in der Abb. gestrichelt dargestellt), welche in Blickrichtung der aufgenommenen Personen verläuft.

💻 Bildliche Auflösung von Dialogszenen (»Online plus«)

Licht und Bildgestaltung

Bewusst eingesetztes Licht hat eine hohe Bedeutung für die Bildgestaltung. Technische und handwerklich-künstlerische Aspekte müssen bei den Dreharbeiten berücksichtigt werden, wenn eine optimale Bildqualität erzielt werden soll (vgl. »An alles denken – eine Checkliste für die Produktion«). Das gilt besonders bei großen und anspruchsvollen Produktionen (wie Features oder Dokumentationen oder für Spiel-Teile), aber auch z. B. ein einfaches Interview oder Statement muss richtig ausgeleuchtet sein. Für das Licht(setzen) ist der Kameramann zuständig. Licht erfüllt im Fernsehen viele Funktionen:

Strukturierung. Der Verlauf der Lichter und Schatten betont die Oberflächenstruktur und Dreidimensionalität der Objekte. Unebenheiten werden erst durch Schatten sichtbar. Bei Porträtaufnahmen können beispielsweise Lichter und Schatten bestimmte Proportionen korrigieren, d. h. unauffälliger erscheinen lassen oder stärker hervorheben.

Raumvorstellung. Eine Hell-Dunkelverteilung verstärkt die Tiefenwirkung eines dreidimensionalen Raumes, der zweidimensional aufgenommen wird. Durch den Verlauf der Schatten in der Szene, die Aufhellung unterschiedlicher Teile des Drehortes, betont man die Raumvorstellung. Im Gegensatz dazu bewirkt eine gleichmäßige diffuse Ausleuchtung ohne große Kontraste, dass der Raum als flach empfunden wird.

Atmosphäre. Der Print-Journalist beschreibt die Atmosphäre des Handlungsortes ausführlich mit Worten. Im Film hat das Licht die Aufgabe, die Atmosphäre des Drehortes ins Bild umzusetzen.

Kontinuität. Treten in einer Sequenz oder einem Filmkomplex ungewollte Lichtsprünge auf, so wird die Kontinuität gestört und der Zuschauer irritiert oder abgelenkt. Bei Außenaufnahmen stellt das unbeständige *Wetter* ein Problem dar. So sind Aufnahmen bei praller Sonne und solche bei bewölktem Himmel in einer zusammenhängenden Passage kaum vereinbar.

Akzentuierung. Bestimmte Personen oder Teile eines Drehortes werden durch eine punktuelle Lichtführung besonders betont. Hellere Objekte einer Szene ziehen die Aufmerksamkeit des Zuschauers an, dunklere werden von ihm weniger wahrgenommen.

Tontrennung. Zwei Objekte, die bei derselben Beleuchtung dieselbe Helligkeit haben, können, wenn man sie mit zwei unterschiedlich starken Lampen ausleuchtet, verschieden hell erscheinen. So ist durch eine richtige Lichtführung eine Trennung der Hintergrund- und Vordergrundobjekte möglich.

Komposition. Wie ein Maler mit Farben arbeitet, so gestaltet ein Kameramann das Bild durch das Licht. Durch den Einsatz verschiedener Lichtquellen, die sich in ihrer Lichtführung, Intensität und Anordnung unterscheiden, erzeugt er vielfältige Lichtstimmungen und Bildwirkungen.

> **Die Lichtgestaltung** hat drei Gesichtspunkte zu beachten:
> - *Lichtrichtung:* Aus welcher Richtung kommt das Licht?
> - *Lichtqualität:* Um welches Licht handelt es sich?
> - *Lichtquantität:* Welche Intensität hat das Licht?

> Die Intensität des Lichtes, d. h. seine Lichtstärke, ist entscheidend für die Einstellung der Blende. Lichtrichtung und Lichtquantität spielen für die Gestaltung eine wichtige Rolle.

Folgende Lichtarten unterscheidet man:

Gerichtetes hartes Licht. Die Lichtstrahlen treffen fast parallel auf das Motiv, z. B. bei Sonnenlicht oder Scheinwerferlicht. Die Objekte werden gleichmäßig ausgeleuchtet; es bilden sich harte Schatten. Dadurch erzeugt das Licht Kontraste; es vergröbert Umrisse und Formen und schafft eine größere Plastizität.

Diffuses weiches Licht. Das Licht fällt auf das Objekt aus unterschiedlichen Richtungen. Es wird dazu, von der Lichtquelle ausgehend, durch bestimmte lichtstreuende Materialien geleitet, z. B. feinmaschige Stoffe oder Gitter. Dadurch läuft es nach allen Seiten diffus auseinander. Es entstehen weiche Schatten mit sehr geringen Kontrasten. Diffuses Licht kann Unebenheiten glätten und Konturen verwischen.

Direktes Licht. Das Licht trifft direkt auf das Objekt, unabhängig davon, ob es gerichtet oder diffus ist. Direktes Licht hat immer eine größere Lichtstärke als indirektes.

Indirektes Licht. Das Objekt wird nicht direkt von der Lichtquelle beleuchtet, sondern von Lichtstrahlen, deren Licht eine weiße Fläche reflektiert. Indirektes Licht ist immer diffus. Als Reflektoren setzt man weiße Deckenwände, weiße Kunststoffplatten oder Streuschirme ein.
Eine andere Einteilung der Lichtarten berücksichtigt die spektrale Zusammensetzung und unterscheidet im Wesentlichen zwischen *Glühlicht* und *Tageslicht*.

Lichtführung nennt man die Ausleuchtung einer Szene unter Beachtung der Position der Lichtquellen, der Strahlungsrichtung, Lichtstärke bzw. Beleuchtungsstärke und Lichtqualität.

Die folgende Darstellung der einzelnen Teilgebiete gibt gleichzeitig den Ablauf an, wie man eine Szene einleuchten sollte.

Hauptlicht heißt die stärkste Lichtquelle, die zur Verfügung steht. Es legt den Grundcharakter des Bildes fest und wird deshalb auch *Führungslicht* genannt. Das Hauptlicht muss immer die erste Lichtquelle sein, die man (ein)setzt. Es kann an verschiedenen Stellen angeordnet werden, sollte aber möglichst nicht direkt hinter der Kamera stehen.

Das Aufhell-Licht hellt die Schatten auf, die das Hauptlicht erzeugt, wobei ein vollkommenes Verschwinden der Schatten nicht anzustreben ist. In den meisten Fällen wählt man als Aufhellung weiches, diffuses Licht. Die Anordnung der Aufhellung richtet sich danach, welche Schatten man aufhellen will. Selbstverständlich können bei der Ausleuchtung einer Szene auch mehrere Lichtquellen als Aufhellung vorkommen. Da der im Fernsehen übertragbare Kontrastumfang wesentlich geringer ist als bei der Filmprojektion, spielt die Aufhellung besonders für Fernseh-Aufnahmen eine wichtige Rolle. In Fernsehstudios setzt man deshalb häufig große Indirektflächen ein, die eine gleichmäßige Aufhellung garantieren.

Das Effektlicht ergänzt das Hauptlicht und dient der Akzentuierung des Bildes. Es wird meistens mit einem kleineren Scheinwerfer erzeugt und wirkt als Spitzlicht in der Szene. Effektlicht ergibt eine stimmungsvolle, dramatisierende Beleuchtung. Bei Porträtaufnahmen können Haare und Schultern einen Lichtkranz erhalten, wodurch sich die Figur vom Hintergrund löst und das Bild eine größere Plastizität bekommt.

Mit dem Hintergrundlicht wird der Hintergrund der Szene ausgeleuchtet und die Raumwirkung stärker hervorgehoben. Gleichzeitig werden die Schatten auf dem Hintergrund aufgehellt. Dekorationsteile im Hintergrund lassen sich unterschiedlich betonen; das bewirkt eine bessere Raumvorstellung.

An Originalschauplätzen trifft der Fernsehjournalist meist auf normales Raumlicht, d. h. Tageslicht oder künstliches Licht der vorhandenen Beleuchtungseinrichtungen. Außenaufnahmen werden durch das Wetter und die damit wechselnden Lichtverhältnisse erschwert.

Will man in Innenräumen drehen, so tritt das Problem der *Lichtmischung* aus Tageslicht und vorhandenem Kunstlicht auf. In bestimmten Fällen reicht nämlich das vorhandene Licht nicht aus, zudem ist für einen gestalterischen Einsatz der Lichtführung Zusatzlicht immer notwendig.

Dann ist ein Angleich beider Lichtquellen in ihrer spektralen Zusammensetzung notwendig, weil das Tageslicht einen größeren Blauanteil aufweist als das Kunstlicht (vgl. Weißabgleich in »EB-Kamera«).

Bildschnitt

Der Bildschnitt verbindet die einzelnen Einstellungen zu einem Ablauf, zur bildlichen Umsetzung des journalistischen Aussagewunsches. Techniken und Arbeitsabläufe unterscheiden sich beim nichtlinearen und beim (auslaufenden) linearen Schnitt (vgl. jeweils dort und unter »Als VJ selber schneiden«).

Hier geht es um die grundlegenden optischen Regeln dafür, unabhängig von der technischen Schnittmethode.

Der Bildschnitt muss folgerichtig sein. Um den logischen Aufbau geht es dem Journalisten bereits bei der Konzeption seines Beitrags. Logik beim Bildschnitt heißt, reale Vorgänge so nachvollziehen, dass sie als optische Information verständlich sind. Die Kamera hat den Ablauf eines Ereignisses in Verkürzungen eingefangen. Nun geht es darum, Einzeleinstellungen, die die Realität von Raum und Zeit unvollkommen wiedergeben, in einen Zusammenhang zu bringen, den der Zuschauer begreifen kann. Als Grundsatz gilt dabei: *Wahrheitsgemäße* Darstellung hat gegenüber *ästhetischen* Kategorien den Vorrang.

Der Bildschnitt als Verkürzung. Film und Fernsehen haben die Sehgewohnheiten der Zuschauer im Laufe der Zeit so verändert, dass der Bildschnitt optische Zusammenhänge immer mehr vereinfachen kann. Wir sprechen vom *Funktionsschnitt.* Seine wichtigste Aufgabe: verkürzen.

Eine Grundregel des Bildschnittes. Der Zuschauer braucht eine Ortsbestimmung und soll die handelnden Personen identifizieren können. Die »klassische« Bildfolge beginnt daher mit der Totalen und führt mit dem nächsten Schnitt zu den Personen hin.

Beispiel: In einer Folge von vier Einstellungen wird eine Situation verdeutlicht. In logischer Verkürzung des realen Geschehens vermitteln die Bilder eine Aussage.

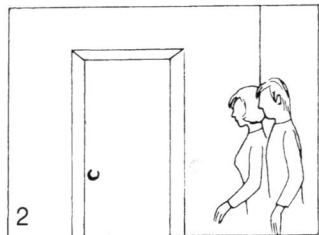
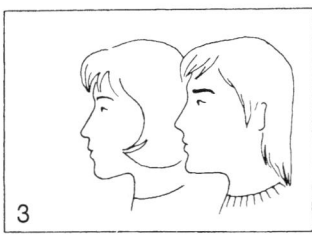
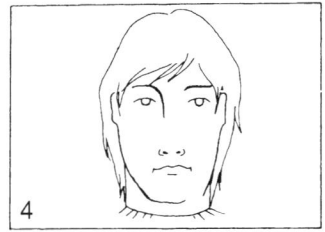

Abb. 1:   Ortsbestimmung: ein kleines, fensterloses Haus; im Hintergrund ein Baum.

Abb. 2:   Ortsbestimmung: Hauswand mit Tür; Personenbestimmung: zwei junge Menschen, die auf die Tür zugehen.

Abb. 3:   Personenbestimmung: die beiden jungen Menschen
sind in der Nahaufnahme (Profil) genauer zu erkennen.

Abb. 4:   Personenbestimmung: der junge Mann in Großaufnahme; für die Aussage kommt es auf ihn besonders
an; vielleicht gibt er ein Statement oder wird im Interview befragt.

Andere mögliche Schnittfolgen sind Variationen, die auch die
Aussage verändern.

So kann in umgekehrter Reihenfolge, also mit einer Großaufnahme (Statement, Redeausschnitt), begonnen werden. Der Zuschauer interessiert sich aber auch für das Umfeld. In unserem
Beispiel folgen deshalb der Großaufnahme des jungen Mannes
(4) die Einstellungen mit seiner Begleiterin (3) und ihr gemeinsamer Gang zur Tür (2) des kleinen Hauses (1). Diese Schnittfolge
führt zur Ortsbestimmung in der Totalen oder auch Halbtotalen.
Nach den Gesetzen der Filmlogik lässt sich das Geschehen
noch stärker verkürzen. Möglich sind die Schnittfolgen 1 – 3 – 4
oder 4 – 3 – 1.

Den Gestaltungsspielraum, den der Fernsehjournalist hat,
kann er bereits an den Möglichkeiten erkennen, den ihm allein
schon diese vier Grundeinstellungen bieten. Aber es gibt auch
Grenzen, die die Filmlogik setzt. Unlogisch wäre es zum Beispiel,
wenn der Schnittfolge 1 – 3 – 4 die Einstellung 2 folgen würde
oder die Schnittfolge 4 – 3 – 1 mit der Einstellung 2 beginnen
würde.
Der Bildschnitt sollte konsequent von der Totalen oder Halbtotalen über die Nahaufnahme zur Großaufnahme führen oder umgekehrt von der Großaufnahme über die Nahaufnahme zur Halbtotalen oder Totalen.

Weitere Beispiele zur Verkürzung von Bewegungsabläufen:

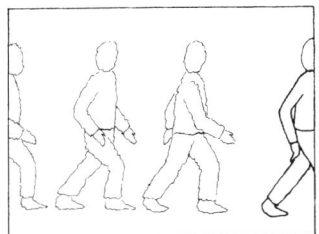 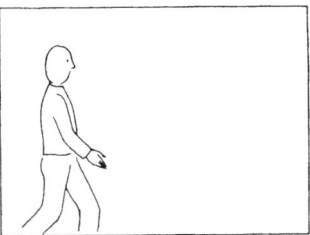

Fließender Schnitt von der Totalen auf die Naheinstellung.

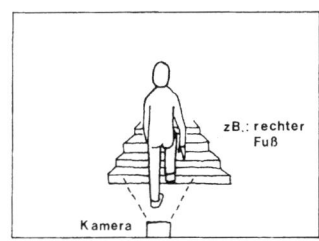 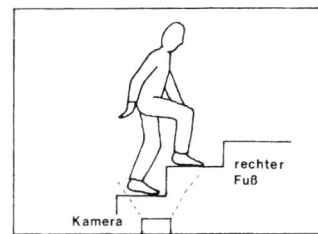

Verkürzung eines Ganges (z. B. nach dem Wechsel des Kamerastandorts).

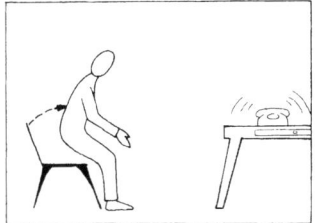 

Beim Umschnitt sollte die Verkürzung immer in der Großeinstellung sein;
das strafft den Ablauf.

Die Bildanschlüsse müssen stimmen. Soll der Zuschauer eine Folge von Einstellungen als zeitlich unmittelbar zusammenhän-

genden und harmonischen Vorgang empfinden, dann darf es *keine optischen Sprünge* geben.
Beispiel: Zwei Raucher im Bild. Einer spricht. In zwei aufeinander folgenden Einstellungen muss er seine Zigarette in derselben Hand behalten. Sie darf also nicht etwa in der Halbtotalen in der rechten und in der anschließenden Naheinstellung in der linken Hand zu sehen sein. Wie »Zauberei« würde es auch wirken, wenn in diesem Beispiel einmal ein leerer und dann sogleich ein gefüllter Aschenbecher zu sehen wäre.

Bei Außenaufnahmen kann es ähnliche Probleme geben. Beispiel: Wenn von zwei Einstellungen, die beim Schnitt unmittelbar aneinandergefügt werden und die vom Zuschauer als chronologisch und ohne zeitlichen Bruch empfunden werden sollen, die eine im hellen Sonnenlicht und die andere bei bewölktem Himmel gedreht wird.

Zwischenschnitte überdecken Anschlussfehler. Mit Hilfe von Zwischenschnitten lassen sich Einstellungen aneinander schneiden, die eigentlich nicht zusammenpassen.
Beispiel: Den Wechsel der Zigarette von der einen in die andere Hand des sprechenden Rauchers überbrückt man zum Beispiel mit einer Einstellung vom zuhörenden Raucher als Zwischenschnitt. Den wie durch Zauberei plötzlich gefüllten Aschenbecher würde ein solcher Zwischenschnitt nicht erklären, weil der nicht in den wenigen Sekunden Zwischenschnitt voll geworden sein kann. Eine längere Einstellung des zuhörenden Rauchers könnte den Zuschauer allerdings vergessen lassen, dass der Aschenbecher gerade noch leer war. Natürlich kann die Einstellung eines vollen Aschenbechers auch bewusst eingesetzt werden, etwa um die Länge eines Gesprächs zu verdeutlichen.
Dann ist eine solche Einstellung aber kein Zwischenschnitt mehr, sondern vermittelt eine eigene Aussage. Bei Außenaufnahmen bieten sich für Schnittbilder mehr Möglichkeiten, etwa um den plötzlichen Wechsel von Sonnenlicht und Schatten zu kaschieren.

In die Situation passen müssen Zwischenschnitte und nach Möglichkeit auch den Aussagewunsch unterstützen. Keinesfalls dürfen sie ihn verfälschen.

Ein Beispiel: Ein Redner im Bild. Die Sequenz muss gekürzt werden. Der Ton passt aneinander. Da der Redner aber seine Haltung – und sei es auch nur geringfügig, etwa durch eine Veränderung der Kopfhaltung – geändert hat, gibt es im Bild einen Sprung (»*Harter Schnitt*«). Dies kann ein Zwischenschnitt ausgleichen. Zeigt der aber einen schlafenden Zuhörer (den einzigen unter dreihundert), würde der Beitrag über die Resonanz des Vortrags bei den Zuhörern falsch informieren.

Harte Schnitte sind ehrlich. Um dem Zuschauer deutlich zu machen, dass an dieser Stelle die Rede gekürzt, also redaktionell bearbeitet wurde, kann man auch auf den Zwischenschnitt bewusst verzichten und den optischen Sprung zeigen. Dafür sprechen manchmal journalistische Gründe. CutterInnen ziehen häufig die optisch gefälligere Lösung mit einem Zwischenschnitt vor. Manche setzen auch stattdessen einen Weißblitz (drei Frames weiß) ein, um den Schnitt deutlich sichtbar zu machen.

Beim Drehen die Zwischenschnitte nicht vergessen. Da man sich oft erst am Schneidetisch entscheidet, sollten alle Möglichkeiten offen bleiben und beim Dreh genügend Einstellungen für Überbrückungen gesammelt werden. Zwingend ist dies, wenn man unsicher ist, ob die vorgesehenen optischen Anschlüsse wirklich zueinander passen und wenn man Interviews und Statements kürzen muss.

Bewegung lässt sich am schwersten kürzen. Schwenks und Zooms sollte man nach Möglichkeit nicht ab- oder anschneiden. Aber:

- Ein Schwenk kann abgeschnitten werden, wenn man ihn an eine Fahrt schneidet; das Tempo muss allerdings übereinstimmen.
- Ein Schwenk kann an einen Schwenk angeschnitten werden, wenn beide Schwenks die gleiche Richtung und das gleiche

Tempo haben; als Schnittstelle sollte ein markanter Blickpunkt gewählt werden.

- Ein seitlicher Schwenk kann dann angeschnitten werden, wenn ein Hoch- oder Tiefschwenk im gleichen Tempo folgt. Jede Bewegung muss für den Zuschauer verständlich sein und ihren Anfang und ihr Ende haben.

Bewegung macht Bildanschlüsse schwer. Menschen und Gegenstände, die sich nach rechts bewegen, müssen beim Umschnitt auf die Großaufnahme nach rechts »springen«; das gilt natürlich auch in der umgekehrten Richtung.

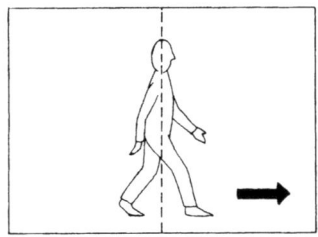 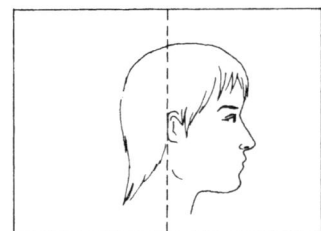

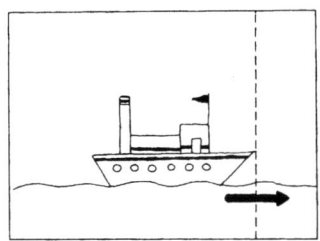 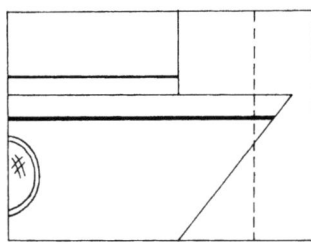

Bewegungen dürfen durch Schnitte nicht unterbrochen werden. Kameramann und Journalist müssen das bei den Dreharbeiten berücksichtigen. Nur dann kann der/die CutterIn in einer Einstellung eine imaginäre Linie annehmen, an der sie beim Umschnitt die fließende Bewegung fortsetzt.

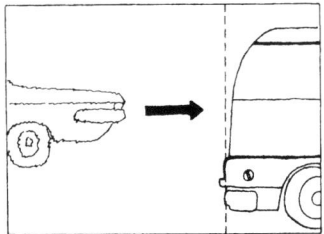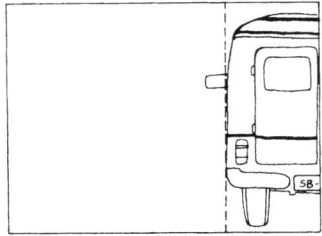

Solche imaginären Linien oder auch Punkte sind für exakte,
nachvollziehbare Schnitte wichtig.

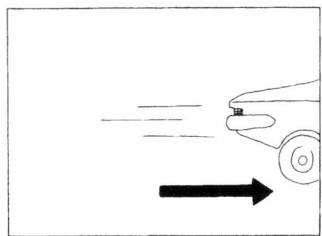

Beim fließenden Schnitt lässt die Cutterin den Wagen nicht völlig aus dem Bild
fahren und beim Umschnitt bereits wieder teilweise im Bild sein.

Der Schnittrhythmus beeinflusst Aussage und Stimmung.
Kurze Einstellungen, die in raschem Wechsel aufeinander folgen
(etwa: Bilder vom Feierabend-Verkehr) bringen Hektik; reiht sich
eine lange Einstellung an die andere (etwa: Landschaftsaufnah-
men) wird Ruhe vermittelt. Wie lange eine Einstellung zu sehen
sein muss, hängt aber vor allem vom Bildinhalt ab (vgl. im Beitrag »Bildsprache«: Die richtige Einstellungslänge und Bedeutungssteuerung durch die Einstellungslänge).

Montagen nennt man jene Abfolge von extrem kurzen Einstellungen, die hart aneinander geschnitten sind. Kürzer als
zwei Sekunden sollte jedoch die Einzeleinstellung nicht sein;
zwischen drei und sechs Sekunden hat sich bewährt. Montagen werden eingesetzt, um anreißend in ein Thema einzu-
führen. Dieses Stilmittel verwirrt jedoch den Zuschauer leicht.
Deshalb: Zurückhaltung bei der Häufigkeit und Länge von
Montagen.

Schneiden nach Musik. Montagen erhalten eine zusätzliche Wirkung, wenn die Einstellungen im Takt der Musik wechseln. Aber auch ruhigere Sequenzen können durch den Schnitt nach einer sorgfältig ausgewählten Musik gewinnen.

Erlaubt ist beim Bildschnitt letztlich, was überzeugt. Wichtig sind die dramaturgischen und journalistischen Aspekte, selbst bei einem Nachrichtenfilm von dreißig Sekunden. Ausnahmen bestätigen alle Regeln. Wer aber vom Gewohnten abweicht, sollte dies bewusst tun, also überlegt haben, warum er es tut. Und sich im Klaren darüber sein, dass er mit Ungewohntem vom Zuschauer mehr verlangt.

Mit klarem Konzept in den Schneideraum kommen. Was beim Drehen für die Zusammenarbeit mit dem Kameramann gilt, ist am Schneidetisch auch für die Kooperation mit dem/der Cutterln wichtig: Der Fernsehjournalist sollte wissen, was er will. Der Bildschnitt ist ein eigenständiger Arbeitsbereich, in dem qualifizierte und selbstbewusste Fachkräfte tätig sind. Der Fernsehjournalist darf nicht vergessen: Auch sie wollen und sollen ihm helfen, seine Ideen zu verwirklichen.

→ Tipp: Gerade der Berufsanfänger kann von einem/einer erfahrenen CutterIn nur lernen. Deshalb wird besonders er auf ihre Ratschläge und Hinweise hören.

Fernsehjournalisten, die selbst schneiden gibt es in immer mehr Fernsehsendern und Produktionsfirmen. Meist geht es dabei um kurze Beiträge nur im aktuellen Bereich. Begünstigt durch das digitale Schneiden an PC und Laptop und den Video-Journalismus wird sich der Trend zum Selberschneiden noch verstärken (vgl.»Digitaler Schnitt« und »Als VJ selber schneiden«).

Schulen können Sie Ihr Verständnis für Schnittfolgen, für die Verkürzung von Abläufen durch den Bildschnitt und für die Abfolge der unterschiedlichen Einstellungsgrößen auch an Beispielen in folgenden Beiträgen:

- Ein Nachrichtenfilm als Beispiel.
- Zwei Nachrichtenfilme als Beispiele.
- Nachrichtenfilme (von Fremdanbietern) bearbeiten.

Und gewöhnen Sie sich an, *bewusst auf die Schnitte zu achten*, wenn Sie vor dem Fernseher sitzen. Denn gute Schnitte fallen einem nämlich beim normalen Anschauen eines Fernseh-Beitrages nicht auf.

Weiterführende Literatur:

Hans Beller (Hrsg.), Handbuch der Filmmontage: Praxis und Prinzipien des Filmschnitts (5. Auflage, TR-Verlagsunion, München 2007)

Axel Rogge, Die Videoschnitt-Schule (2. Auflage, Gallileo Design, Bonn 2006)

Der Beitrag des Tons zur Information

Sehen und hören – eine normale und ideale Kombination. Der Ton
- ergänzt, verstärkt und unterstreicht das Bild,
- kann das Bild auch abschwächen oder Akzente setzen,
- er dominiert das Bild manchmal, verschmilzt im besten Fall mit ihm zu einer Einheit.

Der Ton soll dem Bild entsprechen, kann aber dramaturgisch auch gegenläufig angelegt sein. Der Ton
- wird durchgehalten, wenn das Bild wechselt, verklammert so Szenen,
- zieht Leitmotive durch und verdeutlicht so Inhalte,
- verknüpft informative und gefühlsanregende Bildkomponenten,
- stellt Zusammenhänge her.

Dem Text kommt besondere Bedeutung zu. Er wirkt gewissermaßen als Katalysator, denn jedes natürliche optische Gewicht lässt sich durch das Wort verstärken oder abschwächen. Eine ähnliche Wirkung ergeben Musik, Atmo, Geräusche und Effekte.

Die Vertonung insgesamt, nämlich die *subtile Mischung der »Teiltöne,«* steuert in hohem Maße ein sinnliches Element bei, das durch seine emotionale Komponente den Bildinhalt verstärkt und stimulierend wirkt. Damit wird entscheidend beeinflusst, wie eine Sendung beim Zuschauer ankommt. »Der Ton« ist also – über das gesprochene Wort hinaus – wichtiger Teil der Gesamtinformation, die eine Sendung vermittelt. Wahrnehmungen werden nämlich nicht mit einem Sinn allein, sondern immer als komplexes Ganzes erfasst und gespeichert, verknüpft mit schon im Gedächtnis Vorhandenem.

So kann über die Fähigkeit zur Assoziation schon ein einziger wichtiger Anteil einer erlebten Gesamtheit zur Rückerinnerung dieses Ganzen führen. Das mag ein Bild sein, aber eben auch ein spezifisches Geräusch, ein Glockenton zum Beispiel, besonders natürlich Musik.

Der »Ton« besteht aus einer Reihe von Einzelelementen:

»Kommentar« wird der Filmtext genannt, also die Wort-Informationen, die die Bild-Information ergänzen und kein O-Ton sind. Der Kommentar wird in der Regel aufgeschrieben und dann passend zum Bild aufgenommen oder (seltener) live gelesen. Er kann aber auch frei gesprochen werden, wenn etwa bei einer aktuellen Berichterstattung vor Ort die Zeit drängt.

Originalton (O-Ton). Er wird an Original-Schauplätzen meist zusammen mit dem Bild synchron aufgezeichnet. Die Originaltonaufnahme reicht vom einfachen Statement oder Interview bis hin zur komplizierten Musikproduktion oder Spielszene. Manchmal wird aber auch der Ton allein aufgezeichnet, als »Nur-Ton«. Man sieht dann z. B. einen Bildhauer (von hinten oder im Profil, nicht etwa groß seinen geschlossen Mund) wie er eine neue Skulptur bearbeitet. Dazu hört man Erklärungen von ihm ohne ihn sprechen zu sehen.

Die »Atmosphäre« (Atmo) soll, wie das Wort sagt, das »Atmosphärische«, damit das Charakteristische eines Drehorts einfangen und besteht meist aus einer Mixtur verschiedener Geräusche. Sie wird synchron gedreht, wenn konkrete Ton-Bild-Bezüge zu erwarten sind, häufig aber als »Nur-Ton«, der dann später die aus Einzeleinstellungen zusammengesetzten Bildsequenzen akustisch verknüpfen und von der Stimmung her beschreiben soll.

»Effekte« sind meist gezielt verwendete Einzelgeräusche; auch bewusst eingesetzte Musikakzente oder Verfremdungen können darunter verstanden werden.

Musik kann vor Ort aufgenommene, dokumentarische Musik sein (O-Ton/O-Musik). Häufig wird Musik jedoch später unterlegt; sie hat dann eine dramaturgische Funktion. Verwendet wird meist Archivmusik, die von Musikberatern (je nach den Umständen auch von Redakteuren, Cuttern, Tonmeistern) zur jeweiligen Sendung passend ausgewählt wird. Falls erforderlich (z. B. bei Fernsehspielen) wird die Musik dem Beitrag gewissermaßen »auf den Leib komponiert«; dies ist allerdings auch eine Frage des Budgets.

Alle diese Töne können »innere Bilder« erzeugen oder Gefühle und Empfindungen hervorrufen oder beeinflussen. Besonders in Features und Dokumentationen, weniger in aktuellen Kurzbeiträgen, kann der Fernsehjournalist sehr differenziert mit diesen Gestaltungsmöglichkeiten arbeiten. Einige Beispiele sollen dies verdeutlichen.

Bild	*Ton*	*Wirkung*
Zeitliche Festlegung:		
Gotische Kirchen-fenster	Gregorianischer Choral	Neben zeitlichem auch räumlicher Hinweis; aber auch auf »Inhalte«.
Ortsbestimmung:		
Zwei Menschen in einem Zimmer. Sie unterhalten sich.	Originalton oder synchronisierter Ton. Zusätzlich z. B. Verkehr, Hinterhof, Karussell, Kindergeschrei.	Durch die tonliche Gestaltung wird der Ort, die Umgebung beschrieben, ggf. auch das Milieu.

Authentizität:

Statement ausländischer Politiker (Sportler, Künstler)	Originalton, Übersetzung.	Durch teils wörtliche, teils zusammenfassende Übersetzung wird erreicht, daß Teile des Originaltons immer wieder deutlich hörbar werden. Es entsteht Glaubhaftigkeit und größere Nachprüfbarkeit des Berichts.

Atmosphäre: Die optische Gewichtung des Bildes wird durch die akustische Gestaltung verstärkt oder abgeschwächt; dies gilt neben Wort und Musik auch für Geräusche, die in ihrer Mischung zur »Atmosphäre« werden.

Bild	*Ton*	*Wirkung*
Halbtotale, Zufahrt. Auto am Straßenrand. Polizisten beobachten ein Haus, unterhalten sich, sprechen mit ihrer Zentrale (z. B. »Tatort«).	Originalton. Der Originalton wird möglichst trocken, möglichst isoliert aufgenommen. Alles andere wird später hinzugefügt.	Sprachverständlichkeit
Dieselbe Szene. Ein Team dreht einen Bericht über die Dreharbeiten	Originalton. Der Ton wird möglichst umfassend aufgenommen. Autos, Lärm, auch Drehkommandos sind Teil der Szene.	Dokumentarische Authentizität

Im (nicht erfundenen) Beispiel hatte der Tonmann des Dokumentarteams sich an das Mischpult des Spielfilmtonmeisters »angehängt«. Sein Ton war gut, aber falsch.

Bild	*Ton*	*Wirkung*
Verstärkung, Verknüpfung:		
Totale. Meer. Hohe Wellen, die auf den Strand zulaufen.	Wellengeräusch, Wind heult, Brandung.	Die Einstellung mit der einzelnen Welle wird in ihrer Wirkung verstärkt. Gleichzeitig wird der Grund-Gesamt-Ton behalten, der die Szene akustisch atmosphärisch beschreibt und die montierten Einzelbilder verbindet.
Halbnah. Eine hohe Welle bricht sich am Steilufer.	Obiger Ton bleibt. Zusätzlich synchron das donnernde Geräusch der einzelnen Welle, die man sieht.	
Verknüpfung:		
Reporter im »On«	O-Ton Reporter	Der durchgehende Originalton mit der gleich bleibenden Atmosphäre unterstreicht die Authentizität des Berichts und verknüpft die Bildpassagen zu einer informativen Einheit.
Bildblock, der den Reporter-O-Ton illustriert	O-Ton Reporter weiter als Off-Ton	
Reporter wieder im »On«	O-Ton Reporter weiter	

Solch ein Wechsel zwischen Reporter im »On« und Bildblock bei durchgehendem Reporter-Originalton kann sich mehrfach wiederholen. Statt eines Reporters kann z. B. auch ein Mensch aus seinem Leben erzählen, wobei er dann manchmal im »On« ist, manchmal zu seinem Off-Ton Bilder gezeigt werden, die die gerade beschriebene Lebensphase optisch umsetzen.

71

Sorgfalt bei der Originalton-Aufnahme. Sie ist der erste der Arbeitsgänge, die zum Endergebnis »Ton« führen sollen. Hier wird besonders deutlich, dass Fernsehen Teamwork ist. Der Ton wird beim Drehen oft als »notwendiges Übel«, als lästig empfunden. Die Interessenkollision Bild-Ton ist programmiert.

Ein Uralt-Scherz:

Tonmeister zum Kameramann:	»Was war zuerst da, der Ton oder das Bild?«
Kameramann:	»Klar, das Bild! Denn Gott sprach: Es werde Licht!«
Tonmeister:	»Stimmt! Aber sagen hat er's müssen!«

Das Problem: Optische Ausschnitte sind beliebig herstellbar, akustische auch mit perfekter Technik nicht. Die Verwendung von Richtmikrofonen hilft, aber auch das Interferenz-Richtmikro (»Kanone«) ist keine Wunderwaffe. Manchmal schadet es gar: denn es zielt genauso auf den (unerwünschten) akustischen Hintergrund wie auf den im Vordergrund stehenden Sprecher. Und das Umweltgeräusch im Hintergrund ist meist bedenklich laut. Auch *Reflexionen* gibt es überall. Der durch die Richtcharakteristik gedämpfte Schall von hinter dem Mikrofon und von den Seiten wird nach vorne geworfen und von dort in Richtung der besten Mikrofonempfindlichkeit reflektiert. Ziel ist jedoch, möglichst nur das zu hören (und zu verstehen!), was im Bild zu sehen ist. Alles andere kann später hinzugefügt werden.

Mikrofone im Bild sind meist unerwünscht. Gute Sprachverständlichkeit und Klangtreue erfordern aber eine bestimmte Mindestnähe des Mikrofons zur Schallquelle. Diese ist oft nur schwer erreichbar – wenn die Mikros nicht zu sehen sein sollen. Ein weiteres Problem: Das Mikrofon ist sozusagen dumm. Es registriert objektiv auch das, was wir nicht hören wollen. Der Mensch hört zweiohrig, das Fernsehen noch zumeist mono. Die Richtungswahrnehmung geht verloren. Der Mensch hat Augen, die ihm helfen, Lippenbewegungen zu interpretieren, und er kann sich konzentrieren, kann so Störschall subjektiv unterdrücken. Kein Mikrofon wird das jemals beherrschen.

Das Mikrofon muss näher zur Schallquelle als der Mensch. Das kommt erschwerend hinzu.
So ist fast jede gute O-Ton-Aufnahme ein hart umkämpfter Sieg, der kaum ohne Kompromisse erreichbar ist. Deshalb:
→ Tipp: Arbeiten Sie schon bei der Aufnahme bewusst mit dem Ton! Im Mischstudio ist es häufig zu spät! Geben Sie dem Tonmann seine Chance: Sein Job ist nicht Selbstzweck, er tut's für das gemeinsame Produkt des gesamten Teams.

Die Tonbearbeitung. Das Angebot an Tönen für die Endmischung im Tonstudio sollte im Allgemeinen größer sein als das, was voraussichtlich gebraucht wird. Erst bei der Endmischung ist das Gesamtklangbild zu hören und kann gültig definiert werden. Die Mischvorbereitung erfolgt im Schneideraum. Hier werden die Tonkomponenten, nach Kategorien geordnet, auf einzelnen Tonspuren zusammengefasst und nach künstlerischen, journalistischen und praktischen Gesichtspunkten dem Bild zugeordnet. So entstehen Sprach-, Geräusch-, Musik- und Effektspuren. Die Vielzahl dieser Schallquellen wird durch quantitative und qualitative Bearbeitung und Anpassung ihrer Relationen zueinander so gemischt, dass nicht nur der akustische Ablauf in sich perfekt ist, sondern der Ton mit dem Bild je nach erarbeitetem dramaturgischen Konzept eine Einheit bildet, um die vorgesehene Gesamtaussage zu erreichen. Diese Aufgabe stellt oft höchste Ansprüche an die Fähigkeiten der Cutterin (ggf. des Tonmeisters).

🖥 Beispiele für weitere mögliche Funktionen des Tons (»Online plus«)

Der Beitrag des Textes zur Information

Das Thema auf den Punkt bringen, in Bild und Wort. Fernsehbeiträge sollten – soweit irgend möglich – auf den unverbindlichen Bilderteppich verzichten. Forschung und Praxis sind sich darin einig, dass Fernsehbeiträge nur dann stabile Informationen transportieren, wenn bildliche und textliche Elemente übereinstimmen. Die *Text-Bild-Schere,* die Bernward Wember herausgearbeitet hat, ist seit vielen Jahren selbst Berufsanfängern als Begriff geläufig. Dennoch klaffen Text und Bild häufig auseinander.

Mit dem Text die Bildinformation ergänzen – und nicht wiederholen. Wenn das Bild z. B. – wie in unserem Film von der Volkswanderung ganz vorn im Buch – die Wanderer in einem Dorf zeigt, kann der Text den Namen und die Lage des Dorfes der Bild-Information hinzufügen.

Bild   Text

Ausgangspunkt und Ziel:
das Schwarzwalddorf
Schonach, ein bekannter
Wintersportort.

Die Wanderer gehen vom Zuschauer weg, aus dem Bild hin*aus.* Der Text nimmt mit dem Wort »*Aus*gangspunkt« Bezug auf diese Bild-Information.

Bild   Text

Auf halbem Wege eine
Verpflegungsstation –

Das Bild zeigt einen Wanderer, dem aus einer Kanne etwas eingegossen wird. Auf einem Transparent ist »Verpfleg...« zu lesen. Der Text informiert ergänzend darüber, daß die Verpflegungsstation auf halbem Wege lag. Dass es Tee gab, hält der Autor nicht für wichtig. Die allgemeine Bild-Information »Getränk aus Kanne« reicht ihm.

Denken Sie jetzt bitte noch einmal zurück an unseren »Nachrichtenfilm als Beispiel«. Vergleichen Sie bei jedem.Storyboard die Bild-Aussage mit der Text-Information. Sie werden feststellen, was *Bild und Text gemeinsam* z. B. auch können:

Spannung/Neugier erzeugen wie mit der Tausendfüßler-Einstellung:

Bild　　　　　　　Text

Ein Tausendfüßler in Wanderstiefeln.

Eine lustige Wirkung erzielen (Ski-Hinweis in der Sommerlandschaft):

Bild　　　　　　　Text

Keine Angst – nur im Winter müssen hier, auf der berühmten 100-Kilometer-Langlaufstrecke, Skier angeschnallt werden.

Groß-Aufnahme Ski-
Langläufer-Symbol
Schwenk nach rechts in
Landschaft ...

Ironische Distanz vermitteln (Medaille groß auf »Heldenbrust«):

Bild　　　　　　　Text

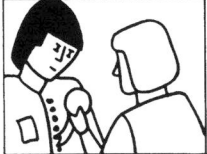

Das Ziel: die Medaille.

Bild, Ton, Text

Die Letzten werden sie vermutlich erst in der Abenddämmerung erhalten.

Text und Bild müssen übereinstimmen. Deshalb soll die einzelne Einstellung, auch die einzelne Einstellungsfolge, nicht alle Informationen zugleich anbieten; sie darf überhaupt nicht allzu zahlreiche optische Informationen bringen. Das würde nämlich den Autor beim Texten dazu verleiten, genau so kompakt auch die verbalen Informationen zu liefern. In der Regel textet er dann *gegen das Bild.*

Verdeutlichen wir uns das mit Hilfe der sechs journalistischen Ws: wer – was – wo – wann – wie – warum. Eine einzige optische Einstellung kann über drei Ws – wer, was, wo – informieren. Der Autor wird aber die für das Verständnis der Bilder, für die Identifikation des Themas wichtigen Informationen nicht in einem Text unterbringen können, der der Länge dieser Einstellung entspricht. Der Text überlappt mit der nächsten Einstellung, die zusätzliche Informationen enthält, zum Beispiel über das Wie und Warum. Schon fallen Bild- und Wortaussage auseinander.
Wer daran beim Drehen denkt, wird einen Bildaufbau realisieren, der die journalistischen Ws in Anzahl und Reihenfolge nach den Erfordernissen beim späteren Texten berücksichtigt.

Bild	Erklärung zum Bild	Text
WAS?		WAS? WANN?
	Häuser zu beiden Seiten, viele Menschen, die auf die Kamera zugehen, Zuschauer.	Der Start zum 6. baden-württembergischen Volkswandertag. Schlag 8 Uhr marschierten

WER? WARUM?

Im Vordergrund ein Tisch mit Medaillen; dahinter ziehen die Wanderer vorbei, halbtotal von der Seite.

WER? WARUM?

die ersten 300 los – die Medaillen im Blickwinkel.

WO?

Die Wandergruppe von schräg hinten. Im Hintergrund für das Dorf typische Häuser.

WO?

Ausgangspunkt und Ziel: das Schwarzwalddorf Schonach, ein bekannter Wintersportort.

Ein Auseinanderdriften von Text- und Bild-Information ist in der Praxis gerade bei kurzen NiFs (Nachrichtenfilmen, vgl. dort) allen theoretischen Erkenntnissen zum Trotz zunehmend zu beobachten. Das liegt auch am Trend der letzten Jahre, immer weniger reine Wort-Nachrichten (vgl. dort) zu bringen und sie durch die als attraktiver angesehenen NiFs zu ersetzen – auch wenn die vorliegenden Bilder nur für einen allgemeinen Bild-Teppich taugen.

Weiterführende Literatur:

Martin Ordolff/Stefan Wachtel, Texten für TV (3., überarbeitete Auflage, UVK Verlag, Konstanz, 2009)

Bernward Wember, Wie informiert das Fernsehen? Ein Indizienbeweis (3. Auflage, List Journalistische Praxis, München 1983)

Beiträge/Darstellungsformen

Nachrichtenfilm/NiF

Nachrichten bedeuten zwangsläufig Reduktion und Konzentration, doch zwischen knappen und knappsten Informationen bestehen immer noch Abstufungen. Für die kürzeste Form der Nachrichtenvermittlung im Fernsehen überhaupt gibt es zwei formale Möglichkeiten:

- die *Wortnachricht* (vgl. dort und »Grafik: Texte optisch unterstützen«) oder
- den *Nachrichtenfilm*, die kürzeste Form mit Hilfe bewegter Bilder.

Nachrichtenfilme werden im Jargon der Branche meist *NiF* (Nachricht im Film), manchmal auch *Clip* genannt.

Zunächst einmal durch die Länge unterscheidet sich die NiF vom Korrespondenten- oder Reporterbericht.
Früher hatte ein Nachrichtenfilm meist die Standardlänge von 0'30", während der Reporterbericht in der Regel 1'30" dauerte. Durch das Aufkommen der vielen privaten Anbieter mit ihren neuen Typen von Nachrichtensendungen hat sich dieses starre Schema insgesamt zwar aufgelockert, gleichwohl bleibt die NiF eine Art bebilderte Kurznachricht zwischen ca. 0'15" und 0'30" Länge.

Die Endfertigung der NiF findet im Gegensatz zum Korrespondentenbericht häufig in der Redaktion der Nachrichtensendung statt. Als Quelle dienen entweder Bilder, die ein Team im Auftrag des Senders gedreht hat, oder Agentur- bzw. Eurovisionsmaterial, das von fremden Teams gedreht, im Laufe des Tages überspielt und in der Nachrichtenredaktion aufgezeichnet wurde. Die zweite Möglichkeit ist vor allem bei internationalen Ereignissen die häufigere (vgl. »Nachrichtenfilme bearbeiten«).

Der bearbeitende Redakteur des Nachrichtenfilms ist im Gegensatz zum Reporter in der Regel nicht Augenzeuge des Geschehens gewesen, er muss also häufig Bilder schneiden, bei deren Dreh er nicht beteiligt war, und, wie beim Verfassen von Wortnachrichten zumeist üblich, anhand von Meldungen der Presseagenturen texten (vgl. »Wortnachricht«). In einigen Nachrichtensendungen werden alle Nachrichtenfilme (das können bis zu einem Dutzend sein) von einem Off-Sprecher gesprochen. Dies geschieht meist live, damit noch während der Sendung Änderungen möglich sind.

Red plus MAZ. Mischformen von Wortnachricht und NiF haben sich durchgesetzt: Der Nachrichtensprecher/Redakteur beginnt im On mit einer Meldung und wechselt dann, während er die Nachricht weiterliest, ins Off, und NiF-Bilder füllen den Bildschirm. Für diese Synthese aus Wort- und Filmnachricht hat sich in der Kürzelsprache der meisten Fernsehsender der Ausdruck »Red plus MAZ« eingebürgert. Hinter diesem Fach-Chinesisch verbirgt sich »Redakteur/in im On plus magnetische Aufzeichnung« – also die Kombination von klassischer Wortnachricht mit einer NiF. Die MAZ ist als Technik zwar überholt, der Ausdruck hat sich aber als Bezeichnung für (inzwischen digital) zugespielte Filme erhalten.

Als undankbare Arbeit gilt mitunter die Produktion von Nachrichtenfilmen, so kann z. B. der Schnitt von fremdem Material frustrierend sein. Auch werden naturgemäß in der NiF nicht immer die ganz großen Themen behandelt. Trotzdem ist die Qualität der Nachrichtenfilme mitentscheidend für die Qualität einer Nachrichtensendung als Ganzes. Der sorgfältige Umgang mit den Nachrichtenfilmen ist somit weitaus mehr als eine gute Fingerübung für Jungredakteure. Im Gegenteil, je komprimierter ein Thema behandelt werden muß, desto schwieriger ist häufig die Umsetzung. Erstes Kriterium bei der Beurteilung der Qualität einer NiF ist deshalb ihre Verständlichkeit.

Katastrophen-, Wetter- oder Verkehrsnachrichten sind Meldungen, die besonders gerne in der Form des Nachrichtenfilms aufbereitet werden. Einen sachgerechten und schnörkellosen Text für Fernsehbilder z. B. eines Hurrikans in der Karibik zu finden, gehört zum kleinen Einmaleins des Berufes. Hier zeigt der Fernsehjournalismus auch seine Überlegenheit über die anderen Medien, denn der Zeitungsbericht über einen Hurrikan wird bestenfalls durch ein Foto unterstützt. Das Ausmaß der Verwüstungen erkennen wir aber nur in den bewegten Fernseh-Bildern.

Öffentliche Veranstaltungen aller Art sind ebenfalls sehr häufig als NiF aufgearbeitete Ereignisse. Von der Gewerkschaftsdemonstration bis zur Preisverleihung, von der Gedenkfeier über die Jahrestagung bis zur Eröffnungszeremonie reicht die Palette »klassischer« NiF-Themen. Solche Nachrichtenfilme nicht nach »Schema F« zu gestalten, ist fast unmöglich. Und warum soll man auch nicht drei, vier Einstellungen vom Veranstaltungsort bzw. den Versammlungsteilnehmern zeigen, um dann z. B. mit einem kurzen O-Ton, einem prägnanten Ausschnitt einer Ansprache, zu enden?
Wenn solche Veranstaltungs-Nachrichtenfilme als fade empfunden werden, dann hat das mit dem rituellen Charakter des *Ereignisses* zu tun. Das Ganze ist somit eine Frage der redaktionellen Planung: Will oder muss man das Geschehen wahrnehmen, oder verzichtet man darauf?

Für die Bildgestaltung gibt es wenig Möglichkeiten, denn ein Ereignis dieser Art kann selten optisch spannender aufbereitet werden, als es dem Verlauf der Veranstaltung nun einmal entspricht. Bei der vergleichenden Analyse von privaten und öffentlich-rechtlichen Nachrichtensendungen fällt auf, dass die Privatsender gerne einen Bogen um solche Veranstaltungs-Kurzberichte machen. Die Vermutung liegt nahe, dass in diesen Häusern das Interesse am Augenkitzel stärker ist als die Selbstverpflichtung auf eine dröge Chronistenpflicht.

Politikertreffen. Während die Veranstaltungs-NiF gewissermaßen eine Grauzone bei der Frage nach dem sinnvollen Einsatz von Nachrichtenfilmen bildet, muss ein anderer »Klassiker« der

NiF besonders problematisch bewertet werden: das Politikertreffen. Handelt es sich um einen hochrangigen Termin, z. B.
einen Staatsbesuch von Spitzenpolitikern, dann werden die meisten Redaktionen keinen Nachrichtenfilm, sondern ein ausführli-
cheres Reporterstück in Auftrag geben. Über Routinetreffen,
etwa auf Ministerebene, wird freilich sehr häufig in Form eines
Nachrichtenfilms berichtet. Doch wie soll man ein solches Ereignis optisch in 30 Sekunden anders aufbereiten als mit den
sattsam bekannten Bildern von vorfahrenden Limousinen und
händeschüttelnden Politikern?

Problematisch dabei ist nicht die Tatsache, dass die Filmbilder
solcher Treffen immer gleich (langweilig) wirken, sondern dass
die unausweichlichen *Bild-Text-Scheren,* die dabei entstehen,
die Verständlichkeit eines Großteils dieser Nachrichtenfilme erheblich mindern. Selbst der aufmerksamste Zuschauer ist überfordert, wenn er im Text etwas über abstrakte Verhandlungsin-
halte hört und dazu konkrete Bilder irgendwelcher Funktionäre
sieht. Bezeichnenderweise werden diese immer gleichen Konfe-
renzbilder ja mit den unterschiedlichsten Texten über alle möglichen Themen versehen. Die Bilder über ein Treffen, bei dem es
um die Rindfleischpreise in der EU ging und jene, bei denen über
Blauhelmeinsätze beraten wurde, sind austauschbar – die Texte
selbstverständlich nicht.
Dass sich politische Inhalte häufig sehr schwer optisch darstellen lassen, ist ein Grundproblem des Fernsehjournalismus; im
kurzen Nachrichtenfilm der beschriebenen Art wird dies freilich
immer wieder besonders deutlich. Solche (Bild-)Informationen
sind nicht nur wertlos, sondern sie lenken sogar von der eigentlichen (Text-)Nachricht ab.

Es gibt zwei Alternativen: Entweder man versucht, den Inhalt
des Treffens mit Hilfe eines *Grafik- oder Archivstückes* zu erläutern, oder – weniger ist mehr – man bescheidet sich mit einer kar-
gen *Wortmeldung*, die ja optisch durch ein *Foto* der beteiligten
Politiker (etwa auf der Bluebox im Hintergrund des Nachrichten-
sprechers) unterstützt werden kann. Es ist wohl wahr, dass Fern-

sehen kein bebilderter Hörfunk sein sollte. Dennoch ist eine verständliche Wortmeldung immer noch einem wirren Bilderteppich vorzuziehen – auch das kraftvolle Medium Fernsehen hat seine Schwächen.

> Die Gestaltung eines Nachrichtenfilms sollte sich immer an der Grundregel orientieren: Der Kern der Information muss textlich und bildlich am Anfang stehen. Die bekannten »W's« einer Nachricht (Wer, wann, wo, was, warum) muss auch die NiF beantworten.

Betrachten wir dazu eines der typischen Standardthemen für einen Nachrichtenfilm: die monatliche Verkündung der neuen Arbeitsmarktzahlen durch die Bundesagentur für Arbeit in Nürnberg. Bekannt gegeben werden diese Zahlen im Rahmen einer Pressekonferenz, womit wir eine der alltäglichen Aufgaben des Fernsehjournalismus berühren.

Die phantasieloseste Gestaltung sähe so aus, daß wir verschiedene Einstellungen von der Pressekonferenz in Nürnberg zu sehen bekommen: mitschreibende Journalisten, eine Großaufnahme des vorgelegten Berichts etc. Bei einem solchen Aufbau bekämen wir Bildinformationen über die Verkündung präsentiert. Den Zuschauer interessiert jedoch nicht, wo, wann und wie wir die Zahlen erfahren haben, sondern was der Inhalt des Monatsberichts ist. Vollends zum Negativbeispiel würde dieser Nachrichtenfilm werden, wenn er im Text so begänne:

```
Die Bundesagentur für Arbeit in Nürnberg hat
in ihrem heute veröffentlichten Arbeitsmarkt-
bericht für den Monat X eine weitere Zunahme
der Arbeitslosigkeit festgestellt ...
```

Wir hätten es mit einem Nachrichtenfilm zu tun, der optisch und textlich die Behörde ins Zentrum stellt, die die Zahlen vorlegt. Uns geht es jedoch nicht um die Bundesagentur, sondern um den Arbeitsmarkt. Der Text muss folglich so beginnen:

```
Die Arbeitslosigkeit steigt weiter ...
```

Optisch anspruchsvoller als die Gestaltung mit Bildern der Pressekonferenz wären Einstellungen, die z. B. ein Arbeitsamt zeigen, die wartende Schlange von anstehenden Stellungssuchenden etc. Doch lässt sich Arbeitslosigkeit auf diese Weise besser darstellen?

Hinter den allgemeinen Zahlen aus Nürnberg stehen konkrete Einzelschicksale von Millionen Betroffener. Arbeitslosigkeit hat viele Gesichter. Es besteht die Gefahr, dass diese Arbeitsamtsbilder nur eine optische Krücke sind, geboren aus dem permanenten Zwang des Fernsehens, auch »unfilmische« Information bebildern zu müssen. Die Exemplifizierung solcher Informationen anhand von Einzelschicksalen kann aber nicht die Aufgabe des kurzen Nachrichtenfilms sein, dies kann eher ein längerer Reporterbericht leisten.

Die sachlich beste und verständlichste Lösung wäre eine Mischform aus verschiedenen Darstellungsmöglichkeiten, die es heute bei den Fernsehnachrichten gibt:

1. Moderator im Studio liest die Nachricht aus Nürnberg, ca. 0'10" Text:

   Die Arbeitslosigkeit steigt weiter. Sie hat im Monat X im Vergleich zum Vormonat um Y % zugenommen. Dies hat die Bundesagentur für Arbeit heute in Nürnberg mitgeteilt.

2. Grafik (möglichst animiert), ca. 0'20", Inhalt:
   Zahlendetails, z. B. jahreszeitliche Schwankungen, unterschiedliche Entwicklungen in West- und Ostdeutschland etc.

3. O-Ton ca. 0'15":
   Präsident der Bundesagentur für Arbeit

Diese Lösung würde optisch nur das Wesentliche nüchtern verdeutlichen. Der Ausschnitt aus dem Bericht des Präsidenten würde, vorausgesetzt natürlich, er hat einen prägnanten Satz formuliert, als Zitat des Tages die Nachricht aus Nürnberg abrunden. Überdies wäre die Präsenz der Sendung vor Ort sichtbar. Die W-Fragen werden von allen Elementen dieser FS-Nachricht gemeinsam beantwortet.

Keine Verführung durch Action-Bilder. Die Verantwortlichen für Fernsehnachrichten stehen täglich vor dem Problem, zwischen optisch reizvollen Angeboten, sogenannten Action-Bildern (z. B. Kriegsbilder, Naturkatastrophen, aber auch Kuriositäten) auf der einen Seite und journalistisch hochstehenden Themen, die aber optisch arme Bilder liefern (z. B. Politikberichterstattung) andererseits entscheiden zu müssen.

Die Nachrichtenredaktionen der einzelnen Sendeanstalten entscheiden hierbei sehr unterschiedlich, je nachdem, wie sie den Anspruch der eigenen Sendung definieren. Aber auch Nachrichtenredaktionen, die dem Boulevardjournalismus aufgeschlossen gegenüberstehen, müssen sich hüten, die Nachrichtenauswahl und -gewichtung nach vermeintlicher Stärke und Schwäche des Bildmaterials vorzunehmen. Es gibt nun einmal Meldungen, die »oben stehen«, auch wenn sie visuell reizlos scheinen.

Der schnellere und preiswertere Zugang zu fremdem Filmmaterial, das in der Senderedaktion nur noch bearbeitet werden muss, hat zu einem anhaltenden Boom des Nachrichtenfilms geführt.[1] Dabei ist die Trennungslinie zwischen reinem »Nachrichtenfilm« und »Bericht« heute oft nicht mehr so klar wie früher.

[1] Michaela Maier, Georg Ruhrmann, Kathrin Klietsch, Der Wert von Nachrichten im deutschen Fernsehen 1992–2004, im Auftrag der Landesanstalt für Medien NRW, 2006, nur als download: www.lfm-nrw.de (Forschung/abgeschlossene Forschungsprojekte).

Zwei Nachrichtenfilme als Beispiele

Häufig kommt es vor, dass aus gedrehtem Material verschiedene Versionen erstellt werden, z. B. ein längerer Bericht für eine Magazinsendung und zusätzlich eine Kurzversion für eine Nachrichtensendung, NiF (Nachricht im Film) oder auch Clip genannt. Nachdem Sie zuvor das Kapitel über den Nachrichtenfilm gelesen haben, sollten Sie sich nun einmal selbst an der Konzeption einer NiF versuchen. Kopieren Sie dazu etwas vergrößert die

Storyboards aus dem Beitrag »Ein Nachrichtenfilm als Beispiel«. Dann schneiden Sie die kleinen Zeichnungen und die Fakten für Ihren Text (Pressemeldung) aus. Sie haben jetzt viel mehr Einstellungen als Sie für eine NiF von 20 Sekunden brauchen.

Und so gehen Sie vor:

- Welches sind die wichtigsten Informationen? Orientieren Sie sich dabei an den sog. W-Fragen für den Aufbau einer Nachricht.
- Welche Einstellungen (Storyboards) wollen Sie verwenden, um in Bildern darüber zu informieren? Fragen Sie sich: Welche Bilder transportieren welche Informationen? Welches ist ein starkes erstes Bild?
- In welcher Abfolge wollen Sie diese Bilder zeigen, also die darin enthaltenen Informationen vermitteln? Legen Sie die Storyboards links auf eine Din-A4-Seite untereinander.
- Wie viele Zeilen haben Sie für ihren Text zur Verfügung? Ca. 14-15 Zeilen zu 60 Zeichen sind eine Minute.
- Wie formulieren Sie die Text-Passagen zu den einzelnen Einstellungen? Schreiben Sie den Text (oder Stichworte dafür) rechts neben die jeweiligen Bilder.

Und fertig ist Ihre erste NiF.

Wenn Sie jetzt aber festgestellt haben, dass Sie sich schwer tun, schauen Sie noch einmal in die Aufsätze »Der Beitrag des Textes zur Information« und »Nachrichtenfilme bearbeiten«. Dort finden Sie Beispiele, die Ihnen helfen werden. Machen Sie sich dann noch einmal ans Werk.

Bitte lesen Sie hier erst weiter, wenn Sie Ihre NiF fertig haben. Hier folgen jetzt nämlich zwei Beispiele, mit denen Sie Ihren eigenen Film vergleichen können. Beide stammen von Nachrichten-Praktikern, die unabhängig voneinander darum gebeten wurden.

Als Beispiele zwei NiFs aus dem Film über den Volkswandertag. Sandro Viroli vom Mitteldeutschen Rundfunk (vgl. »Autoren«) schreibt zu seinem Vorschlag:

Die Textlänge beträgt ca. 20 Sekunden, die Bildlänge ca. 25 Sekunden. Diese »Überlänge« ist notwendig, damit der Live-Sprecher bei späterem Einstarten oder bei Versprechern nicht über das letzte Bild hinaus ins »Schwarze« liest. Mit Textende wird in der Sendung die NiF ausgeblendet. Textbeginn nicht mit dem Bildstart, eine oder zwei Sekunden »Luft« für den Bildstart lassen.

Bei kurzen NiFs möglichst auf lange Schwenks, langsame Zufahrten oder Aufzieher verzichten, weil sie unnötig Zeit kosten und kaum zu kürzen sind.

Zeit/Bildfolge	Text

0'00 bis 0'04

Totale Schonach, viele Wanderer, die sich gleichzeitig in Bewegung setzen

Rund eintausendsechshundert Menschen beteiligten sich heute am baden-württembergischen Volkswandertag.
(Zahlen werden ausgeschrieben, damit anhand der Textzeilen die genaue Länge ausgerechnet werden kann. Eine Zeile mit 60 Anschlägen sind ca. 4".)

0'05 bis 0'07

Gruppe Wanderer durch Landschaft (Halbtotale).

0'08 bis 0'11

Totale Wanderer und Schonach

Ausgangspunkt und Ziel der dreißig Kilometer langen Wanderschleife war der Schwarzwaldort Schonach.

0'12 bis 0'14

Anheften der Medaille an
Wanderer (halbnah)

Für die erfolgreichen Teilnehmer
gab es Medaillen.

0'15 bis 0'19

Die Volkswanderung wird seit
sechs Jahren von der Landesregierung ausgerichtet.

(Letzte Einstellung einfrieren, wenn alle
Wanderer aus dem Bild gelaufen sind.
Grundsätzlich sollte das ein Bild ohne »in-
nere Bewegung« sein.)

0'20 bis 0'25

Halbnah: Wanderer, die
stehen.

Bild nur zu Sicherheit, falls
überzogen wird.

Zum ersten NiF-Vorschlag macht Simone Schneppensiefen
vom Bayerischen Fernsehen (vgl. »Autoren«) folgende Anmerkungen:
Die Fakten der Pressemeldung finden sich in der NiF klar und
nachrichtlich gegliedert wieder. Zusätzliche Informationen zum
Sinn und Zweck der Veranstaltung – die Antwort auf die Frage
»Warum?« – würden dem Zuschauer aber sicher helfen, das Ereignis einzuordnen. Die Bilder ergänzen den Text gut, haben allerdings relativ ähnliche Einstellungsgrößen. Eine größere Einstellung macht die NiF abwechslungsreicher und erzeugt mehr
Spannung.

Ihrem eigenen Vorschlag für die NiF stellt Simone Schneppensiefen folgenden erklärenden Text voran:
Ob man die NiF mit einer Schlagzeile beginnt oder nicht, hängt von der jeweiligen Redaktion und Sendung ab. In diesem Beispiel sollen zwei bis drei Worte das Thema anreißen und neugierig machen. Hier würde es sich übrigens lohnen, noch etwas zu recherchieren, da die Informationen der Pressemeldung etwas dürftig sind: Waren es mehr oder weniger Teilnehmer als im vergangenen Jahr? Stand vielleicht ein Umweltthema im Vordergrund? Daraus würde sich vielleicht eine spannendere Schlagzeile ergeben.

Anders als bei einem längeren, anmoderierten Beitrag entsteht der Text der NiF vor oder während des Schnitts und bestimmt weitgehend die Schnittfolge. Da die Zuschauer bei einer 20-Sekunden-NiF nicht viel Zeit haben, sich zu orientieren, bietet es sich hier an, mit einer Totalen zu beginnen. Die Schlusseinstellung sollte nicht genau mit dem Text enden, sondern überhängen.

Zeit/Bildfolge   Text

0'00 bis 0'05   Natur erleben bei Volkswanderung
                 – Rund 1600 Menschen haben sich
                 am

Totale, Wanderer kommen
hinter einer Buschgruppe
hervor

0'06 bis 0'09   6. baden-württembergischen Volks-
                 wandertag bei Schonach im Schwarz-
                 wald beteiligt.

halbnah, sich schnell be-
wegende Füße u. Beine

0'10 bis 0'13

Mit der Veranstaltung wollte die
Landesregierung den Menschen ein
»aktives Freizeiterlebnis« vermitteln.

halbnah, Wanderer von der
Seite

0'14 bis 0'16

Am Ende der 30 Kilometer langen
Route erhielt

Totale vom Ziel

0'17 bis 0'25

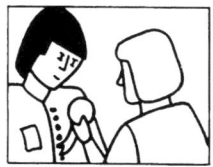

... jeder Teilnehmer eine Medaille.

Groß, Medaille wird Wan-
derer an die Brust geheftet

Überlegen Sie bitte, was Sie von dieser NiF halten. Lesen Sie
dann erst die Anmerkungen von Sandro Viroli dazu:
Die aus der »dünnen Agentur-Meldung« bekannten Daten (Teil-
nehmerzahl, Veranstalter, Ort) finden sich im Clip. Da in dem
Text ein Ortsbezug (Schonach) auftaucht, wäre es besser gewesen, statt »neutrale Füße« eine Einstellung mit dem Ort zu
wählen. Davon abgesehen, ist der Text-Bild-Bezug klar und
verständlich. Die Zahlenangaben (1 600 Teilnehmer, 6. baden-
württembergische Volkswanderung, 30 km Wegstrecke) sind
im Clip nicht an einer Stelle massiert, sondern verteilt. Dass
Teilnehmer an solchen Volkswanderungen eine Medaille erhalten, ist üblich. Ob aber »jeder« eine bekommen hat, ging aus

dem Ursprungsmaterial nicht genau hervor. Hier bedarf es einer Nachfrage.

Die Beispiele von den Nachrichten-Profis sind unterschiedlich ausgefallen. Das zeigt die Spielräume, die es trotz aller handwerklichen Regeln gibt. Und Ihre NiF?

- Mit welcher Version hat sie (mehr) übereingestimmt?
- Was würden Sie anders machen, nachdem Sie die beiden Beispiele gesehen haben?
- Was würden Sie mit welcher Begründung so lassen, obwohl es von beiden Beispielen abweicht?

Nachrichtenfilme bearbeiten

Keine Redaktion kann an allen Schauplätzen der Welt (und allen Schauplätzen des eigenen Landes) Korrespondenten haben. Und so entstehen oft die Nachrichtenfilme am Schreibtisch, die dem Zuschauer trotzdem das Gefühl vermitteln, dass sie von einem sachkundigen Journalisten über die Ereignisse beispielsweise in einer Krisenregion informiert werden.

Auf das Filmmaterial hat der Redakteur in solchen Fällen keinerlei Einfluss mehr: Er ist auf die Motive, Einstellungen, Szenen und O-Töne angewiesen, die von den Agenturen angeboten werden. Insbesondere wenn es um Berichte aus Katastrophengebieten geht, ist die bildliche Qualität oft eher schlecht. Trotzdem müssen dadurch nicht auch die NiFs schlecht werden.

Telefongespräche und gründliche Agenturlektüre sind wichtige Voraussetzungen, um die entsprechenden Grundlagen für einen Film zu haben. Wer das Büro nicht verlassen hat und über ein Ereignis berichten will, an dem er nicht teilgenommen hat, sollte sich so viele Informationen wie möglich besorgen. Die Recherche vom Schreibtisch aus kann dabei nicht selten gründlicher ausfallen als es vor Ort möglich ist, auch wenn inzwischen (fast) überall Internet-Zugang gegeben ist. Zusätzliche Hintergrundinformationen aus Archiven und Expertengespräche lassen sich im Redaktionsalltag einfacher organisieren als im Krisengebiet. Selbstverständlich geht es auch hier um *die W-Fragen: Wer? Was? Wann? Wie? Wo? Warum?* Gerade bei Katastrophen finden sich schnell diese Basisinformationen in den Agenturen wieder.

→ Tipp: Aber Achtung: Auch während des Schnitts sollte man sich auf dem Laufenden halten. Denn gerade in den ersten Stunden nach einem Ereignis verändern sich oft noch grundlegende Fakten (nicht nur die Zahl der Opfer, sondern auch Ursache, Ort, Hergang, Verantwortliche).

Filme aus inländischem Material werden vor allem dann im Sender produziert, wenn

- die Redaktion das Material ankauft oder
- der Kollege vor Ort keine Zeit/keine technische Möglichkeit zum Schnitt hat und seine Aufnahmen nur überspielt.

Bei angekauftem Material handelt es sich meist um Bilder von *Fernsehagenturen*, die teilweise auch Material zu inländischen politischen, kulturellen und bunten Themen anbieten. Gekauft wird aber auch Material von Produktionsfirmen oder freien Kamerateams z. B. über Verkehrsunfälle und Brände.

Gelegentlich melden sich *Amateurfilmer*, die zufällig Augenzeuge eines Ereignisses geworden sind, und wollen ihr Material verkaufen.

Bilder aus dem Netz/Zuschauervideos sind oft Augenzeugenvideos, gedreht mit Amateurkameras, Fotoapparaten mit Videofunktion oder Mobiltelefonen. Die genaue Herkunft solcher Bilder und Filme ist häufig schwer zu klären. Bleibt die Quellenlage unklar, muss das für die Zuschauer deutlich gemacht werden. Problematisch ist in der Regel auch die Bildqualität. Als Zusatzinformation oder als erste Bildinformation nach Ereignissen können sie hilfreich sein, sollten aber in jedem Fall gesondert gekennzeichnet und mit einer Quellenangabe versehen werden.

Die EBU. Das Material für Filme aus dem Ausland dagegen kommt bei ARD und ZDF meist von der EBU (European Broadcasting Union), bei Privatsendern hauptsächlich von TV-Nachrichtenagenturen und von Partnersendern, oder es wird von Fall zu Fall bei anderen Sendern im Ausland gekauft. In der EBU sind 75 Rundfunkanstalten aus 56 Ländern zusammengeschlossen. In Deutschland sind nur ARD und ZDF Mitglieder. Mit weiteren 35 Stationen arbeitet die EBU zusammen (www.ebu.ch). Sie hat ihren Sitz in Genf (Schweiz) und organisiert für die europäischen TV-Anstalten den weltweiten Nachrichtenaustausch, an dem sich die einzelnen Sender und auch Bildagenturen beteiligen.

Für diesen Austausch gibt es zwei wichtige Stränge: Zum einen bieten die einzelnen *TV-Stationen* Material an, das dann in den Austausch eingespielt wird. Zum andern wird entsprechendes *Agenturmaterial* dazugekauft: von *reuters TV, APTN* (Television News der Nachrichtenagentur Associated Press) oder *Worldwide Television News*.

→ Tipp: Für Agenturmaterial gilt: Vorher klären, ob die eigene Fernsehstation einen entsprechenden Vertrag mit der Agentur hat und die Bilder verwendet werden dürfen.

Mehrmals täglich zu festen Zeiten wird das vorher angekündigte EBU-Material überspielt. Zu jedem Beitrag gehört ein *Dopesheet*. Das ist eine Inhaltsangabe in Englisch mit Beschreibung des Bildmaterials (auch Schlüsselbildern) und Übersetzung der O-Töne. Die Dopesheets sind als Basisinformation die entscheidende Grundlage für die Bearbeitung der NiFs. Sie können über interne Web-Seiten der EBU abgerufen werden oder kommen über das Agentursystem, Fax oder Mail in die Redaktionen.

Der Text von Nachrichtenfilmen muss nicht immer streng nachrichtlich gehalten sein: Der erste Satz muss also nicht einem klassischen Leadsatz entsprechen, sondern soll vor allem ins Thema führen, kann durchaus auch emotional getextet sein oder Schlagzeilen benutzen.

Beispiel: `Noch einmal davon gekommen. Die achtjährige Julia kann es gar nicht fassen, dass sie nach über 24 Stunden noch aus den Trümmern des eingestürzten Hauses gerettet wurde.`

Erst im Anschluss an diesen personalisierten Einstieg würde dann über die Zahl der Toten, Verletzten und die Unglücksursachen berichtet. Im Idealfall würde das Mädchen dann am Ende des Films noch einmal auftauchen:

```
Julia muss jetzt erst einmal ins Krankenhaus.
Nach ihren Eltern wird weiter gesucht.
```

Wenn die Zeit sehr drängt, kann es durchaus Sinn machen, den Text schon vor dem Schnitt zu schreiben. Gerade wenn die Bildauswahl nicht sehr groß sein wird, braucht es nicht viel Phantasie, um sich die Schnittfolge vorzustellen. Idealerweise natürlich entsteht der Text im Schnitt oder hinterher und lässt sich von den Bildern leiten.

Beispiel für einen Nachrichtenfilm. Das Thema: Präsidentenvereidigung und Unabhängigkeit vom »großen Bruder«. Bilder und Inhalte sind fiktiv, gehören aber so oder ähnlich zum Alltag in den TV-Nachrichtenredaktionen.

Die Menschen in der Hauptstadt tragen heute Sonntagskleidung. Die Vereidigung ihres neuen Präsidenten gibt Anlass zum Feiern.

Menschenansammlung
vor dem Volkshaus

Der Festsaal ist bis auf den letzten Platz belegt. Keiner will verpassen, wenn xy den Eid auf die neue Verfassung schwört.

Volkshaus innen/Tribüne

Zuschauer nah

Einige Militärs schauen skeptisch. Denn der neue Präsident galt ihnen in den vergangenen Jahren als ungeliebter Oppositionspolitiker. Einige Zeit hat xy sogar im Gefängnis verbracht. Aber das spricht er heute nicht an, xy will versöhnen.

Präsident nah/Koran auf
dem Tisch

O-Ton (Übersetzung)
»Mein Einsatz in den nächsten Jahren gilt dem ganzen Volk und nicht nur denjenigen, die mich gewählt haben. Nur gemeinsam können wir unser Land voranbringen, nur gemeinsam können wir die Zukunft gestalten.«

Gruppe vor dem Gebäude,
Präsident geht durch die
Menge

Zustimmung für seine Worte – auch von den Menschen vor dem Festsaal. Der neue Präsident ist *ihr* Präsident: tosender Applaus, Fahnen und Sprechchöre für den Mann, der ihre Hoffnung ist.

Menschengruppe

Aber das kann nicht darüber hinwegtäuschen: xy hat immer noch Feinde im eigenen Land.

Gruppe von bärtigen
Kämpfern

Heute haben sie sich nicht bis zum Festsaal vorgewagt. Aber in den Straßen der Hauptstadt waren sie deutlich präsent. Ihre unausgesprochene Warnung an den neuen ersten Mann im Staat: Wir sind immer noch da.

Mann hält sich Ohren zu,
Nationalflagge

Dabei bekommen sie finanzielle und politische Unterstützung vom wirtschaftlich starken Nachbarn, der das neue Selbstbewusstsein in der kleinen Republik nicht schätzt.

Außeneinstellung: Leute
mit Schusswaffen

Die Vereidigung des neuen Präsidenten ist ein wichtiger Schritt für das Land, das sich in den vergangenen Jahren trotz mancher Rückschläge auf den Weg in Richtung Demokratie gemacht hat. Aber erst der Alltag wird zeigen, wie gefestigt diese Demokratie tatsächlich ist.

Die Arbeit mit den »Euros« erfordert von den Redakteuren vor allem außenpolitisches Interesse. Über die verschiedenen Krisenherde der Welt sollte man gut informiert sein. Darüber hinaus erfordert das Bearbeiten des Feedmaterials vor allem Schnelligkeit (häufig kommt es erst kurz vor der Sendung), Genauigkeit und Phantasie, um aus oft knappen Bildern und O-Tönen doch noch ansprechende Beiträge zu machen. In vielen Redaktionen gilt die Arbeit trotzdem als eine Aufgabe, die gern auch Anfängern übertragen wird. Und das ist sicher eine gute Gelegenheit, Erfahrung in der Produktion von Beiträgen zu sammeln.

Dopesheet (Inhaltsbeschreibung) für einen EBU-Beitrag (»Online plus«)

Wortnachricht

Grundsätzlich gelten für Wortnachrichten im Fernsehen natürlich dieselben Kriterien der Relevanz und Objektivität wie in anderen Medien. Wie beim Hörfunk haben Nachrichtenredakteure auch im Fernsehen bei der Formulierung ihrer Meldungen stets auf die spezifischen Rezeptionsbedingungen des Hörens und Verstehens gesprochener Texte zu achten. Jedes Wort, jeder Satz muß gleich beim ersten Hören verstehbar sein. Der Hörer/Zuschauer hat nicht wie der Zeitungsleser die Möglichkeit, etwas noch einmal nachzulesen.[1]

Die übliche Nachrichtensituation (Moderator/Sprecher liest Texte im »On«) ist ihrem Wesen nach fernseh-untypisch. Das Bemühen, sie durch unterstützende Elemente wie (animierte) Grafiken, Fotos oder Landkarten für den Zuschauer abwechslungsreicher zu gestalten (vgl. »Grafik: Texte optisch unterstützen«), hat Konsequenzen für die Formulierung der Nachrichten. Sie sollten auf die grafischen Elemente Bezug nehmen. Nachrichtenredakteur und Grafiker müssen sich z. B. bei Ortsnamen in Karten und Zahlen in Grafiken abstimmen, damit die Informationen in Text und Bild dieselben sind. Keinesfalls darf es zu irritierenden Unterschieden kommen. So sollte die Headline (Überschrift) einer Grafik auch Teil des Nachrichtentextes sein, möglichst schon des Leadsatzes.

Mit dem Aufkommen der Newsshow und der Konzentration auf die Person des Anchors wird die Grenze zwischen purer Nachricht und Moderation immer mehr verwischt. Lockerheit geht dabei leicht auf Kosten der Seriosität. Formulierungen wie

```
Die Pflegeversicherung muss auf die Intensiv-
station
```

oder

```
Die Wähler zeigen der Bundesregierung die Rote
Karte
```

taugen sicher als Boulevard-Schlagzeile, in Nachrichten sollte man jedoch auf sie verzichten.

Am wenigsten infiziert vom Virus der Lockerheit um jeden Preis ist sicher die altehrwürdige Tagesschau im Ersten. Wo sich bei ihr

`Ausgaben auf eine zweistellige Millionensumme belaufen,`

heißt es bei Vox

`Millionen wurden verpulvert.`

Einen Staatssekretär, der in der Tagesschau

`in den einstweiligen Ruhestand versetzt`

wurde, hat man bei der Konkurrenz schlicht

`in die Wüste geschickt.`

Zwei Grundhaltungen stehen sich gegenüber: Seriosität und Glaubwürdigkeit durch korrekte Formulierungen auf der einen – leichtere Konsumierbarkeit und höhere Aufmerksamkeit durch saloppe Sprache auf der anderen Seite.

Im Sinne der Verständlichkeit ist es geradezu geboten, Nachrichten möglichst anschaulich und lebhaft zu formulieren. Wo aber wichtige sachliche Details Schlagworten geopfert werden, verfehlen Nachrichten ihre eigentliche Funktion: wahrheitsgetreu, umfassend und objektiv zu informieren.

[1] Walther von La Roche, Fürs Hören schreiben; in: Walther von La Roche/Axel Buchholz (Hrsg.), Radio-Journalismus (9. Auflage, Econ, Journalistische Praxis, Berlin 2009)

Weiterführende Literatur:
Sandro Viroli: Die Fernsehnachricht, in Dietz Schwiesau/Josef Ohler, Die Nachricht (Journalistische Praxis, List, 2003)

Umfrage/Vox Pop

In einer Umfrage werden kurze Antworten mehrerer Befragter in schneller Folge präsentiert. Dabei kann der fragende Reporter auch zu sehen (und hören) sein, nötig ist dies aber nicht. Die Antworten sind unter wissenschaftlichen Gesichtspunkten nicht repräsentativ. Unter journalistischen Aspekten sind sie dennoch sinnvoll. Sie können

- einen Überblick über das *Meinungsspektrum* zu einem Thema geben,
- einen Eindruck davon vermitteln, wie der *Wissensstand* zu einem Thema ist,
- lustig sein und einfach nur *unterhalten*.

Selten wird ein Thema nur mit der Darstellungsform Umfrage behandelt. Meist ist die Umfrage *Bestandteil eines Berichts* oder sie *ergänzt* andere Darstellungs- oder Sendungsformen wie z. B. Magazinstück, Reportage, Diskussion oder Talkshow.

Wie eine Umfrage wirkt, oder wirken kann, wenn sie gut ist:

- Sie ist *belebend* durch die schnelle Abfolge von Antworten.
- Sie ist durch die natürliche *Alltagssprache* der Befragten *zuschauernah* und
- verhindert so den Eindruck, dass *»über die Köpfe hinweg«* gesendet wird.
- Sie *regt zum Mitdenken an,* weil sich der Zuschauer direkter angesprochen fühlt, sich mit »seinesgleichen« leichter identifizieren kann.

Der Aufnahmeort hängt vom Inhalt der Frage ab. Will man herausfinden, was Frau und Herr Jedermann von einer Sache wissen, wird man dort fragen, wo man ein *allgemeines* Publikum antrifft, also z. B. in einer Fußgängerzone. Umfragen in einer *bestimmten Gruppe* der Bevölkerung gehen natürlich viel schneller, wenn der Umfrageort entsprechend ausgewählt wird: Studenten an der Universität, Reisende vor dem Bahnhof und Arbeiter vor den Werkstoren eines Industriebetriebs. Wer bei solchen Umfragen *»draußen vor«* bleibt, braucht keine Drehgenehmigung, die z. B. in einem Bahnhof oder in einem Kaufhaus wegen des Hausrechts erforderlich wäre (vgl. »Rechtstipps für Fernsehjournalisten«).

→ Tipp: Drehen Sie in solchen Fällen vor den Türen/Toren. Das spart Zeit und hat zudem den Vorteil, dass die Befragten meist unbefangener reagieren.

Bei der Ortswahl muss auch an den *Ton* gedacht werden. Zu laute Hintergrundgeräusche sind ebenso schlecht wie sehr große Unterschiede in der Lautstärke, weil es dadurch beim Aneinanderfügen der einzelnen Antworten zu unangenehmen *Tonsprüngen* kommen kann.

Der optische Hintergrund wertet eine Umfrage auf. Die Frage nach der »Raucherecke« wirkt im Betrieb (Dreherlaubnis) authentischer als irgendwo auf der Straße. Meinungen zum Sommerschlussverkauf sind in Geschäften (Dreherlaubnis) und vor Schaufenstern (keine Dreherlaubnis) gut ins Bild gesetzt. Unter Passanten (vielleicht mit Einkaufstüten in der Hand) in einer Ladenpassage (Dreherlaubnis, wenn nicht einfach nur überdachte Straße) wirkt eine solche Umfrage glaubwürdig – ein ruhiger Park dagegen wäre der falsche optische Rahmen. Blickfang muss allerdings stets der *Befragte* sein. Der Hintergrund darf durch zu starke optische Reize *nicht ablenken*, er soll nur *einordnen.* Vorsicht ist auch geboten vor Werbung durch Firmennamen im Hintergrund.

Die Auswahl der Befragten geschieht überlegt. Da ein Überblick über die vertretenen Meinungen das Ergebnis einer Umfrage sein soll, muss auch ein *Querschnitt* der Passanten gefragt werden; bei allgemeinen Umfragen also Männer und Frauen, Jüngere und Ältere immer im Wechsel. Die unterschiedlichen Stimmen und das unterschiedliche Aussehen machen die Umfrage zudem abwechslungsreicher. Wird die Umfrage nur in einer bestimmten Zielgruppe durchgeführt, sollte man darin entsprechend variieren. Dabei daran denken: Die Aussage wird vom Zuschauer automatisch in Beziehung gesetzt zum Erscheinungsbild. Exotisch oder exzentrisch aussehende Befragte haben einen hohen Aufmerksamkeitswert, werden aber nicht bei jeder Fragestellung gleich ernst genommen.

Die Blickrichtung der Befragten: Abwechselnd mal leicht von links und mal leicht von rechts sollten die Befragten ins Bild schauen.

Guter Anschluss

Blicken sie aus derselben Richtung, gibt das einen schlechten Bildanschluss. Die Befragten richtig ins Bild zu setzen, ist Aufgabe von Kameramann bzw. Kamerafrau.

Schlechter Anschluss

Der Reporter hilft dem Kameramann bei der Aufnahme. Er stellt sich abwechselnd mal links und mal rechts vor den Befragten. Dadurch ergibt sich ohne viele Erklärungen, die nur verunsichern würden, die richtige Blickrichtung.

Wie sich der Reporter stellt

Auch die Einstellungsgrößen sind wichtig für den Bildanschluss. *Unterschiedlich große* Einstellungen passen besser hintereinander. Sehr ähnliche Einstellungsgrößen hintereinander geschnitten wirken nämlich leicht wie ein Bildsprung, also störend. Deutlich unterschiedliche Einstellungsgrößen werden vom Zuschauer dagegen als absichtlicher Bildwechsel wahrgenommen. Also: Nicht Kopf groß auf Kopf groß, sondern besser an einen großen Kopf mit einem »Brustbild« anschließen.

Die richtige Frage ist mitentscheidend für den Erfolg einer Umfrage:

- Der unvorbereitete Passant auf der Straße muss sie ohne Mühe verstehen können. Sie darf also auch nicht zu lang sein.
- Die Antwort auf die Frage sollte einen vollständigen, aus sich heraus verständlichen Satz ergeben.

Bekommt der Reporter z.B. nur nichts sagende Ja/Nein-Antworten, muss er seine *Fragestellung überdenken*. Oft hilft es, wenn in die Frage die Bitte eingeschlossen wird, doch »mal seine Meinung zu begründen« oder »mal zu erzählen, was man sich unter einem bestimmten Begriff vorstellt«. Keinesfalls darf der Reporter eine Bestätigungs- oder Suggestivfrage stellen, die es dem Befragten leicht macht, sich mit einer kurzen Floskel aus der Affäre zu ziehen.

Suggestiv-Frage: Und Sie sind auch zufrieden, dass Sie mit dem Einkaufen bis zum Sommerschlussverkauf gewartet haben?
Antwort: Ja, natürlich.

Verbale Zurückhaltung des Reporters trägt zum Gelingen von Umfragen bei. Also:

- Nicht zu schnell nachfragen, oft brauchen die Befragten etwas Zeit.
- Nicht mit Nachfragen unterbrechen. Das gibt beim Schnitt Probleme.
- Keine Bestätigungslaute (»hm, hm«) und kein »ja, ja«. Es wirkt komisch, wenn der Zuschauer zusammen mit den Antworten ständig solche Töne von einem (unsichtbaren) Reporter hört.

- Nach Ende der Antwort mit dem »Dankeschön« etwas warten. Vielleicht braucht man beim Schnitt eine kleine Pause für eine kurze Tonblende.

Die Passanten richtig ansprechen – das erleichtert die Arbeit bei der Umfrage. Wer antwortet, tut nicht sich, sondern dem Reporter einen Gefallen. Dass der Journalist deshalb korrekt und höflich auftreten sollte, versteht sich von selbst. Entscheidend ist aber auch, dass er keine Formulierungen gebraucht, die es dem Befragten leicht machen, *eine Antwort abzulehnen*. Also nicht:

```
Darf ich Sie mal etwas fragen?
```

Noch schlechter:

```
Haben Sie Zeit für eine kleine Frage?
```

Mit dieser Formulierung wird nämlich die Begründung für die Ablehnung gleich mitgeliefert. Besser ist es, wenn man beim Ansprechen seine Bitte nicht in Frageform vorträgt, sondern so:

```
Ich möchte Sie gern für den Sender »XY«
nach Ihrer Meinung zum Sommerschlussver-
kauf befragen. Sagen Sie doch bitte mal ...
```

Das Recht am eigenen Bild und Wort muss dabei strikt beachtet werden: Nur wer zugestimmt hat, darf aufgenommen werden. Die Zustimmung muss aber nicht ausdrücklich erklärt werden. Wer auf solch eine Frage antwortet und zudem Kamera und Mikrofon (mit Senderlogo) sieht, dessen Zustimmung darf vorausgesetzt werden (vgl. »Rechtstipps für Fernsehjournalisten«).

0-Töne/Statements

O-Ton ist beim Fernsehen (wie im Radio-Journalismus) zum allgemein üblichen Fachausdruck für authentische *Wort*-Aufnahmen geworden, für kleine »Ton-Dokumente«. O-Töne können sein:

- speziell eingeholte Stellungnahmen (Statements),
- ohne Aufforderung des Journalisten gesprochene Wort-Passagen, »belauschtes Leben«,
- Ausschnitte aus Reden und Pressekonferenzen (vgl. »Redeausschnitte«) und
- Wort-Passagen aus Archivmaterial (vgl. »Archive«).

Das Statement ist eine eigene Darstellungsform: eine *gezielt* von einem Journalisten zur Ausstrahlung im Original-Ton eingeholte kurze Stellungnahme. Im politischen Sprachgebrauch versteht man unter Statement eine Erklärung oder Verlautbarung. Im Fernseh-Journalismus (auch im Radio) bedeutet Statement aber nicht etwa die vollständige oder teilweise Wiedergabe einer solchen amtlichen/offiziellen Mitteilung. Beim journalistischen Statement geht die Initiative immer vom Journalisten aus. Solche Stellungnahmen/Statements *ergänzen* Meldungen in den Nachrichtensendungen (vgl. dort und alle Beiträge zu Nachrichten im Kapitel »Beiträge/Darstellungsformen«) oder sind *Bestandteile* von Berichten/Reporterberichten, Reportagen und Features/Dokumentationen (vgl. jeweils dort).

In der Authentizität liegt vor allem ihr Wert. Dem Einholen eines Statements geht also in der Regel die Überlegung voraus, ob der Inhalt einer Aussage so hoch zu veranschlagen ist, dass sie formal derartig herausgehoben werden soll. Meist trifft dies nur für Kernsätze mit Nachrichtenwert oder zumindest zentraler Bedeutung zu.

Das Statement als Notbehelf. Das Argument, dass es *keine Bilder* gibt, um einen Text optisch besser umzusetzen, sollte nicht ausreichen. Dennoch wird es in der Praxis immer mal wieder gebraucht.

Statements schnell und gezielt einholen. Bei dieser Methode hat sich der Journalist vorher so genau wie möglich überlegt, welche Aussage er im O-Ton braucht. Mit dem O-Ton-Geber trifft er vor dem Dreh dann eine präzise Absprache. Der Inhalt wird auf den gewünschten Aspekt des Themas begrenzt (*Eingrenzung*) und die dafür zur Verfügung stehende *Zeit* wird vorgegeben. Erfahrene Partner wie Politiker und Pressesprecher geben gern solche Statements. Es geht schnell und sie können ihre Meinung unbeeinflusst von Reporterfragen formulieren. Zudem dürfen sie einigermaßen sicher sein, dass ihre Stellungnahme auch so gesendet wird.

O-Töne im Interview einholen. Oft weiß der Journalist selbst noch nicht genau, welche Informationen er im eigenen Text vermitteln und welche er im O-Ton senden will. Dies kann daran liegen, dass er sich auf sein Thema nicht ausreichend *vorbereitet* hat, sich über den Aufbau noch *unklar* ist oder seine Entscheidung von der *Qualität* der O-Töne abhängig machen will. Dann führt er mit dem O-Ton-Geber ein Interview, in dem er ein breites Spektrum von Fragen zu dem Thema stellt.

Immer empfiehlt sich die Interview-Methode, wenn der Journalist nachfragen muss, damit der Statement-Partner nicht ausweicht oder beschönigt oder durch den Dialog eine förderliche Stimmung geschaffen werden soll. Das kann sein, wenn erwünscht sind:

- Reaktionen auf überraschende Vorhaltungen,
- Stellungnahmen zu für den Partner kritischen/unangenehmen Themen,
- emotionale Äußerungen,
- Statements von im Umgang mit dem Fernsehen unerfahrenen Partnern.

In diesen Fällen erbittet der Journalist von vornherein ein Interview mit dem Hinweis, daraus *nur bestimmte Passagen* als O-Ton verwenden zu wollen. Streng genommen handelt es sich dabei um ein fernsehspezifisches *O-Ton-Recherche-Interview*.

Eine Einstiegsfrage hilft unerfahrenen Statement-Gebern meist sehr. Der Journalist stellt dabei nur zu Beginn eine Frage, damit der Partner ihm antworten kann und nicht das Gefühl hat, ganz auf sich gestellt in das Objektiv der Kamera sprechen zu müssen. Manfred Buchwald (vgl. »Autoren«) gab dazu in einer Vorauflage folgendes Beispiel:

Reporter: Herr XY, Ihre Gewerkschaft hat heute die Leitlinien für die Tarifpolitik dieses Jahres beschlossen. Erläutern Sie uns bitte die zentralen Forderungen.

Antwort von XY: Die Gewerkschaft XYZ wird bei der bevorstehendenTarifrunde mit Vorrang für eine Verkürzung der Lebensarbeitszeit eintreten usw.

Die Einstiegsfrage wird für die Sendung gestrichen, findet sich inhaltlich jedoch in der einleitenden Nachrichtenformulierung wieder:

Tarifpolitische Leitlinien für die bevorstehende Verhandlungsrunde mit den Arbeitgebern hat heute die Gewerkschaft XYZ auf ihrem Vertrauensleute-Kongress in A beschlossen.

Es folgt das Statement des Vorsitzenden mit Namens- und Funktionseinblendung (Insert).

Die Fragen werden nicht gebraucht, müssen also nicht sendefähig formuliert sein. Sie dienen nur dem Zweck, möglichst gute O-Töne zu bekommen. Mal leistet das eine sachliche Frage am besten, mal eine provozierende oder schmeichelnde, mal eine mitfühlende. Der Zuschauer wird es nicht erfahren, ebenso wenig wie der Zeitungsleser weiß, wie ein wörtliches Zitat in einem Artikel zustande gekommen ist. Trotzdem gelten natürlich auch für solche »Recherche-Interviews« die Regeln der Fairness und des journalistischen Anstands.

O-Töne mit Leben erfüllen. Manche O-Töne erfüllen ihren Zweck ausreichend, wenn sie informativ und verständlich sind. Andere sollen möglichst lebendig oder voller Gefühl sein, sollen eine bestimmte Situation oder Charakteristisches für die Person des O-Ton-Gebers vermitteln. Solche O-Töne wird man nicht mit dem Hinweis bekommen »Nun seien Sie mal etwas lebhaft« oder »Nun zeigen Sie mal etwas Gefühl«.

Erfolg kann man dagegen haben, wenn es gelingt, den O-Ton-Geber in eine Situation zu versetzen, die seine Art zu reden automatisch in dem gewünschten Sinn beeinflusst. Beispiele:

- Eine Mutter berichtet über die ersten Lebensmonate ihres Babys beim Anschauen alter Fotos oder mit dem Kind auf dem Schoß.
- Der Züchter erzählt im Stall über sein preisgekröntes Pferd.
- Der Arzt nennt nicht einfach die Kriterien für ein gutes Patientengespräch, sondern gibt wieder, wie er sein letztes geführt hat.
- Der Lehrer beklagt sich nicht distanziert über mangelnde Disziplin, er schildert besser den letzten Vorfall in seiner Klasse.

Solche O-Töne (zur optischen Umsetzung vgl. weiter unten) bekommt der Journalist in der Regel nicht zwischen Tür und Angel. Dafür muss er sich Zeit nehmen und ein gewisses Vertrauensverhältnis zum O-Ton-Geber aufbauen.

O-Töne vor Ort mit Hintergrundgeräuschen (oder mit »Atmo«) aufnehmen, auch das macht sie lebendiger. Dabei ist zu beachten:

- Hintergrundgeräusche sollen die Aussage unterstützen, müssen also einen Bezug zu ihr haben.
- Lärm, der vom Zuschauer nicht zugeordnet werden kann, stört nur.
- Hintergrundgeräusche dürfen nicht zu laut sein. Das macht die O-Töne im Verhältnis zum Kommentar (also dem Sprechertext) zu schwer verständlich. Der Zuschauer muss sich bei jedem Akustik-Wechsel umstellen.
- Das Geräusch/die Atmo muss vor Beginn und nach dem Ende der Wortpassage eine kurze Weile allein zu hören sein. Diese Zeit wird eventuell für eine Blende gebraucht.
- Hintergrundgeräusche sollten einigermaßen gleichmäßig laut sein, große Schwankungen irritieren
- Musik als Hintergrund ist problematisch. Wenn man Texte verstehen kann oder der Takt von Instrumental-Titeln genau zu hören ist, dann wirken Kürzungsschnitte an der falschen Stelle taktlos. Deshalb, wenn überhaupt, Musik nur ganz leise im Hintergrund.

Allen Antworten des O-Ton-Gebers hört der Journalist bei der Aufnahme nicht nur unter dem Gesichtspunkt zu, ob sie inhaltlich seiner Konzeption des Beitrags entsprechen. Wichtig ist außerdem:

■ Hat der Partner die gewünschte Passage *in vollständigen Sätzen* gesprochen, die für sich allein verständlich sind?

■ Ist die Passage *kurz genug*?

■ Hat der Partner am Ende des gewünschten Takes auch »auf Punkt gesprochen«, bleibt er also *mit der Stimme unten?* Wenn er mit der Stimme oben aufhört, »hängt« der O-Ton. Man hat beim Zuhören den Eindruck, da sei etwas abgeschnitten worden.

Ist eines dieser Kriterien nicht erfüllt – das Ganze noch einmal (Die erste Version aber nicht löschen, die zweite könnte noch schlechter sein!). Solange man vor Ort ist, kann man seine O-Töne noch optimieren.

Für die Bitte um Wiederholung eines Statements braucht man etwas Mut, vor allem aber auch Sensibilität und »pädagogisches Geschick«. Folgende Hinweise helfen dabei:

■ Wird ein Satz *nicht vollständig begonnen* (..., `dass ich bald wieder gesund werde!`), gleich mit der Bitte unterbrechen, doch so anzufangen: `Ich hoffe, dass ich ...`

■ *Verspricht sich* der O-Ton-Geber zu häufig oder klingt er zu *langweilig* und *zögerlich,* mit einem zarten Hinweis darauf um Wiederholung bitten. Dabei mit einem kleinen Scherz für entspanntere Stimmung sorgen. Selbst mit Dynamik und Engagement sprechen (Wie man in den Wald hineinruft ...).

■ Drückt sich der O-Ton-Geber *zu kompliziert* oder *unverständlich* aus, einfach dieselbe Frage (gleich oder später) noch einmal stellen. Manchmal klappt's im zweiten Anlauf besser.

■ Wenn das nicht hilft, abbrechen und mit dem O-Ton-Geber *gemeinsam* nach einer besseren Formulierung suchen. Dafür vorsichtig Vorschläge einbringen: »Ich überlege, ob wir das nicht noch klarer sagen können. Vielleicht wäre es nicht schlecht, wenn Sie so anfangen würden ...«.

- Sinnvoll ist in solchen Fällen oft auch die *Änderung des eigenen Konzepts:* den komplizierten Sachverhalt im Kommentar selbst erklären und vom O-Ton-Geber mit einem Beispiel illustrieren lassen. Es ist für ihn einfacher, Beispiele aus eigener Erfahrung zu erzählen als abstrakte Zusammenhänge darzustellen.
- Ist ein O-Ton-Geber sehr zurückhaltend gegenüber persönlichen Fragen (nach Gefühlen, Hoffnungen, Ängsten), nicht drängen, Zeit lassen. Oft kommt nach dem ersten zögerlichen Halbsatz noch mehr, wenn man nur lange genug *wartet* und nicht gleich mit der nächsten Frage nachfasst.

Natürlich ist mit dem einen O-Ton-Geber nicht umzugehen wie mit dem anderen. Und natürlich wirken auch die Journalisten sehr unterschiedlich auf ihre Partner. Was bei dem einen Interviewer als willkommene Hilfe empfunden wird, mag bei einem anderen als zu bedrängend stören. Jeder Journalist muss deshalb Schritt für Schritt seine eigene Methode entwickeln, gute O-Töne zu erarbeiten und sich dennoch auf neue Partner immer wieder neu einstellen (vgl. »Interview«, Vorgespräch).

Seine eigenen hörbaren Reaktionen auf Aussagen des Partners muss der Journalist unterdrücken. Jedes »hm, hm« oder »aha« als Bestätigung stört im O-Ton. Schlimmstenfalls kann deshalb eine ganze O-Ton-Passage nicht verwendet werden. Deshalb: Nicken zur Bestätigung, Lächeln – aber keine averbalen Laute.

Belauschtes Leben im O-Ton. Besonders natürlich und aussagestark sind oft O-Töne, die nicht extra für das Mikrofon produziert, sondern dem Leben »abgelauscht« wurden: Die Unterhaltung der Marktfrau mit einer Kundin, die Gespräche und Zurufe spielender Kinder, die Diskussion der Politesse mit einem Parksünder, die letzten Anweisungen eines Trainers vor dem Wettkampf, die Absprachen und Anweisungen der Helfer bei einem Unglück – all das können eindrucksvolle O-Töne sein, besonders für »gebaute« Reportagen und Features/Dokumentationen (vgl. jeweils dort).

Natürlich sind die Persönlichkeitsrechte (Schutz des nicht-öffentlich gesprochenen Wortes) bei solchen Aufnahmen zu beachten. Der Journalist darf also nicht einfach ein privates Gespräch (auch nicht auf einem Marktplatz) mit Kamera und Mikrofon belauschen. Er braucht eine *Genehmigung,* die manchmal allerdings auch als stillschweigend erteilt gelten kann, wenn ein Mikrofon mit Senderlogo deutlich sichtbar hingehalten und trotzdem weitergesprochen wurde (vgl. »Rechtstipps für Fernsehjournalisten«).

Die Kamera macht befangen. Was eben noch natürlich klang, hört sich plötzlich gestelzt und künstlich an. Meist verliert sich das jedoch nach einer geraumen Zeit. Deshalb braucht der Journalist für Aufnahmen, mit denen er »das Leben belauschen« will viel Zeit und auch das Vertrauen der Partner, dass mit den Aufnahmen korrekt umgegangen wird. Der Lohn solcher Mühen können dann beeindruckende O-Töne sein.

Bei Pressekonferenzen gibt es drei Möglichkeiten:
- Alles oder Teile aufzeichnen und geeignete Passagen als O-Ton auswählen.
- Selbst gezielt Fragen stellen und die Antworten darauf aufzeichnen.
- Nach der Pressekonferenz gezielt zu ausgewählten Punkten Statements einholen.

Meist dürfen bei Pressekonferenzen Journalisten auch ihre eigenen Mikrofone aufstellen. Die sind mit sog. »*Mikrofonreitern*« *versehen,* also deutlich sichtbarem Logo des Senders (auf Pressefotos und im Fernsehen erkennbar sind sie gutes Marketing).

→ Tipp: Achten Sie darauf, dass Ihr Mikro gut aufgebaut ist, also dicht am wichtigsten Sprecher. Achten Sie auch darauf, dass es durch andere nicht verstellt wird und das Logo dadurch vielleicht nicht mehr richtig zu sehen ist.

O-Töne aus Archivmaterial (vgl. »Archive, Bibliotheken, Dokumentationsstellen«) sind häufig eine Fundgrube für gute O-Töne. Für Beiträge über Jahrestage, Jubiläen und für historische Dokumentationen ist das Archiv also ein wichtiger Recherche-Ort.

Die Länge von O-Tönen. »Sprechende Köpfe« werden dem Medium Fernsehen in aller Regel weniger gerecht als in Bilder umgesetzte Informationen. Deshalb sollten Statements jedenfalls möglichst kurz sein. Die Spanne reicht (bei der Ausstrahlung) von nur wenigen Sekunden bis zu 30 Sekunden, selten mehr. Das hängt aber sehr ab von der Darstellungsform, deren Bestandteil sie sind, und auch vom Thema.

Um kurze Statements zu erreichen, werden immer häufiger *optische und akustische Zugeständnisse* wie diese gemacht: Statements enden im Ton mit »Stimme oben« oder ein gutes Schlussbild fehlt. Der Zuschauer merkt, dass der Statement-Geber danach noch weitergeredet hat. Diese formalen Unzulänglichkeiten werden dadurch aufgewogen, dass »unnötiges Geschwätz« und »zu viel Kopf im Bild« vermieden werden. Kürzungsschnitte, bei denen der Kopf dann im Bild einen kleinen Ruck macht, können auch ein dramaturgisches Mittel sein, um deutlich zu zeigen, dass geschnitten wurde.

Statements optisch umsetzen. Das ist neben der inhaltlichen Seite für den Fernsehjournalisten ein wichtiges Thema. Er muss dabei vor allem achten auf

- den Hintergrund und
- das Situative.

Der passende Hintergrund kann einen O-Ton optisch reizvoller machen und ergänzende Bildinformationen beisteuern. Besonders wichtig ist dies bei längeren Statements, die Bestandteil von Bericht, Feature oder Reportage sind. Da kann der Arbeiter z. B. am Fließband, der Landwirt im Stall oder der Bademeister im Schwimmbad aufgenommen werden. Schwieriger allerdings ist es, für den Beamten aus dem Ministerium, den Politiker aus dem Landtag und den Wissenschaftler von der Universität den entsprechenden Bildhintergrund zu finden.

Routine-Einstellungen sind oft die Folge: Der Beamte am Schreibtisch, der Wissenschaftler vor der Bücherwand und der

Politiker im Bundestagsfoyer oder vor dem Landtag. Weil es meist schnell gehen muss, sind solche »verbrauchten« Hintergründe oft nicht zu vermeiden. Schöner wäre es, wenn die Statement-Geber passend zum jeweiligen Thema vor Ort gezeigt würden.

Situative O-Töne zeigen den O-Ton-Geber in einer Situation und agierend. Nehmen wir die Beispiele von oben zu Atmo und Hintergrundgeräuschen:

- Eine Mutter berichtet über die ersten Lebensmonate ihres Babys beim Anschauen alter Fotos oder mit dem Kind auf dem Schoß.
  Bild: Sie blättert während des Sprechens im Fotoalbum, nimmt Fotos heraus, zeigt auf Einzelheiten. Sie kann auch ihr Kind wickeln, an- oder ausziehen oder im Kinderwagen schaukeln.
- Der Züchter erzählt im Stall über sein preisgekröntes Pferd.
  Bild: Er striegelt dabei das Pferd, säubert die Hufe, flicht Zöpfe in die Mähne oder tätschelt es.
- Der Arzt nennt nicht einfach die Kriterien für ein gutes Patientengespräch, sondern gibt wieder, wie er sein letztes geführt hat.
  Bild: Er zeigt eine Röntgen-Aufnahme mit der er seinem Patienten die Situation dargelegt hat.
- Der Lehrer beklagt sich nicht distanziert über mangelnde Disziplin, er schildert besser den letzten Vorfall in seiner Klasse.
  Bild: Der Lehrer demonstriert im Klassenraum oder auf dem Schulhof, was sich wie ereignet hat.

Situativer O-Ton: Schleusenwärter erklärt seine Arbeit;
Angler (größer im Bild) äußert sich zum Thema Geduld.

111

Die Einstellungsgröße beim O-Ton ist unterschiedlich: Von »Kopf groß« über »Brustbild« bis »halbtotal« ist alles möglich, abhängig davon, was eine Einstellung bewirken soll. Besonders gut unterstützt »Kopf groß« eindringliche oder emotionale Aussagen. Ein »Brustbild« vermittelt vergleichsweise mehr Sachlichkeit, »halbtotal« ist die passende Einstellungsgröße, wenn ein O-Ton-Geber agierend in seinem Umfeld gezeigt werden soll.

Die Blickrichtung ist ebenfalls zu beachten. O-Ton-Geber sollten den Zuschauer nicht direkt ansehen, also nicht direkt ins Objektiv der Kamera schauen. Besser wirkt es, wenn sie entweder leicht nach links oder nach rechts schauen, also etwas am Objektiv vorbei. Um das zu erreichen, postiert sich der Reporter etwas rechts oder links vom Kameramann. Wenn er von dort seine Einstiegsfrage stellt, blickt ihn der O-Ton-Geber automatisch an und damit in die gewünschte Richtung.

Wenn in einem Beitrag mehrere O-Töne verschiedener Personen verwendet werden, sollten die O-Ton-Geber abwechselnd mal nach rechts und mal nach links (und nicht alle in eine Richtung) schauen. Um sie entsprechend aufzunehmen, muss man für den

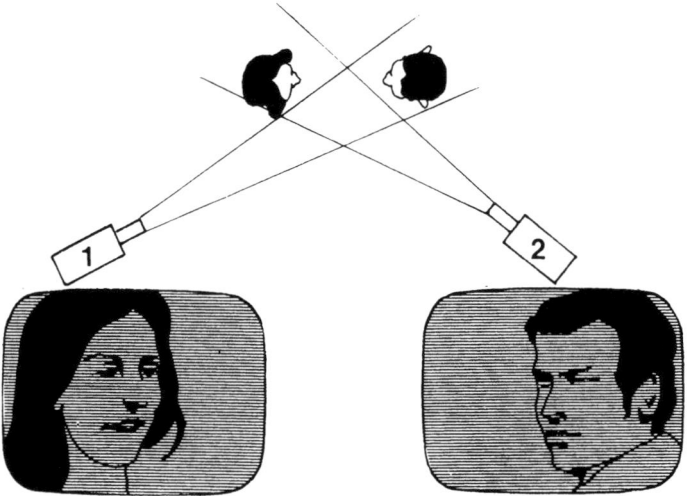

Blickrichtung abwechseln

Dreh schon die Reihenfolge festgelegt haben, in der sie später im Beitrag gezeigt werden sollen.

Bilder zum Antexten werden immer dann gebraucht, wenn der O-Ton nicht allein steht. Soll der Statement-Geber schon im Bild zu sehen sein, sobald er im Text zum ersten Mal »angesprochen« wird, ergibt sich die Frage, welche Bilder man von ihm sieht, bis er im Text eingeführt ist (zusätzlich dann noch »Bauchbinde« mit Namen und ggf. Funktion). Das wird unterschiedlich gelöst:

- Der Statement-Geber wird *bei seiner normalen Arbeit* gezeigt: Ein Arbeiter bei seiner Tätigkeit am Fließband, der Landwirt beim Füttern. Die Schwierigkeit dabei liegt im Übergang zum Reden. Der ist gestellt und wirkt häufig auch so. Eben noch telefoniert der Beamte, dann legt er den Telefonhörer auf und gibt unvermittelt (und meist leicht verkrampft) sein Statement. Immerhin sind damit unmittelbar vor dem Statement Bilder mit einiger Bewegung.
- Der Statement-Geber wird *stumm zuhörend* gezeigt. Diese Bilder bekommt der Reporter automatisch, wenn er dem Statement-Geber eine Eingangsfrage stellt. Diese Situation ist natürlicher. Im Bild ist aber weniger Bewegung.
- Selten: Vom Statement-Geber wird während des Antextens ein *Standbild* gezeigt. Das letzte Bild, bevor er den Mund zum Sprechen öffnet, wird also eingefroren.

Andere Lösungsmöglichkeiten bestehen darin,
- dass der Statement-Geber sich selbst vorstellt: `Mein Name ist Michael. Ich bin hier der Vorarbeiter ...` oder
- dass nur er eine »Bauchbinde« bekommt und die textliche Hinführung zu Bildern der vorangegangenen Sequenz geschieht.

In beiden Fällen braucht man keine Bilder eigens zum Antexten.

Statements unterschneiden. Kürzere Statements werden gleich in der richtigen Länge aufgezeichnet, also nicht mehr geschnitten. Bei längeren Statements wird das Bild des Statement-Gebers für kurze Zeit gern durch andere Bilder ersetzt, während er im Off weiterspricht. Auf diese Weise ist weniger »Kopf« im Bild und mehr Bewegung. Diese Bilder müssen aber im Zusammenhang mit der Aussage stehen, sollten sie im Idealfall *illustrieren*. Einige Einstellungen vom Fließband können z.B. die Aussage des Arbeiters über die von der Technik vorgegebene Arbeitsgeschwindigkeit belegen.

Statements kürzen. Das ist erforderlich, wenn der Statement-Geber sich beim besten Willen nicht kurz fassen kann oder wenn der Journalist nachträglich sein Konzept ändert.

Dafür gibt es drei Methoden:

- Das Bild wird einfach entsprechend der Kürzung im *Ton* geschnitten. Das ergibt ein »Rucken« im Bild (s. oben).
- Beim Aufzeichnen des Statements wird eine zu lang geratene Passage wiederholt. Die Wiederholung wird in einer deutlich *anderen Einstellung* aufgenommen und direkt an den ersten Teil des Statements angeschnitten. Der Zuschauer nimmt diesen Einstellungswechsel ebenfalls wahr, allerdings nicht als Fehler wie beim Rucken. Diese Technik empfiehlt sich auch, wenn der Statement-Geber sich *verspricht* und man keine Hoffnung haben kann, dass er das ganze Statement ohne störende Versprecher geben kann.
- Um das Rucken oder den Wechsel der Einstellungen zu vermeiden, wird die Schnittstelle im Ton durch ein »*Schnittbild*« überdeckt (vgl. »Bildschnitt«). Der Zuschauer sieht also ganz kurz statt des Statement-Gebers ein anderes Bild. Dadurch merkt er nicht, dass die beiden Einstellungen vom Statement-Geber vor und nach dem Zwischenschnitt nicht aneinanderpassen.
- Mit einem digitalen Trick (Morphing) können ruckende Bildübergänge »passend« gemacht werden. Dies ist aber journalistisch nicht in Ordnung.

Wer Zwischenschnitte zum Kürzen dreht, geht also auf Nummer sicher. Manche dieser Schnittbilder sind allerdings deutlich als Notbehelf erkennbar: der Kronleuchter an der Decke, die Kaffeetasse, die Unterlagen, die glimmende Zigarette oder der volle Aschenbecher auf dem Tisch.

Solche Zwischenschnitte haben gelegentlich eine *eigene Aussage*. Sie müssen wohl überlegt und aus gutem Grund eingesetzt werden: Die unruhig scharrenden Füße unter dem Stuhl, die verkrampften Hände auf dem Tisch und der übervolle Aschenbecher sind Beispiele dafür. Also Vorsicht vor falschen Bildkommentaren durch Zwischenschnitte.

Off-Statements zeigen den Statement-Geber nicht beim Sprechen. Die Aussage wird als »nur Ton« aufgenommen und mit Bildern unterschnitten. Sie können (aber müssen nicht nur) den Statement-Geber zeigen. Diese Methode hat den Vorteil, dass Off-Tonaufnahmen häufig ergiebiger und natürlicher sind, der sprechende Kopf vermieden wird und mehr Bewegung ins Bild kommt.

Der Reporter im Bild stört beim Statement. Trotzdem sind Einstellungen wie diese gelegentlich zu sehen: Reporter von hinten über die Schulter, vor ihm der Statement-Geber. Meist sind solche Bilder allerdings eine Notlösung, weil aus dem ursprünglich beabsichtigten Interview dann beim Schnitt nur noch ein Statement wurde. Wer nicht genau weiß, wie viel Zeit er letztlich zur Verfügung hat, der kann sich helfen, indem er *außer dem Interview sicherheitshalber noch ein Statement* aufnimmt.

Weiterführende Literatur:

Axel Buchholz, O-Ton, Atmo und Geräusche; in: Walther von La Roche/Axel Buchholz (Hrsg.), Radio-Journalismus (9. Auflage, Econ Journalistische Praxis, Berlin 2009). Aus diesem Beitrag sind Teile im Wortlaut übernommen.

Redeausschnitte

Ausschnitte aus Reden sind eine häufige Spielart von O-Tönen. Mehrstündige Parlamentsdebatten sind journalistisch besonders schwer in Fernseh-Nachrichtensendungen zu bewältigen, egal ob es um den Bundestag oder um Länderparlamente geht. Allerdings weiß man, dass die wichtigen Redner alle am Anfang kommen (oder wenigstens während der Live-Übertragung). Beispiel: Redner aller Fraktionen nehmen während eines langen Sitzungstages zu Grundsatz- und Detailfragen verschiedener politischer Themen in oft lang dauernden Ausführungen Stellung.

Die Nachrichtensendungen berichten darüber kontinuierlich, während des ganzen Tages. Dies geschieht zumeist in Berichten mit Redeausschnitten.

Wortmeldungen des Nachrichtenredakteurs werden mit Redeausschnitten ergänzt (vgl. »Wortnachricht«).

Die abendliche Nachrichtensendung hat die Aufgabe, das Geschehen in knappster Zeit verständlich und zutreffend zusammenfassend wiederzugeben. Dafür sind Berichte die geeignete Darstellungsform.

Zwei Fragen stellen sich dabei für den Journalisten:
- Worum geht es in der Sache?
- Welche Auffassungen vertreten dazu Regierung, Fraktionen und manchmal auch wichtige Abweichler oder Abgeordnete mit relevanten Einzelmeinungen?

Die Information über die Sache selbst wird im Allgemeinen weniger über Rede-Ausschnitte transportiert. Sie wird meist in Wortnachrichten und im Berichtstext dargestellt.

Der geeignete Inhalt von Redeausschnitten sind dagegen deutlich, klar und knapp formulierte *Meinungen* und kurzgefasste *Begründungen* (bei manchen Rednern allerdings schwer zu finden). *Attacken* auf den politischen Gegner, Passagen mit besonderer persönlicher *Betroffenheit* oder starkem *Engagement* und gut verständliche, kurze *Beispiele* gehören ebenfalls dazu.

In Berichten/Reporterberichten (vgl. »Bericht/Reporterbericht«), die von Parlamentskorrespondenten den Nachrichtensendungen zugeliefert werden, bilden Redeausschnitte den Kern. Der Bericht verbindet die Redesegmente durch Zwischenschnitte. Sie bilden zeitliche Intervalle, die der Autor zu Erläuterungen und Übergängen nutzt. Redeausschnitte werden auch direkt hintereinander gebracht und nur durch »Weißblitz« (zwei bis drei Frames weiß) getrennt, wenn das Bild sonst zu sehr springt. Dabei wird in der Regel chronologisch verfahren. Passende Passagen können aber auch nach inhaltlichen Gesichtspunkten montiert werden.

Der Redeausschnitt stützt dokumentarisch. Dennoch: Er bleibt lediglich eine Momentaufnahme. Das argumentative und »klimatische« Umfeld kann er nur unzulänglich bis gar nicht transportieren.

Aufgezeichnet werden die Bundestags- und Bundesrats-Debatten in den Berliner Hauptstadt-Studios, manchmal auch in den Sendern selbst. Die Bilder der elektronischen Kameras und der Ton werden aus den Parlamenten dorthin meist über feste Leitungen direkt übermittelt. Dabei läuft in der Regel nur die Redner-Kamera auf den Server. Die Zwischenschnitte werden von EB-Teams links und rechts auf den Tribünen gedreht und müssen ins Studio gebracht werden. Ganz wichtig: Für die Aufzeichnung des Redners und alle EB-Teams muss Real-Time-Code (also mit der tatsächlichen Zeit) benutzt werden. Nur so weiß man genau, welcher Zwischenschnitt genau zu welcher Rede-Passage gehört.

Ein Zwischenschnitt darf vor allem niemals von einem anderen Tagesordnungspunkt verwendet werden, weil da dann auch andere Abgeordnete sitzen. Reaktionen (Lachen, Zwischenrufe…) müssen unbedingt tatsächlich auf den ausgewählten Redeausschnitt hin erfolgt sein, alles andere ist journalistisch bedenklich (vgl. weiter unten).

Häufig werden Bundestags- oder andere wichtige Debatten auch vom Ereignis- und Dokumentationskanal Phoenix (beteiligt

ZDF und die ARD-Landesrundfunkanstalten) live übertragen. Damit stehen Bild und Ton dann überall durchgehend zur Verfügung. Das ist wichtig, wenn z. B. für eine Regionalsendung Teile einer Bundestagsdebatte unter Landes- oder Regional-Gesichtspunkten von Bedeutung sind.

Bearbeitet werden die Debatten in der Regel von Parlamentskorrespondenten oder Redakteuren in den Funkhäusern. Sie verfolgen den Diskussionsverlauf und suchen die repräsentativen Passagen aus. Dazu werden kontinuierlich wichtige Passagen und die jeweiligen Zeiten der Aufzeichnung notiert. Bei der *Auswahl* helfen manchmal Vorab-Informationen über den zu erwartenden Rede-Inhalt oder die Zitat-Auswahl der Nachrichtenagenturen, die über wichtige Debatten ebenfalls fortlaufend berichten.

Nicht nur aus den Parlamenten kommen allerdings Redeausschnitte. Sie sind wichtig z. B. auch für die Berichterstattung über Konferenzen und Parteiveranstaltungen, über Kirchentage und Staatsakte, über Gewerkschaftskongresse und Podiumsdiskussionen.

Vorausmanuskript der Rede. Es ist nicht erstaunlich, dass Journalisten schon vor einer Veranstaltung (z. B. bei Parteitagen) nach Redemanuskripten fahnden: Sie können die noch nicht gesprochene Rede lesen, die wichtigen Passagen anstreichen und mit dem Kameramann besprechen.

→ Tipp: Vorab-Redemanuskripte sind mit dem Vermerk versehen: »Es gilt das gesprochene Wort«. Das bedeutet, dass Redner davon aus aktuellem Anlass oder aus der Situation heraus abweichen. Darauf muss ein Journalist immer gefasst sein. Sonst versäumt er vielleicht gerade die spontansten und aktuellsten Passagen.

Bei Parlamentsreden und sonstigen sehr wichtigen Veranstaltungen ist das allerdings weniger ein Problem. Sie werden ganz oder in großem Umfang aufgezeichnet, weil das durch die elektronische Produktion keine finanzielle Belastung mehr ist (wohl aber weiterhin eine zeitliche).

Aufsager und Live-Aufsager

»Aufsager« werden die kurzen Berichte genannt, die der Reporter im »On« spricht, in denen er »seine Nase ins Bild hält«. Meist sind sie Bestandteil von Berichten (vgl. »Bericht/Reporterbericht«). Es gibt sie aber auch als Live-Aufsager (vgl. weiter unten) und als Bestandteil anderer Darstellungsformen.

Aufsager haben Konjunktur. Über wenige formale Fragen wird in Nachrichtenredaktionen so viel diskutiert wie über den »Aufsager«. Es gebe nur einen Grund dafür, sagen Kritiker, und der liege in der persönlichen Eitelkeit der Reporter. Dem wird entgegengehalten: Der Aufsager schaffe eine engere Beziehung zu den Zuschauern. *Vertraute Gesichter* erhöhten die Bindung an den Sender. Ein Blick in die wichtigeren Nachrichtensendungen im In- und Ausland zeigt, welche Argumente sich durchgesetzt haben: Aufsager sind in praktisch allen Nachrichtensendungen, bei Öffentlich-Rechtlichen und bei Kommerziellen, ein festes Stilelement.

Vor allem von Auslandskorrespondenten (vgl. »Korrespondentenbericht aus dem Ausland«) werden Aufsager gewünscht, zeigen sie doch, dass der Sender in Person seines Reporters überall auf der Welt dabei ist, wenn etwas passiert. Bei Inlandsberichten sind manche Nachrichtensendungen mit dem Aufsager etwas sparsamer. Es gibt sogar Sender, bei denen die Chefredaktion festlegt, wer einen Aufsager machen darf und wer nicht.
Formale Überlegungen sind aber keineswegs die einzige Begründung für Aufsager.

Die inhaltliche Funktion des Aufsagers liegt meist darin, dass der Reporter eine *Einschätzung* der Situation gibt oder die Fakten einordnet. Das ist umso wichtiger, je komplizierter das Thema selbst ist. Dabei darf der Reporter natürlich nicht die Grenze zur Kommentierung überschreiten. Nicht seine persönliche Meinung ist gefragt, sondern eine Einschätzung, die er aus seinen Beobachtungen ableitet.

Beispiel: Der Reporter berichtet über Tarifverhandlungen. Seit Wochen wird gestreikt, in vielen Betrieben wird überhaupt nicht mehr produziert. Der Reporter hat in Hintergrundgesprächen den Eindruck gewonnen, dass eine Einigung unmittelbar bevorsteht. Gefragt ist seine Einschätzung:

> Der Druck auf die Verhandlungspartner ist mittlerweile so groß, dass beide Seiten jetzt einen schnellen Abschluss wollen. Vermutlich wird man sich noch in dieser Nacht auf einen neuen Tarifvertrag einigen. Darin werden die Arbeitgeber jetzt wahrscheinlich doch einer ordentlichen Lohnerhöhung zustimmen – nur damit ihre Betriebe endlich wieder arbeiten können.

Auf keinen Fall aber soll der Reporter kommentieren:

> Der Streik hat die Arbeitgeber mürbe gemacht. Nun werden sie wohl – gegen jede Vernunft – doch höhere Löhne zahlen. Die Quittung dafür werden die Gewerkschaften bald bekommen. Höhere Löhne kosten Arbeitsplätze. Weitere Entlassungen sind unvermeidbar.

Auch Ersatz für fehlende Bilder ist der Aufsager gelegentlich, etwa wenn mögliche Drehorte für Journalisten versperrt sind oder Beteiligte sich nicht aufnehmen lassen wollen. Dann bleibt dem Reporter als einzige Lösung, einen Teil seines Textes im On zu sprechen.

Gedreht wird der Aufsager am Ort des Geschehens. Schließlich soll er ja deutlich machen, dass der Reporter unmittelbar dabei war. Der Reporter wird meist groß gezeigt, der Bildausschnitt hinter ihm muss eindeutig mit dem Thema in Verbindung stehen, aber er darf natürlich nicht ablenken.

Beispiel: Bei einer Demonstration steht der Reporter für seinen Aufsager nicht mitten unter den Demonstranten oder gar neben einem Transparent, sondern er stellt sich an den Rand des Aufmarsches. Hinter ihm ist die Masse der Demonstranten erkennbar, nicht einzelne Personen.

Ein solcher Standort unterstreicht zugleich die Rolle des Reporters: Er ist nah dran am Geschehen, aber er ist nicht Teil des Ereignisses.

- Der Aufsager wird frontal in die Kamera gesprochen, der Reporter wendet sich so direkt an den Zuschauer.
- Es ist vorteilhaft, wenn der Reporter links ins Bild gesetzt wird, das so genannte Signalbild hinter ihm (Weißes Haus, Bundestag, Demonstration) rechts. Die optische Aufmerksamkeit des Zuschauers liegt immer stärker auf der linken Bildhälfte. So bleibt das Signalbild eine optische Unterstützung, lenkt aber nicht zu sehr vom Inhalt des Aufsager-Textes ab.
- Vorsicht bei bewegten Hintergründen (Feuerwehreinsatz, Ausschreitungen bei Demonstrationen)! Zu viel Bewegung bindet die Zuschaueraufmerksamkeit vollständig. Der Inhalt des Aufsagers »versendet« sich dann.

Ohne Bruch muss sich der Aufsager inhaltlich in den späteren Filmtext einfügen lassen. Der Reporter entscheidet sich also noch (spätestens) beim Drehen, wie sein Beitrag aufgebaut sein wird.

Der Text des Aufsagers sollte kurz und prägnant sein. Er wird nicht spontan formuliert, sondern wird in seinen Grundzügen vorgedacht.

→ Tipp: Am besten spricht man den Text ein paar Mal leise durch, bevor man ihn aufnimmt. Dabei kommt es darauf an, den Gedankengang zu verinnerlichen, nicht einzelne Sätze auswendig zu lernen.

Bis alles richtig sitzt, kann die Aufnahme selbst dann ruhig ein- oder zweimal wiederholt werden. Kameramann und Techniker sind die ersten Zuschauer. Sie können gut beurteilen, ob der Aufsager gelungen ist. Ihre formale und inhaltliche Kritik sollten Reporter ernst nehmen.

Live-Aufsager (vgl. »Bericht/Reporterbericht«) sind nur in der Tagesschau üblich, weil diese Nachrichtensendung von Nachrichtensprechern (und nicht von Redakteuren/Moderatoren) präsentiert wird und deshalb z. B. Live-Nachfragen (s. »Live-Bericht und Live-Reportage«) nicht möglich sind. Gelegentlich werden Live-Aufsager ganz einfach als Live-Schalte bezeichnet.

Einige Tipps für Aufsager und Live-Aufsager:

- Das Zeitmanagement ist enorm wichtig! Spät am Schaltort zu sein bedeutet Hektik, die sich auf die Live-Schalte überträgt. Also: Rechtzeitig Position einnehmen, Kameraeinstellung mit Team genau besprechen, Tonqualität kontrollieren.
- Um Nervosität zu bekämpfen ist es empfehlenswert, sich auf einen festen Stand auf beiden Beinen zu konzentrieren. So wird »nervöses Hampeln« vermieden.
- Das Mikrofon fest umgreifen, damit die Hand nicht zittert.
- Kameramann bitten, das äußere Erscheinungsbild zu kontrollieren – sonst reden hinterher alle über die schiefe Krawatte und nicht über den Inhalt.
- Verräterisch sind suchende Blicke, die sich von der Kameralinse entfernen. Auch eine zu steife Haltung zeigt wenig Souveränität.

Wegen der ähnlichen Arbeitsbedingungen für den Reporter sind auch Tipps im Beitrag »Live-Bericht und Live-Reportage« hilfreich, vgl. dort.

Bericht/Reporterbericht

Über die wichtigsten Themen und Ereignisse des Tages informieren Nachrichtensendungen in Berichten. Sie sind länger als Nachrichtenfilme, meist anderthalb bis zwei Minuten, und gehen deshalb auch inhaltlich über die bloße Nachricht hinaus. Sie liefern Erläuterungen und Hintergründe, Stellungnahmen von Beteiligten oder Betroffenen und häufig auch die Einschätzung des Autors in Form eines Aufsagers.

Der Bericht ist das Produkt des Reporters. Er hat die Herstellung des Berichts vorbereitet und alle Arbeitsschritte verantwortlich begleitet. In den meisten Redaktionen spricht man deshalb vom »Reporterbericht« oder dem »Korrespondentenbericht«. Im Unterschied zum Bearbeiter eines Nachrichtenfilms, der lediglich vorhandene Bilder und Informationen zusammenführt, verlässt sich der Reporter nicht auf Agenturmeldungen. Er recherchiert, telefoniert, führt persönliche Gespräche und macht sich am Ort eines Ereignisses ein eigenes Bild. Der Film wird nach seinen Vorstellungen gedreht und geschnitten, er schreibt den Text und spricht ihn in der abschließenden Tonmischung. Die meisten Reporterberichte lassen sich in eine der folgenden Kategorien einordnen:

Terminbericht. Der Beitrag behandelt eine Pressekonferenz, einen Parteitag, einen Kongress, eine Bundestagssitzung oder ähnliches. Solche Termine sind der Redaktion rechtzeitig bekannt. Vorteil: Der Reporter hat genug Zeit, sich in das Thema einzuarbeiten. Auch die inhaltlichen Schwerpunkte solcher Veranstaltungen sind selten ein Geheimnis. Nachteil: Sitzungen und Konferenzen bieten ausgesprochen schwache Bildmotive. Nach Möglichkeit vermeidet man, den gesamten Bericht aus diesem Material zu schneiden. Der Reporter dreht stattdessen schon vorher Motive, die unmittelbar mit dem Thema zusammenhängen.
Beispiel:
Auftrag: Bericht über eine Pressekonferenz des Gesundheitsministers, der neue Sparmaßnahmen bei der Krankenversicherung ankündigen wird.
Lösung: Vorab wird recherchiert, welche Sparmaßnahmen das sein werden. Dann wird überlegt, wie man über diese Sparmaßnahmen »in Bildern berichten/erzählen« kann. Hierzu sollte man – je nach Schwerpunkt – vorab in einem Krankenhaus, einer Arztpraxis oder Apotheke Aufnahmen machen und damit einen Teil des Berichts bestreiten.

Hintergrundbericht. Anlass kann der Stichtag für eine Gesetzesänderung sein oder der Jahrestag eines wichtigen historischen

Ereignisses. Hintergrundberichte gibt es auch als ergänzenden Beitrag (so genanntes »B-Stück«) zu einer wichtigen politischen Entscheidung oder Auseinandersetzung, die selbst in einem separaten Terminbericht (dem »A-Stück«) behandelt wird.
Beispiel:
Ausgangslage: Der Bundestag entscheidet über die Kürzung der Kohlesubventionen.
A-Stück: Termin-Bericht über die Parlamentssitzung
B-Stück: Hintergrundbericht über die Lage der Branche
In Hintergrund-Beiträgen greift der Reporter manchmal auch auf *Archivmaterial* aus früheren Sendungen zurück, das in der Sendung durch eine Einblendung entsprechend gekennzeichnet wird (vgl. »Archive, Bibliotheken, Dokumentationsstellen«).

Aktueller Bericht. Entführungen, Geiselnahmen, Flugzeugabstürze, schwere Unfälle und Straftaten sind für die Redaktion nicht planbar und gehören doch in jede Nachrichtensendung. Wenn ein solches Ereignis bekannt wird, müssen Reporter und Redakteure schnell entscheiden und handeln. Die ersten Informationen sind meist spärlich, die Meldungen oft noch unbestätigt. In jedem Fall versuchen Reporter und Kamerateam so schnell wie möglich zum Ort des Geschehens zu fahren. Häufig wird auch ein Satellitenübertragungswagen auf den Weg geschickt, damit der Reporter die ersten Bilder sofort in die Redaktion überspielen und live berichten kann (vgl. »Live-Bericht und Live-Reportage« und »Der Video-Journalist«).
Für den späteren Bericht sammelt der Reporter, was er bekommen kann: Stimmen von Augenzeugen, Betroffenen und dem Polizeisprecher. Oft bieten (zusätzlich) Fotografen oder freie Kameraleute, die als erste am Ort waren, ihre Bilder gegen Honorar an. *Professionelle Katastrophenjäger* gibt es in jeder größeren Stadt.

Für den Aufbau des Reporterberichts ist der *Einstieg* entscheidend, das erste Bild, der erste Satz. Zuschauer entscheiden gleich zu Beginn, ob sie sich auf den Beitrag einlassen, sich vom Reporter durch das Thema führen lassen wollen oder ob sie – zumindest gedanklich – abschalten.

Die meisten Filme werden deshalb *gegen die Chronologie*, gegen den tatsächlichen zeitlichen Ablauf der Ereignisse geschnitten. Zum Einstieg wählt man am besten die aktuellste Einstellung oder – wenn es das gibt – ein besonders eindrucksvolles Bild, das Interesse wecken kann. Inhaltlich steht am Anfang des Reporterberichts auf jeden Fall der nachrichtliche Kern, der dann im Folgenden erläutert, hinterfragt und eingeordnet wird. Das Wichtigste steht am Anfang.

Beispiel:

Ausgangslage: Zwei Straftäter sind aus der Haft entkommen, haben eine Bank überfallen, dort Geiseln genommen. Nach einigen Stunden werden die Geiselnehmer von der Polizei überwältigt. Die Geiseln kommen unverletzt aus der Bank, die Täter werden vernommen und später in die Strafanstalt zurückgebracht.

Umsetzung: Die Aufnahme der gerade befreiten Geiseln, die die Bank verlassen, wäre wohl am eindrucksvollsten und würde deshalb am Anfang stehen. Dann folgte eine Rückblende zum Beginn des Überfalls.

Je nach Zeitpunkt der Sendung könnte man sich aber auch für das aktuellste Bild entscheiden: den Transport der Geiselnehmer zurück in die Haftanstalt.

O-Töne beleben den Bericht. Fast jeder Reporterbericht enthält einen oder mehrere O-Töne. Der O-Ton-Anteil beträgt selten mehr als ein Drittel, bei einem Eineinhalb-Minuten-Stück also etwa 30 Sekunden. Der einzelne O-Ton ist dabei häufig nur 15 oder 20 Sekunden lang. O-Töne stehen – bis auf begründete Ausnahmen – weder am Anfang noch am Ende des Berichts (vgl. »O-Töne/Statements« und »Redeausschnitte«).

Aufsager sind sehr häufig Teil eines Berichtes. Weil es sie auch als Live-Aufsager und als Element anderer Darstellungsformen geben kann, sind sie in dem Beitrag »Aufsager und Live-Aufsager« ausführlich dargestellt (vgl. dort).

Bildmaterial von PR-Firmen und Pressestellen (vgl. »Rechts-tipps für Fernsehjournalisten«) wird gerade im Wirtschafts-journalismus immer häufiger angeboten. Bei Messen, Präsen-tationen oder anlässlich einer Pressekonferenz stellen die Veranstalter professionell gedrehtes Material kostenlos zur Ver-fügung. Das Angebot ist verlockend, lassen sich doch auf-wendige eigene Dreharbeiten vermeiden und dadurch Geld und Zeit sparen.

Die damit verbundene Gefahr ist aber nicht zu unterschätzen. Fremdmaterial zeigt die Dinge immer aus der Sicht dessen, der es in Auftrag gegeben hat. Dem Reporter werden damit eigene Gestaltungsmöglichkeiten genommen. Manchmal wird ihm und seinem Team sogar unter Verweis auf das Material der Zugang zu einem Betrieb oder einem Ereignis verwehrt. Meistens aller-dings wird nur die Bequemlichkeit geschickt ausgenutzt.

Beispiel:

Ausgangslage: Der Reporter soll über neue Handys berich-ten.

Oder: Der Reporter soll über ein Unternehmen berichten, das ein Mobilfunknetz betreibt.

Angebot: Der Betreiber des Mobilfunknetzes stellt dem Jour-nalisten gerne Bildmaterial (meist Footage oder Footage-Material genannt) zur Verfügung.

Es zeigt glückliche, gut angezogene Menschen mit Handy – die heile Welt moderner Kommunikation.

Der Vorteil: Das Unternehmen setzt sich und sein Produkt vorteilhaft und werbend ins Bild. Pressestelle und Arbeit im Unternehmen werden nicht durch Dreharbeiten belastet. Der Reporter spart Zeit (der Sender Geld), weil eigene Dreharbei-ten entfallen.

Der Nachteil: Diese Aufnahmen sind dutzendfach verwendet worden und stehen in den Filmarchiven der meisten Sender. Egal wo – immer wieder taucht diese geschönte Realität im Programm auf. Selbst wenn die Texte kritisch sind, dominiert doch der Eindruck der gestylten Mobilfunkwelt. Und damit ist der Bericht für die Übermittlung einer Werbebotschaft miss-braucht worden.

Viele Sender haben diese Gefahr erkannt und sind entschlossen, weitgehend auf den Einsatz von PR-Material zu verzichten. Dort wo es keine Alternativen gibt, z. B. bei NASA-Bildern aus dem Weltraum, wird die Quelle entweder durch Einblendung deutlich gekennzeichnet oder im Text erwähnt.

Live-Bericht und Live-Reportage

Die mobile Satellitenübertragung hat die Arbeit der Fernsehreporter mehr verändert als jede andere technische Entwicklung. Was die Aktualität angeht, hat das Fernsehen dadurch mit dem Radio fast gleichgezogen. Freier Blick nach oben zum südlichen Äquatorhimmel ist die einzige Voraussetzung, um mit einer so genannten »*SNG-Einheit*« (SNG = Satellite News Gathering) von jedem beliebigen Punkt aus live, also direkt und ohne Zeitverzug, berichten zu können.

Mit einer schüsselförmigen Antenne, die genau auf den Satelliten im All ausgerichtet ist, wird das Sendesignal abgestrahlt und kann Sekundenbruchteile später von einer anderen Antennenschüssel im Funkhaus empfangen werden. Es ist das gleiche Prinzip, nach dem Millionen Privathaushalte ihre Fernsehprogramme empfangen.

Satelliten-Übertragungswagen. Bei wichtigen (internationalen) Ereignissen bauen sich nicht selten ein Dutzend und mehr SNG-Lastwagen der verschiedenen Sender nebeneinander auf. Wo immer etwas passiert, stehen auch Satellitenschüsseln. Durch die Einführung digitaler Fernsehtechnik sind die Geräte, die man für eine Live-Übertragung benötigt, kleiner, leichter und vor allem billiger geworden. Es gibt aktuell arbeitende Kamerateams, die stets mit einem vollständig ausgerüsteten Satellitenübertragungswagen zu ihren Einsätzen fahren und, wenn es erforderlich wird, innerhalb von 15 Minuten sendebereit sind (vgl. »Journalistischer Arbeitsplatz SNG und Ü-Wagen«).

Live-Berichterstattung hat die Programme revolutioniert. Sie ist tägliche Praxis in allen Nachrichtensendungen. Häufig wird sie als Stilmittel sogar dann eingesetzt, wenn sie aus inhaltlichen Gründen gar nicht unbedingt notwendig wäre. Aber Live-Schaltungen (»Live-Schalten«) vermitteln dem Zuschauer eben das Gefühl, unmittelbar dabei zu sein und aktueller informiert zu werden, als es in einem Filmbericht möglich ist. Ganz nebenbei sollen die Reporter durch häufige Live-Berichte zu vertrauten Gesichtern werden, Kompetenz und Glaubwürdigkeit verkörpern und damit die eigene Sendung von der Vielzahl anderer unterscheidbar machen.

Für den Reporter bringt der Schritt vor eine Live-Kamera eine Reihe zusätzlicher Aufgaben mit sich. Er verschafft Bekanntheit, birgt aber auch ein Risiko. Was live gesendet worden ist, kann nicht mehr überarbeitet oder korrigiert werden. Das gilt für inhaltliche Fehler, das gilt aber auch für das Auftreten des Reporters selbst (vgl. »Vor der Kamera«). Von ihm wird erwartet, dass er flüssig und verständlich spricht ohne abzulesen. Dabei steht er unter großem Zeitdruck. Die Vorbereitungszeit bei aktuellen Ereignissen ist knapp, und mitunter erhält er bis kurz vor der Sendung noch neue Informationen, die er in seinem Beitrag berücksichtigen muss.
Ähnlich wie bei vorproduzierten (»gebauten«) Beiträgen gibt es auch bei der Live-Berichterstattung unterschiedliche *Formen,* die meist von der Redaktion vorgegeben werden und vom Charakter der Sendung und des Ereignisses abhängen.

Der Live-Bericht ist die häufigste Form. Der Reporter sucht sich einen geeigneten Standort, bekommt vom Moderator oder Sprecher ein Stichwort und gibt dann ohne weiteren Dialog seinen Bericht. Teleprompter, die bei Studiosendungen den Moderationstext zum Ablesen in die Kamera spiegeln, gibt es für den Reporter nicht. Er sollte seinen Text nach einem zuvor festgelegten Konzept weitgehend frei sprechen, aber nicht auswendig lernen. Ein Zettel mit Stichworten (häufig: eine kleine Karteikarte) kann helfen.

Zu Beginn und zum Ende des Berichts ist der Reporter auf jeden Fall im »On«. Er schaut in die Linse der Kamera und hält dadurch Blickkontakt zum Zuschauer.

Während des Berichts kann die Kamera auf das laufende Ereignis oder ein anderes wichtiges Motiv schwenken. Dafür wird vorher ein Stichwort verabredet. Das ganze vermittelt einen zusätzlichen optischen Eindruck vom Übertragungsort.

Einspielfilm. Häufig fasst der Reporter auch den bisherigen Verlauf des Ereignisses in einem Film zusammen und zeigt diesen im Rahmen seines Berichts. Für das Einspielen dieses Films muss ein Stichwort verabredet werden. Kürzere Einspielfilme sollte der Reporter live kommentieren, also den Filmtext live sprechen. Dazu braucht er vor Ort einen Kontrollmonitor, auf dem er erkennen kann, wann der Film auf Sendung ist. Längere Beiträge mit O-Tönen können vorher getextet und abgemischt werden.

Die Live-Nachfrage ist kürzer als ein Live-Bericht und als Ergänzung zu einem gerade gezeigten Beitrag gedacht. Der Moderator stellt Fragen, die sich aus diesem Beitrag ergeben. Dabei geht es meistens um eine Einschätzung der Situation oder um neue Fakten, die sich seit der Überspielung des Berichts noch ergeben haben können. Gelegentlich haben Moderator und Reporter vor der Sendung die Fragen abgesprochen. Häufiger ist nur das Thema selbst verabredet und der Reporter muss spontan auf die Fragen reagieren.

Praktische Tipps für Live-Bericht und Live-Nachfrage:
- Der feste Sitz des Ohrsteckers (Mini-Kopfhörer) ist entscheidend. Wenn der während der Schalte herausrutscht, wird Kommunikation mit Studio und Technikern unmöglich.
- Sollte der Ohrstecker herausfallen oder eine andere technische Panne entstehen, diese besser offen legen (Ich bitte um Entschuldigung, wir haben hier ein technisches Problem). Versuche, so etwas zu vertuschen, enden meist in unfreiwilliger Komik. Der Zuschauer verzeiht

viel mehr, wenn er versteht, warum etwas nicht korrekt funktioniert.

- Die freie Hand ruhig zu dezenter Gestik während der Schalte nutzen. Nie mit dem freien Arm den Körper verschränken. Die Haltung gegenüber dem Zuschauer sollte stets offen sein.
- Karteikarten mit Stichworten nutzen nur, wenn sie übersichtlich organisiert sind und tatsächlich nur Stichworte enthalten. Sie müssen sofort zu finden sein. Lange, eng geschriebene Sätze können in der Live-Situation nicht mehr entziffert werden.

Wegen der ähnlichen Arbeitsbedingungen sind auch die praktischen Tipps im Beitrag »Aufsager und Live-Aufsager« hilfreich, vgl. dort.

Die Live-Reportage ist in klassischen Nachrichtensendungen selten. Sie dauert normalerweise länger als ein vergleichbarer vorproduzierter Beitrag und passt deshalb eher in Magazinsendungen. Inhaltlich ist es – wie bei der herkömmlichen Reportage – Aufgabe des Reporters zu schildern und Eindrücke zu vermitteln. Formal ist er dabei nicht an einen Standort gebunden. Er selbst kann während der Reportage gehen, Gegenstände zeigen oder in anderer Weise agieren. Häufiger als beim Live-Bericht werden Menschen vorgestellt und als Interviewpartner einbezogen.

→ Tipp: Vorsicht vor zu langen Interviews in Live-Reportagen. Sie verlieren sonst ihr wichtigstes Stilelement: die Bewegung.

Die Live-Reportage ist nicht auf einen aktuellen Anlass angewiesen. Sie kann auch ganz einfach als belebendes Element in eine Sendung einbezogen werden.

Viele Reportagewagen sind mittlerweile nur noch mit einer einzigen Kamera ausgerüstet. Dafür sind sie kleiner und schneller als die größeren Ü(bertragungs)-Wagen. Aber auch mit einer Kamera gibt es genügend Gestaltungsmöglichkeiten. Am besten nimmt der Kameramann die Kamera (»Reportage-Kamera«)

auf die Schulter, folgt dem Reporter oder zeigt Details, die er angesprochen hat.

Praktische Tipps zur Live-Reportage:

- Je mehr Elemente die Reportage enthält, desto wichtiger ist, dass Reporter und Kameramann den Ablauf genau absprechen und proben. Der Kameramann muss wissen, was der Reporter zeigen will, um es angemessen abzubilden.
- Die Kamera sollte sich auch vom Reporter lösen – allerdings nach Absprache. Unmotivierte Schwenks erzeugen auch in der Live-Reportage »Text-Bild-Scheren«.
- Der Text des Reporters sollte nie auswendig gelernt sein. Ein Reporter ist immer »Erzähler«. Lieber eine etwas ungeschliffene Formulierung in Kauf nehmen, als einen hölzernen Text »aufsagen«.

Das Live-Interview ist meist Bestandteil einer Live-Reportage. Der Reporter kann mit einem Interviewpartner das Gezeigte inhaltlich erläutern und z. B. um Eindrücke von Augenzeugen oder am Geschehen Beteiligter ergänzen. Dabei ist vor allem zu beachten:

- Interviewpartner müssen vom Reporter mit Erläuterung ihrer Funktion vorgestellt werden.
- Interviewpartner müssen mit vollem Gesicht für die Kamera sichtbar sein. Die Mimik bei der Antwort sagt oft mehr über ihre Haltung und Befindlichkeit, als die Antwort selbst.
- Wenn nur eine Kamera zur Verfügung steht, muss sich der Reporter selbst teilweise von der Kamera wegdrehen, um den Blick auf den Interviewpartner freizugeben.
- Das Mikrofon in der kamera-abgewandten Hand halten. Sonst entsteht eine »Sperre« zwischen Zuschauer und Interviewsituation.

Das Interview muss innerhalb der Live-Reportage deutlich und nachvollziehbar beendet werden, normalerweise mit Dank an den Gesprächspartner. Nichts ist schlimmer, als einen Gast einfach »fallen zu lassen«.

Der WDR-Reporter demonstriert hier eine typische Situation mit zwei problematischen Punkten.

In der Abbildung spricht der Reporter ins Objektiv der Kamera. Das ist die Position für einen Aufsager. Der Reporter blickt den Zuschauer an. In welcher Hand hält er das Mikrofon (vgl. oben)? Wollte er im Anschluss an den Aufsager ein Interview führen, wäre zu bedenken, ob er dicht genug an seinem Interviewpartner steht, um ihn befragen zu können. Dazu müsste er ein, zwei Schritte auf ihn zugehen. Über Positionen und Gänge sprechen sich Kameramann und Reporter vorher ab.

Erklärfilm, Rausschmeißer und andere Kurzformen

Der Erklärfilm ist eine kurze, konzentrierte Form, vergleichbar dem »Kasten« oder »Stichwort« in der Zeitung. Er ist dem Schriftlichen eher als dem Mündlichen verwandt und somit keine sehr geeignete Fernsehform; als lange Form ist sie nicht gut erträglich. Aber Erklärfilme sind notwendig, wenn öffentliche Kommunikation im Fernsehen funktionieren soll, denn sie können Hintergründe liefern und Zusammenhänge erhellen, die sich in anderen Formen oft nicht so konzentriert darstellen lassen.

Häufig kommt ein Erklärfilm auch als Analyse von Zusammenhängen daher, die einem Ereignis zugrunde liegen und es verständlich oder beurteilbar machen. Manchmal erklärt er auch Fachbegriffe oder Fachvorgänge, die nur einer geringen Zahl von Zuschauern unmittelbar zugänglich sind.

Erklärfilme folgen als einzige Filmform der argumentativen Sachlogik mehr als der emotionalen Erlebenslogik. Ihre Bild- und Tongestaltung muss also der sachlogischen Prüfung immer standhalten. Dort dürfen keine Ungenauigkeiten vorkommen.

Erklärfilme braucht man immer häufiger, weil die Nachrichten komplizierter werden. In einem Magazinprogramm ermöglichen Erklärfilme, die Berichte oder Reportagen präziser zu machen, und ihnen nicht auch noch die gesamte Hintergrunderklärung aufzuladen. Überdies schafft man Abwechslung in den Formen, was einem Magazin immer gut tut und seine Attraktivität steigert.

Der Erklärfilm benötigt

- eine straffe *Form*,
- deutliche *Gliederung*,
- und hohe *Redundanz*, also Zusammenfassung in anderer sprachlicher Form.

Im Erklärfilm haben Autoren keine eigene Meinung oder Position. Sie stellen dar, wie die Dinge zusammenhängen, wie sie von anderen (Parlament, Gericht, Vertrag, Verhandlung) geordnet wurden und wie sie jetzt als Basis für Entscheidungen und Urteile dienen oder noch dienen müssen.

Die Bilder für Erklärfilme sind häufig abstrakt, man kann alle Möglichkeiten der Bildcomputer nutzen, animierte und bearbeitete Szenen helfen sehr. O-Töne sind nur insofern wichtig, als sie den Hintergrund erklären. Der Einzelfall muss – im Gegensatz zur Reportage – deutlich auf die Zusammenhänge hin inszeniert sein. Ein Erklärfilm kommt oft auch als kleiner Teil in einem Bericht vor, selten in einer Reportage.

Ein Anspielfilm (Vorsetzer) ist eine Art provokativer Moderation vor einer Diskussion (vgl. »Fernseh-Diskussion«); er baut eine Spannung auf, reißt ein Problem an, macht Appetit auf eine folgende Diskussion, stellt Fragen. Wenn er einen Sachverhalt erklären soll, kommt ein Anspielfilm oft in Schwierigkeiten, weil er dann leicht zum Erklärfilm wird, nach dessen Ende eigentlich keine Fragen mehr unbeantwortet sein sollten.

Günstig ist es, die Formen zu teilen: einen kleinen Erklärfilm zu machen, danach die Vorstellung der Gäste mit der Frage, ob der Sachverhalt für alle klar geworden ist und danach einen Anspielfilm zusätzlich, der vorher nicht behandelte Probleme aufwirft.

Der Anspielfilm kann auch Thesen enthalten, denen die Diskutanten widersprechen müssen. Langweilig wird ein Anspielfilm, wenn er die Positionen der Diskutierenden festhält. Dann nämlich sagen alle Ja dazu, und die Diskussion muss zum zweiten Mal losgehen. Für den Zuschauer wirkt das, als hätten die Diskutanten nicht gehört, was der Anspielfilm schon gesagt hat.

Der Anspielfilm ist ziemlich kurz, er soll provokativ sein und durchaus herausfordernd subjektiv, aber eben nicht zu sehr, damit nicht die Diskussionsgäste gleich zu Beginn den Film für überzogen erklären. Denn dann hat man als Ergebnis des Anspielfilms nur eine dramatische Vollbremsung in der Sendung.

Wenn ein Gespräch mit einer einzigen Person folgt, kann der Anspielfilm auch eine Art Kurzporträt sein. Dieses unterscheidet sich vom normalen Porträt dadurch, dass die dramaturgische Veränderung fehlt. Am Ende eines Anspielfilms als Porträt hat der Zuschauer eine Menge Fragen, was in einem solchen Fall auch beabsichtigt ist.

Der Einspielfilm (Einspieler) ist eine kurze Form von wenigen Sekunden Kürze bis zu höchstens 2' bis 2'20" Länge, weil man sonst die Diskussion vergisst, in die er hineingehören soll.

Inhaltlich kann der Einspielfilm sehr Unterschiedliches enthalten: einen Fall, der einen abstrakten Punkt der Diskussion wieder auf den Boden bringt, eine bestimmte Episode, die gerade jetzt in den Gesprächsverlauf mit einer Person passt, ein Argument, das niemand der Beteiligten so bringen könnte. Der Einspielfilm kann auch ein Erklärfilm sein, der Wesentliches zusammenfasst, damit man einen Abschnitt der Diskussion beenden oder einen neuen eröffnen kann.

Dramaturgisch wirkt ein Einspielfilm immer als Trenner, aber auch als Abwechslung in der Form. Damit Zuschauer das nicht als Enttäuschung wahrnehmen, sollten diejenigen, die Diskussionen leiten, vorher auf den Einspieler hinführen.

Die Rausschmeißgeschichten (Rausschmeißer) haben oft Vorkommnisse zum Thema, wie sie unter »Vermischtes« in der Zeitung erscheinen. In der Fachsprache nennt man sie auch »bunte Stücke«. Es ist eine kurze, konzentrierte, heitere Form. Es kann auch eine ironische Anmerkung sein. In Regionalprogrammen sind Rausschmeißer manchmal täglich platziert. Manche politischen Magazine ordnen sie als Glossen ein. Wenn man sie einführen will, benötigen sie einen vorhersehbaren regelmäßigen Sendeplatz. Zudem dauert es eine Weile, bis die Autoren der Redaktion die für die jeweilige Sendung geeignete Form gefunden haben, heiße sie nun »Das Letzte« oder »Sonst noch was?« oder einfach »Toll«.

Einen ironischen Zugang zur Lebensrealität – auch einen humorigen oder witzigen – schafft die Rausschmeißgeschichte dem Publikum; sie bringt Sinnloses und Seltsames, Beschmunzelnswertes und Zynisches. Sie wird besonders lebendig und gewinnt an Attraktivität, wenn die Gestaltungsebenen des Films eine hohe Spannung zueinander haben, Bild, Geräusch und Text inhaltlich nur in hoher gegenseitiger Spannung, fast Feindschaft, komponiert sind oder auch, wenn es überhaupt keinen Text gibt und Geräusch oder Musik kommentieren.

🖥 Beispiele (»Online plus«)

Magazinstück

»Magazinig« soll es sein. Das hören Reporter immer wieder, wenn sie den Auftrag für einen Beitrag bekommen, der länger als 1'30 ist. Magazinig – das heißt, ein Beitrag soll im Magazinformat sein. Und das bedeutet vor allem: weg vom streng nachrichtlichen Ansatz, stattdessen:

- ein besonderer Zugang,
- eine andere Fragestellung,
- mehr Hintergrund,
- ein Seitenaspekt im Mittelpunkt,
- kreativer erzählt,
- ein Überraschungseffekt.

Magazine (vgl. dort) haben einen großen Vorteil: Sie bieten Raum für *journalistische Kreativität* und für eine *eigene Handschrift*. Das wünschen sich – neben den klassischen Magazinen – auch die Regionalformate.

→ Tipp: So können Sie Ihre Themen-Idee selbst überprüfen: Bietet mein Magazinbeitrag einen Mehrwert gegenüber dem Nachrichtenbeitrag? Worin liegt der Mehrwert?

Themenwahl am Beispiel Gesundheitsreform: Während in den Nachrichten über die Debatten im Bundestag und den Streit der Verbände berichtet wird, soll das Magazin (vgl.»Nachrichtenmagazin und Newsshow«) den Hintergrund liefern. Wie sehen die Betroffenen die Lage? Dabei ist es wichtig, nicht nur Funktionäre zu Wort kommen zu lassen, sondern mit den Praktikern zu reden und mit Patienten. Besonders wichtig dabei ist es für Regionalmagazine (vgl.»Magazine«), die *spezifische Lage in der Region* darzustellen. Ärzte in Berlin haben schließlich ganz andere Sorgen als Ärzte in der Uckermark. Und das gilt auch für die Patienten.

Ein Magazinbeitrag zur Gesundheitsreform kann auch die Lücken im System aufdecken: Wo sind Patienten unterversorgt? Welche Auswirkungen hat die Reform für die Patienten, für die Versicherten? Wo wird Geld verschwendet? Welche Rolle spielt die Lobby?

Ein Skandal muss es nicht immer gleich sein, der aufgedeckt wird. Aber mit etwas Glück, guten Kontakten und viel Geduld gelingt sicher auch hin und wieder eine wirklich exklusive Recherche. Wie sieht es aus mit Schwarzarbeit auf öffentlichen Baustellen? Werden die ausgewiesenen Fördergelder auch entsprechend verwendet?

Manchmal empfiehlt sich das Stöbern im Archiv, um dann bei den Nachrichten der vergangenen Monate noch einmal nachzuhaken. Was ist eigentlich geworden aus …?

Auch von der Gestaltung leben die Magazine, nicht nur von den besonderen Inhalten. Schnittbilder von einer Pressekonferenz, abgewechselt mit O-Tönen, reichen dabei nicht aus. Vom Magazinreporter wird vielmehr eine eigene Erzählidee erwartet. Der Beitrag braucht einen roten Faden (vgl.»Dramaturgische Hilfen für Aufbau und Gestaltung«). Im Mittelpunkt kann eine Person stehen: zum Beispiel beim Thema Gesundheitsreform eine Patientin, die besonders unter den Folgen zu leiden hat oder besonders davon profitiert. Es kann auch eine *Bildcollage* (kaleidoskopartig schnell hintereinander geschnittene Einstellungen) verwendet werden, die an bestimmten Stellen des Beitrags immer wieder auftaucht. Zusammen mit einer Schrift/Schlagwort teilt sie den Film in verschiedene Segmente und strukturiert ihn damit.

Sprachlich soll ein Magazinbeitrag ebenfalls durchdacht sein: Vielleicht bietet sich eine bestimmte Metaphorik an (Gesundheit/Krankheit, Sport/Wettkampf o. ä.). Bleiben wir beim Thema Gesundheitsreform: Fieberkurve, Patient, Rezept, Heilung – all das sind Begriffe, die in diesem Zusammenhang bewusst mehrdeutig benutzt werden können.

Die Metaphorik kann auch aus dem Sportbereich kommen: am Start, Wettrennen, Training, Ziel oder Fehlstart. Bei Wirtschaftsthemen etwa können diese Vokabeln die Sprache bereichern.

Beispiel: Ein Arbeitsloser wagt mit einem kleinen Sportgeschäft den Schritt in die Selbständigkeit.

Der Text könnte so sein:

Die Trainingsphase ist vorüber. Ab heute ist es ernst für XY. Nach fünf Jahren Arbeitslosigkeit und Weiterschulungen will er es nun selbst schaffen.
Seine Kondition, glaubt XY, muss für eine längere Durststrecke reichen:

O-Ton

Und der Atem muss tatsächlich lang sein, wenn XY sich am Markt behaupten will.

Jetzt sollten Hintergründe über das kleine Start-up-Unternehmen kommen, vielleicht auch die Rahmenbedingungen. Und natürlich die Wettbewerber.

XY steht nicht allein am Start. Bereits in seiner Heimatstadt hat er fünf Konkurrenten.

Kurze Vorstellung der Konkurrenten und ihres Marktwertes. Dann zum Ende des Films wieder zurück zum Protagonisten.

XY stellt sich der Herausforderung. Anders als im Sport ist für ihn im Berufsleben »Dabeisein« nicht alles. Und am Ende soll auch keine Medaille stehen. Denn XY will mit seinem kleinen Unternehmen einfach nur genug zum Leben verdienen. Und irgendwann sogar Arbeitsplätze für andere schaffen.

➜ Tipp: Metaphorische Sprache sollte, wie im Beispiel, gezielt eingesetzt werden. Sonst wirkt die eine oder andere Formulierung abgegriffen. Gerade für Metaphern gilt aber: Manchmal ist weniger mehr. Die Texte also nicht überfrachten.

Der Einstieg in den Ort des Geschehens oder die Einführung der Hauptperson sind ebenfalls ganz wichtig. Das muss bildlich und textlich so geschehen, dass die Zuschauerinnen und Zuschauer auf den Film neugierig werden und die nächsten drei bis vier Minuten gebannt vor dem Fernseher sitzen bleiben.

So bietet es sich an, mit einer Naheinstellung oder sogar einem Detail in den Film einzusteigen. Das Bild dann vielleicht ein, zwei

Sekunden ohne Text lassen – und auch nicht gleich auflösen, sondern die Spannung erhalten.

Beispiel: Wenn ein zielstrebiger Langstreckenläufer porträtiert werden soll, beginnt der Beitrag mit den »Füßen nah«: Schuhe anziehen, zubinden. Und dazu der Text:

`Selbst die Schleife muss bei ihm ganz exakt gebunden sein. Er überlässt nichts dem Zufall.`

Eine Beobachtung am Rande, die trotzdem charakteristisch für den Protagonisten ist und mitten ins Thema führt.

→ Tipp: Wenn Sie eine Idee für einen bunten, unterhaltsamen Einstieg haben, überprüfen Sie noch einmal, ob sie auch zu Ihrem Thema passt. Sonst noch einmal neu nachdenken. Viele Ideen kommen auch erst beim Dreh.

Unterhalten dürfen (sollten) die Beiträge im Magazin durchaus. Ein Verbrauchertipp beispielsweise, bei dem der Autor im Selbsttest unterwegs ist oder in dem er die neusten Sicherheitshinweise für Inliner vorführt, kann informieren und gleichzeitig die Zuschauer zum Lachen oder zumindest Lächeln bringen.

Gebaute Reportage

Viele Reporter betrachten Berichte als Pflicht und Reportagen als Kür ihres Journalistenalltags. Die Reportage lebt von Eindrücken und Beobachtungen, nicht nur von Fakten. Sie soll dem Zuschauer neben der Information das Gefühl vermitteln, dabei zu sein und die Situation selbst miterleben zu können.

Eine Renaissance hat die Reportage als journalistische Form im Fernsehen erlebt. Jedes Programm, das etwas auf sich hält, hat mittlerweile einen festen Sendeplatz für Reportagen, 30 oder 45 Minuten jede Woche.

Die Länge eines Beitrags ist für seine Form nicht entscheidend; auch in drei oder vier Minuten lässt sich eine gute Reportage machen. Solche Stücke passen zwar nicht in die klassischen Nachrichtensendungen wie »Tagesschau« oder »heute«. Aber Redaktionen wie »Tagesthemen«, »heute journal« oder »RTL-Nachtjournal« senden gerne kürzere Reportagen.

Reportage und Bericht unterscheiden sich vor allem in der Betrachtungsweise. Wer berichtet, muss alles zur Kenntnis nehmen, jeden Aspekt, jede verfügbare Information. Er wählt später das Wichtigste aus. Die Reportage leistet sich den Luxus, nicht überall hinzusehen, sondern wie im Spotlicht eines Scheinwerfers nur einen Ausschnitt der Wirklichkeit zu betrachten. Dieser wird dafür umso genauer beleuchtet.

Beispiel: Im *Reporterbericht* von einem Bundesparteitag wird die Wahl des Vorsitzenden im Mittelpunkt stehen. Es wird Ausschnitte geben aus seinen und den Reden anderer prominenter Parteimitglieder. Und der Reporter wird die wichtigsten Sachthemen des Parteitags ansprechen. Die *Reportage* zum selben Thema kann auf all das verzichten. Der Reporter könnte zum Beispiel einen unbekannten Delegierten auf dem Parteitag begleiten. Reporter und Team würden ihn an seinem Platz beobachten, mit ihm zum Mittagessen gehen, zur Wahlkabine, und sie würden zuhören, wenn er mit befreundeten Delegierten spricht. Der Reporter würde ihn nach seinen Erwartungen an diesem Tag fragen, nach seinen Reaktionen auf die Wahl des Vorsitzenden, seiner persönlichen Wahlentscheidung und den Gründen dafür.

Reportagen können ein Thema nicht erschöpfend behandeln. Das zeigt dieses Beispiel. Die Reportage ist eine Darstellungsform, die Nachrichten und Berichte ergänzt, sie aber nicht ersetzt. Meist wird die Form der Reportage deshalb dann gewählt, wenn ein Thema vertieft werden soll, über das in derselben oder einer früheren Sendung bereits berichtet worden ist.

Ein wichtiges Reportageelement sind die O-Töne. Der Reporter lässt Menschen zu Wort kommen, erzählen, reagieren.

Dabei treten als Interviewpartner selten Funktionäre oder Politiker auf, die zu Sachfragen Stellung nehmen. In der Reportage sprechen normale Menschen über persönliche Dinge. Der Reporter kann als *Fragesteller* sichtbar sein; schließlich ist es seine Handschrift, die den Beitrag prägt. Im Einzelfall kann er sogar als *Akteur* auftreten, der selbst etwas ausprobiert oder erkundet.

Mitunter werden solche Situationen auch nachgestellt, um einem Beitrag Reportagecharakter zu geben. So klingelt der Reporter zum Beispiel an der Haustür eines möglichen Gesprächspartners, von dem man schon weiß, dass er ein Interview verweigern und deshalb die Tür nicht öffnen wird.

Dass der Reporter immer wieder im Bild erscheint und seinen Text (meist gehend) in die Kamera spricht – dieses in den USA entwickelte Konzept wird gelegentlich vom deutschen Fernsehen übernommen. Wer diese Formen einsetzt, muss sich der Wirkung bewusst sein: Je häufiger der Reporter im »On« erscheint, desto geringer kann im Laufe des Beitrags die Aufmerksamkeit für solche Szenen werden.

Sportreportage

Auf zwei verschiedene Arten gibt das Fernsehen Sportereignisse wieder:
- mit der Reportage als *(Direkt-)Übertragung* und
- mit dem *Zusammenschnitt*.

Wenn Sport-Themen in Berichten, Reporter-Berichten oder z. B. im Interview (vgl. jeweils dort) behandelt werden, gilt, was für diese Darstellungsformen allgemein dargelegt ist.

Die Sportreportage im Fernsehen ist überwiegend eine kürzere zusammenfassende Berichterstattung von aktuellen Ereignissen. Längere Beiträge und Direkt-Übertragungen mit Live-Kommentar spielen bei national und international bedeutenden Sportveranstaltungen aber eine wichtigere Rolle. Zudem

werden regionale Sport-Großereignisse nicht selten live übertragen.

Bei Direktübertragungen unterscheidet sich die Arbeit des
Sportreporters im Fernsehen wesentlich von der seines Kollegen im Hörfunk. Der Radioreporter muss den Ablauf des Ereignisses schildern, das er stellvertretend für den Hörer sieht. Im
Fernsehen besorgen die Kameras diese Arbeit für den Reporter.
Der Zuschauer sieht selbst. Vom Kommentator wird deshalb
nicht eine verbale Wiederholung der Information durch das Bild
erwartet, sondern eine Ergänzung.

Das Bildangebot durch Zusatzinformationen ergänzen –
das ist die Aufgabe des Fernsehreporters im Sport.
Diese Zusatzinformationen sind unterschiedlicher Art:
- *Erläuterungen:* Dieser Freistoß wurde gegeben,
  weil ...
- *Hintergrund-Informationen:* Warum lässt der Trainer
  diesmal nach einer anderen Taktik spielen? Warum ver-
  sucht ein Radprofi, gerade bei dieser von mehreren
  Bergprüfungen einer Tour-Etappe die Konkurrenz zu
  versetzen?
- *Persönliche Informationen* über den Sportler, wohldosiert.
- *Wiedergabe der Stimmung* im Stadion.
- *Kommentierung:* Der Schiedsrichter hat das
  Spiel nicht in der Hand, denn ...
- *Statistische Angaben,* z.B. über bereits erzielte Ergebnisse, ebenfalls wohldosiert.
- *Schilderung:* Das ist der Fall, wenn sich außerhalb des
  von den Kameras aufgefangenen Bildausschnitts etwas tut, was für das Verständnis des Zuschauers wichtig ist. Beispiel: Bei einem Turnier der Springreiter fällt
  eine Stange erst dann, wenn der Reiter (und die ihn
  verfolgende Kamera) bereits beim nächsten Sprung
  ist.

- *Unterstützung der Bildaussage* ist dann erforderlich, wenn der Zuschauer Wichtiges nicht ausmachen kann, wenn die Einstellung z. B. so total ist, dass der Zuschauer nicht erkennen kann, welcher Spieler am Ball ist.

Wie emotional darf der Reporter sein? Wie sehr soll er seine eigene Stimmung und Erregung bewusst in seinen Kommentar einfließen lassen?

In den Sportredaktionen der Funkhäuser wird der eher nüchterne Stil bevorzugt.

Gleichwohl schätzen die Zuschauer häufig die begeistert mitgehenden Reporter besonders. Ihnen wird dann auch der enthusiastische Ausruf »Tor« sogar in dreifacher Wiederholung noch gern abgenommen, obwohl alle selbst gesehen haben, dass es ein Tor war. Und die eher geflüsterte denn gesprochene Feststellung »Wassergraben« muss keine unnötige verbale Wiederholung des Bildinhaltes sein – sie kann als Ausdruck der Spannung durchaus ihre Berechtigung haben. Ebenso wird das betroffene »Schade!« dem Reporter sicher nicht als verpönte Parteinahme angekreidet, wenn er damit die Empfindungen der Fernsehzuschauer artikuliert hat.

Aber die Grenzen sind hier fließend.

Was der Sportreporter nicht tun sollte, findet man am besten heraus, wenn man seine eigenen Reaktionen bei Sportübertragungen am Fernsehgerät verfolgt:

- Nicht zu viel reden, stattdessen das Bild wirken lassen.
- Nicht gerade dann Zusatzinformationen geben, wenn das Geschehen spannend ist. Dafür ist vor dem Anpfiff oder bei Spielunterbrechungen Gelegenheit.
- Nicht ständig am Bild vorbeireden, d. h. Zusatzinformationen am Bild »aufhängen« und schnell zum Ereignis zurückkehren.
- Nicht so tun, als seien alle Zuschauer Sportexperten, die über alle Regeln jeder Sportart jederzeit Bescheid wissen.

- Nicht meinen, dass man mit Feststellungen wie »`Der Ball ist halt rund`« besonders originell wirkt.

Die Arbeitsbedingungen spielen eine wichtige Rolle bei großen Reportagen, egal ob sie live übertragen werden oder zeitversetzt (live on tape).

Im Idealfall kann der Reporter das Sportgeschehen direkt verfolgen und hat vor sich noch einen (möglichst großen) Monitor. Er sieht dann die Bilder, die dem Fernseh-Zuschauer übertragen werden und kann gleichzeitig verfolgen, was sich außerhalb dieses Bildausschnitts tut. Um richtig kommentieren zu können, muss er also seine Aufmerksamkeit *spalten* zwischen der Wirklichkeit und dem übertragenen Ausschnitt aus der Wirklichkeit. Meist allerdings muss er sich mit einem zu kleinen Monitor begnügen – dann sieht der Zuschauer zu Hause mehr als der Reporter, der oft auch noch das Handicap eines schlechten Beobachterplatzes in Kauf nehmen muss. So können ihm wichtige Informationen fehlen.

Für Unterstützung gut ist da ein Redakteur, der neben ihm sitzt oder ein zweiter Reporter, mit dem er sich abwechselt (der, wenn er nicht selbst redet, Zeit hat auch für die Beschaffung von Umfeld-Informationen).

Die Bildauswahl, die ein Regisseur oder Sportredakteur in der »Bildregie« vornimmt, kann der Reporter im Ausland nicht beeinflussen. Im eigenen Land gibt es bei gut eingespielten Teams so etwas wie eine wechselseitige Steuerung zwischen Reporter und Bildregisseur.

`Am Spielfeldrand läuft sich ein neuer Spieler warm`

könnte ein solcher Hinweis im Kommentar des Reporters sein. Der Regisseur würde dann ein entsprechendes Bild anbieten, sofern es die Kameraposition erlaubt.

Umgekehrt geht es auch: Unter vielen Bildern, die bei einer großen Übertragung von zahlreichen Kameras der Regie vorliegen, bietet der Regisseur dem Reporter ein besonders ausdrucksstarkes, z. B. von der Trainerbank, an. Ein guter Reporter wird ein solches Bild ebenso wie die nach einer spannenden Szene eingespielte Wiederholung in Zeitlupe nicht unkommentiert lassen.

Der Zusammenschnitt gibt ein sportliches Ereignis nur in wesentlich geraffter Form wieder. In dieser Reduzierung auf die wichtigsten Szenen und die Höhepunkte liegt die Gefahr der *Verfälschung*. Ein lahmes Spiel kann so hochdramatisch erscheinen. Einen Spieler, der in einer Szene besonders gut oder schlecht wirkt, beurteilen die Zuschauer von diesem Eindruck her. Hier hat der Kommentar des Reporters die Aufgabe der Korrektur oder zumindest der Relativierung der Bild-Aussage.

Welche Bilder soll der Reporter nun (abgesehen von den Höhepunkten, wie z. B. Toren) für solch einen Zusammenschnitt auswählen? Er wird sich dazu selbst gestellte Fragen beantworten:

- Was war typisch für den Spielverlauf?
- Welche Spieler waren besonders gut, welche besonders schlecht?

Die ausgewählten Bilder sollten dann möglichst genau das Ergebnis einer derartigen Analyse belegen. Zusätzlich gedrehte Schnittbilder (z. B. Zuschauer) helfen beim Schnitt später, die Szenen miteinander zu verbinden, wo es sonst Bildsprünge gäbe.

Bei der Aufzeichnung wird der Reporter versuchen, möglichst genau darüber Buch zu führen (mit Timecode), welche Szenen er verwenden will. Beim späteren Bild-Schnitt kann er gleich harte Ton-Sprünge ausgleichen und sich damit den Gang ins Synchronstudio ersparen.

»Kommentar live« heißt es bei solchen Zusammenschnitten oft auf den Ablaufplänen der Sportsendungen: Der Reporter hat sein Material dann entweder vor Ort bearbeitet oder ist, wenn er genug Zeit hatte, vom Stadion dazu ins Funkhaus gefahren. Im Studio gibt es für Off-Kommentare einen Kommentatorenplatz.

Gelegentlich wird das Material aber auch überspielt, im Funkhaus von einem Redakteur in Absprache bearbeitet und vom Reporter dann nach der Schnittliste live aus dem Stadion kommentiert.

Ein Anfänger schreibt sich den Text am besten auf und liest ihn zum Bild ab. Er wird darauf achten, dass der Kommentar sich aber nicht wie abgelesen anhört (vgl. »Den eigenen Beitrag lesen«).

→ Tipp: Als Einsatzmarkierung sind Notizen von bestimmten Einstellungen manchmal besser als Zeiten.

Mit der Routine wächst die Fähigkeit, den Kommentar mehr und mehr frei zu sprechen. Stichworte helfen, nichts Wichtiges zu vergessen. Je freier der Kommentar, desto lebhafter wird er. Obendrein spart man noch Zeit, die bei der aktuellen Sportberichterstattung ja meist sehr – um nicht zu sagen zu – knapp bemessen ist.

Weiterführende Literatur:

Hans-Reinhard Scheu, Sportreportage; in: Walther von La Roche/Axel Buchholz, Radio-Journalismus (9. Auflage, Journalistische Praxis, Econ, München 2009)

Kommentar

Wann haben Sie zuletzt einen Kommentar gesehen und gehört, der Sie aufhorchen ließ, nachdenklich machte, ja, bei dem Sie sogar neue Einsichten gewonnen haben? Einen, der Ihnen geholfen hat, ein Thema einzuordnen oder zu bewerten? All das ist die Aufgabe eines guten Kommentars.

Zugegeben: solche Kommentare sind selten. Selbst versierte Kommentatoren scheitern des Öfteren an diesen Ansprüchen.

Was Kommentare leisten sollen, ist also nicht wenig:

- den Zuschauer durch den Wust an Informationen zum Kern des Problems führen,
- ein Problem analysieren,
- Zusammenhänge aufzeigen,
- eine Situation, eine Handlung oder eine Meinungsäußerung einordnend bewerten oder auch

- klar Position beziehen, von begeisterter Zustimmung über vorsichtige Kritik bis zu leidenschaftlichem Verdammen. Was wann am Platze ist, hängt vom jeweiligen Thema ab. So gibt es vom »platten Meinungskommentar« bis zur differenzierten Analyse unterschiedliche Formen des Kommentierens. Allen aber ist gemein: Ein Kommentar muss auf den Punkt kommen, klar sagen, was Sache ist.

Was Kommentare nicht sein sollen:
- Besserwisserei für andere Besserwisser,
- reine Fachsimpelei in Expertenchinesisch,
- schlichte Schmähung,
- plattes Draufhauen ohne argumentierende Auseinandersetzung,
- emotionale Stimmungsmache ohne inhaltliche Argumente.

Das Kommentieren zählt nach dem Informieren zu den wichtigen Aufgaben der Journalisten. Sauber abgegrenzt muss der Kommentar sein von der reinen Information in Nachricht oder Bericht. Diese Trennung von Information und Meinung ist Teil des Ethos des journalistischen Handwerks, ganz in der angelsächsischen Tradition.

Zuerst gründlich und fleißig recherchieren – das gilt auch für das Kommentieren. Dass dabei das Redaktionssystem (für die Agenturmeldungen), das Internet und das Archiv genutzt werden, versteht sich von selbst (vgl. »Recherchieren« und »Archive, Bibliotheken, Dokumentationsstellen«).
Aber eins kommt hinzu: Scheuen Sie sich nicht, Experten anzurufen. Da es nur um Hintergrundinformationen geht, sind sie oft viel auskunftsfreudiger als sonst, weil ihr Name aus dem Spiel bleibt. Bevor Sie mit dem Schreiben beginnen, sollten Sie die Recherche-Ergebnisse sorgfältig sortieren.

Kommentieren braucht Zeit. Kommentare sind eine tagesaktuelle Darstellungsform. Zudem kann es sein, dass eine neue aktuelle Lage plötzlich auch die Änderung des Kommentar-Themas erfordert. Das heißt, Aufzeichnungstermin oder Sendungsbeginn fordern ein zügiges Arbeiten. Dennoch ist ein Kommentar keine schnell zu Papier gebrachte Empörung. Grundvoraussetzung für das Gelingen ist ein klarer Standpunkt des Kommentators. Sonst bleibt die Botschaft ohne Biss und fühlt sich an wie Dienst nach Vorschrift.

Die Meinung des Kommentators muss über eine klare Argumentationslinie dargelegt werden:

- Verzichten Sie auf Einerseits-Andererseits-Pirouetten.
- Vermeiden Sie Floskeln wie »ich meine«, »ich denke«, »ich glaube«.
- Sparen Sie sich sprachliche Schnörkel, nur weil Sie sich in Ihre eigenen Formulierungen verliebt haben. Im Normalfall lassen Sie den Zuschauer damit ratlos zurück.

Weniger ist auch beim Kommentar mehr. Lieber die wichtigsten Aspekte gründlich abhandeln, als viele nur oberflächlich anreißen. Vorsicht bei ironischen Untertönen, denn sie sind meist missverständlich. Der erste Satz muss die Richtung weisen, mindestens aber die Neugier wecken. Der letzte Satz sollte den Sack zumachen und im günstigsten Fall an ein Bild oder eine Formulierung des Anfangs anknüpfen. Auf keinen Fall darf der Zuschauer – frei nach Brecht – allein gelassen werden: »Der Vorhang zu und alle Fragen offen.«

Zuerst ein Bericht, dann der Kommentar. Das ist im Normalfall die Dramaturgie eines Informations-Formats im Fernsehen. Der Zuschauer ist also inhaltlich auf dem erforderlichen Wissensstand. Schon deswegen verbietet es sich für den Kommentator, dann die Nachricht einfach nachzuerzählen.
Er sollte in einem solchen Fall gleich mit der Bewertung beginnen. Das muss auch mit der nötigen Souveränität erfolgen. Mainstream-Kommentare sind bequem und verursachen selten Ärger. Sie sind aber auch langweilig. Also: Zeigen Sie Flagge, jedoch ohne sich in der Pose eines publizistischen

Straßenkämpfers zu gefallen. Mit einem meinungsstarken Kommentar hat es der Zuschauer leichter, sich eine eigene Meinung zu bilden.

Wenn ein Kommentar allein steht in der Sendung, muss wohl überlegt sein, was an Faktenwissen vorausgesetzt werden kann und was der Kommentar selbst erst liefern muss. Denken Sie daran, dass Sie nicht nur für die Mittelschicht schreiben. Wer in Deutschland den öffentlichen Diskurs nicht nur in Sonntagsreden beschwört, muss auch den so genannten bildungsfernen Schichten und Migranten die Chance bieten, relevante Informationen aufzunehmen. Also ist auch unter diesem Aspekt eine einfache und verständliche Sprache gefordert.

Eine gute Redaktion braucht der Kommentar wie jedes journalistische Produkt. Geben Sie ihn einem Kollegen zum Gegenlesen. Der ist damit auch der erste Zuschauer. Selbstverständlich geht es dabei nicht um Ihre Meinung, sondern um Sprache, Logik und Argumentation. Das ist auch ein Frühwarnsystem gegen Denkfehler.

Die Präsentation des Kommentars. Hier gelten dieselben Gesetze wie beim Moderieren oder Reportieren. Wenn der Zuschauer auch nur einen Moment über das Outfit des Kommentators sinniert, war die journalistische Arbeit des Tages für die Katz. Kommentieren im Fernsehen – das ist gesprochene Sprache.

Also tragen Sie keinesfalls einen eigentlich zwei Minuten langen Text in überhöhtem Tempo vor, wenn die Redaktion »Einsdreißig« bestellt hat. Möglich ist das schon, aber der Zuschauer hat sich spätestens nach zwanzig Sekunden mental oder per Fernbedienung verabschiedet.

Experten-Befragung. Im Privatfernsehen spielt der Kommentar kaum noch eine Rolle. Das heißt nicht, dass hier nicht kommentiert wird. Meinungen werden vor allem über Experten-Interviews transportiert. Der Trend gilt auch für öffentlich-rechtliches Fernsehen. Dort allerdings unter dem Oberbegriff »analysierende Berichtsformen«. Jeder auf einem Fachgebiet ausgewiesene Journalist kann ebenso als »Experte« befragt werden wie z. B. Wissenschaftler oder renommierte Sachbuch-Autoren.

Auch der »Aufsager« im Reporterbericht (vgl. »Bericht/Reporterbericht« und »Aufsager und Live-Aufsager«) liefert häufig eine Einschätzung der Situation, eine Analyse. Damit enthält er ebenfalls kommentierende Elemente, wenn auch sehr zurückgenommene, die den Bericht nicht etwa zum Kommentar werden lassen dürfen. Diese Form war früher nahezu ausschließlich für die Auslandskorrespondenten reserviert. Heute gehört sie auch in der Inlandsberichterstattung zu den Standards des Informations-Journalismus im deutschen Fernsehen.

Moderieren, interviewen, sprechen

Moderieren – und was Anne Will dazu empfiehlt

Anne Will war sieben Jahre lang »Tagesthemen«-Moderatorin und moderiert jetzt die Talkshow »Anne Will« (vgl. »Autoren«). In diesem Beitrag gibt sie Ratschläge zum richtigen Moderieren auf der Grundlage ihrer Tagesthemen-Arbeit. Wer sie beherzigt, wird davon profitieren. Dennoch können und sollen sie nicht in jedem Fall Maßstab sein, denn die Moderation ist Teil des *Formats* einer Sendung. Sie ist also immer davon abhängig,

- welche *Zielgruppe* erreicht werden und
- welche *Inhalte* vermittelt werden sollen.
- Zudem muss die Art der Moderation zur *Person* des Moderators oder der Moderatorin passen.

Die Einstellung. Ehe Anne Will in die Sendung geht, sammelt sie sich kurz und »programmiert sich« für einige Sekunden mit folgenden Botschaften an sich selbst:

- »Ich habe etwas zu sagen.«
- »Wir haben eine gute Sendung vorbereitet.«
- »Ich freue mich darauf.«

Auf diese Weise erreicht sie Konzentration und die gewünschte Präsenz.

Die Begrüßung ist der wichtige Einstieg in die Sendung: »Ich stelle mir vor, zu jemandem zu sprechen, bei dem ich in diesem Augenblick quasi ins Wohnzimmer komme.« Dies muss so geschehen, wie es auch in Wirklichkeit wäre: freundlich, mit einem Lächeln, mindestens in den Augen. Das kann auch mal zu einem deutlicheren Lächeln werden: »Wenn ich z. B. gleich mitzuteilen hätte, dass Deutschland Fußball-Weltmeister geworden ist.« Das erste Thema wirkt sich natürlich auch dann, oder besonders dann, auf die Sprechhaltung bei der Begrüßung aus, wenn es bedrückend ist, etwa ein Unglück mit vielen Toten oder eine internationale Krise: Das freundliche Lächeln bei der Begrüßung bleibt aber auch dann:»Wenn ich zu einer Beerdigung gehe, begrüße ich die anderen Trauergäste ja auch freundlich«. Aber es fällt »gebremst« aus, so wie das eigene Empfinden auch ist.

Der Text der Begrüßung sollte in einer Informationssendung so knapp sein, dass er gerade ausreicht, sich als Moderator unabhängig vom Inhalt zu etablieren:

`Guten Abend. Willkommen.`

Ein `Hallo` oder ein `Hallo zusammen` hält Anne Will in informativen Sendungen für unangebracht (»ranschmeißerisch«). In anderen Formaten mag es dagegen genau richtig sein.

Die Arbeit eines Moderators mündet in die Moderation der Sendung. Voll konzentriert und frisch muss er da sein – auch am Ende eines langen Arbeitstages. Denn die eigentliche Arbeit hat schon viele Stunden zuvor begonnen mit:

- dem Einlesen (Zeitungen, Agenturmeldungen, Archivmaterial, Internet),
- der Teilnahme an den Redaktionskonferenzen,
- dem Einbringen eigener Ideen und Vorschläge für die Sendung,
- dem Besprechen des Sendungsaufbaus mit dem Chef vom Dienst,
- dem Ansehen von Filmen,
- den Gesprächen mit Autoren von Beiträgen,
- dem Vorbereiten der Interviews,
- dem Schreiben der Moderationen und schließlich
- der Auswahl der Kleidung und dem Gang in die Maske.

Die Einbindung des Moderators in die Redaktion ist in Informationsprogrammen selbstverständlich (anders als in den meisten mehr unterhaltenden Formaten). Bei Magazinen sind manchmal die Redaktionsleiter auch die Moderatoren. Das Engagement des Moderators/der Moderatorin bei der Redaktionsarbeit ist wichtig, weil er/sie ja später die Sendung an den Zuschauer »verkaufen« muss. »Also sollte ich auch vom Inhalt überzeugt sein«, sagt Anne Will.

Auch beim Aufbau der Sendung bringt sie sich ein. Der richtet sich zwar vor allem nach der Wertigkeit der Themen oder gelegentlich der besonderen Qualität der Filme, kann aber auch für die Moderation eine Rolle spielen:»Wenn ein eher lockeres auf ein sehr ernstes Thema folgen soll, ist das nur schwer angemessen moderativ zu verbinden.« Eine andere Beitragsabfolge (oder eine Trennung etwa durch Meldungen oder einen Nachrichtenblock) macht da dem Moderator die Arbeit leichter.

Mit dem Sichten der Filme beginnt die Arbeit an den einzelnen Moderationen. Anne Will sieht sie sich (oft mehrmals) an, direkt an ihrem Schreibtisch im Redaktionssystem (einer digitalen Workstation). Weil nicht gewartet werden kann, bis alle Filme fertig vorliegen, wird mit denen begonnen, die zuerst da sind.

Sie schreibt sich dabei auf:

- die *Text-Anfänge* (damit der Übergang von der Moderation zum Film gut passt und es keine Doppelungen gibt),
- den *Schluss des Kommentars*/Filmtextes (für den Fall, dass sie daran anknüpfen will, um zum nächsten Beitrag überzuleiten),
- *Notizen über die Bilder* (denn Moderationen können/sollten auf ihre Inhalte/Wirkung Bezug nehmen, wann immer sinnvoll),
- *O-Töne* (denn wenn sie im Film gebracht werden, sind sie »verbrannt«. Andere aus den Agentur-Meldungen können vielleicht gut für die Moderation verwendet werden.),
- Stichworte zum *Inhalt* und *Grundtenor* (denn auf den soll ja die Moderation hinführen).

Wenn absehbar ist, dass Filme erst spät fertig werden, wird mit den Autoren telefoniert, um die entsprechenden Informationen zu bekommen, soweit die schon feststehen.

Genaues Lesen, Selektieren und Auswerten der Agenturmeldungen und des Archivmaterials zum Thema ist der nächste Arbeitsschritt. Bei den »Tagesthemen« und anderen überregionalen Hauptnachrichten-Sendungen werden diese Texte für den Moderator von (Moderations-)Redakteuren in Dossiers zusammengestellt (in Zusammenarbeit mit dem Archiv). Bei kleineren Sendern und bei regionalen Sendungen muss der Moderator sich das Material selbst besorgen. Mit dieser Arbeit sollte begonnen werden, sobald die ersten Themen feststehen und dann sukzessive fortgefahren werden. So ist später noch Arbeitskapazität frei für kurzfristige Anforderungen und die Aktualisierung bei den Themen, die sich ständig weiterentwickeln.

Die Moderationen schreiben muss der Moderator allein – und dafür die richtigen Ideen haben. Anne Will beginnt ganz pragmatisch mit den Moderationen, zu denen ihr am meisten einfällt (»Umso mehr Zeit bleibt mir für die anderen.«) oder jenen, zu denen bereits die Filmbeiträge fertig vorliegen (»Die kann ich mir ja schon ansehen.«). Auf diese Weise versucht sie, Zeit zu sparen, um nicht in Zeitnot zu geraten, wenn sich mit nahendem Sendungsbeginn alles drängt.

Bei den Ideen für die Moderationstexte vertraut sie auf ihre »Eingebungen«. Manchmal hat sie schon beim Sichten der Filme oder beim Lesen des Materials den zündenden Gedanken. Wenn nicht, fragt sie sich systematisch
- Was ist neu?
- Wie wecke ich am besten das Interesse für den Beitrag?
- Was ist besonders erzählenswert?
- Wie würde ich versuchen, zum Beispiel Freunde für das Thema zu interessieren?

Die Antworten auf diese Fragen gibt sie sich oft laut, läuft herum, spricht beim Herumlaufen vor sich hin, redet ihren Computer an oder aus dem Fenster hinaus.

Dieses Reden zwischendurch oder beim Schreiben selbst hält sie für entscheidend: Schließlich sollen es Hör-Texte werden und keine Lese-Texte. Ansonsten müsse jeder für sich herausfinden, wie er am kreativsten ist, und Vorgehen und Arbeitsstil häufiger einmal verändern, um sich nicht zu blockieren. So hat sie eine zeitlang ihre Moderationen einem Moderationsredakteur diktiert und sie dabei im Gespräch mit ihm in Teamarbeit in die richtige Form gebracht.

Moderationstexte variieren. Unterschiedliche Themen verlangen nach unterschiedlichen Zugängen und nach einem jeweils passenden Stil. Darum darf nicht ein Text ausfallen wie der andere. So sollte

- bei wichtigen Themen auch die Hinführung seriös sein (und nicht etwa mit einem lustigen Randereignis beginnen),
- bei schwerer verständlichen Themen faktenreicher sein (wenn möglich, mit einem Beispiel oder auch mit Karten (Grafik),
- bei traurigen Ereignissen mit vielen Toten oder dem bewegenden Tod eines Einzelnen etwas »gefühliger« sein,
- bei bunten Stücken oder Sportthemen ruhig locker bis sogar hin zu flapsig.

Moderationen mit Sorgfalt formulieren. Das hält Anne Will nicht nur aus einer Verantwortung für die deutsche Sprache heraus für zwingend geboten. Sie bemüht sich auch darum, weil Moderationen besser »funktionieren« und leichter zu sprechen sind, wenn die Sprache so ist:

- einfach und sofort verständlich,
- reich an aussagestarken Verben (also Substantivierungen vermeidet),
- bildstark und abwechslungsreich und durchaus auch
- wortwitzig.

Um dies zu erreichen, vermeidet sie Nachrichten- oder Agenturdeutsch, Floskeln (»herrscht hektische Betriebsamkeit«) und Mode-Formulierungen wie »es ist zu Ausschreitungen gekommen« (besser: Es gab Ausschreitungen), aber auch schwache, abgegriffene und statische Verben wie stattfinden.

Diskriminierende Wortwahl findet bei ihr ebenfalls nicht statt (nein, sie *vermeidet* sie!). So empfindet sie Leute als abschätzig: »Es sind ›Menschen‹, die sich da arbeitslos gemeldet haben.

Und hinter den Zahlen der enstprechenden Statistik verbergen sich Schicksale.«
Die Sätze sollten in aller Regel kurz sein, weil sie dann besser zu sprechen sind und man nicht etwa mittendrin außer Atem kommt.

Damit sie mit ihren Texten zufrieden ist, geht sie »immer wieder drüber«, denn sie hat die Erfahrung gemacht, dass der erste Gedanke selten der beste ist. Umgekehrt kann aber auch zu viel Bemühen um Wortwitz auf Kosten der Einfachheit und Klarheit einer Moderation gehen. Wortwitze oder Wortneuschöpfungen können Zuschauer auch verwirren.
Weil ihr die Denkpause, die die EU im Verfassungsprozess eingelegt hat, sprachlich variationsbedürftig erschien, ließ Anne Will die Brüssler (eine lexikalische Variation, die sie vermeidet) `denkpausieren`. Ein solches Wort muss langsam gesprochen werden, um dem Zuschauer zu gestatten, es dennoch beim ersten Hören zu verstehen.

Fremde Texte übernehmen sollten Moderatoren nur im Notfall und auch nur, wenn sie sie wenigstens kurz vorher durchgelesen haben.
Im Extremfall kann es aber passieren, dass die Redaktion für einen kurzfristig ins Programm genommenen Beitrag eine Moderation in den Teleprompter stellt (vgl. »Texte vom Teleprompter/Autocue lesen«). Den dann prima vista (auf Anhieb) gut zu lesen, ist selbst für Profis ein Ritt über den Bodensee. Das liegt daran, dass der Teleprompter immer nur wenige Wörter zeigt und deshalb keinen Überblick über einen ganzen Satz ermöglicht. Deshalb muss der Moderator immer auch ein Manuskript haben.

Beitragsautoren nennen, das ist nicht unbedingt erforderlich. Man kann sich auch dafür entscheiden, den Namen nur zu Beginn des Beitrags als Insert zu zeigen. Wenn er genannt wird, hält Anne Will die kürzeste Möglichkeit für die beste, nämlich einfach nur den Namen zu sagen:
`Michael Daniel.`

Selbst

`Ein Beitrag von ...`

hält sie eigentlich für überflüssig, wenn auch für vertretbar. Alles, was darüber hinausgehe, sei abträglich. Eine gelungene Anmoderation führe nämlich so direkt auf den Beitrag hin, dass der erste Satz des Films nahtlos an den letzten Satz der Moderation anknüpft. So als gäbe ein Wort das andere. Jedes Wort zu viel unterbreche da unnötig die Gedankenführung.

Eine andere Möglichkeit sei, den Autorennamen in den letzten Satz der Moderation zu integrieren:

`Da war selbst Michael Daniel erstaunt, als er`
`merkte: Das stimmt gar nicht.`

Wie lang Moderationen sein sollten, ist nicht generell zu beantworten. Es hängt ab von

- dem Format der Sendung (z. B. kurze oder lange Sendung/ Nachrichten oder Boulevard-Format) und
- den Erfordernissen des einzelnen Beitrags.

Generell hat sich Anne Will 30 Sekunden, also sechs bis sieben Zeilen zu 60 Zeichen, als Richtschnur vorgenommen. Wenn sie es nicht einhalten kann, was öfter mal vorkommt, lässt sie nur drei Entschuldigungen gelten:

- Das Thema des Beitrags ist so kompliziert, dass es einer ausführlicheren, sorgfältigeren Hinführung bedarf.
- Der Autor setzt zu viel als bekannt voraus, was vorher noch erklärt werden muss.
- Der Beitrag arbeitet das Entscheidende nicht deutlich heraus. Die Moderation muss die Beitragsaussage also verstärken, auch durch bewusste Doppelung.

Auch ein Rhythmus-Wechsel empfiehlt sich: mal eine etwas längere, mal eine kürzere Moderation. Und wenn ein kürzerer Beitrag zwischendurch für mehr Tempo in der Sendung sorgen soll, dann darf die Moderation dies nicht konterkarieren, sollte also ebenfalls kurz sein.

Die direkte Ansprache des Zuschauers mit `Sie` hält Anne Will eher für eine Notlösung (»Wenn einem gar nichts mehr einfällt«).

Und der oft gehörten Formulierung.

`Ich weiß ja nicht, wie es Ihnen geht, aber ich ...`

kann sie überhaupt nichts abgewinnen. Gezielt und sparsam eingesetzt, hat die Zuschauer-Ansprache dennoch auch für die Tagesthemen-Moderatorin eine Funktion: Sie verstärkt die Aufmerksamkeit, spricht persönlich an:

`Wenn Sie jetzt helfen wollen: Alle Banken und Sparkassen ...`

Mit dem »ich« geht Anne will ebenfalls sehr vorsichtig um. Sie will bewusst zurücktreten hinter die Nachricht: »Es geht nicht um mich«. Auch mit eigenen Gefühlen will sie »dem Zuschauer nicht lästig fallen«. Andererseits hält sie es für richtig, klar zu sagen, was Sache ist:

`Ich habe vor einer Stunde XY interviewt`

(und nicht `Wir haben ...`). Aber auch dabei solle man das »ich« etwas nebenbei sprechen und nicht gleichsam zweimal unterstrichen.

Zuschauer-Ansprache und gelegentlich ein »ich« sind allerdings Moderationsstile, die in anderen als den Nachrichten-Formaten durchaus richtig am Platz sein können: je weniger schwergewichtig die Inhalte und je lockerer die Präsentation insgesamt, umso mehr.

Kommentierende Moderationen hält Anne Will in Nachrichten-Formaten für fehl am Platze: »Dafür gibt es den Kommentar als Darstellungsform«. Und der muss durch eine entsprechende An- und Abmoderation deutlich als solcher gekennzeichnet sein und darf vom Moderator auch nicht etwa durch Tonfall oder entsprechende Blicke »nachkommentiert« werden: »Ich gebe mir da alle Mühe, wirklich neutral zu wirken, selbst wenn mir die Meinung des Kommentators noch so sehr gegen den Strich gegangen sein sollte.«

Die Einordnung von Vorgängen in einen Gesamtzusammenhang oder die Analyse von Ereignissen und Äußerungen sei dagegen durchaus statthaft und in einer Nachrichtenhintergrundsendung wie den »Tagesthemen« unerlässlich: »Die Moderation soll ja nicht einfach nur aneinanderreihen. Sie hat die Aufgabe, in der Fülle der Nachrichten Übersicht zu schaffen, Sachverhalte zu gewichten, einzuschätzen und Orientierung in komplexen Sachverhalten zu geben.«

Die neutrale Rolle des Moderators ist im *Interview* ebenfalls durchzuhalten, wenn auch manchmal schwerer zu vermitteln. Anne Will warnt davor, Interview-Partnern mit fehlender Präzision, gar Naivität »ein Scheunentor aufzumachen«

`Was wollen Sie anders machen als die Regierung?`

und hält deshalb ein klares *Interviewziel*, eine gut gesetzte *erste Frage* und kritische *Nachfragen* für unbedingt erforderlich. Zuschauer verstünden dies allerdings manchmal so, als vertrete sie mit den Nachfragen eine gegenteilige Meinung zu der des Interviewpartners. Dies sollte nicht geschehen, sei aber nicht immer zu verhindern.

→ Tipp: Spielen Sie als Moderator in solchen Fällen »über Bande«, bringen Sie also die gegenteiligen Meinungen als Zitate ein:

`Die Opposition sagt aber, dass ...`

Für Magazin-Moderation allgemein gilt aber nicht, dass Moderationstexte kommentarfrei sein sollten, jedenfalls nicht so uneingeschränkt wie bei Nachrichten-Formaten. Besonders die Moderationen in politischen Magazinen sind häufig sehr meinungsfreudig. Die deutlich herausgestellte eigene Sicht der Dinge gehört dort zum Profil der Moderatoren. Auch in Wirtschafts- und Verbraucher-Magazinen z. B. ist die Moderation gelegentlich kommentierend. Die Moderatoren treten da nicht in der Rolle eines neutralen Vermittlers von Nachrichten auf, sondern agieren auch als Experten mit Meinung in der Sache selbst.

Das Zuschauer-Vorwissen ist mitentscheidend dafür, wie verständlich eine Moderation ist. Deshalb müssen sich Moderatoren ständig fragen, was sie als bekannt voraussetzen und was sie erklären müssen. Eine Patent-Antwort darauf gibt es nicht, aber eine Orientierungshilfe hat Anne Will dennoch zu bieten:

➡ Tipp: Je länger ein Vorgang in den Medien ist, je länger eine Krise andauert, umso mehr Vorwissen ist bei den Zuschauern vorhanden. Je neuer ein Thema ist, umso weniger.

Besondere Vorsicht ist bei Abkürzungen geboten. So hält sie es für richtig, »BDI« mit einem kleinen Nebensatz zu erklären:

`BDI, der Bundesverband der Deutschen Industrie.`

Ganz falsch sei dagegen die Formulierung:

`Wie Sie (wir) ja wissen, ist ...`

Damit schließe man jeden aus, der es nicht wisse und sich dann vielleicht verschämt frage, ob er das nicht eigentlich habe wissen müssen. Zuschauer in solch eine Situation zu bringen, könne nicht das Interesse von Moderatoren sein.

Überleitende Moderationen sind kein Muss, aber immer dann erforderlich, wenn in einer Sendung mehrere Beiträge zu einem Thema hintereinander gebracht werden, etwa ein A- und ein B-Stück (vgl. »Bericht/Reporterbericht«).

`Zu diesem Thema haben wir noch einen weiteren Beitrag`

hält Anne Will allerdings für zu platt. Dann schon lieber

`Dazu passt ...`

oder als elegantere Methoden:

- Einen Satz aus dem vorangegangenen Beitrag noch einmal aufgreifen,
- an einen O-Ton aus dem eben gehörten Beitrag anknüpfen oder
- redaktionelle Überlegungen offenlegen:

`Wir haben uns gefragt, was bringt das dem Einzelnen eigentlich ...`

Absetzende Moderationen sind erforderlich, wenn ein Beitrag die Zuschauer sehr bewegt hat, zu Herzen ging. Anne Will macht dann eine kleine Pause, blickt dabei nach unten (auf den Monitor vor sich im Moderatorentisch), holt tief Luft und moderiert im

Tonfall etwas zurückgenommen weiter. Damit will sie ihren Zuschauern signalisieren, dass auch sie der Beitrag berührt hat und dass auch sie darüber nicht gleich wieder »zur Tagesordnung übergehen konnte«.
Dennoch gibt es Themen, zwischen denen kein angemessener Übergang zu schaffen ist. Dann müsse die Reihenfolge umgestellt werden (vgl. oben »Die Einbindung des Moderators in die Redaktion«).

Schnell reagieren muss ein Moderator, wenn er von dem bewegenden Schluss eines Stückes selbst überrascht wird, weil der Autor kurzfristig etwas umgestellt hat und der Beitrag erst während der schon laufenden Sendung fertig wurde. Wenn es danach eigentlich mit einer Moderation in einem eher heiteren Tonfall hätte weitergehen sollen, ist ein deutlicher Satz der Abgrenzung erforderlich, spontan formuliert und frei gesprochen.

Abmoderationen, also das bloße erneute Aufnehmen des Beitragsthemas in der folgenden Moderation, sollten sparsam eingesetzt werden. Anne Will hält die Gefahr einer ungewünschten Redundanz dabei für zu groß. Zudem werden die Moderationen auf diese Weise länger und mit zwei Aufgaben befrachtet: dem Anknüpfen an bereits Gesehenes und dem Vorbereiten auf Kommendes.
Macht man es dennoch, muss eine kleine Zäsur (Pause) dem Zuschauer helfen, den Übergang vom einen zum anderen wahrzunehmen.

Namen richtig aussprechen, das ist oft ein Problem. Gerade bei der Auslandsberichterstattung gibt es häufig verschiedene Möglichkeiten. Die »Tagesschau« gilt dabei in der Branche als Vorbild, an dem sich viele orientieren. Der Hessische Rundfunk betreibt zentral eine Aussprache-Datenbank, die über Internet/Intranet auch akustisch genutzt werden kann. Sie ist zugänglich für Mitarbeiter von ARD, Deutscher Welle, ORF und SRG.
Muss schnell entschieden werden, ist immer maßgebend wie der *Korrespondent* einen Namen ausspricht.

Moderationen auch (mal) frei sprechen. Zur Sicherheit liegt zwar immer ein Manuskript auf dem Moderatorentisch parat, die Moderationen werden aber normalerweise vom Teleprompter gelesen. Das liegt daran, dass es gerade in Nachrichten-Formaten sehr genau auf die Wortwahl ankommt (die in freier Rede leicht einmal misslingen kann) und auf die Notwendigkeit, sich exakt an die vorgegebenen Sendezeiten zu halten.

Dennoch muss ein Moderator auch in der Lage sein, frei zu moderieren. Anne Will tut es immer, wenn ihr in einem Beitrag während der Sendung noch etwas auffällt, was sie gern aufnehmen möchte oder wenn ihr spontan eine bessere Formulierung über die Lippen kommt. Dann verbindet sie freie Rede mit dem vorbereiteten Prompter-Text. Der muss dann entsprechend weitergedreht werden, damit sie nach der frei gesprochenen Passage wieder an der richtigen Stelle mit dem Ablesen beginnen kann. Das erfordert viel Erfahrung und auch von der Prompter-Assistentin schnelles Reagieren und Mitdenken.

Diese Mischung aus Ablesen und freiem Sprechen bezeichnet die Tagesthemen-Moderatorin für sich als ideal und praktiziert sie auch – in unterschiedlichem Ausmaß – bei jeder zweiten oder dritten Moderation.

Viele tun sich gerade damit besonders schwer. Aber auch sie müssen es können und tun, wenn sie auf irgendetwas Unvorhergesehenes in der Sendung sofort reagieren müssen. Das ist z. B. der Fall bei

- Ablauf-Pannen oder
- wenn vorbereitete Moderationen nicht mehr auf live zugespielte Beiträge passen.

Deshalb ist es sehr wichtig, dass Moderatoren stets die laufende Sendung auf dem Monitor in ihrem Moderationstisch verfolgen.

Keine Angst vor Versprechern empfiehlt Anne will als Methode gegen Versprecher, zusätzlich natürlich volle Konzentration auf die Sendung (vgl. oben »Die Einstellung«).

Auch wenn sie sich selbst über Versprecher ärgert, seien sie halt nicht immer zu vermeiden.

162

Dann sei eine »saubere, glatte Korrektur« die angemessene Reaktion, auch eine Entschuldigung (`Pardon`), wenn der Versprecher ganz peinlich war.

Ansonsten müsse man einfach (und könne es auch) darauf vertrauen, dass Zuschauer Versprecher zwar registrieren, aber auch verzeihen, wenn sie sich im Rahmen halten.

Entspannt auch mit Pannen umgehen, das sollten Moderatoren; und das können sie am besten, wenn sie sie nicht zu ernst nehmen. Also wie reagieren, wenn ein Beitrag nicht »abfährt«, nach der Anmoderation nicht beginnt, oder nur der Ton läuft und die Bilder fehlen? Anne will rät dazu, die Pannen von sich als Moderator »wegzugeben« indem man sie dem Zuschauer erklärt. Und dies möglichst locker, wenn es das Thema gestattet, z. B. mit dem Satz:

> `Bilder im Fernsehen wären natürlich auch ganz`
> `schön.`

Wichtig bei Pannen ist das schnelle Zusammenwirken. Das muss vor Sendungen einmal durchgesprochen werden. Die Regie sollte dem Moderator schnell auf den kleinen Empfänger im Ohr sagen, was los ist und ihn auch sofort »schneiden« (also ins Bild nehmen), damit der diese Information direkt an die Zuschauer weitergeben kann. Dies sollte aber ohne jede Schuldzuweisung zum Beispiel an »die Technik« geschehen, weil das »möglicherweise gar nicht stimmt und darüber hinaus fürs Binnenklima nicht hilfreich ist«.

Meist sagt der Regisseur dem Moderator auch gleich dazu, was zu tun ist (»Wir machen mit dem nächsten Beitrag weiter.«). Wenn dies nicht der Fall ist, muss der Moderator selbst die Initiative ergreifen und z. B. über den Sender fragen:

> `Ich nehme an, wir machen erst einmal mit dem`
> `nächsten Beitrag weiter?`

Ein kurzes »`Ja`« im Kopfhörer, ein schnell genug weitergedrehter Teleprompter und mit der nächsten Anmoderation ist die Panne erst einmal überstanden. Während der Film dann läuft, kann alles Weitere besprochen werden.

Im Sitzen oder im Stehen sprechen? Anne Will steht lieber, weil sie dabei ungezwungener auch körpersprachlich agieren kann. Außerdem hat sie das Gefühl, mehr Luft zur Verfügung zu haben als beim Sitzen.

Mehrere Kollegen arbeiten häufig im Studio vor der Kamera zusammen, z. B. zwei Moderatoren oder Moderator und Nachrichtensprecher. Dann sind genaue Absprachen erforderlich. Das betrifft

- das *Inhaltliche* (Wer macht was?),
- das *Formale* (Wie übergibt man wann an wen?) und
- das *Optische* (Wohin blickt man bei der Übergabe?). Im Fernsehen soll es so aussehen, dass der Abgebende immer zu dem blickt, der übernimmt. Um diesen Eindruck zu erreichen, kann es sein, dass er im Studio aber an ihm vorbeiblicken muss. Aber auch diese Blickrichtung ist dann festgelegt.

Aufgezeichnete Schalten müssen entsprechend anmoderiert werden:

    Ich habe vor einer Stunde mit XY gesprochen.

Es sei nicht korrekt, dem Zuschauer etwas als live zu verkaufen, was möglicherweise schon einige Stunden zuvor aufgenommen wurde. Außerdem gebiete dies auch die Fairness dem Interviewpartner gegenüber, denn zwischen Aufzeichnung und Ausstrahlung könnte sich ja noch einiges ereignet haben.

Wenn dies bedeutsam für den Interview-Inhalt sei, müsse der Moderator darauf hinweisen, dass nach diesem oder jenem noch nicht gefragt werden konnte:

    Dazu konnte XY sich nicht äußern, weil es sich
    erst nach der Aufzeichnung des Interviews er-
    eignet hat.

Sind die zwischenzeitlichen Geschehnisse für das Thema des Interviews aber entscheidend, muss schlimmstenfalls ganz auf die Ausstrahlung verzichtet werden.

Die Anmoderation von Schalten muss nach Meinung von Anne Will ohne den Satz auskommen

`Wir sind jetzt verbunden mit ...`
weil man das als Zuschauer ja ohnehin merke.
`Wir schalten zu ...`
sei als technischer Vorgang ebenso wenig erwähnenswert. Stattdessen erzähle mehr, wer woher jetzt etwas beitrage. Deshalb schlägt sie einen direkten Einstieg mit Namen und Ort in der Frage vor:
`Michael Daniel in Jerusalem, wie wird in Is-`
`rael ...`
Dabei störe auch ein `Guten Abend` den Fluss der Sendung, zumal es bei Satelliten-Verbindungen wegen des langen Schallweges ziemlich lange dauert, bis die Antwort zurückkommt.

Kollegengespräche (also Interviews mit Kollegen), egal ob über Schalte oder direkt im Studio, müssen genau abgesprochen sein:

- Welcher Aspekt eines Themas soll eingeordnet, reportiert, geschildert, vertieft werden, der im Film nicht oder nur am Rande vorkam, zum Beispiel weil es davon gar keine Bilder gibt?
- Was haben Sie als Korrespondent/journalistischer Fachmann zum Thema beizutragen?
- Was halte ich als Moderatorin für wichtig und interessant?

Nicht dumm stellen dürfe man sich im Interview, also nicht einfach fragen
`Was ist denn da los bei Ihnen?`
Das gehe nicht, weil der Zuschauer eine gewisse Kompetenz vom Moderator erwarte. Also müsse man selbst schon etwas hinführen und so dem Korrespondenten das Stichwort für seine Schilderung geben:
`Als die Wassermassen kamen, da lagen die Al-`
`lermeisten noch in tiefem Schlaf ...` **Korrespon-**
dent: `Es war genau 4 Uhr 32 heute Morgen als ...`

Duzen im Kollegengespräch ist in einem Format wie den »Tagesthemen« nicht zulässig. Auch die Anrede nur mit dem *Vornamen* und `Sie` vermeidet Anne Will, indem sie sich auf das `Sie` beschränkt und Vornamen und Namen nur bei der Vorstellung und der Verabschiedung nennt. Je jünger und salopper allerdings ein Sendungsformat ist, umso weniger wird dies so streng gesehen.

Ein »Danke« muss sein, wenn die Schalte oder das Interview beendet ist. Das hat aber nicht nur mit Höflichkeit zu tun. Es ist auch ein förmlicher Abschluss dieses Teils der Sendung, ehe es mit anderem weitergeht.

Keine Standards am Sendungsende. Von Sprüchen wie

`... und wachen Sie morgen wieder gesund auf ...`

hält Anne Will nichts. Das seien Maschen, die, wenn überhaupt, nur den Zweck hätten, Aufmerksamkeit auf sie als Moderatorin zu lenken und zudem seien sie Zeitverschwendung. Darum kommt sie (im Gegensatz zu manchen Kollegen und Kolleginnen) aus mit einem freundlichen `Auf Wiedersehen!`

Texte vom Teleprompter/Autocue lesen

Durchaus nicht alle Moderatoren lesen ihre Texte vom Teleprompter (einem Lesegerät) ab. Je lockerer das Format ist und je großzügiger der zeitliche Rahmen, umso häufiger sprechen sie frei. Sie bereiten dafür Stichworte auf sog. Moderationskarten vor, die sie in der Hand halten (aber selten häufig draufschauen). Vom Manuskript vor sich auf dem Tisch abzulesen, verträgt sich nicht mit der Aufgabe des Moderators, den Kontakt zu den Zuschauern herzustellen und zu halten. Nachrichtensprecher können dagegen genau dies tun: Jeder Zuschauer geht ohnehin davon aus (und soll dies auch), dass sie sorgfältig geschriebene Texte vorlesen.

In Nachrichtensendungen und Nachrichtenmagazinen lesen die Moderatoren grundsätzlich ihre Texte vom Teleprompter. Der Text wird dazu elektronisch erfasst und fortlaufend auf einen halbdurchlässigen Spiegel vor dem Kameraobjektiv projiziert. Das Tempo wird manuell so gesteuert, dass es der gewünschten Lese-Geschwindigkeit entspricht. Der Journalist blickt auf die langsam abrollende Schrift und damit auch in die Kamera. Er sieht gleichzeitig nur eine kleine Textmenge mit wenigen Zeilen und nur wenigen Wörtern in einer Zeile. Deshalb ist es für den Moderator nicht einfach, beim Lesen den Sinn eines Satzes (oder gar einer Text-Passage) zu erfassen. Das Lesen vom Teleprompter muss also geübt sein, damit es auch wirklich sinnvermittelnd geschieht (vgl. »Den eigenen Beitrag sprechen«).

Der Teleprompter verleiht dem Moderator eine Textsouveränität, die niemand in solchem Maße besitzen kann. Das Publikum – so argumentieren deshalb seine Gegner – werde betrogen: Da es diese Technik nicht kenne, glaube es, die Moderation werde im Augenblick der Ausstrahlung frei und fehlerlos formuliert. Befürworter der Lesehilfe verschließen sich diesen Vorbehalten nicht und raten zum Kompromiss. Sie empfehlen, Lesegerät und Manuskript *in Kombination* einzusetzen: Der »normale« Text kann vom Prompter gelesen werden – schwierige Passagen wie Zitate, Zahlen, Quellenangaben müssen dagegen »vom Blatt« kommen.

Kamera mit Teleprompter in einem Studio des Saarländischen Rundfunks. Nur wenige Zeilen mit jeweils wenigen Wörtern sind gleichzeitig zu sehen. Hinter dem Teleprompter verbirgt sich das Objektiv der Kamera, in das der Moderator spricht.

Mit optischen »Querverweisen« arbeiten manche (wenige) Moderatoren, die mit beiden Präsentationsmöglichkeiten routiniert umgehen: Im Text des Teleprompters mahnen Zeichen, sich dem Manuskript zuzuwenden; im Manuskript gibt es Zeichen, die den Hinweis geben, wieder in die Kamera – also auf das Lesegerät – zu schauen.

Teleprompter-Text vorher genau durchlesen. Er wird zwar ins Redaktionssystem (also in einen Computer) geschrieben und von dort elektronisch direkt auf den Teleprompter übernommen, was Übertragungsfehler ausschließt – Schreibfehler nicht: Statt `Polen` steht da plötzlich `Kohlen`. »Davon erholen Sie sich während der ganzen Sendung nicht mehr«, warnte der frühere Tagesthemen-Moderator Hanns Joachim Friedrichs aus eigener Erfahrung und hielt es darum für »selbstmörderisch« mit Teleprompter-Texten auf Sendung zu gehen, die der Moderator vorher nicht genau durchgelesen hat.

Ebenso ist Vorsicht geboten, wenn ein neuer Mitarbeiter, der das Sprachtempo des Moderators nicht kennt, die Geschwindigkeit des Teleprompters steuert. Der Moderator muss dann vielleicht zu schnell lesen, weil der Text zu schnell durchläuft oder schläft fast ein beim Moderieren, weil der neue Text nicht zügig genug erscheint.

Teleprompter-Texte aktualisieren ist durch die Digitaltechnik noch bis kurz vor der Sendung kein Problem und, wenn es die Aktualität erfordert, sogar noch während der laufenden Sendung möglich. Moderatoren müssen dann notfalls Texte auch prima vista präsentieren, also ohne sie vorher durchgelesen zu haben. Dass dies versierte Moderatoren erfordert und dennoch das Risiko von Versprechern oder einer unsicher wirkenden Präsentation erhöht, leuchtet ein.

Interviewen – und was Sandra Maischberger dazu empfiehlt

Ihre Erfahrungen als Interviewerin gibt Sandra Maischberger gern weiter, von Zeit zu Zeit auch in Seminaren für junge Journalisten oder – wie hier – in einem Interview zum Thema Fernseh-Interview, das die Grundlage dieses Textes ist.

Interviews planen. Dabei gilt: der richtige Interview-*Partner* zur richtigen *Zeit* zum richtigen *Thema*. Wenn diese Regel nicht oder nicht gut genug beachtet wird, hilft auch die beste Vorbereitung nicht …

Vorbereitung ist die halbe Miete. Davon ist Sandra Maischberger fest überzeugt. Und daran hält sie sich auch strikt bei ihrer eigenen Arbeit: »Ein gutes Interview, das ist 50 Prozent Vorbereitung und 50 Prozent, was man draus macht.« Die gewissenhafte Vorbereitung ist für sie wie die Routenplanung vor einer Reise. Wie die aber nicht ausschließt, dass man dann doch teilweise eine andere (schönere oder bessere) Strecke nimmt, ist das auch im Interview: Das (Interview-)Ziel gilt es zu erreichen, auf dem Weg dorthin muss man aber bereit sein, alles über den Haufen zu werfen, wenn man merkt, dass ein anderer Weg zielführender ist oder der Interview-Partner Ergiebigeres dazu im Kopf hat als das, was man eigentlich herausfragen wollte.

Interviews richtig vorbereiten heißt für Sandra Maischberger, den Kopf voller Fragen zu haben, sich gleichzeitig aber den erforderlichen Spielraum zu erhalten, um bei den Antworten mitzudenken und dann entsprechend zu reagieren, nicht nur auf den Inhalt der Antworten sondern auch auf das Situative.

Die Frage-Ziele und auch die Formulierungen sollte man sich bei *kürzeren* Interviews überlegen, genau die Ziele und ziemlich genau auch die Formulierungen.

Bei *längeren* Interviews reicht es, Themenkomplexe zu bilden, für jeden ein Interview-Ziel festzulegen und dann nur noch einige wesentliche Fragen zu jedem Komplex genauer auszuarbeiten. Das sind z. B. Fangfragen oder Fragen, auf die der Interview-Partner wahrscheinlich nicht oder nur ausweichend antworten wird.

Am Ende der Vorbereitung sollte man die Interviewstruktur und wichtige Fragen so im Kopf haben, dass man den Frage-Zettel vergessen kann.

Interviews mit einem Rollenspiel vorbereiten. Das führt nach den Erfahrungen von Sandra Maischberger zu einem »Quanten-sprung« beim Erfolg und ist daher bei besonders wichtigen oder kontroversen Interviews sehr zu empfehlen. Wer die wahr-scheinlichen Antworten eines Interview-Partners vorher allein oder mit einem Sparringspartner durchspiele, erhöhe in jedem Fall seine Reaktionsgeschwindigkeit im Interview, komme aber oft auf noch zielführendere Fragen oder interessante »Neben-kriegsschauplätze«.

Auch den Interview-Partner vorbereiten. Dazu dient das *Vor-gespräch.* Die Interview-Unerfahrenen sollten dabei möglichst Lampenfieber abbauen und Sicherheit und Selbstvertrauen aufbauen. Der Interviewer muss deshalb selbst unbefangen und locker auftreten, den Ablauf erklären und auf die Inter-view-Themen noch einmal hinweisen, nicht aber auf einzelne Fragen.

Spickzettel oder Karteikarten? Für Sandra Maischberger ist das keine Grundsatzfrage. Ein DIN A4-Blatt (oder mehrere) emp-fiehlt sie, wenn der Interviewer einen Tisch zur Verfügung hat. Karteikarten sind ansonsten geeigneter. Wichtig in beiden Fäl-len: Ein Spickzettel ist nur dann gut, wenn man auf einen Blick findet, was man sucht. Also möglichst nur wenige Fakten und besser Stichworte als ausformulierte Fragen notieren und das alles

- sehr knapp,

- klar gegliedert und
- sehr gut leserlich.

Bei längeren Interviews kommen die Notizen zu einem Komplex auf jeweils ein DIN A4-Blatt oder eine Karteikarte.

Die Startfrage überlegt sich Sandra Maischberger besonders genau, weil die mehrere Funktionen erfüllt:

- Sie muss sofort beim Zuschauer Interesse wecken, ihn also zum Dranbleiben veranlassen und nicht zum Wegzappen treiben.
- Sie soll den Interview-Partner als eine interessante Person etablieren, der zuzuhören sich lohnt.
- Sie etabliert auch den Reporter: und zwar optisch, vom Tonfall her und inhaltlich. Ist der Reporter irritierend (und damit ablenkend) gekleidet? Ist der Tonfall freundlich interessiert, servil-freundlich, gleichgültig-distanziert oder ablehnend-kühl? Hat die Frage Hand und Fuß und ist sie verständlich formuliert?
- Sie etabliert die Beziehung zwischen Interview-Partner und Interviewer.

Abhängig von Thema, Partner und Situation, kann die erste Frage ganz unterschiedliche Zielsetzungen haben:

- den Partner zu verblüffen,
- ihn direkt zu fordern oder
- ihn erst einmal zu öffnen.

Aber grundsätzlich warnt Sandra Maischberger davor, so heftig einzusteigen, dass der Zuschauer sofort gegen den Interviewer Partei ergreift.
Das sollte eigentlich überhaupt nicht passieren; ganz abträglich für die Akzeptanz eines Interviews beim Zuschauer sei es aber, wenn dies gleich zu Beginn geschähe.

Die Abschlussfrage will ebenfalls besonders bedacht sein. Sie vermittelt den letzten (vielleicht bleibenden) Eindruck vom Interview. Deshalb sollte ein Interview »nicht einfach ausplätschern«.

Nahe liegend (manchmal darum auch banal) sind Fragen nach der Zukunft. Wenn es sich nicht um ein Interview ausschließlich zur Sache handelt, kann mit der letzten Frage auch noch einmal »eine ganz andere Facette des Interviewpartners aufgemacht« werden, z. B. durch eine Aufgabe, die man ihm stellt oder durch eine Überraschungsfrage zu einem (möglicherweise auf Anhieb abwegig erscheinenden) Seitenaspekt des Themas.

Die Antworten sichtbar werden lassen – und nicht nur hörbar. Das erfordert das optische Medium Fernsehen. Deshalb bemüht sich Sandra Maischberger, bei ihren Interview-Partnern »auch Mimik zu produzieren«. Der Zuschauer soll sehen, dass der Befragte nachdenkt (nachdenklich aussieht) oder dass er auf das Thema/die Frage auch emotional reagiert (z. B. die Stirn runzelt). Die Kamera muss solche Reaktionen zeigen. Der Reporter darf sie durch schnelle Nachfragen nicht übergehen (vgl. weiter unten »Pause«).

Natürlich muss sich der Reporter dessen bewusst sein, dass das Medium auch seine Körpersprache transportiert. Auch er sollte sich nicht regungslos und stocksteif zeigen, wohl aber zurückgenommen mit eher sparsamen Gesten. Schließlich ist er nicht derjenige, um den es geht.

Interesse an den Antworten haben – aber auch *zeigen*. Sandra Maischberger hält deshalb fast durchgehend Blickkontakt zum Interview-Partner und vermeidet den Blick nach unten auf ihre Unterlagen. Das signalisiert dem Zuschauer Interesse an den Antworten, vor allem aber auch an dem Interviewten. Es fordert ihn und schafft eine dichtere Gesprächsatmosphäre. Bei ihr selbst fördert es die Konzentration auf die Antworten, eine wichtige Voraussetzung für konsequentes Fragen.

Zuhören, zuhören, zuhören! Wer gute Interviews führen will, muss den Antworten des Interview-Partners konzentriert zuhören. Wie sollte er sonst zum Beispiel merken, dass er *nachfragen* muss, weil seine Fragen vielleicht nicht (oder nicht ausreichend) beantwortet sind? Obwohl das selbstverständlich ist, geschieht es in der Praxis häufig nicht, weil die Reporter während der Antwort über ihre nächste Frage nachdenken.

Im privaten Gespräch tut das jeder. Im Interview ist es schwieriger, weil man nicht einfach nur fragt, was einen selber interessiert. Da fragt man, um die Zuschauer zu informieren. Was also tun? Vertrauen Sie darauf, dass Ihnen die nächste Frage quasi automatisch rechtzeitig in den Sinn kommen wird, als Folge des Zuhörens und Mitdenkens auf der Basis der gründlichen Vorbereitung.

Das Vorgespräch vor einem Interview hält Sandra Maischberger gerade im Fernsehen für wichtig, um ein gutes Interview-Klima aufzubauen: »Eine Miss-Stimmung zwischen Reporter und Interviewtem vermittelt sich sehr schnell auch über den Bildschirm.« Allerdings macht sie Unterschiede. Für die Fernseh-Unerfahrenen nimmt sie sich viel Zeit, um ihnen die Nervosität zu nehmen und etwas Sicherheit zu geben. Die Profis, die Dauergäste auf dem Bildschirm, brauchen (und wollen oft aus Zeitgründen) keine Vorbereitung. Mit ihnen sollte man auch keinesfalls vorher über einzelne Fragen reden: »Sobald das Rotlicht an ist, versuchen die meist ohnehin zu machen, was sie wollen.«

Sitzen oder stehen beim Interviewen? Eine Grundsatzfrage ist das für Sandra Maischberger nicht, obwohl sie selber lieber sitzt. Wer lieber im Stehen interviewt, sollte aber auf gleiche Augenhöhe achten, empfiehlt sie. Falls der Reporter (weil er viel kleiner ist), zum Interviewpartner aufsehen muss, dann wird der auf den Reporter hinabschauen. »Und das kann dazu führen, dass er es im Interview auch im übertragenen Sinn tut«, warnt sie.

»Anfassen verboten« ist im Interview eine Regel, an die sich der Reporter grundsätzlich halten soll. Auch wenn der eine oder andere Interviewer Anfassen zu seinem Interview-Stil gemacht hat. Sandra Maischberger hält es für unangenehme Kumpanei, die noch dazu unehrlich sei, weil meist nach so betonter körperlichen Nähe, die gemeinsten Fragen kämen.

Die Pause ist der große Moment im Fernsehen. Was im Radio eher als »Loch« irritiere, werde im Fernsehen »zu einem gelebten Moment«. Also: Antworten etwas *wirken* lassen, den Interview-Partner ruhig mal nach einem Wort oder einer Antwort *suchen* lassen – und nicht sofort mit der nächsten Frage die Antwort überdecken, die in beredtem Schweigen liegen kann. *Nonverbales* ist gelegentlich aussagestärker als Verbales.

Den Fleck auf der Nase nicht totschweigen, empfiehlt Sandra Maischberger. Der Reporter, der rücksichtsvoll Auffälliges an der Erscheinung seines Interviewpartners totschweige, bewirke genau das Gegenteil. Der Zuschauer achte dann wie fixiert darauf und sei damit permanent vom Inhalt abgelenkt.

Die Körpersprache bewusst einsetzen. Der Radio-Reporter muss nachfragen, wenn er mit einer Antwort nicht zufrieden ist. Der Fernseh-Interviewer kann manchmal auch schweigen und nur per Mimik seinem Gegenüber und dem Zuschauer signalisieren, dass das wohl nicht alles gewesen sein kann. Solche nonverbale Kommunikation dürfe aber nicht übertrieben werden, weil sie dann leicht wie aufgesetzt wirke. Manchen Kollegen glaube sie schon deshalb nicht, sagt Sandra Maischberger, weil sie so *besonders* aufgeregt seien, so *besonders* amüsiert oder betroffen. Kopf in Schieflage, Kinn auf die Hand aufgestützt – das könne, statt Nachdenklichkeit zu vermitteln, leicht auch wie eine Masche wirken und damit zu Unglaubwürdigkeit führen. Allerdings dürfe man als Reporter auch nicht stocksteif dasitzen. Vor allem aber solle man sich nichts antrainieren, was nicht zu einem passe und sich selbst so »zu einem Kunstprodukt machen«.

Noch einige Stichworte aus Sandra Maischbergers Unterlagen für ein Interview-Seminar an der Deutschen Journalistenschule in München:

- **Mikrofon.** Der Reporter gibt es nie aus der Hand (wenn mit Handmikrofon gearbeitet wird).
- **Ortswahl.** Im Studio ist die Rollenaufteilung klar: Der Interviewer ist Gastgeber – und Chef im Ring. Geht man in das Haus des Interview-Partners, dann ist der zunächst Gastgeber und Wortführer. Dies kann der Reporter durch einen Rollentausch kurz vor Beginn des Interviews elegant wieder ausgleichen: durch Zuweisung des Platzes. Das ist leicht technisch zu begründen, etwa mit Licht, Ton oder optischem Hintergrund. An neutralen Orten gibt es diesen »Heimspiel«-Vorteil nicht.
- **Promis.** Sie sind oft sehr schwer (gut) zu interviewen. Die meisten Fragen werden ihnen immer wieder gestellt. Bis zum Überdruss haben sie darauf geantwortet. Sie tun es mit festen »Messages« im Kopf. Dass sie nicht viel Lust dabei verspüren, ist verständlich – und manchmal auch zu hören. Gegenmittel: guten persönlichen Kontakt aufbauen, nach Überraschungsfragen suchen, mit Seitenaspekten sein Glück versuchen.
- **Schüchternheit.** Sie zu überwinden und Souveränität zu erwerben, ist für manchen Anfänger eine wichtige Voraussetzung für besseres Interviewen. Straßenumfragen sind gute Vorübungen dafür.
- **Unsichere Interview-Partner.** Der Reporter hilft ihnen, wenn er sie zunächst im Interview auf dem Gebiet fragt, auf dem sie sich besonders gut auskennen und sicher fühlen.
- **Vorbereitung.** Nicht nur Archivmaterial lesen. Auch Freunde, Kollegen, das Umfeld befragen. Nicht seitenweise einfach nur Texte verschlingen: sich zwischendurch zurücklehnen und in die Situation des Interview-Partners versetzen, versuchen, die Welt mit seinen

Augen zu sehen. Auch »Produkte« des Interview-Partners in die Vorbereitung einbeziehen: je nachdem
Bücher, Aufsätze, Interviews, Bilder, Bauten usw. So
kommt man besser auf Dinge, die bisher noch nicht veröffentlicht wurden.
- **Zuschauer.** Ein Interviewer stellt seine Fragen stellvertretend für sein Publikum. Das heißt: Je mehr man über
sein Publikum weiß, desto befriedigender kann man
dessen Aufgabe erfüllen. Also mindestens im Kopf haben: Interviewe ich für ein Massenprogramm oder ein
Spartenprogramm, für eine Jugend- oder eine Poli-
tiksendung?

Interviews richtig ins Bild setzen – das ist abhängig von der
Zahl der Kameras, die zur Verfügung stehen. Hier dazu Beispiele
für die optische Umsetzung eines Interviews mit drei und zwei
Kameras und mit nur einer. Grundsätzlich schauen sich Repor-
terin und Interview-Partner gegenseitig an – und nicht in eine der
Kameras. In einem Fernseh-Studio sind es mindestens drei (vgl.
»Journalistischer Arbeitsplatz Studio«).

Bei der Arbeit mit drei Kameras (s. folgende Abbildung) kann
die Kamera 1 bei den Antworten den Interview-Partner und die
Kamera 2 die Reporterin bei ihren Fragen zeigen. Die Kamera 3
nimmt beide zusammen auf. Ein Regisseur (im Studio) oder in
einem SNG-Wagen auch der Bildtechniker (vgl. »Journalistischer Arbeitsplatz SNG und Ü-Wagen«) wählt am Mischpult aus,
welches der drei Bilder »geschnitten« wird, egal ob zur Aufzeichnung oder zum live senden.

Nur die Standard-Situation geben dabei die Storyboards für
die Kameras 1 und 2 wieder: In den gezeichneten Einstellungen
sind jeweils beide zu sehen (Interview-Partner und Reporterin),
einer davon immer über die Schulter (over shoulder). Das muss
nicht (nur) so sein.

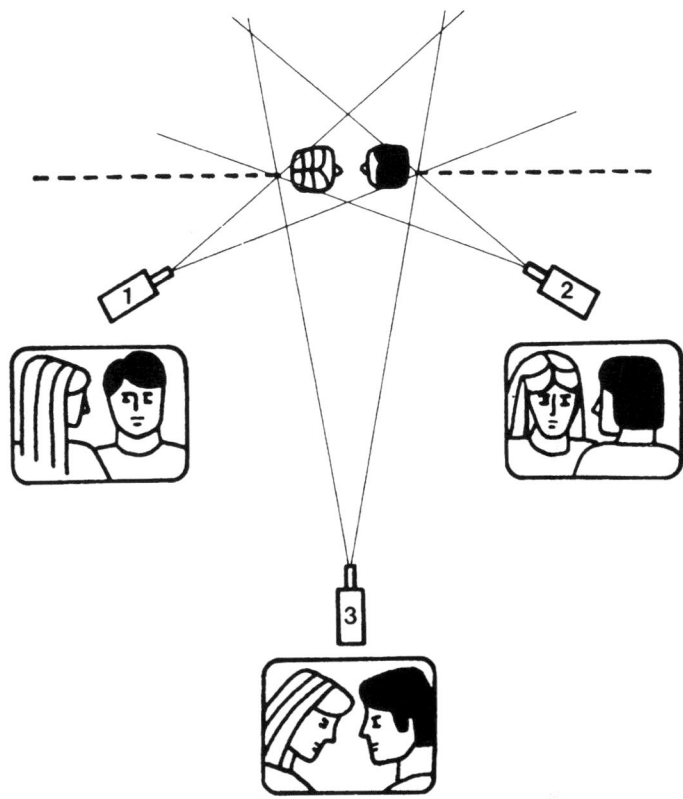

Eine Einstellungsvariante können die Kameras auch anbieten, in der jeweils nur einer von beiden im Bild ist:

- der Interview-Partner (Kamera 1) bei besonders wichtigen Antworten, wenn auch seine Mimik groß gezeigt werden soll,
- die Reporterin (Kamera 2) z. B. bei sehr kritischen oder pointierten Fragen.

Die Veränderung des Bildausschnitts ist eine weitere Variante. Ein Beispiel: *Während der Frage* ist die Reporterin groß (also ohne den Interview-Partner) im Bild (Kamera 2).
Mit Beginn der Antwort Umschnitt auf Kamera 1: Jetzt sind beide im Bild, der Interview-Partner (nun kommt es auf ihn an) und die

Reporterin over shoulder (sie hat ihre Frage gestellt und hört jetzt der Antwort zu).

Während der Antwort (bei der wichtigsten Passage oder wenn dem Interview-Partner anzusehen ist, wie schwer er sich tut) zoomt die Kamera 1 auf den Interview-Partner zu (sie »verdichtet«) und »fährt« dabei die Reporterin aus dem Bild. Der Interview-Partner ist allein zu sehen.

Für den Umschnitt vom Bild einer Kamera auf das Bild einer anderen ist maßgebend, wo die Aktivität ist. Wer gerade spricht (fragt oder antwortet), auf den wird umgeschnitten. Aber auch dabei gibt es Varianten: So kann z. B. der Interview-Partner schon vor Beginn seiner Antwort groß im Bild sein, wenn er noch der Frage zuhört und dabei seine Körpersprache schon eine Reaktion zeigt. Ebenso kann als Zwischenschnitt bei einer Antwort die Reporterin (groß oder over shoulder) gezeigt werden, wenn sie mit ihrer Mimik auf den Inhalt der Antwort reagiert.

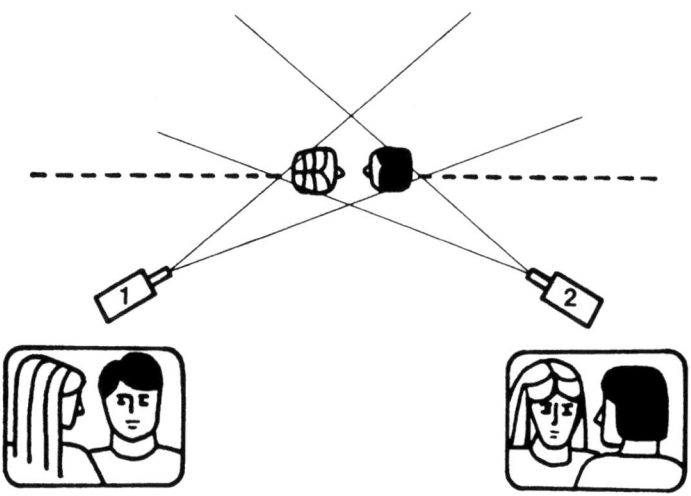

Bei der Arbeit mit zwei Kameras wird auf das Bild verzichtet, dass die Kamera 3 angeboten hat, also auf die Einstellung von der gesamten Interview-Situation mit beiden Partnern. Die Kameras 1 und 2 werden eingesetzt wie oben dargestellt. Auch die aufgezeigten Bild-Varianten sind möglich. Dazu zählt auch noch eine weitere wichtige Möglichkeit:

Das An- und/oder Abmoderieren des eigenen Interviews. Dafür ist die Reporterin vor der ersten Frage groß im Bild und blickt ins Objektiv der Kamera 2, also den Zuschauer an. Nach der Anmoderation wendet sie sich dem Interview-Partner zu und stellt die erste Frage. Spätestens mit Beginn der Frage wird auf die Kamera 1 umgeschnitten, also der Interview-Partner (mit) ins Bild genommen.

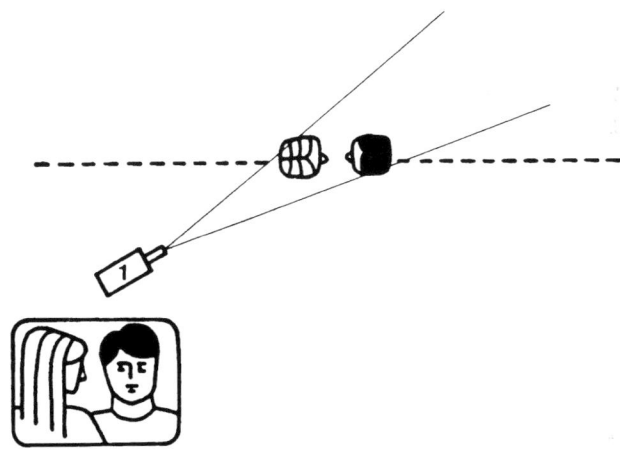

Bei der Arbeit mit nur einer Kamera (s. Abbildung oben) gibt es zwei Möglichkeiten. Wenn das Interview live gesendet oder sendefertig aufgezeichnet werden soll, wird die dargestellte Position gewählt: Der Interview-Partner (fast) von vorn, die Reporterin over shoulder. Dabei gibt es ebenfalls die Möglichkeit, während einer Antwort auch einmal auf den Interview-Partner zu zoomen, um ihn groß im Bild zu haben.

Kann das Interview noch bearbeitet werden, geht man so vor: Das gesamte Interview wird gedreht wie oben dargestellt (Aufzeichnung 1). Danach behalten die Reporterin und der Interview-Partner ihre Positionen noch bei. Der Kameramann aber wechselt in eine neue Position (s. folgende Abbildung).

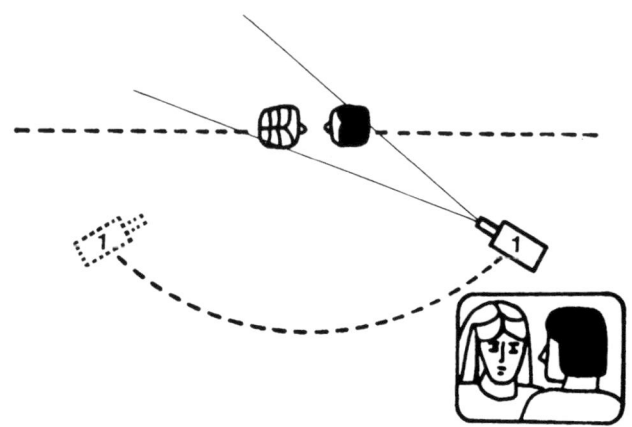

Jetzt ist der Interview-Partner over-shoulder und die Reporterin (fast) von vorn zu sehen. In dieser Position spricht sie die Fragen (zumindest einige) noch einmal nach. Beim Schnitt werden dann beide Aufzeichnungen miteinander kombiniert, d. h. in die Aufzeichnung 1 (Interview-Partner von vorn) wird die Reporterin mit ihren Fragen aus der Aufzeichnung 2 hineingeschnitten, ist dann also von vorn zu sehen. Die ursprünglichen Fragen aus der Aufzeichnung 1 (Reporterin beim Fragen over shoulder) werden herausgeschnitten.

Will man Interviews kürzen, müssen dafür schon bei der Aufzeichnung die Voraussetzungen geschaffen werden. Würde man einfach aus den Antworten bestimmte Passagen herausschneiden, gäbe es bei jedem Schnitt im Bild einen Sprung. Das liegt daran, dass die Kopfhaltung des Interview-Partners vor und nach dem Schnitt unterschiedlich ist. Um diese Ruckler im Bild zu »überdecken« braucht man Zwischenschnitte von der zuhörenden Reporterin. Solche Zwischenschnitte müssen also nach der Aufzeichnung des Interviews zusätzlich gedreht werden (vgl. »Bildschnitt« und »Redeausschnitte«). 🖥

Weiterführende Literatur:

Axel Buchholz, Interview; in: Walther von La Roche, Axel Buchholz (Hrsg.), Radio-Journalismus (9. Auflage, Journalistische Praxis, Econ, Berlin, 2009)

Axel Buchholz, Auf Gegenstrategien des Interview-Partners richtig reagieren; ebd.

Vor der Kamera

Das Rotlicht über dem Objektiv zeigt an, ob eine Kamera »geschnitten« ist, ob ihre Bilder aufgezeichnet bzw. gesendet werden.

Der Zuschauer ist das Objektiv der Kamera mit Rotlicht. Will man sich als Journalist also direkt an ihn wenden, dann schaut man mitten in dieses Objektiv. Geht der Blick am Objektiv vorbei oder ins Objektiv der falschen Kamera, dann schaut man auch den Zuschauer nicht (oder nicht richtig) an.
Und das ist im Gespräch mit dem Zuschauer via Bildschirm ebenso falsch, wie es in einer direkten Unterhaltung zwischen zwei Partnern unsicher, uninteressiert und nicht überzeugend wirkt, wenn man seinem Gegenüber nicht in die Augen sieht. Dieses direkte Ansehen des Zuschauers bezieht ein, wirbt um Aufmerksamkeit und Interesse, signalisiert besondere Ansprache.

Der erste Blick in die Kamera sollte möglichst natürlich und ungezwungen sein. Das ist meist nicht der Fall, wenn man – in den letzten Sekunden vor Beginn der Sendung oder Aufzeichnung ohnehin innerlich angespannt – gebannt ins Objektiv der Kamera schaut. Zwangloser ist es, erst nach dem letzten Ton des Vorspanns oder Indikativs der Sendung in die Kamera zu blicken. Eine andere Möglichkeit besteht darin, so lange auf den Kontrollmonitor zu schauen, bis man dort selbst erscheint.
Besser: Man blickt erst dann ins Objektiv und damit den Zuschauer an, wenn vom vorhergehenden Bild auf einen selbst umgeschnitten wird.

Der letzte Blick in die Kamera kann problematisch werden, wenn es bis zum nächstfolgenden Bild zu lange dauert. Der freundliche Gesichtsausdruck »friert ein«, beginnt starr wie eine Maske zu wirken. Man schaut dann besser wieder auf den Moderatorentisch oder auf seine Unterlagen. Auch im privaten Gespräch blickt man seinen Partner nicht mehr mit geschlossenem Mund unverwandt an, nachdem man ihm das Ende der Unterhaltung mitgeteilt hat.

Im Interview gilt als Regel: Die Kamera sucht sich ihr Bild und nicht umgekehrt. Im Interview sehen sich also Interviewer und Interviewter gegenseitig an und blicken nicht in die Kamera. Schon der kurze suchende Blick nach der aufnehmenden Kamera stört.
Ausnahme für den Journalisten: Solange er seinen Interview-Partner ankündigt, also dem Zuschauer sagt, wen er da warum interviewt, blickt er selbstverständlich den Zuschauer an – also ins Objektiv der Kamera. Mit Beginn der ersten Frage wechselt sein Blick dann auf den Interview-Partner und bleibt dort bis zum »Vielen Dank«. Folgt noch eine Abmoderation, blickt er dann wieder in die Kamera, also den Zuschauer an.

Bei Reportagen oder größeren Studio-Produktionen müssen Reporter/Moderatoren oft abwechselnd in die Kamera oder woandershin blicken. Sind dann mehrere Kameras im Einsatz, kommt es darauf an, auf Anhieb in die richtige Kamera zu schauen. Wenn das nicht gelingt, kommt es zu störenden suchenden Blicken oder zu einem Blick am Zuschauer vorbei.
Um das zu vermeiden, sind genaue Absprachen mit dem Kameramann oder (wenn eingesetzt) dem Regisseur/Aufnahmeleiter erforderlich. Der Moderator oder Interviewer weiß dann vorher, wo »seine« Kamera in einer bestimmten Phase der Produktion stehen wird. Mit einem Blick direkt in die (richtige) Kamera kann er so den Zuschauer ansprechen.

Wie bewege ich mich vor der Kamera? Auf diese Frage gibt es nur eine unzureichende Antwort: »*Natürlich*«. Unzureichend ist die Antwort deshalb, weil die Ratschläge hierfür an die Grenze dessen stoßen, was erlernbar oder durch Routine zu bewältigen ist. Die notwendige Konzentration führt allzu leicht zur Verkrampfung. Manche merken erst vor der Fernsehkamera, dass sie Hände haben (wohin damit?), dass das Gehen unter dem unbestechlichen elektronischen Auge zur Mühsal wird. Zu beachten ist in jedem Fall, dass *Freundlichkeit* auch beim Zuschauer Interesse, ja Sympathie weckt.

Sparsam mit Gesten. Wer vor der Kamera – als Reporter, beim Kommentar, im Interview – Worte, Begriffe oder seine persönliche Meinung betonen und hervorheben will, der mag getrost gestikulieren. Wer dabei nicht wild vor der Kamera herumfuchtelt, der kann durch solche (dezente) körpersprachliche Unterstützung mit den Händen natürlicher und lockerer »rüberkommen«. Aber bitte nicht mit dem ganzen Körper zuckende oder schwankende Bewegungen machen.

Derartige Ratschläge müssen sich freilich auf allgemeine Hinweise beschränken. Immer wird die einzelne Persönlichkeit am Ende den Ausschlag dafür geben, welche Wirkung von dem gesprochenen Wort und der Körpersprache ausgeht.

Die richtige Kleidung für den Auftritt vor der Kamera ist wichtig. Nicht nur Spötter (auch Fachleute) behaupten nämlich, dass die Wirkung des Äußeren auf den Zuschauer viel intensiver ist als die des Gesagten. Und das ist selbst dann so, wenn die Kamera nur die sprechende Person zeigt und es eigentlich allein auf den Inhalt des Wortes ankäme.

Die Kleidung richtet sich nach:

- der *Rolle in der Sendung* (Moderator, Reporter in einem Rinderzuchtbetrieb oder auf einer Hauptversammlung, Kommentator oder Diskussionsteilnehmer),
- dem *Gesamtprogramm* (in Viva anders als im ZDF),
- der *Art der Sendung* (im Sport anders als in einer Nachrichtensendung),
- der *Jahreszeit* (an einem heißen Tag im Sommer anders als im Winter).
- dem *Tag selbst* (Sind die Zuschauer eher festlich gestimmt – wie etwa an Heiligabend? Oder sind sie betroffen von einem schweren Unglück, einem Todesfall oder Attentat?).

Ständig zu seinen Zuschauern nach Hause kommt der Journalist vor der Kamera. Stellen Sie sich vor, Sie geben eine Party.

Ein neuer Gast kommt herein. Sie schauen ihn an. Noch bevor er ein einziges Wort an Sie richtet, hat bereits sein Äußeres (und die Kleidung ist ein wichtiger Teil davon) auf Sie gewirkt. Dem Journalisten geht es nicht anders als dem Partygast.

Die Kleidung sagt immer etwas Persönliches aus über den, der sie trägt: Der/die hat Geschmack, ist ein sachlich-distanzierter Typ, ist zopfig-altmodisch oder jugendlich-trendy – oder will unbedingt peppig wirken.
Manche haben ein gutes Gefühl dafür, sich passend und geschmackvoll ihrem Typ entsprechend anzuziehen. Die werden auch im Fernsehen keine Probleme haben. Wer unsicher ist, sollte sich beraten lassen. Oft tut da ein Gespräch mit der Maskenbildnerin, mit Kameraleuten oder modisch geschulten Verkäufern schon gute Dienste.

Die Wirkung der Kleidung wird aber durch die Kamera beeinflusst. Deshalb sollten folgende Regeln zusätzlich beachtet werden:

- Knallige Farben, schwarz und weiß sind ungünstig.
- Zu empfehlen sind Pastellfarben.
- Feingestreifte Kleidungsstücke, Karo- und Pepitamuster kommen nicht gut. Sie überfordern die Fähigkeit der Kameras zur Farbauflösung und führen zu ungewünschten Flimmer- oder Verwischungseffekten.

- Wichtig ist, dass Sie auch wirklich vor die Kamera wollen und sich nicht nur mehr oder weniger drängen lassen.
- Nicht schauspielern. Seien Sie vor der Kamera immer Sie selbst, denn Schauspieler wollen Sie ja nicht werden.
- Nicht »schön« sein wollen. Versuchen Sie nicht, besonders schön zu wirken. Schönheit ist viel weniger wert als Ihre persönliche Ausstrahlung. Die hilft Ihnen dabei, dass die Zuschauer Ihnen auch zuhören und Sie nicht nur anschauen.

- Nicht selbst schminken. Bestehen Sie nicht darauf, sich selbst zurechtzumachen. Vertrauen Sie auf das Können der Maskenbildner, sie wissen besser, was Kamera und Studiolicht erfordern.
- Kleidung sorgfältig wählen. Ziehen Sie sich gut und zu Ihrem Typ passend an, aber »überladen« Sie nicht. Sie sind über den Fernsehschirm Gast in ganz normalen Wohnzimmern bei ganz normalen Leuten. Und die sollen auf das hören, was Sie *sagen*, aber nicht von Schmuck und Kleidung überwältigt werden.
- Legen Sie Wert auf Ihr Äußeres. »Verkaufen« Sie ruhig Ihre Vorzüge, achten Sie auf Ihre »Schokoladenseite« vor der Kamera.
- Ratschläge beherzigen. Nicht immer sieht man sich selber, wie man wirklich ist. Manchmal sieht man sich, wie man gerne sein möchte. Darum hören Sie auf das Urteil kompetenter und wohlmeinender Kolleginnen und Kollegen. Reagieren Sie nicht gekränkt, wenn ein Urteil mal weniger positiv ausfällt. Es könnte sonst sein, dass man in Zukunft davor zurückschreckt, Ihnen die Wahrheit zu sagen.

Weitere Ratschläge für die Arbeit vor der Kamera hat die Moderatorin Carmen Nebel nach jahrelanger Erfahrung vor der Kamera gesammelt:

- Passen Sie auf, dass Sie bequem sitzen. Probieren Sie ruhig verschiedene Stühle und Sessel aus. Und wenn es dann noch so schwer fällt: Versuchen Sie still zu sitzen. Auf dem kleinen Bildschirm wirken Bewegungen oft viel stärker und können den Zuschauer nervös machen.
- Laufen will gelernt sein. Laufen vor der Kamera müssen Sie schon ein bisschen üben. Probieren Sie's vor dem Spiegel. Man kann es schon als »Schreiten« bezeichnen, was am Ende herauskommen soll.

- Nicht zu schnell sprechen. Achten Sie auf das richtige Sprechtempo. Stellen Sie sich am besten vor, Sie sprechen mit einem Ihnen vertrauten Menschen. Dann wird es am natürlichsten. Wenn Sie Texte lesen sollen, schreiben Sie Ihre Texte selber. Sie gehen Ihnen dann besser über die Lippen.
- Keine Angst vor Versprechern. Es ist kein Grund, die Fassung zu verlieren, wenn man sich mal verspricht. Nehmen Sie's locker, dann tut's der Zuschauer gewiss auch.

Frei sprechen

In Nachrichten-Sendungen oder Nachrichten-Magazinen wird die Moderation ganz oder überwiegend vom Teleprompter abgelesen (vgl. »Moderieren – und was Anne Will dazu empfiehlt« und »Texte vom Teleprompter/Autocue lesen«). In weniger streng nachrichtlichen Sendungen, bei Fernseh-Diskussionen oder Talkshows, bei Außenübertragungen/AÜs (vgl. jeweils dort), vor Publikum im Studio oder vor Ort oder beim Dialog mit Studiogästen spricht ein Moderator frei.

Im Gegensatz zum Sprecher formuliert er jeden Satz in dem Augenblick, in dem er ihn spricht. Und das sollte auch das Ziel sein. Ein *Teleprompter* (wenn man ihn für bestimmte Elemente auch solcher Sendungen vielleicht einsetzen könnte) oder *Auswendiglernen* der Moderation wären eine Notlösung, aber nicht mehr.

Chronologie ist kompliziert. In einem Aufsatz würden wir möglicherweise schreiben:

```
Es war 1999, als ich mit 17 Jahren zusammen mit
meinen Eltern in einem vornehmen Hotel in der
Schweiz Urlaub gemacht habe. Dort lernte ich ein
Zimmermädchen kennen, mit dem ich mich anfreun-
dete. Eines Abends, als meine Eltern weg waren,
habe ich bei ihr meine Unschuld verloren.
```

Das nenne ich eine Flussdramaturgie:
Ich lege vorher die Reihenfolge fest und arbeite ein Faktum nach dem anderen ab. Fast zwangsläufig entstehen jede Menge »ähs«, wenn ich das frei sprechen will. Ich muss aufpassen, dass mir alles einfällt, damit der Faden nicht reißt. Außerdem besteht die Gefahr, zu schnell zu werden, damit ich nur ja nichts vergesse.

Wenn wir frei erzählen, würde das anders klingen:
```
Ich habe meine Unschuld durch ein Zimmer-
mädchen verloren. War 1999 in der Schweiz. Bei
einem Urlaub mit meinen Eltern. Ich war 17, ei-
nes Abends haben mich meine Eltern mal allein
gelassen, sie hatte frei. Da ist es passiert.
```
Als erstes sage ich das Wichtigste, nämlich dass ich meine Unschuld verloren habe, und jetzt liefere ich alle Informationen zu diesem Thema, die mir einfallen.

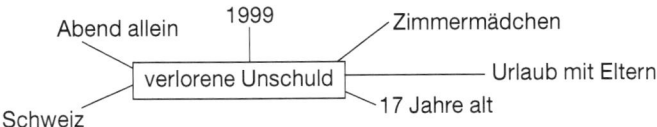

Das nenne ich eine Sterndramaturgie. Die Stichworte rund um die wichtigste Aussage gehören in keine feste Reihenfolge, sondern sind gleichberechtigt. So werde ich wahrscheinlich nicht immer vollständig sein, aber das freie Reden gelingt mühelos. Diese Technik können wir auch im Fernsehen einsetzen.

Eine vorformulierte Anmoderation könnte z. B. lauten:
```
Durch Alkohol am Steuer kommt es nach dem Dis-
kobesuch am Wochenende immer häufiger zu schwe-
ren Verkehrsunfällen mit Personenschaden.
```
Diesen Satz kann ich auswendig lernen und mit dem richtigen Unterton vortragen (vgl. »Den eigenen Beitrag lesen«).
Ich kann aber auch lernen, ihn zu moderieren. Das wirkt immer besser und macht weniger Arbeit.

Machen Sie einen »Topf« aus den verschiedenen Informationen, die Ihnen dieser Satz bietet. Dieser Topf enthält zunächst fünf Elemente:

`Alkohol` `am` `Steuer,` `Diskobesuch,` `Wochenende,` `immer` `häufiger,` `Verkehrsunfälle` `mit` `Personen-` `schaden.`

Jetzt wirbeln Sie beim Üben die Reihenfolge dieser Elemente durcheinander, so dass Sie zu ganz unterschiedlichen Formulierungen für denselben Sachverhalt kommen. Ein paar Beispiele:

- `Alkohol` `am` `Steuer` `ist` `ein` `großes` `Problem.` `Be-` `sonders` `nach` `dem` `Diskobesuch` `am` `Wochenende` `passieren` `dadurch` `immer` `häufiger` `Unfälle.` `Schwere` `Unfälle` `mit` `Personenschäden.`

- `Die` `Verkehrsunfälle` `am` `Wochenende` `nehmen` `zu.` `Besonders` `nach` `dem` `Diskobesuch` `am` `Freitag` `und` `Samstag` `steigt` `die` `Zahl` `der` `Unfälle` `mit` `Personenschäden.` `Schuld` `ist` `der` `Alkohol.`

- `Nach` `dem` `Diskobesuch` `am` `Wochenende` `kann` `es` `gefährlich` `werden.` `Viele` `setzen` `sich` `ans` `Steuer,` `obwohl` `sie` `etwas` `getrunken` `haben.` `Die` `Anzahl` `der` `Verkehrsunfälle` `mit` `Perso-` `nenschäden` `steigt.`

Das machen Sie jetzt für alle Teile Ihrer Moderation. Sie wird ein paar Sekunden länger dauern, aber sie entsteht immer in dem Augenblick, in dem die Sätze gesprochen werden. Und das sieht und hört man.

Die Reihenfolge der Töpfe, bzw. der Gedanken steht fest. Einen Text, den Sie so vorbereitet haben, können Sie dann wirklich frei sprechen. Sie werden auch bei Wiederholungen nicht leiern, werden nicht dauernd daran denken, ob Sie was vergessen haben. Vollständigkeit ist kein Zeichen einer guten freien Moderation, sondern eines guten Beitrages.

Bereiten Sie das Thema vor, aber nicht die Sätze. Es geht darum, zu üben, was man sagen könnte, ohne den genauen Wortlaut der Sätze festzulegen. Wenn ich kurz vor der Sendung noch nicht genau weiß, wie ich formulieren werde, dann werde ich in der Sendung frei, mit Unterton und authentisch moderieren.

Eine gute freie Moderation
- enthält möglichst wenig Sachinformation (die gehört in den Beitrag oder wird abgelesen),
- ist ausführlicher formuliert als ein Text zum Selberlesen (bei einem Text kann ich mehrfach lesen),
- ist weniger kompliziert als ein Lese-Text (wenig Nebensätze und keine Einschübe),
- enthält grammatikalisch falsche Sätze, halbe Sätze und Satzbrüche (wir sprechen nicht nach der Grammatik),
- verzichtet möglichst auf Weichmacher (`ich würde vielleicht mal gerne eventuell ...`), Füllwörter (`zugegebenermaßen`) und Sprichwörter (`Morgenstund ...`)

Die wichtigsten Fehler sind:
- zeitliche Abfolge
  `Als die Bauarbeiten hier vor drei Jahren begannen ...`
  Fangen Sie lieber da an, wo es spannend wird.
- Ankündigung, was man gleich sagen wird
  `Ich würde mich jetzt gerne vorstellen.`
  `Ich gebe jetzt die Punktzahl bekannt.`
  Freies Sprechen braucht im Gegensatz zum Aufsatz nur ganz selten eine Einleitung. Zuschauer sind manchmal ungeduldig.
- zu wenig persönlicher Bezug
  `Der sympathische Künstler ist aus Berlin zu uns gekommen.`
  Das Wörtchen `ich` macht es anschaulicher (`Ich mag seine direkte Art, und ich weiß, dass er gerade von der Funkausstellung kommt`). Die Moderation wird einfacher und persönlicher.

Die Gedanken einer Moderation sind am besten möglichst bildhaft (`Spüren Sie den warmen Wind über den Wei-`

189

zenfeldern?), **enthalten keine Klischees** (Studenten gelten als faul) **und abgenutzte Worthülsen** (am Puls der
Zeit). **Je konkreter die Moderation ist, desto besser. Anstatt:**

Ich freue mich sehr, dass er heute bei uns ist

besser:

Direkt vom Flughafen in unser Studio

oder

Er hat viel zu tun, aber heute hat er spontan
zugesagt.

**Und was alle anderen schon tausend Mal gesagt haben, das ver-
meiden Sie am besten.**

Hier der ultimative Phrasen-Bingo-Schein für Zuschauer bei
Moderationen. Jeder Begriff, der vorkommt, ist durchzustrei-
chen, und wer als erster eine Reihe (waagrecht, senkrecht oder
diagonal) vollständig angekreuzt hat, der ruft Phrasen-Bingo.

Hallo zusammen!	... möchte ich mich kurz vor-stellen.	Wir werden eine Menge Spaß haben.	Ich möchte darüber ein paar Worte verlieren.
Lassen Sie mich kurz ...	Begrüßen Sie mit mir ...	Bevor ich zum Ende komme ...	... den Weg hierhin gefunden haben
Wenn Sie erlau-ben ...	Ich möch-te nicht versäu-men ...	Wie ich bereits gesagt habe ...	Die Frage ist doch ...
Last but not least:	Einen wunder-schönen guten Abend!	Vielleicht ganz kurz zu meiner Person.	... zahl-reich erschienen sind.

Variieren Sie! Von Formulierungen, die Ihr Markenzeichen sind, einmal abgesehen, sollten Sie immer wieder anders formulieren, damit das, was Sie sagen, frisch und authentisch bleibt. `Schön, dass Sie eingeschaltet haben` kann ich z. B. ersetzen mit:

- `Schön, dass Sie wieder dabei sind.`
- `Sie haben eingeschaltet, wie schön!`
- `Sie sind da, es kann losgehen.`
- `Ich freue mich, dass Sie da sind!`

Strengen Sie sich nicht an! Kämpfen Sie nicht um den Zuschauer. Verhalten Sie sich so, wie Sie sich verhalten würden, wenn Sie mit netten Freunden reden. So ist die Wahrscheinlichkeit sehr groß, dass Ihr Zuschauer bei Ihnen bleibt.

Weiterführende Literatur:
Michael Rossié, Frei sprechen in Radio, Fernsehen und vor Publikum. Ein Training für Moderatoren und Redner (3. Auflage, Journalistische Praxis, Econ Berlin 2009)

Den eigenen Beitrag lesen

Filmbeiträge vertonen muss schnell gehen, billig sein, und der Sprecher sollte verstehen, was er sagt. Wer könnte das besser als der Autor selbst. Standardaussprache, Deutlichkeit und angemessene Geschwindigkeit allein reichen dafür aber nicht mehr aus.

> **Das Lesen ist nicht mit dem Schreiben verwandt,** sondern mit dem Sprechen. Vorlesen ist lediglich ein Hilfsmittel, um schneller zu einem guten Ergebnis zu kommen. Aber es gelten die Regeln für unsere normale Unterhaltung. Wenn Sie also etwas in einem privaten Gespräch nicht machen, dann sollten Sie es auch nicht beim Lesen machen. Lesen Sie, wie Sie sprechen.

Betonen sollten Sie neben dem Subjekt eines Satzes immer den Begriff, der die neue, wichtige Information enthält. Bei dem Satz

`Schalke 04 trainierte gestern in Hamburg`
kommt es bei der Auswahl der Betonung darauf an, was neu ist. `Schalke 04` müssen Sie in jedem Fall betonen. Wenn alle vermuten, dass die in Hamburg spielen, dann betonen Sie `trainierte`. Wenn Sie sich darüber wundern, was die heute treiben, dann betonen Sie `gestern`. Und wenn die normalerweise ja in Gelsenkirchen trainieren, dann ist die neue Info, dass sie es jetzt in `Hamburg` tun. Sollte das betonte Wort wieder auftauchen, wird es dann nicht mehr betont.

Betont werden Wörter die *wichtig* sind (nicht `SEIT drei Jahren`, sondern `seit drei JAHREN`, nicht `IN München`, sondern in `MÜNCHEN`, nicht `Warum machen die DAS`, sondern `Warum MACHEN die das`).

Sehr viele Betonungen sind nur bei komplizierten Sachverhalten, Warnungen oder Appellen angebracht. Eine große Anzahl betonter Silben erschwert das Zuhören:

> `Das HOCHWASSER führte in WEITEN Teilen SACH-`
> `SENS zu CHAOTISCHEN ZUSTÄNDEN`

Die Wortbetonung liegt fest. Es ist im Deutschen in der Regel die erste Silbe. Dazu gibt es nur wenige Ausnahmen wie `FoRELLE` oder `WillKOMMEN`. Zwei betonte Silben haben nur wenige Begriffe wie das `FÜR-und-WIder-Papier`. Auch längere Begriffe haben nur eine betonte Silbe. Es ist also nicht die `GRUNDsatz-DISKUSSION`, sondern die `GRUNDsatzdiskussion`.

Jeder Mensch bekommt nur eine Betonung (genauso jede Firma, jeder Arbeitskreis etc.). Im Subjekt

> `Der Vorsitzende des Verbandes zur Förderung`
> `des künstlerischen Nachwuchses MEIER`

wird also nur `Meier` betont.

Verneinungen betonen Sie erst in der Wiederholung

> `Ich KANN nicht! - Du kannst! - Nein ich kann`
> `NICHT!`

Pausen machen Sie zwischen zwei Gedanken (und nicht unbedingt zwischen zwei Sätzen). Den Satz

    Der Papst kommt nach Regensburg, und das schon
    im Sommer

kann ich als einen einzigen Gedanken sprechen (ohne Pause) oder als zwei Gedanken (Pause beim Komma).

Vor oder nach wörtlicher Rede wird normalerweise keine Pause gemacht.

    Er brüllte: »Mist!«, als er das Auto nicht an-
    bekam

wird genauso ohne Pause gesprochen wie

    »Alles Unsinn!« kommentierte der Verbandsprä-
    sident.

Die Satzzeichen stellen Anhaltspunkte dar, wie ein Satz gesprochen wird, aber sie sind keine Vorschrift.

- Ich kann Punkte wie Kommas behandeln:

      Das Wasser steigt. - Die Feuerwehr hat keine
      Chance.

- Ich kann Kommas wie Punkte sprechen:

      Das Spiel war mäßig, - besonders gegen Ende.

Vier Möglichkeiten ergeben sich für fast alle Satzzeichen:

- Satzzeichen wird nicht gesprochen.
- Stimme wird nach oben geführt wie beim Komma.
- Stimme wird nach unten geführt wie beim Punkt.
- Kurze Staupause.

Kommas z. B. werden in der Regel nicht gesprochen.

    Ich möchte, dass du mir zuhörst!

bekommt keine Pause vor dem dass.

Anführungsstriche werden in erster Linie als Pause gesprochen, wenn etwas *ironisiert* wird:

    Der Showmaster war »echt gut drauf«.

Oder wenn es zu *Verwechslungen* kommen kann:

`Ich habe gestern im »Boot« gelesen.`

Normalerweise sprechen wir Anführungsstriche nicht:

`Die Sendung »Verstehen Sie Spaß« hatte die höchste Einschaltquote`

ist ein Satz ohne Pause, ebenso wie

`In der Kategorie »Jugendliche bis 18 Jahre« siegt Jo Dix.`

Sprechzeichen erleichtern Ihnen das Lesen ungemein:

/	(zwischen den Worten)	Atempause, Staupause, Zäsur
—	(unter dem Wort)	Betonung
↓	(hinter dem Wort)	Ende des Gedankens (Stimmführung nach unten)
↑	(hinter dem Wort)	Gedanke geht trotz Pause weiter (Stimmführung nach oben)
→	(hinter dem Wort)	Pause im Gedanken (Stimme bleibt in der Schwebe)

Ist der Text mehr als reine Information, wollen Sie eine Stimmung oder ein Gefühl transportieren, dann kommen Sie mit Betonungen und Pausen nicht aus. Der Satz sollte dann nicht nur etwas sagen, sondern auch etwas meinen. Er braucht eine Melodie. Der Wetterbericht z. B., ein Sportkommentar oder ein bunter Beitrag über eine verrückte Pudelschule.

Die Melodie für einen Satz ergibt sich nun aus einem zweiten Satz, dessen Ton wir dem ersten Satz unterlegen. Sie sagen zum Beispiel

`Die Benzinpreise sind wieder erhöht worden`

mit derselben Melodie wie `Mein Gott, ist das ärgerlich` und schon hören Sie in einem Satz beide Informationen. Aber sie können auch unterlegen `Das war wohl notwendig` oder `Ich habe es geahnt.` Je nach Subtext klingt der Satz völlig anders. Hier eine kleine Auswahl möglicher Untertöne zu dem Satz

`In Berlin ist eine Ausstellung mit Video-Kunst eröffnet worden.`

- Wichtig. Das ist die bedeutendste Ausstellung des Jahres.
- Spannend. Ein ganz ungewöhnliches Projekt.
- Kritisch. So viel Unsinn auf einem Haufen.

Vorsätze sind eine weitere Möglichkeit, zu Sätzen mit einem Unterton zu kommen. Sie überlegen sich einen Vorsatz, der zu Ihrem Satz passt, sprechen dann beide, damit sich der Ton vom Vorsatz auf den Satz überträgt.

- Stellen Sie sich mal vor ...   Gewinne von 12 %.
- Das Beste ist ...   Gewinne von 12 %.
- War ja wieder klar ...   Gewinne von 12 %.
- Wie langweilig ...   Gewinne von 12 %.

Im zweiten Schritt *denken* Sie den Vorsatz nur, ohne ihn laut zu sagen. Dann klingt der Text, den Sie vorlesen, fast wie frei gesprochen.

Melodie oder Subtext gehören immer zum ganzen Gedanken. Das Gestalten einzelner Worte finden wir nur bei vor Stimmung triefenden Sendungen, z. B. mit deutschen Schlagern:

Das Haus am großen (»o« dehnen für die Größe) Berg am wunderschönen (strahlendstes Lächeln) See

oder bei schlechter Werbung. Im Privatleben können wir eine Lüge so sehr gut erkennen:

Was du anhast, steht dir gaaaanz aaaaausgezeiiiiiiichnet!

Geben Sie sich keine Mühe! Sollte Ihre Vertonung noch nicht perfekt sein, sollten Sie Silben verschlucken, keine Standardaussprache verwenden, falsch betonen und alles mit wenigen Untertönen herunterbeten, ist das immer noch nicht so schlimm, als wenn Sie sich Mühe geben, etwas besonders gut zu machen. Wenn der Zuschauer hört, dass Sie gerade ganz fest an sich arbeiten, schaltet er ab. Und da nur noch der Zuschauer zählt, wenn Sie auf Sendung sind, gilt: Üben müssen Sie davor oder danach.

Tipps zum Vertonen
- Sprechen Sie sich zu Hause schon ein und üben Sie laut!
- Im Stehen sprechen Sie dynamischer und leichter!
- Am Mikrofon wird eher leise gesprochen.
- Trennen Sie lange Wörter durch Bindestriche (Präsidi-ums-sitzung, Authen-tizi-tät)
- Mit jedem Gedanken eine neue Zeile beginnen.
- Keine Sätze über zwei Zeilen DIN A4.
- Kein Umblättern im Gedanken.
- Tippfehler führen zu Versprechern.

Richtig lesen lernen – auch dafür gilt: Übung macht den Meister. Und dabei wird Ihnen dieser Text helfen. Nicht immer freilich wird eigenes Üben mit einer schriftlichen Anleitung ausreichenden Erfolg bringen, z. B. bei starkem Dialekt, kleinen Sprachfehlern oder größeren Problemen mit der Stimme oder der Atemtechnik. Bemühen Sie sich dann rechtzeitig um professionelle Sprecherziehung. Die ist freilich nicht umsonst.

→ Tipp: Manchmal bieten Universitäten Sprecherziehung an. Bei Volkshochschulen und z. B. politischen Bildungsstätten gibt es entsprechende Kurse in der Regel zu günstigen Konditionen. In den meisten Volontariaten gehört Sprecherziehung zur Ausbildung. In Ausnahmefällen kann man schon bei Hospitanzen oder längeren Praktika daran teilnehmen. Stunden bei privaten Sprecherziehern kann man kostensparend zu zweit oder zu dritt nehmen.

Weiterführende Literatur:

Michael Rossié, Sprechertraining. Texte präsentieren in Radio, Fernsehen und vor Publikum (5. Auflage, Journalistische Praxis, Econ, Berlin 2009)

Sendungen

Nachrichtensendungen

Eine Nachrichtensendung bietet einer Vielzahl von unterschiedlichen Darstellungsformen Platz. Sie sollten stets unter der Maßgabe eingesetzt werden, Informationen möglichst präzise, anschaulich und schnell zu vermitteln.

Formale Elemente in Nachrichtensendungen können sein:

- vom Moderator im »On« präsentierte reine Wortnachrichten (vgl. dort)
- unterstützte Wortnachrichten, durch (immer häufiger: animierte) Grafiken, Fotos, Standbilder (*stills*) oder Landkarten
- aus dem »Off« gesprochene Nachrichtenfilme (NiFs, vgl. dort)
- Reporterberichte (vgl. »Bericht/Reporterbericht«)
- Korrespondentenberichte aus dem Ausland (vgl. dort)
- Erklärstücke (vgl. »Erklärfilm ...«) aus Grafiken und Archivmaterial
- Statements (vgl. dort), also O-Töne von Akteuren (Politikern, Prominenten, Betroffenen, Augenzeugen)
- Interviews (vgl. dort)
- Live-Reportagen (vgl. dort)
- Live-Schaltgespräche mit Reportern (vgl. »Moderieren«)
- Live-Gespräche mit Experten im Studio (vgl. »Moderieren«)
- Kommentare (vgl. dort)

Der Wechsel zwischen diesen Elementen, ihre dramaturgische *Anordnung* und ihre Einbettung in den stets wieder erkennbaren *Rahmen* einer Sendung machen deren Gesicht aus. Entscheidend tragen dazu neben den *Präsentatoren* (Moderator bzw. Nachrichtensprecher) das *Studio-Design* sowie der in der Regel computeranimierte *Anfang* und *Schluss* (Indikativ und Abdikativ) der Sendung bei. ⌨

Auswahl und Platzierung: Da die Nachrichtensendungen des Fernsehens für den größten Teil der Bevölkerung die entscheidenden Informationsquellen sind, kommt deren Redakteuren eine besondere Verantwortung zu. Sie prägen mit ihrer Auswahl der *Themen*, ihrer Entscheidung über *Platzierung* und *Präsentationsform* das Urteil der Zuschauer über »die Wirklichkeit« mit. Aus diesem Grund sind Nachrichtenredakteure nicht selten offenem oder verstecktem Druck von Politikern, Parteien, Verbänden und Lobbyisten ausgesetzt. Dabei kann es genauso gut um Versuche gehen, bestimmte Personen oder Themen in Sendungen unterzubringen wie, sie aus ihnen herauszuhalten. Ein professionell arbeitender Nachrichtenredakteur wird sich bei der Auswahl und Platzierung seiner Themen stets von den klassischen Nachrichten-Kriterien leiten lassen.

Zu den klassischen Nachrichten-Kriterien zählen neben *neu* vor allem *relevant* und *interessant*. So ist eine Nachricht über Renten vielleicht für jüngere Zuschauer nicht sonderlich interessant. Da sie aber einen anderen Teil des Publikums ganz existentiell betrifft, ist sie relevant und unverzichtbar. Umgekehrt sind die Meldungen über Intrigen im englischen Königshaus für das Leben der allermeisten Zuschauer in Deutschland absolut irrelevant. Getreu dem alten Motto »Namen sind Nachrichten« stoßen sie aber bei vielen Menschen auf lebhaftes Interesse und können daher auch unter Umständen in seriösen Nachrichtensendungen ihren Platz haben.

Die Trennlinie zwischen so genannten Hard News (politisch-relevante Ereignisse, Katastrophen etc.) und sogenannten Soft News (Themen mit Human Touch bzw. Yellow Press-Charakter) markiert einen signifikanten Unterschied zwischen dem Nachrichten-Credo öffentlich-rechtlicher und privater Anbieter.

Der Anteil der politischen Meldungen ist zwischen 1992 und 2004 aber sowohl bei den Privaten wie bei den Öffentlich-rechtlichen zurückgegangen, besonders stark bei SAT.1 und beim ZDF. Human-Touch-Themen haben zugenommen. Dennoch machte die politische Berichterstattung 2004 bei den Öffentlich-rechtlichen im Gegensatz zu den Privaten den weitaus größten Anteil aus. Im Jahr 2007 ist der vergleichsweise schon hohe Politikanteil bei den öffentlich-rechtlichen Sendern gestiegen. Diese Angaben belegen mehrere Studien der NRW-Landesanstalt für Medien.[1] Im Privatfernsehen wird häufiger mit Blick auf die Einschaltquoten und die unterstellten Vorlieben ihres Publikums »soften« Themen der Vorzug gegeben, wird das Auswahlkriterium »interessant« oft höher bewertet als das Kriterium »relevant«. Dies lässt sich an vielen Beispielen belegen.

Als Zufallsbeispiel[2], das nach wie vor aktuell ist, soll die Gewichtung der Berichterstattung über den Prozess gegen den Popstar Michael Jackson im Jahr 2005 wegen angeblichen Kindesmissbrauchs dienen.

Als sich die Geschworenen nach den letzten Plädoyers von Anklage und Verteidigung zu Beratungen zurückziehen, beginnen »RTL aktuell« und »Sat.1 News« (seit 2008: SAT.1 Nachrichten) ihre Sendungen am Abend (4. Juni) mit Beiträgen zu diesem Boulevard-Thema. Die »Tagesschau« und »heute« setzen dagegen die EU-Verfassung an erste Stelle. Wenige Tage später, als am 14. Juni in Kalifornien der Freispruch für Michael Jackson verkündet wird, berichten öffentlich-rechtliche wie auch private Nachrichtensendungen darüber. Die Platzierung innerhalb der Sendung lässt jedoch erneut Rückschlüsse auf die jeweils unterschiedliche Themenhierarchie zu. Während »RTL aktuell«, »Sat.1 News« und »heute« mit der Urteilsverkündung aufmachen, sind der »Tagesschau« andere Themen wichtiger: Ein Bericht über die Forderung des Bundeskanzlers nach Liberalisierung bei der Stammzellenforschung steht hier an erster Stelle, gefolgt von Beiträgen über den Arzneimittelreport, die Nachbesserungspläne der SPD bei der Arbeitsmarktreform und die Beratungen der Grünen über ihr Wahlprogramm. Erst an fünfter Stelle folgt die Urteilsverkündung im Michael-Jackson-Prozess.

Präsentationsformen: Bei allem Bemühen um eine moderate Modernisierung des eigenen Designs aus Gründen der Konkurrenzfähigkeit achten die klassischen Nachrichtensendungen stets darauf, dass ihre *spezifischen Merkmale* nicht verwischt werden.

Am Sprecher-Prinzip hält nur die 20-Uhr-»Tagesschau« fest, während das ZDF seine Nachrichtensendungen von *Redakteuren* präsentieren lässt, die den größten Teil ihrer Meldungen und Anmoderationen selbst schreiben. Private Anbieter setzen eindeutig auf die Rolle des *Anchors* oder eines nur für Meldungen zuständigen *Co-Anchors*, der/die nicht hinter der Nachricht zurücktritt, sondern durch persönliche Ausstrahlung die Sendung prägen und »verkaufen« soll.

Live-Schaltungen (vgl. »Aufsager und Live-Aufsager« und »Moderieren – und was Anne Will dazu empfiehlt«) zu aktuellen Brennpunkten des Geschehens gehören inzwischen zum Alltag, wobei »heute« und die »Tagesthemen« beinahe täglich auch zu Korrespondenten im In- und Ausland schalten, um im Interview Hintergründe und Einschätzungen aus erster Hand zu liefern.

Im Wortanteil unterscheiden sich auffällig die Nachrichtensendungen öffentlich-rechtlicher von denen privater Anbieter. Während in »Tagesschau« und »heute« neben sechs bis sieben Korrespondentenberichten und weiteren Nachrichtenfilmen eine Vielzahl von Themen als Wortnachrichten laufen, kommt »RTL aktuell« mit weniger Wortmeldungen aus. Hier wechseln sich häufiger Einleitungen, Filmberichte und Nachrichtenfilme ab.

Nachrichtenquellen sind für die großen Nachrichtenredaktionen rund um die Uhr mehrere *Agenturen*: Deutsche Presse Agentur (*dpa*), *dapd* nachrichtenagentur, Reuters (*rtr*), und Agence France Presse (*afp*).
Neben dem Basisdienst mit Meldungen und Berichten aus Politik, Wirtschaft, Kultur, Sport und Vermischtem, bietet dpa zur Information über Ereignisse in den Regionen *Landesdienste* an.
Die meisten Agenturen liefern auch *aktuelle Fotos*. Sie werden über Satellit digital verbreitet, beim Empfänger auf einem Server

gespeichert und können von dort ohne Zwischenträger zur Sendung gebracht werden.

Die Spezialdienste dpa-AFX (Wirtschaftsnachrichten) und *SID* (Sport-Informationsdienst) bringen gezielt aufbereitetes Material für Fachressorts.

Die Nachrichtendienste wichtiger Organisationen wie etwa *KNA* (Katholische Nachrichtenagentur) und *epd* (Evangelischer Pressedienst) sind weitere Quellen.

Die eigenen Korrespondenten sind die wichtigste, weil authentischste Quelle für Fernsehnachrichten im In- und Ausland. Sie verfügen oft über jahrelang gepflegte Kontakte zu Insidern, kennen ihr Berichtsgebiet »aus dem eff-eff« und wissen aktuelle Themen und politische Entwicklungen in einen größeren Zusammenhang einzuordnen.

Die ARD unterhält das weltweit größte Korrespondentennetz. Aus dem Inland beliefern die einzelnen Landesrundfunkanstalten die Sendungen von »ARD aktuell«. Das ZDF unterhält in allen Landeshauptstädten eigene Landesstudios, und auch die privaten Sender arbeiten mit einem großen Netz von Außenredaktionen oder Zulieferern. Natürlich ist jeder nationale Anbieter auch am Sitz von Regierung und Parlament in Berlin (und Bonn) präsent.

Der Eurovisionsnachrichtenaustausch – kurz: »die Euro« – der EBU (»European Broadcasting Union«, einer Arbeitsgemeinschaft Europäischer Rundfunkanstalten, der längst auch Sender in anderen Erdteilen assoziiert sind) liefert von den Brennpunkten in aller Welt, die nicht von eigenen Korrespondenten abgedeckt werden können, Bilder fast rund um die Uhr (vgl. »Nachrichtenfilme bearbeiten«).

Redaktionsorganisation: Eine große Nachrichtenredaktion ist stets arbeitsteilig im Schichtdienst organisiert. Planungs-, Wort- und Filmredakteure sowie Grafiker arbeiten Hand in Hand.

Während »die Planer« ständig die Agenturlage im Blick haben und engen Kontakt zu den Korrespondenten im In- und Ausland halten, ist es die Aufgabe der *Wort- und Filmredakteure*, ihre »Puzzleteile« so zu verzahnen, dass eine Sendung aus einem Guss entsteht. Computergestützte Redaktionssysteme, die eine Vielzahl von Bildschirmarbeitsplätzen miteinander vernetzen, haben die traditionellen Arbeitsabläufe mit Manuskriptpapier weitgehend ersetzt. Moderne Fernsehnachrichten-Redaktionen nutzen die Digitaltechnik und verfügen über Multimedia-Arbeitsplätze. An ihnen kann der einzelne Redakteur parallel recherchieren, aktuelle Agenturen lesen, Überspielungen (Korrespondentenberichte oder Eurovisionsmaterial) sichten und eigene Texte schreiben.

[1] Michaela Maier, Georg Ruhrmann, Kathrin Klietsch, Der Wert von Nachrichten im deutschen Fernsehen 1992–2004 http://www.lfm-nrw.de/downloads/nachrichtenanalyse_1992-2000.pdf

Michaela Maier, Georg Ruhrmann, Karin Stengel, Der Wert von Nachrichten im deutschen Fernsehen. Inhaltsanalyse von TV-Nachrichten im Jahr 2007.

Beides im Auftrag der Landesanstalt für Medien NRW; als download: www.lfm-nrw.de/downloads/nachrichtenanalyse_1992-2000.pdf

[2] Das Zufallsbeispiel wird belegt durch mehrere Untersuchungen:

Udo Michael Krüger, Fernsehnachrichten bei ARD, ZDF, RTL und SAT.1: Strukturen, Themen und Akteure (Media Perspektiven 2/2006, S. 50–74).

Udo Michael Krüger, InfoMonitor 2007: Unterschiedliche Nachrichtenkonzepte bei ARD, ZDF, RTL und Sat1 (Media Perspektiven 2/2008, S. 58 –83).

Camille Zubayr/Stefan Geese, Die Informationsqualität der Fernsehnachrichten aus Zuschauersicht. Ergebnisse einer Repräsentativbefragung zur Bewertung der Fernsehnachrichten (Media Perspektiven 4/2005, S. 152–162 und 4/2009, S. 158–173).

Wie eine Nachrichtensendung »gebaut« wird

In einem Vollprogramm sind *Unterhaltung* und *Information* die beiden tragenden Säulen. Nachrichten prägen einen Sender, geben ihm ein Gesicht, und sie sind normalerweise auch die Programmbestandteile mit der längsten Lebensdauer. 🖥

Was den Erfolg einer Nachrichtensendung ausmacht, ist vor allem die *Kompetenz der Redaktion*, die Qualität und Schnelligkeit der Berichterstattung gewährleistet.

Dazu kommt die *Kontinuität der Sendungsformate*. Die Zuschauer müssen sich an die Sendungen und Sendezeiten gewöhnen können und sie zu einem festen Bestandteil ihrer Programmnutzung machen. Anders als bei einem reinen Nachrichten-Sender (n-tv, N 24) orientieren sich die Nachrichtensendungen eines Vollprogramms deshalb an festen Tageszeiten. Dazwischen können immer wieder Kurznachrichten von einigen Minuten Länge eingeflochten werden. Bei wichtigen Ereignissen kann es zusätzliche Nachrichtensendungen geben.

Von besonderer Bedeutung sind die News-Sendungen am frühen Abend. Alle Vollprogramme haben da ihre Haupt-Nachrichtensendung. Fast immer findet sie in der Zeit zwischen 18 und 20 Uhr statt. Je später, desto mehr Menschen schalten ein.

Die Zuschauerzahlen laut *GfK* (vgl. »Zuschauerforschung für die Programmpraxis«) für die Nachrichtensendungen der reichweitenstärksten Programme (2009, Zuschauer ab 3 Jahren, Mo.-So.):

Tagesschau (ARD),	20.00 Uhr	5,26 Mio.
Heute (ZDF),	19.00 Uhr	3,77 Mio.
RTL Aktuell,	18.45 Uhr	3,79 Mio.
SAT. 1 Nachrichten,	18.30 Uhr	1,74 Mio.

Die fehlende Zeit ist ein Problem aller Nachrichten-Sendungen. Wo Zeitungsjournalisten in vielen Zeilen über aktuelle politische oder kulturelle Ereignisse schreiben können, hat der TV-Journalist wesentlich größere Beschränkungen. Andererseits gilt natürlich auch: Ein Bild sagt manchmal mehr als tausend Worte.

Zum Mitrechnen:

- Eine Sekunde Nachrichten-Text entspricht etwa 20 Anschlägen (Zeichen).
- In einer Minute kann man also ca. 1 200 Zeichen unterbringen. Das sind 100 bis 200 Wörter.
- Der Gesamttext einer 15- bis 20-minütigen News-Sendung ist also etwa 1 500 bis 3 000 Worte lang, füllt also gerade mal *eine Zeitungsseite.*

Ständig selektieren muss also der verantwortliche CvD einer Nachrichten-Sendung und dabei entscheiden, was alles nicht in seine Sendung kommt. Dadurch fällt automatisch eine riesige Menge an Meldungen weg, die der eine oder andere Zuschauer für wichtig erachten könnte. Wenigstens einen *Querschnitt der Ereignisse* des Tages muss eine Nachrichtensendung aber trotz aller Zeitknappheit bieten.

Bei der Nachrichtenauswahl stehen zumeist vier Fragen nach dem Nachrichtenwert im Vordergrund:

- Ist die Information *neu*?
- Wie *relevant* ist eine Nachricht?
- Ist sie *interessant* für die Zuschauer?
- Was sagen die zur Verfügung stehenden *Bilder* aus?

Weil die Redaktionen diese Fragen in der Regel gleich beantworten, ähneln sich die meisten Sendungen in ihren Hauptthemen.

Unterschiedliche Philosophien gibt es dennoch darüber, was in eine News-Sendung gehört und was nicht. Die ARD-»Tagesschau« sieht sich beispielsweise als eine »politische« Nachrichten-Sendung, die ihren Schwerpunkt auf politische Ereignisse im In- und Ausland legt. Andere Redaktionen öffnen ihr Themenspektrum weiter und nehmen zum Beispiel auch Neuigkeiten aus Medizin, Wissenschaft und Technik auf, berichten über Kriminalfälle oder bringen verbraucherorientierte Geschichten und einen eigenen Sportteil.

Der »Reiz« bestimmter Bilder wird von den Redaktionen ebenfalls als Nachrichtenauswahl-Kriterium herangezogen: Ein Taifun über Taiwan oder ein Waldbrand in Kalifornien haben zwar nur wenig direkte Relevanz für deutsche Zuschauer, da aber die Bilder beeindrucken, gehören sie auch zum Blick auf die Welt.

Für die Gestaltung einer Sendung verantwortlich ist der CvD (Chef vom Dienst). Mehrjährige Erfahrung in verschiedenen journalistischen Aufgabengebieten ist unabdingbare Voraussetzung für diesen Job. Ihm arbeiten die *Nachrichten-Redakteure* zu, die von der Redaktion aus Kontakt halten zu den *Reportern* und *Auslands-Korrespondenten* vor Ort. Im Zusammenspiel mit Planungsredakteuren und den *Producern* (die vor allem für die produktionstechnische Seite verantwortlich zeichnen) sammeln sie Informationen aus den unterschiedlichsten Quellen (*Bild- und Text-Nachrichtenagenturen* und eigene *Recherche* auf allen Ebenen) und erstellen so die Beiträge für die Nachrichten-Sendung. Viele Redaktionen leisten sich auch *Fach-Redakteure*, die über besondere Kenntnisse in speziellen Wissensgebieten verfügen. Sie können Experten sein zum Beispiel für Terrorismus, Luft- und Raumfahrt, Medizin oder Wissenschaft.

Aufmacher wird immer die wichtigste Meldung des Tages sein. Sie wird mindestens durch einen Nachrichtenfilm (NiF) ergänzt. Was aber wichtig ist, darüber gehen die Meinungen auch innerhalb einer Redaktion gern mal auseinander. Es kommen in Betracht:

- ein Politik-Thema (meistens),
- eine Naturkatastrophe,
- ein Unglück mit vielen Opfern,
- ein wichtiges Sport-Ereignis,
- eine besonders bewegende Meldung aus dem Boulevard-Journalismus (vgl. Beitrag »Boulevard- und People-Magazin«),
- in Extremsituationen sogar das Wetter.

Rausschmeißer, also eine leichte, versöhnliche Meldung zum Schluss, sucht eine Redaktion auch oft – schon als Gegengewicht zu den ja doch meist trockenen, wenn nicht sogar tragischen Themen eines Tages.

Der CvD »baut die Sendung« als ein journalistisch stabiles Gebäude aus längeren *Berichten*, kurzen *Nachrichtenfilmen* (= NiF = Nachricht im Film) und *Wortnachrichten* (vgl. jeweils dort):

- Berichte sind durchschnittlich etwa eineinhalb Minuten lang, weshalb der alte Satz immer noch Gültigkeit hat: »Und bist du noch so fleißig, es gibt nur eins dreißig«.

- Nachrichtenfilme, bis zu 45 Sekunden lang, sind zumeist vertont, können aber auch aus dem Off vom Moderator gesprochen werden.
- Wortnachrichten kommen auf 15 bis etwa 45 Sekunden Länge. Teilweise werden sie in einem *Nachrichtenblock* zusammengefasst.
- *Schaltgespräche* mit Reportern vor Ort sowie *Interviews* mit Politikern oder anderen nachrichtenrelevanten Personen sollten ebenfalls nicht länger sein als ein bis zwei Minuten.

Aufsager (vgl. »Aufsager und Live-Aufsager«) in einem Bericht machen vor allem dann Sinn, wenn eine kurze journalistische Einschätzung eines Themas vor ausdrucksstarker Kulisse gefragt ist. Möglich ist dabei aber auch die aktive Einbindung einer »Location« durch den Reporter. So bekommt der Zuschauer einen authentischen Eindruck und ist nah an den Betroffenen.

Grafiken unterstützen die Filmbeiträge. Dies können Text- oder Bildtafeln sein, möglich sind aber auch Animationen in 2-D- oder 3-D-Form (vgl. »Die Wortnachricht optisch unterstützen«). Die Grafik-Abteilung arbeitet eng mit der Redaktion zusammen, um aussagekräftige und auf die Beiträge zugeschnittene Schaubilder zu erstellen.

Hintergrundberichte mit einem hohen Anteil von Archivbildern sind vor allem dann sinnvoll, wenn einem besonders wichtigen Thema mehr Zeit in der Sendung eingeräumt wird.

Das Bildmaterial für die Nachrichten stammt von den eigenen Reportern, von freien Zulieferern sowie von *Bildnachrichten-Agenturen*. Die Bilder werden in einen zentralen Speicher (vgl. »Digitaler Schnitt«) übertragen und stehen dann gleichzeitig mehreren Redaktionen an unterschiedlichen Arbeitsplätzen zur Verfügung. *Beim Schneiden* greifen der Cutter oder der Redakteur auf diesen Server zurück, teilweise findet der Schnitt *direkt am Computer-Arbeitsplatz des Redakteurs* in der Redaktion statt. Digitalisiertes *Archivmaterial* kann auf diesem Wege ebenso eingearbeitet werden. Dieses digitale Netzwerk-System erhöht die Geschwindigkeit, mit der Bilder auf Sendung gehen können.

Die Mischung. Wie sich längere und kürzere Filme, härtere und weichere Themen abwechseln, das ist prägend für den Stil einer Sendung. Für alle auch noch so unterschiedlichen Sendungen gilt, dass sie *abwechslungsreich* gestaltet sein sollten. Also nicht 10mal hintereinander ein Stakkato von Anmoderation – Film – Anmoderation – Film – Anmoderation – Film usw. Vielmehr wird der verantwortliche Chef vom Dienst versuchen, längere und kürzere Filmbeiträge, Wortmeldungen und Reporterschalten so zu »komponieren«, dass eine informative, aber gut fließende Sendung entsteht.

Der Blick auf das Gegenprogramm ist wichtig. Ein erfahrener CvD wird versuchen (aber nur, wenn es mit der Nachrichtengewichtung vereinbar ist), ein attraktives Thema an den Zeitpunkt im Ablauf zu setzen, an dem bei einem konkurrierenden Sender eine andere Sendung zu Ende geht oder ein Werbeblock beginnt. Dann nämlich zappen sich die Zuschauer dieses Konkurrenzsenders teilweise per Fernbedienung durch die Programme. Diese »frei werdenden« Zuschauer in die eigene laufende Nachrichtensendung hineinzuziehen, wird man versuchen.
Dafür ist es auch gut zu wissen, wer bei wem um welche Uhrzeit gewohnheitsmäßig ein- oder ausschaltet, wofür sich diese Zuschauer interessieren und was für sie besonders relevant ist.

Eine intensive Medienforschung ist dafür Grundvoraussetzung. Moderne Messinstrumente erlauben mit einigen Stunden Verzögerung eine sekundengenaue Auswertung der Zuschauerströme (vgl. »Zuschauerforschung für die Programmpraxis«).

Präsentiert werden die Nachrichten von Moderatoren (bisweilen nennt man sie auch *Anchorman/Anchorwoman)* entweder aus dem Studio oder – um die Arbeitsatmosphäre der Redakteure zu transportieren – aus der Redaktion. Mitbringen sollte man für diesen Job:

- eine gute journalistische Grundlage,
- hohe Stress-Resistenz,
- sicheres Auftreten vor der Kamera,
- die nur schwer zu definierende Fähigkeit, bei den Zuschauern »anzudocken«,
- eine klare Aussprache und
- möglichst viel Ausdauer.

Auf dem Anchor-Stuhl sitzen in fast allen Sendern erfahrene Redakteure. Bei News-Flaggschiffen wie dem ZDF-»Heute-Journal«, den ARD-»Tagesthemen« oder »RTL Aktuell« haben sie auch einige Jahre im Ausland als Journalist verbracht. Nachrichten sind Vertrauenssache, und Nachrichten-Moderatoren gelten als Vertrauenspersonen. Deshalb wird jeder Sender versuchen, Journalisten aufzubauen, denen man die oben aufgeführten Anforderungen attestiert.

Beständig ist nur der Wandel! Dieser Satz gilt ebenso wie die Erkenntnis, dass *Kontinuität* bei der inhaltlichen Gestaltung, beim Ablauf und bei der Präsentation ein wichtiges Erfolgskriterium ist. Nachrichtensendungen brauchen beides. Man sollte also trotz aller Kontinuität auch jedes Konzept immer wieder in Frage stellen, ohne dabei den Kompass des Nachrichten-Journalismus aus den Augen zu verlieren.

Für Praktikanten sind die ersten Tage in einer Nachrichten-Redaktion erst einmal sehr verwirrend. Aber nach einiger Zeit kann man sich unter Anleitung von Redakteuren mit dem Schreiben kürzerer Wortmeldungen und mit dem Texten und Schneiden von Filmen nützlich machen (vgl. »Nachrichtenfilme bearbeiten«).

→ Tipp: Wer in einer Redaktion immer nur zuschaut, ist selber schuld. Halten Sie immer Augen und Ohren offen und bringen Sie sich ein (vgl. »Erfolgreich sein in Hospitanz und Praktikum«).

Nachrichtenmagazin und Newsshow

Nachrichtenmagazine wie »Tagesthemen« oder »RTL aktuell« liefern das, was in der klassisch-knappen Nachrichtensendung zu kurz kommt: Hintergründe, Analysen, Bewertungen. Die Nachrichtenlage des Tages soll im Magazin nicht rein chronistisch nachgezeichnet werden. Diese Grundversorgung leistet dort meist ein separater Meldungsblock, der in der Regel von einem eigenen Moderator/Sprecher präsentiert wird. Das Nachrichtenmagazin will ganz bewusst *Schwerpunkte* setzen.

Als Beispiel ein zentrales Thema wie etwa ein Erdbeben in Kalifornien, das im Magazin aus verschiedenen Blickwinkeln und in der Form variierend aufgearbeitet werden kann:

- Der Korrespondent oder Reporter »covert« das Ereignis (also die Bilder des Tages, die Reaktionen der betroffenen Menschen).
- Ein zweites (Erklär-)Stück (vgl. »Erklärfilm, Rausschmeißer und andere Kurzformen«) ordnet dieses Ereignis in einen größeren Zusammenhang ein oder zeigt die Entwicklungen auf, die das Ereignis erst ausgelöst haben. Etwa: Warum kommt es entlang des »Andreasgrabens« immer wieder zu solchen Katastrophen?
- Im Interview mit einem Experten bzw. Betroffenen werden Hintergründe und mögliche Konsequenzen ausgelotet: Gab es Warnungen? Hätten die Bürger rechtzeitig evakuiert werden können? Gibt es politische Konsequenzen?
- All dies kann die Basis für einen Kommentar liefern.

Zudem lebt ein Magazin von der Mischung. Themen, die in der klassischen Nachrichtensendung durch den Rost fallen, haben hier eher eine Chance und sorgen häufig erst dafür, dass eine »runde« Sendung zustande kommt.

Die Newsshow ist vom Nachrichtenmagazin nicht strikt zu trennen. Sie legt die Bandbreite der Themen noch größer an. Politik ist hier meist nur ein Gegenstand von vielen und muss schon für wichtige Schlagzeilen sorgen, um sich gegen Neues aus Sport,

Wirtschaft, Kultur, Gesundheit, Mode, Lifestyle etc. zu behaupten. Die Morgen-, Mittags- und Nachtmagazine haben in den letzten Jahren dafür gesorgt, dass aktuelle Berichterstattung im deutschen Fernsehen nicht mehr auf die Primetime beschränkt bleibt. Speziell das *Frühstücksfernsehen* passt sich in seiner Dramaturgie den Lebensgewohnheiten der Zuschauer an. Fernsehen präsentiert sich hier als nebenbei konsumierbares Medium. Zwischen Aufstehen, Bad und Frühstück wird der Zuschauer auch bei nur kurzem Einschalten jeweils nach wenigen Minuten in Schlagzeilen über das Weltgeschehen informiert und kann dem tagesaktuellen Magazinprogramm ansonsten auch »en passant« folgen.

Anchorman: Eine entscheidende Rolle kommt in beiden Magazinformen den Moderatoren zu. Nach anglo-amerikanischem Vorbild hat sich vor allem im Bereich der klassischen Nachrichtenmagazine in den letzten Jahren der Trend zur *Profilierung durch Personalisierung* durchgesetzt.
Hanns Joachim Friedrichs (vgl. »Moderationstipps von Hanns Joachim Friedrichs«) und Anne Will (vgl. »Moderieren – und was Anne Will dazu empfiehlt«) waren jahrelang für viele der Prototyp eines/r deutschen Anchorman/woman. Heute geben Caren Miosga, Tom Buhrow oder Marietta Slomka und Claus Kleber Sendungen wie »Tagesthemen« und »heute-journal« ihr Gesicht. Peter Kloeppel von »RTL aktuell« oder Peter Limbourg von »SAT. 1 News« sind die bekanntesten Anchors der Privaten.

Der/die Anchorman/-woman verkörpert journalistische Kompetenz, indem er/sie die Nachrichten des Tages nicht nur verliest, sondern auch einordnet und hinterfragt. Seine/ihre Formulierungen können, ja sollen subjektiv eingefärbt sein – nicht im Sinne der Parteinahme, sondern im Sinne der Analyse.
Im hart nachfragenden Interview ist der/die Anchor als Anwalt der Zuschauer Gegenpart des Befragten. Von den Fähigkeiten des Anchors hängt es ab, ob investigativer Journalismus *auch im Studio selbst* stattfindet.
Ein guter Anchor wird im Laufe der Zeit für den Zuschauer tatsächlich zu einer Art »*Anker*« in der unübersichtlichen Flut der

Aktualität. Er/sie vermittelt (moderiert) Zusammenhänge und ermöglicht es dem Zuschauer dadurch erst, aus der bloßen Rolle des Augenzeugen in die eines kompetenten Beobachters der Wirklichkeit zu gelangen.

Dropping: Um das Gefühl der *Nähe zum Ereignis*, das im Fernsehen ohnehin größer ist als in anderen Medien, noch zu steigern, entschließen sich die Macher von Magazinen und Newsshows gelegentlich zum Dropping: Der Moderator fliegt zum Schauplatz eines besonders bedeutsamen Ereignisses und die ganze Sendung wird von dort gefahren, etwa bei einer Wahl oder einem großen Gipfeltreffen. Dies mag eine größere Unmittelbarkeit bewirken. Für die Qualität der Sendung ist es jedoch häufig ohne Belang, da der Überblick über ein Ereignis nicht automatisch mit der Nähe des Moderators zum Schauplatz zunehmen muss.

Virtuelles Studio: Um die Wirkung größtmöglicher Nähe zum Ereignis *auch im Studio* zu erzielen, experimentieren Nachrichtensendungen auch mit den Möglichkeiten eines virtuellen Studios. Es handelt sich hierbei – stark vereinfacht gesagt – um eine Fortsetzung des Blue-Box-Verfahrens (vgl. »Mit elektronischen Tricks informieren«) unter Einsatz der Digitaltechnik. Seit 2009 werden z. B. die ZDF-Nachrichten in einem solchen Studio produziert.

War es bisher nur möglich, zweidimensionale Bilder (Fotos, Landkarten etc.) hinter den Moderator zu stanzen, simuliert der Computer mittlerweile auch *dreidimensionale* Kulissen. Der Moderator kann sich darin bewegen, er läuft de facto durch einen leeren blauen Raum, für den Zuschauer aber z. B. durch das Reichstagsgebäude. Ein sogenannter Motion-Control-Kamerakopf stimmt die Bewegungen des Moderators über einen Spezialrechner mit der künstlichen Kulisse ab.

Für das menschliche Auge ist kaum auszumachen, ob der Moderator sich in einer realen Umgebung befindet oder aus einer elektronisch simulierten Kulisse agiert.

Magazine

Die Welt der Magazine ist vielfältig: Sie reicht vom Nachrichten-magazin (vgl. »Nachrichtenmagazin und Newsshow«) über das Regionalmagazin und die verschiedensten Spartenmagazine bis zum Boulevard- und People-Magazin (vgl. dort). Hier sind die am häufigsten vertretenen Magazin-*Typen* charak-terisiert. Wie *Beiträge* für Magazine gestaltet werden, ist unter »Magazinstück« (vgl. dort) gesondert dargestellt.

Regionalmagazine. Der Einstieg in die Magazinarbeit gelingt am einfachsten über die Regionalmagazine. In der Regel sind diese eine Mischung aus regionalen Nachrichten und Magazin-beiträgen. Das Themenspektrum im Magazinteil ist groß und der Phantasie der Autoren werden meist kaum Grenzen gesetzt. Die Aktualität steht dabei nicht im Vordergrund. Stattdessen reicht eine *latente Aktualität* aus, d. h. das Thema muss Fragen an-sprechen, die im Zusammenhang mit einem aktuellen Ereignis oder einer aktuellen Diskussion stehen.

Eigene Ideen, eigene Themen sind gefragt (vgl. Beitrag »Erste Themen finden«). Leider besteht die Planung für manche Regio-nalmagazine ausschließlich in der Lektüre der morgendlichen Zeitung. Und dann werden die entsprechenden Artikel bebildert. Das reicht bei weitem nicht!
Wer als Praktikant oder Anfänger neu in einer Stadt/Region ar-beitet, der sollte mit offenen Augen durch die Straßen gehen. Was ist hier anders? Was fällt auf? Falls es um die Ecke einen großen russischen Supermarkt gibt, lohnt sich zumindest die Nachfrage in der Redaktion, ob denn schon einmal ein Beitrag über das russische Leben und die angesagten Gerichte gelau-fen ist. Oder beim Grillen mit Nachbarn erzählt eine Bekannte, die als Krankenschwester arbeitet, von Missständen in der Kli-nik. Oder auf einer eher durchschnittlich interessanten Presse-konferenz sitzt ein Verbandsvertreter, der im Gespräch am Rande viel Interessanteres zu erzählen hat als das, was eigent-lich Thema der Pressekonferenz ist.

Politische Magazine haben einen höheren Anspruch. Sendungen wie »Kontraste«, »report«, »Monitor«, »Kontraste«, »Panorama«, »Fakt« (alle ARD), »Frontal 21« (ZDF), »Spiegel TV« (RTL), »Stern TV« (RTL) oder »Focus TV« (RTL) oder auch die politischen Magazine der 3. Programme wie »Westpol« (WDR), »Klartext« (rbb), »Exakt« (mdr) verlangen von ihren Autoren ein hohes Maß an Eigenrecherche und einen neuen Ansatz. In diesen Sendungen hat ein Beitrag keine Chance gesendet zu werden, nur weil er »hübsch« ist.

Als Aufklärer verstehen sich die politischen Magazine: Was ist falsch gerechnet bei der Steuerreform? Wo will die Polizei etwas vertuschen? Wer steckt hinter bestimmten Entscheidungen? Welche Auswirkungen haben die Kürzungen beim Arbeitslosengeld tatsächlich? Und warum werden von Krankenkassen keine Naturheilmittel bezahlt?
Natürlich ist auch in politischen Magazinen nicht jeder Beitrag ein investigativer, der die Grundfesten der Republik erschüttert. Aber mancher Untersuchungsausschuss ist schon aufgrund eines Magazinbeitrags entstanden.

Wer für ein politisches Magazin arbeiten möchte, muss sich darauf einstellen, pro Beitrag wesentlich mehr Arbeitszeit und Rechercheaufwand zu investieren, als es vielleicht in anderen Redaktionen üblich ist. Das heißt: Vorgespräche sind oft nicht nur am Telefon möglich, Kontakte müssen aufgebaut und gepflegt werden – denn nur so kommt man an die Informationen, die der Pressesprecher nicht geben will.

Die Umsetzung eines Beitrags für ein politisches Magazin kostet ebenfalls mehr Zeit, auch beim Drehen. Schnittbild – O-Ton – Schnittbild reicht als Gestaltungsidee hier längst nicht aus. Oft müssen sehr komplizierte Sachverhalte erklärt werden. Da ist es sinnvoll, vorher mit dem Kamerateam gemeinsam zu überlegen, welche Bilder einfach »abgedreht« werden können und welche Bilder gegebenenfalls *nachgestellt* oder *gesucht* werden müssen; das gilt auch für *Symbolbilder* (zum Beispiel der berühmte Aktenkoffer oder auch Füße vor einer Eingangstür etc.). Zudem haben viele Ma-

gazine eine ihnen eigene optische Handschrift, einen »Look« entwickelt, an dem sich die Machart des Beitrags orientieren sollte.

Mit versteckter Kamera zu drehen, kann in manchen Situationen der einzige Weg sein, um einen gravierenden Missstand auf-
zudecken. Daher ist der Dreh mit versteckter Kamera gerade bei
politischen Magazinen ein üblicher Weg, um Bilder und Vorgänge zu dokumentieren, die unbedingt der Öffentlichkeit gezeigt werden müssen.

Technisch ist der Dreh mit versteckter Kamera im Zeitalter der
Digicams vergleichsweise einfach: eine kleine Kamera möglichst
weitwinklig in einer Tasche mit Guckloch verstecken, der Dreh
kann beginnen.

Juristisch ist es sehr viel komplizierter: Wer mit versteckter
Kamera dreht, kann sich in vielen juristischen Fallstricken ver-
fangen (vgl. »Rechtstipps für Fernsehjournalisten«).

→ Tipp: Es muss die Verhältnismäßigkeit der Mittel vorab geklärt sein. Deshalb unbedingt den Dreh mit versteckter Kamera vorher mit dem Chef vom Dienst, dem betreuenden Redakteur oder auch mit dem Hausjuristen absprechen.

Auch ethisch sollte man sich darüber klar sein, dass die versteckte Kamera nur ein Mittel für Ausnahmesituationen sein
kann. Ist der Sachverhalt nicht anders darzustellen? Ist der Vor-
wurf so stark, dass er die Gratwanderung wert ist?

Wenn diese Fragen mit »ja« beantwortet werden können, dann
ist die Arbeit mit der versteckten Kamera ein mutiger und wichtiger Bestandteil des Magazinjournalismus.

Bei nachgestellten Szenen (oft zum Beispiel im Bereich von
Verbrechen) ist es erforderlich, dem Zuschauer deutlich zu machen, dass die Szenen nicht real sind. Das kann entweder dadurch geschehen, dass sie entsprechend *verfremdet* (z. B.
schwarz/weiß) werden (meist am Schnittplatz) oder aber dass
schlicht ein kurzes *Insert* erscheint: `Szene nachgestellt`.
Diese Ehrlichkeit muss man aufbringen, sonst wirkt möglicherweise der gesamte Beitrag unglaubwürdig.

Grafiken einzusetzen, hat bei manchen Themen Sinn. Sie können komplizierte Strukturen vereinfacht darstellen und dem Zuschauer den Überblick vermitteln. Allerdings: nicht zu viele Grafiken – und vor allem nicht zu textlastige.

Das Gleiche gilt für *Dokumente*, die oft als Beleg im politischen Magazin gezeigt werden. Weniger ist auch hier mehr, das heißt: den zentralen Satz hervorheben und gut lesbar zeigen, den Rest des Blattes möglichst unleserlich machen, damit der Zuschauer nicht abgelenkt wird und versucht,»das Kleingedruckte« zu entziffern. Grundsätzlich sollten Schriften im Fernsehen so lange stehen, dass der Betrachter den Text zweimal laut lesen kann.

→ Tipp: Lesen Sie die Schriften selbst zwei Mal laut vor und stoppen Sie die Zeit. Berücksichtigen Sie dabei, dass Sie selbst den Text schon kennen und deshalb keine Mühe haben, den Sinn zu erfassen.

Eine feste Zuschauergemeinde haben meist die politischen Magazine. Diejenigen, die »Monitor« mögen, werden nur in den seltensten Fällen begeisterte Zuschauer von »report München« sein. Dabei geht es jedoch nicht nur um politische Meinungen, sondern auch um Themenschwerpunkte, Moderatoren und Autorenhandschriften. »Stern TV« zum Beispiel sendet viele Human-Touch-Themen, bei »Spiegel TV« ist es die politische Reportage, auch »Fakt« pflegt die Reportage. »Frontal 21«, »Panorama« und »Kontraste« setzen vor allem auf politische Aufklärung.

Meinungsfreudig dürfen also, ja sollen sogar oft die Beiträge für politische Magazine sein. Die normalerweise so hoch gehaltene Trennung von Nachricht und Kommentar darf im politischen Magazin aufgehoben werden. Selbstverständlich gilt nach wie vor »audiatur et altera pars« *(auch die andere Seite soll gehört werden)*, aber einem Beitrag in einem politischen Magazin darf man/sollte man anmerken, wo der Autor selbst steht.

Dabei empfiehlt sich für politische Magazinbeiträge die induktive Methode (vgl. Beitrag »Dramaturgische Hilfen für Aufbau und Gestaltung«). Der Autor sammelt Belege und Indizien, die am

Ende zu seiner Aussage führen (»Der Abgeordnete XY betreibt nebenbei Lobbyarbeit für den Verband Z« oder auch »Minister A. hat Plan B in der Schublade, obwohl er es leugnet.«). Durch die einzelnen Belege und Aussagen sollte im Idealfall der Zuschauer selbst zu dem Schluss kommen: Das widerspricht meinem Gerechtigkeitsempfinden.

»Sowohl als auch« dagegen ist nicht die Form des politischen Magazins.

Verbraucher-/Wirtschaftsmagazine wie »WiSO« (ZDF) und »plusminus« (ARD) wollen den Zuschauer vor allem darüber informieren, welche Auswirkungen bestimmte Entwicklungen auf seinen Alltag haben. Über die so genannten klassischen Wirtschaftsthemen berichten die Wirtschaftsmagazine im Fernsehen kaum noch, sondern setzen zunehmend auf Verbraucherjournalismus.

Wie bei allen Magazinformen steht auch hier ganz klar die Aufgabe im Vordergrund, die großen Themen »herunter zu brechen«:

- Was bedeutet die Entscheidung für den Verbraucher?
- Wo werden seine Interessen nicht entsprechend berücksichtigt?
- In manchen Fällen können die Verbrauchermagazine auch zum Fürsprecher der Bürger werden (zum Beispiel »Escher« vom mdr Fernsehen, »Die Jury hilft«, rbb Fernsehen). Gerade wenn Behörden anscheinend willkürlich entscheiden, kann die deutliche Nachfrage durch Journalisten hilfreich sein.

Service- und Nutzwertorientierung steht bei den Wirtschaftsmagazinen deutlich im Vordergrund.

- Wie findet der Zuschauer den günstigsten Stromtarif?
- Sind wirklich immer teure Originalersatzteile für Autos notwendig?
- Wie können Arbeitslose im Ausland eine Stelle finden – und warum ist die Lage für sie im europäischen Ausland besser als bei uns?

Die versteckte Kamera wird auch in Verbrauchermagazinen gern eingesetzt, vor allem zum Test von Dienstleistungen und Produkten. Bei versteckt durchgeführten Tests (Service in Autowerkstätten, Verkauf von Alkohol an Minderjährige etc.), sollte den Gefilmten immer die Möglichkeit gegeben werden, im Beitrag dazu Stellung zu nehmen.

Um Verständlichkeit geht es vor allem bei der Gestaltung der Beiträge im Verbrauchermagazin (vgl. oben »Grafiken«). Die Themen sollten klar strukturiert sein und nicht zu vielschichtig. Hat ein Thema mehrere Aspekte, lohnt es sich eher, über eine kleine Serie nachzudenken. Sinnvoll ist es, Themen zu *personalisieren*, also Verbraucher zu finden, die Probleme bei der Autoreparatur oder bei Stromanbieterwechsel haben.

Ratgebermagazine. Der Schritt vom Verbraucher- zum Ratgebermagazin ist nicht weit. Die Gestaltungsgrundsätze sind sehr ähnlich, nur die Themenauswahl ist begrenzter. So gibt etwa der Ratgeber »Heim und Garten« Tipps für Kleingärtner und die nächste Wohnungseinrichtung.
Weitere Themenbereiche für Ratgebermagazine sind z. B.: Gesundheit, Auto, Reise, Technik und Recht. Sie richten sich allesamt an eine *Special-Interest-Zielgruppe*. Der Zuschauer bringt meist ein Grundwissen mit und möchte weitergehende Informationen haben. Das bedeutet: hohe inhaltliche Ansprüche auch an die Autoren.

Eine Ratgebervariante im Privatfernsehen setzt mehr auf Action und manchmal auch den Schlüsselloch-Effekt, egal ob es um die Erziehung der Kinder oder der Haustiere oder um das persönliche Styling eines Einzelnen geht. »Einsatz in vier Wänden« (RTL) beispielsweise ist eine Dokumentation, in der eine veraltete, langweilige, spießige Wohnung innerhalb kürzester Zeit zum innenarchitektonischen Meisterwerk wird. Der Sender selbst spricht von der »Wohnpolizei« und gibt damit ganz klar die Maßstäbe vor. Dabei entsprechen die meisten Wohnungen der Zuschauer wohl eher dem »Vorher« als dem »Nachher« dieser

Filme. Im Mittelpunkt steht das Prinzip der Personalisierung: zum einen die Expertin mit dem Sinn für die richtige Einrichtung, zum andern die Bewohner.

Kulturmagazine haben ebenfalls eine Special-Interest-Zielgruppe vor Augen: »ttt – Titel Thesen Temperamente« (von unterschiedlichen ARD-Landesrundfunkanstalten produziert) und »aspekte« (ZDF) haben sich in ihrem Themenspektrum allerdings längst von der reinen Lehre der klassischen Kultur verabschiedet: nicht mehr nur diese so genannte Hochkultur hat ihren Platz in den Kulturmagazinen.

Der weite Kultur-Begriff führt zu Beiträgen von der jüngsten Wagner-Inszenierung über einen neuen Hitler-Comic bis zum Modeschöpfer. Die Themen im Kulturmagazin dürfen auch schon mal Randthemen sein, im besten Sinne Feuilleton. Wichtig ist, dass sie neu sind oder zumindest einen neuen Aspekt liefern. Und für die Kulturmagazine gilt noch mehr als für alle anderen: Eigene Handschrift tut gut.

Eine eigene Ästhetik haben oftmals die Filme für das Kulturmagazin: Kamerasprache, Schnitt, Text – all das will wohl durchdacht sein. Bei den Bildern geht es zum Beispiel um spezielle Lichteffekte oder auch um (künstlerisch eingesetzte) Unschärfen oder um außergewöhnliche Kamera-Perspektiven. Es reicht also nicht aus, am Schnittplatz verschiedene Tricks aneinander zu hängen – obwohl auch dies ein Gestaltungsmittel sein kann. Manche Kulturmagazine leisten sich den Luxus, vor allem Anfängern einen Regisseur zur Seite zu stellen.

→ Tipp: Da beim Kulturmagazin Phantasie bei Themenfindung und Umsetzung ganz oben stehen, empfehlen sich auf jeden Fall vorher genaue Absprachen mit dem/der Kameramann/ -frau und auch mit dem betreuenden Redakteur.

Wissenschaftsmagazine senden ebenfalls aufwendig produzierte Beiträge. Die Themen kommen vor allem aus dem populärwissenschaftlichen Bereich:

Wie entsteht eine Sonnenfinsternis?
Gibt es wirklich Bauchschmerzen, wenn ich erst Kirschen esse
und dann Wasser trinke?
Oder auch ein Selbstversuch: Wie reagiert der Körper auf ver-
brauchte Luft?

Als eine Art »Sendung mit der Maus für Erwachsene« gelten
(durchaus positiv gemeint) die Wissenschaftsmagazine (»W wie
wissen«/ARD; »Galileo«/Pro Sieben oder auch die Sendungen
von Joachim Bublath/ZDF), die vergleichsweise junge Kinder der
Fernsehgeschichte sind. Es geht ihnen darum, naturwissen-
schaftliche Phänomene – meist aus der Alltagswelt – verständlich
umzusetzen. Eine Kunst in diesem Bereich ist es, die passenden
Gesprächspartner aus der Wissenschaft zu finden. Sie müssen in
der Sache korrekt sein, aber trotzdem in einfacher Sprache komplizierte Sachverhalte darstellen können. Oftmals übrigens sind
arrivierte Professoren oder renommierte Experten eher dazu in
der Lage als ihre Mitarbeiter, die sich durch eine besonders komplizierte Sprache noch meinen beweisen zu müssen.

Eine aufwendige Computergrafik verlangen Beiträge für Wissenschaftsmagazine fast immer. Dafür bietet sich eine enge Absprache mit den Grafikern an, die oft gute eigene Ideen zur Umsetzung präsentieren, wenn sie frühzeitig in die Planung einbezogen werden.

Reisemagazine üben auf viele Journalisten eine geradezu ma-
gnetische Anziehungskraft aus, z. B. »Ratgeber Reise« (ARD),
»Reiselust« (ZDF), »wolkenlos« (Vox), »Reisen und Freizeit« (ntv).
Scheint es doch ein bisschen wie bezahlter Urlaub zu sein:
Traumreisen auf Kosten des Senders. Und die Arbeit unter
blauem Himmel und Palmen erledigt sich fast von selbst. Der
Name »wolkenlos« (Vox) scheint fast Programm zu sein.
Aber: Die Realität ist nicht immer ganz so traumhaft. Gilt es doch
auch in Reisemagazinen, journalistische Informationen und Ser-
vice zu liefern und nicht einen bebilderten Reisekatalog.

Neben Tipps für Urlaubsziele sollten die Reise-Magazine einen wirklichen Mehrwert liefern:

- Woran sollte man denken beim Reisen mit Kindern?
- Wie sieht es bei Last-Minute-Touren mit dem Impfschutz aus?
- Welche Rechte haben Reisende?
- Und wo kann man dem grauen November entfliehen, ohne um die halbe Welt zu fliegen?

In Reisemagazinen sieht der Zuschauer meist die Sonnenseite der Welt. Trotzdem sollten die Journalisten nicht versäumen, genau nachzufragen, ob das gezeigte Hotel tatsächlich hält, was es verspricht.

Wie die Beiträge für Reisemagazine gestaltet werden. Eine wichtige Darstellungsform sind *Reportagen* (vgl. dort). Wenn es um Servicefragen geht, bieten sich *Grafiken* an. Oftmals helfen *Landkarten* dem Zuschauer, sich zu orientieren. Manche Reisemagazine bringen einen kurzen Serviceblock mit Tricks und Tipps. In jeweils 20 Sekunden etwa werden einzelne Meldungen clipartig produziert und aneinander geschnitten. Das Bildmaterial hierfür kommt meistens aus dem Archiv, dafür muss der Text umso genauer recherchiert werden.

→ Tipp: Eine gute Möglichkeit für Einsteiger.

So schön der Reisejournalismus ist, so groß sind die *Versuchungen*: Ein Urlaub auf Kosten des Veranstalters verträgt sich nicht mit dem journalistischen Grundsatz der Unabhängigkeit.

Auslandsmagazine wie »Weltspiegel« (ARD), »auslandsjournal« (ZDF), »Auslandsreport« (ntv) leben von ihren Bildern, von Geschichten und Ereignissen. Sie präsentieren Fernsehen in einer eher traditionellen Form: Reportagen (vgl.»Korrespondentenbericht aus dem Ausland«) stehen dabei im Mittelpunkt. Dafür gilt es außergewöhnliche Themen und Personen zu finden, die gleichzeitig aber etwas über die Lage im Land aussagen können. Wenn zum Beispiel in Pakistan eine Filmschauspielerin für das Parlament kandidiert, kann über sie etwas über die Lage der Frauen im Land transportiert werden und gleichzeitig (wenigstens in einem Seitenaspekt) die pakistanische Filmindustrie gezeigt werden, die der indischen nacheifert. Schließlich bietet es sich an, dabei auch die Frage nach der Demokratie im Land zu stellen.

Auch auf aktuelle Ereignisse reagieren oft die Auslandsmagazine: Wenn ein Erdbeben geschehen ist, kann zum Beispiel ein Beitrag über eine betroffene Familie, einen Ort, ein Dorf noch einmal die Lage verdeutlichen. Auslandsmagazine machen in den seltensten Fällen reine Politikberichterstattung: Es geht ihnen vielmehr darum, Land und Leute und Gesellschaft darzustellen. Diese Sendungen sind Fern-Sehen im besten Sinne.

Für Nachwuchsjournalisten ist es meist schwierig, Aufträge in den Auslandsmagazinen zu bekommen. Denn die Sendeplätze sind sehr beliebt und oft auch umkämpft bei den jeweiligen Korrespondenten. Trotzdem: Wer Ideen zu außergewöhnlichen Filmen und vor allem den Zugang zu ungewöhnlichen Orten und Schauplätzen hat, der kann auch im Auslandsmagazin einen Beitrag platzieren.

Boulevard- und People-Magazin

Die Boulevardberichterstattung zählt inzwischen zum Standardrepertoire der meisten Fernsehkanäle. Die gängigen deutschen TV-Boulevardmagazine: Brisant (ARD), Hallo Deutschland und Leute heute (ZDF), Explosiv und Exklusiv (RTL), taff (Pro Sieben) und Das SAT 1 Magazin versammeln täglich über 16 Millionen Zuschauer gleich welchen Alters vor dem Bildschirm. Sie bieten ein Bouquet aus menschlichen Schicksalen, Promistorys, ins Bild gesetzten Royality-Verlautbarungen, Naturkatastrophen, Unwetter, Herz- und Schmerzerzählungen und Tierbaby-Geschichten.

»All-inklusive«-Formate, das sind Boulevardmagazine im Regelfall. Sie bringen, was den Zuschauer berührt, an- und aufregt:

spektakuläre Unglücke, Gerichtsprozesse, bewegende und erregende Schicksale.

»Harte Aufreger«, Unfälle, einfühlsame Bettgeschichten, Alltagsstorys über Prominente wie auch Lifestyle haben hier ihren Platz. Mit »Skurrilem« oder »Kuriosem« lässt sich eine Sendung weich und heiter beenden. Alles muss aufeinander abgestimmt sein bis hin zur An- und Abmoderation, die stets mitfühlend und möglichst kurz ist.

Reine Peoplemagazine machen möglichst einen großen Bogen um den »alltäglichen Mord und Totschlag« oder die Schicksalsschläge von sogenannten »No-names«. Hier setzt man lieber auf »Hochglanz«, die Welt der Schönen und Reichen, die Haute Couture, den »roten Teppich« bei Premieren, die Promipartys, Fotoshootings, raffinierte Rezepte von hoch dekorierten Köchen und viel, viel gute Nachrichten (good news).

Boulevard-Beiträge als Lizenzmaterial. Nicht wenige Produktionsfirmen haben sich darauf spezialisiert, den Redaktionen Unfälle, Prominentengeschichten, aber auch Hauptaufmacher von Boulevardblättern als Bewegtbild zur Nachnutzung anzubieten. Alle Sender erhalten das größtenteils identische Rohmaterial mit dem entsprechenden »Beipackzettel«, also mit Bildbeschreibungen, teilweise auch mit fertig formulierten Texten. Oftmals bieten mehrere Produktionsfirmen dasselbe Thema an. Deshalb kommt es nicht allzu selten vor, dass zeitgleich ausgestrahlte Magazine identische Themen, mit denselben Bildern und O-Tönen bringen. Lediglich die Schnittfolge, der Sprecher und der Kommentartext sind dann (etwas) unterschiedlich.

Solchen Boulevard-Angeboten sollten Redaktionen nicht blindlings vertrauen. Schon ein falsches Foto etwa über einen vermeintlichen »Messi«, also jemanden, der im eigenen Müll »erstickt«, kann erheblichen juristischen Ärger nach sich ziehen (vgl.»Rechtstipps für Fernsehjournalisten«). Bei Zweifeln sollte beim Produzenten hinterfragt oder selbst nachrecherchiert werden.

Boulevard ist ein harter Job, wenn er gut gemacht ist. Eine allgemeingültige Beschreibung eines Fernseh-Boulevardjournalisten gibt es nicht. Innerhalb des öffentlich-rechtlichen Rundfunks ist es üblich, dass Autoren gleichzeitig für Nachrichten-, Magazin- und Boulevardformate arbeiten. Alle ihre Stücke müssen den journalistischen Normen entsprechen, sich aber von der Machart her unterscheiden.

Eine andere »Erzählweise« erwartet der Zuschauer bei Boulevardstücken. Personifizierung und Gefühlsbetontheit sind dabei wichtige Aspekte. »Vox Pops« (vgl. »Umfrage/Vox Pop«) zählen ebenso zu den Berichtselementen wie O-Töne Betroffener. Emotionen sind dabei gefragt – zum »Witwenschütteln« darf es dennoch nicht ausarten.

Trauernde Angehörige oder Nachbarn dürfen nicht mit laufender Kamera und Mikrofon quasi überfallen werden. Da es sich in solchen Fällen selten um gewiefte oder geschulte O-Ton-Geber handelt, sollte man auch den Mut besitzen, auf ein Thema oder eine Aussage zu verzichten, wenn es im Nachhinein den Betroffenen schaden könnte. Insbesondere sind es im Boulevard die Persönlichkeitsrechte, Opfer- und Täterschutz, die Berichterstatter und Redaktionen zu gewissenhaftem Handeln verpflichten (vgl.»Rechtstipps für Fernsehjournalisten«).

→ Tipp: Beim Ankauf eines Fotos oder von Videomaterial erwirbt man nicht automatisch auch die Persönlichkeitsrechte des Dargestellten. Also gesondert danach fragen. Rechteklärung ist dringend geboten – und zwar vor der Ausstrahlung.

Prominente sind für Boulevard- und Peoplemagazine die Grundlage einer jeden Sendung. Viele Agenturen und Managements sorgen dafür, dass ihre »Schützlinge« stets prominent und vor allem positiv in den Medien abgebildet werden. Solange das funktioniert, werden Berichterstatter gern zu Promireisen eingeladen, bekommen die Redaktionen Angebote, die beim Publikum so beliebten *Homestorys* realisieren zu dürfen, ist der Prominente stets für einen guten O-Ton zu haben und der Backstage-Bereich steht für alles offen. Am Laufsteg oder auf dem roten Teppich gibt's für die Kamera die entsprechenden Posen.

Bei so genannten Paparazzi-Bildern sieht es dagegen anders aus. Wenn Redaktionen aus nicht autorisierten Fotoquellen schöpfen, über die Schattenseiten oder gar ohne Aufforderung über das Privatleben von Promis berichten wollen, dann schlägt die Stunde der Anwälte. Nicht erst nach Ausstrahlung, sondern inzwischen auch im Vorfeld versuchen Advokaten, geplante Veröffentlichungen mit eindrucksvoller Wortwahl und Hinweisen auf nicht unerhebliche Schadenersatz- und Schmerzensgeldansprüche der prominenten Mandantschaft zu verhindern.

Auch das »Weiterdrehen« oder Nacherzählen von Geschichten, die bereits in anderen Medien veröffentlicht sind, ist nicht ungefährlich und kann als Verletzung des Persönlichkeitsrechts juristische Folgen haben.

Die Gefahr juristischer Auseinandersetzungen ist im Boulevardbereich also sehr groß. Unterlassungserklärungen, einstweilige Verfügungen, Gegendarstellungen bis hin zu Schmerzensgeld-Forderungen zählen inzwischen zum Alltag. Deshalb ist es für Boulevardredaktionen unerlässlich, Beiträge durch einen Juristen vor der Ausstrahlung überprüfen und abnehmen zu lassen.

Feature und Dokumentation

Feature und Doku(mentation) sind als Sammelbegriffe für große Formate eine im Fernsehalltag übliche Bezeichnung. Je nach Sendeanstalt wird jeder längere Film, der kein Magazinbeitrag ist, sondern selbständig im Programm erscheint, als »Feature« oder als »Doku« bezeichnet. Egal ob es sich dabei um eine Dokumentation, eine Reportage oder ein Feature im engeren Sinn handelt.

Die attraktive Gestaltung des Stoffs ist für die großen Formate ein Muss. Nur so können Zuschauer gewonnen und zum Dranbleiben veranlasst werden. In diesem Sinne bedeutet »etwas zu verfeaturen«, etwas attraktiver zu machen. Ein bewährtes Mittel dazu ist die szenische Gestaltung. Hinzu kommen weitere Gestaltungsmöglichkeiten, die Bild, Ton und Musik anbieten.

Unter einem Feature im engeren Sinn ist ein (meist) 30 oder 45 Minuten langer Film zu verstehen, der sich mit seinem Thema argumentierend auseinandersetzt. Die thematische Entfaltung eines Features erinnert daher an eine Erörterung im Schulaufsatz. Ein Feature ist eine Problemdarstellung, die einen Sachverhalt umfassend analysiert. Ein markantes Merkmal ist die These, die der Autor auf Grund seiner Recherchen entwickelt hat. Sie klingt oft schon im Titel eines Features an: »Die Trottel der Nation«, »Forschen um die Wette?«, »Gelocht, gelacht und abgeheftet«. Diese These wird anhand einzelner Beispiele belegt und je nach Temperament des Autors eher polemisch oder sachlich diskutiert.

Eine Dokumentation geht ihr Thema dagegen wie eine Beschreibung oder ein Bericht auf eine deskriptive Weise an. Sie dokumentiert einen Sachverhalt in seinen Einzelheiten und ordnet ihn in größere Zusammenhänge ein. Dabei versucht sie, möglichst objektiv zu sein, und sehr sachlich zu informieren. Eine typische Aufgabe von Dokumentationen ist die Berichterstattung über historische Ereignisse. Viele Dokumentationen sind auch Portraits von Personen, Städten und Regionen. Hier setzt dieses Format die Tradition des Kulturfilms fort.

Die große Reportage möchte wie jede Reportage die Zuschauer am dargestellten Geschehen beteiligen, sie dieses Geschehen miterleben lassen. Eine Reportage hat meist einen latent aktuellen Hintergrund. Sie will nichts beweisen. Sie will stattdessen aus der subjektiven Sicht eines Reporters zeigen, was er vor Ort erlebt. Die große Kunst dabei ist, nicht alles blind abzufilmen, was gerade vors Objektiv kommt, sondern dem den richtigen Stellenwert zuzuordnen. Entscheidend ist hier, das erlebte Geschehen zu verstehen, und es so wiederzugeben, dass die Wirklichkeit an den Tag tritt, die sich dahinter verbirgt.

Die Unterschiede dieser Darstellungsformen liegen also vor allem darin, wie sie sich mit ihrem Thema auseinander setzen, wobei sie oft recht ähnliche Gestaltungsmittel wählen. Beispiele:

»Keine Chance für Erfinder?« ist ein typisches Feature-Thema,dessen These die Frage nach der Innovationsfähigkeit der deutschen Wirtschaft stellt. Dabei werden zum Zweck der Attraktivitätssteigerung einzelne Erfindungen vorgestellt, den Schwerpunkt des Films bilden aber Interviews mit Betroffenen und Experten, in denen die These diskutiert wird.

»Erfinder in Deutschland« ist hingegen eine typische Dokumentation, die den mühseligen Weg beobachtet, den ein Erfinder zurücklegen muss, bis seine Innovation als Produkt auf den Markt kommt.

»Ein Tag auf der Erfindermesse« wäre eine typische Reportage, in der all die skurrilen und weniger skurrilen Begebenheiten einer solchen Veranstaltung plastisch wiedergegeben werden.

Langzeitdokumentationen beobachten ein Geschehen oder einen Entwicklungsprozess über Monate und Jahre hinweg. Prominentestes Beispiel sind »Die Kinder von Golzow«, ein Projekt, das seit 1961 die Lebensläufe der Kinder beobachtet, die im damaligen DDR-Dorf Golzow in die erste Schulklasse kamen. Langzeitdokumentationen fallen in das Metier des Dokumentarfilms, da sie mit ihren besonderen Anforderungen den Produktionsrahmen üblicher Fernsehdokumentation sprengen. Andererseits können sie heute eigentlich nur noch von öffentlich-rechtlichen Sendern produziert werden, die diese besondere Verantwortung aber kaum wahrnehmen.

Historische Dokumentationen berichten über historische Ereignisse und stellen Personen vor, die Geschichte gemacht oder erlebt haben. Ihr besonderes Problem liegt darin, etwas berichten zu müssen, was bereits geraume Zeit vergangen ist. Da Fernsehdokumentationen, anders als Print- oder Radiodokumentationen auf Bilder angewiesen sind, steht und fällt ihre Qualität mit der Qualität der Bild-Recherche (vgl. »Archive, Bibliotheken, Dokumentationsstellen«).

Man kann nicht genug Archive, Museen und Bibliotheken durchstöbern, um interessante und aussagekräftige Motive zu finden. Das können alte Zeichnungen, Fotos oder Archivfilme genauso sein wie Kunstwerke, Schriftstücke oder historische Gebrauchsgegenstände.

Zeitgeschichtliche Dokumentationen leben von den *Zeitzeugen*, die das Geschehen miterlebt haben und darüber berichten. Bei historischen Dokumentationen über länger zurückliegende Epochen besteht die Kunst hingegen darin, tote Objekte zum Reden zu bringen und so die Vergangenheit wiederzuerwecken. Dabei sind der Phantasie durch die Pflicht zur historischen Genauigkeit enge Grenzen gesetzt; besonders kritisch sind hier nachinszenierte Spielszenen (Reenactment). Daher ist bei jeder historischen Dokumentation eine enge Zusammenarbeit mit ausgewiesenen Historikern anzuraten.

Film-Essay. Manches Feature entwickelt sich zu einem Film, der wie ein literarisches Essay Altbekanntes in einem neuen Licht zeigen möchte. Dabei spielt der subjektive Blickwinkel des Films die entscheidende Rolle. Essay-Autoren haben große stilistische Freiheiten, sie können Situationen beobachten, sie können ihre Bilder elektronisch verfremden, Kompilationsfilme aus Archivmaterial zusammenstellen, beim Schnitt pointierte Collagen montieren – nur eines dürfen sie nicht: einen phantasie- und geistlosen Film abliefern.

Das Interview ist nach wie vor ein wesentliches Gestaltungsmittel von Feature und Dokumentation, vorausgesetzt, es wird nicht dazu missbraucht, nur einfach Sendezeit zu füllen. Denn die Interviewten haben genügend Zeit, ihre Ansichten, Motive und Einschätzungen darzustellen – statt Schlagworten Argumente zu vermitteln. Dabei können ihre Aussagen auch wie ein Off-Kommentar über Bilder und Szenen gelegt werden, die so an Authentizität gewinnen.

Interview-Filme bestehen überwiegend oder sogar ganz aus Interviews. Sie müssen keineswegs der fade Kopfsalat sein, als der sie verschrien sind. Die Dokumentarfilme von Eberhard Fechner und Hans-Dieter Grabe demonstrieren dies beispielhaft. Wenn die Menschen vor der Kamera »etwas zu sagen« haben, wenn der Schnitt Position und Gegenposition herausarbeitet, wenn Mimik und Gestik das Gesagte unterstreichen, ergeben sich äußerst dichte Filme, die informativer und packender sind als jede Talkshow und jede Gesprächsrunde.

Recherche und Entwicklung des Themas sind die wichtigsten Voraussetzungen fürs Gelingen all dieser Sendungsformen.

Die Dramaturgie der großen Formate unterscheidet sich erheblich von der eines Magazinstücks (vgl. dort). Sie setzen sich aus einzelnen Komplexen zusammen (auch Blöcken/Abschnitten; vgl. »Bildsprache: Sequenz und Komplex«). Die tragen jeweils eine eigene Aussage, alle zusammen müssen sie die Gesamtaussage ergeben. Erwartungen müssen aufgebaut und eingelöst werden. Stimmungen und Situationen, die Atmosphäre und die Ausstrahlung von Personen sind in diesen Formaten genauso wichtig wie die reine Information.

Recherche und Themen-Entwicklung sind die wichtigsten Voraussetzungen fürs Gelingen. Beim großen Stoffvolumen eines Features oder einer Doku läuft man leicht Gefahr, im Material zu ertrinken. Um einen Stoff filmisch gestalten zu können, braucht man jedoch eine gewisse Distanz, aus der heraus man die vielen Einzeldaten in einen größeren Zusammenhang einordnen und aussagekräftige Beispiele auswählen kann.

→ Tipp: Übersichtsartikel in Lexika sind dabei hilfreich. Sie bieten für fast jedes Gebiet rasch und komprimiert das erforderliche Hintergrundwissen und können so die notwendige Orientierung erleichtern.

Drehortbesichtigung und Motivsuche – eventuell zusammen mit dem Kameramann – sollen, wenn irgend möglich, die Recherchen ergänzen. Vor Ort ergeben sich wertvolle Anregungen für die Story und den Film. Dies gilt selbst dann, wenn vom eigentlichen Geschehen noch nichts zu sehen ist. Man lernt Leute kennen, die Tipps geben und einem weiterhelfen. Man kennt die Drehorte, man weiß, wann die Sonne optimal steht, wie die Stromversorgung für das Licht funktioniert. Man hört, ob störender Lärm den Ton behindert, und man kann problemlos abklären, ob man die nötigen Drehgenehmigungen besitzt.

Das Treatment eines Features bzw. einer Doku setzt die These, die dramaturgischen Überlegungen und die Recherchen, so um, dass man einen klaren Eindruck vom Aufbau und vom Aussehen des Films erhält.
Damit bildet es die Arbeitsgrundlage für den Produktionsplan, die Dreharbeiten und den Schnitt (vgl.»Exposé/Ideenskizze und Treatment« und »Filmplan, Storyboard, Drehbuch, Produktionsplan«.
Ein gut ausgearbeitetes Treatment enthält für die Dreharbeiten auch möglichst genaue Drehangaben für Kamera (und Ton).

Das »Kartenlegen« zur Treatment-Entwicklung ist eine bewährte Arbeitsmethode. Dabei geht man so vor:
- Man schreibt die Ideen für Inhalt und Motive auf Karteikarten. Die legt man dann auf den Tisch, und zwar hintereinander und aufeinander:
- hintereinander die verschiedenen inhaltlichen Komplexe/Blöcke
- und aufeinander unterschiedliche Ideen für denselben Aussagewunsch, also etwa alternative Bild-Ideen.
- Dabei arbeitet man in zwei Strängen, einem für das Bild, dem anderen für den Inhalt. Die Karten kann man entsprechend in zwei parallelen Reihen legen.
- Die Karten verschiebt man so lange bis man mit dem Aufbau zufrieden ist, bis »die Patience aufgeht«.

Präzise formulierte Aussagewünsche für jeden Komplex/ Block (= inhaltliche Kapitel) und jede Bild-Sequenz (Szene als Unter- oder Unterunterkapitel) sind das Wichtigste bei diesem Arbeitsschritt (vgl.»Bildsprache: Der Aussagewunsch«. Gleichzeitig soll aber Raum zum Improvisieren beim Drehen und Schneiden bleiben. Dies hängt allerdings auch davon ab, inwieweit das aufzunehmende Geschehen vorhersehbar ist. Einen Kulturfilm über Kirchen und Klöster kann man ganz anders vorbereiten als eine Reportage über Fußballfans, bei der man nicht weiß, was im nächsten Augenblick passiert.

→ Tipp: Selbst wenn der Journalist beim Dreh bei dem einen oder anderen zusätzlichen Motiv, das besonders attraktiv ist, noch nicht genau weiß, wie er diese Bilder im Film einsetzen will, er sollte sie in jedem Fall aufnehmen. Normalerweise fällt einem beim Schnitt schon eine sinnvolle Verwendung ein.

Klare Vorstellungen über die Anfangs- und Endbilder in den einzelnen Sequenzen und Komplexen sind ebenfalls eine gute Improvisationshilfe. Vor Ort findet man dann immer einen Bogen, der die beiden Pfeiler miteinander verbindet. Auf keinen Fall sollte man vergessen, eigene Einstellungen für den Anfangs- und den Endtitel des Films zu drehen.

Das eingefrorene Standbild mit darüber laufendem Rolltitel macht längst keinen guten Eindruck mehr. So etwas sollte man seinem Film als Abschluss nicht antun.

Zeitplanung. Wie viele Tage für ein 45-Minuten-Feature gedreht werden muss, hängt natürlich vom Thema und den Drehorten ab. Gewöhnlich wird mit 15 Dreh- und 15 Schnitt-Tagen, d. h. mit ca. drei Sendeminuten pro Arbeitstag, gerechnet. Sind allerdings viele Reisen nötig, braucht man zusätzliche Reisetage.

Bei der Zeiteinteilung sind unbedingt Zeitreserven einzuplanen. Mal ist das Wetter für die Außenaufnahmen ungünstig, mal steht man im Stau, dann gibt es technische Pannen.

Größe und Ausrüstung des Aufnahmeteams hängen vom Thema und seiner Umsetzung ab. Kleine Teams sind wesentlich flexibler als große. Daher ist für eine Reportage ein kleines Team besser, während für einen Kulturfilm mit viel Licht und aufwendigen Kamerafahrten ein größerer Stab notwendig ist (vgl. auch »Der Video-Journalist«). Ungünstig ist es auch, ein Feature nur mit einem Zwei-Mann-Team zu drehen, bei dem der Assistent den Ton miterledigt. Dies ist in der aktuellen Berichterstattung möglich. Bei einer langen Produktion auf einen eigenen Tonmann zu verzichten, führt jedoch fast immer zu Tonproblemen.

Die Kameraführung für Features und Dokumentationen unterscheidet sich von der für kurze Beiträge. Das große Sendeformat lässt genügend Zeit für lange Schwenks und Fahrten. Man darf allerdings darüber Stände und Zwischenschnitte nicht vergessen, sonst lässt sich beim Schnitt das Material kaum mehr gestalten (vgl. »Bildschnitt«).

Schnitt, Musik, Sprecher. Wie jeder andere Film entsteht auch ein Fernsehfeature letztlich erst im Schneideraum. Dabei darf man sich nicht von der Materialmenge erschrecken lassen.

→ Tipp: Unterteilen Sie das Material zunächst in große Blöcke und dann in einzelne Sequenzen – ähnlich wie bei der Entwicklung des Treatments. Das hilft, das Material in den Griff zu bekommen. Spätestens beim Schnitt sollte man dann auch an die *Sprache* und die *Musik* denken. Der richtige Charakter der Musik, die richtige Stimmlage und der richtige Ausdruck der Sprecherinnen und Sprecher (Frau oder Mann, jung oder alt, hell oder dunkel) hängt wie so vieles bei einem Feature vom Thema ab. In jedem Fall sollte man aber auf den Musikteppich der Industriefilme verzichten und auch jenen sattsam bekannten Sprechergestus vermeiden, der oberlehrerhaft alles wegerklärt und kein Interesse daran hat, die Bilder wirken zu lassen.

🖥 Zur Geschichte des Features (»Online plus«)

Weiterführende Literatur:

Karl N. Renner, Der Dokumentarfilm; in: Harald Schleicher, Alexander Urban (Hrsg.), Filme machen. Technik, Gestaltung, Kunst. Klassisch und digital (Zweitausendeins, Frankfurt a. M. 2005

Karl N. Renner, Fernsehjournalismus. Entwurf einer Theorie des kommunikativen Handelns (UVK, Konstanz. 2007)

Fritz Wolf, Alles Doku – oder was? Über die Ausdifferenzierung des Dokumentarischen im Fernsehen (Landesanstalt für Medien, Düsseldorf 2003, nur als download LfM-Dokumentation)

Dokumentarfilm, Doku-Soap und Doku-Drama

Dokumentarfilm, Doku-Soap und Doku-Drama sind Darstellungsformen im Grenzbereich des Fernsehjournalismus. Will man bei solchen Projekten mitarbeiten, sind wie bei allen größeren Formaten Berufserfahrungen unumgänglich. Anfänger kommen hier selten zum Zug.

Dokumentarfilme unterscheiden sich von Spielfilmen dadurch, dass sie Sachverhalte abbilden, die unabhängig von einem Drehbuch existieren. Genauso wie fernsehjournalistische Filme sind auch Dokumentarfilme nicht-fiktionale Filme. Dokumentarfilmer verstehen sich aber kaum als journalistische Berichterstatter, sie haben den Anspruch, sich mit der vorgefundenen Wirklichkeit künstlerisch kreativ auseinander zu setzen.
So wird die Haltung des *Filmemachers* – ein Begriff, bei dem ästhetische und ethische Gesichtspunkte ineinander übergehen – zum entscheidenden Kriterium für die Gestaltung eines Dokumentarfilms. Daher ist die moralische und politische Auseinandersetzung mit dem Thema für Dokumentarfilmer genauso wichtig wie die Überlegungen zur Gestaltung ihres Films, zur technischen Ausrüstung und zur Organisation der Dreharbeiten.

Dokumentarfilm und Fernsehen. Der Dokumentarfilm besitzt wegen seines kreativen Ansatzes eine große Formenvielfalt, bei der die unterschiedlichsten Gestaltungstechniken zum Einsatz kommen. Viele Dokumentarfilme sprengen damit einfach den üblichen Rahmen eines Fernsehprogramms. Ihre Länge passt in kein Format und ihre Ausdrucksweise ist für das große Publikum ungewohnt.
Andererseits sind Dokumentarfilme ein kreatives Potenzial neuer Gestaltungstechniken und Gestaltungsformen, das für das Fernsehen unverzichtbar ist.

Die Doku-Soap übernimmt die Darstellungstechniken von Dokumentarfilmen und verbindet sie mit den dramaturgischen Gestaltungsmustern von Fernsehserien und Daily-Soaps. Sie formt also den Dokumentarfilm so um, dass er in den Programmfluss des Mediums Fernsehen passt.

Der Gegenstand einer Doku-Soap ist die Beobachtung mehr oder weniger alltäglicher Menschen in mehr oder weniger alltäglichen Situationen. Das Themenspektrum reicht vom Umbau einer Wohnung bis zur Ausbildung von Cheerleadern und Bergführern, vom Alltag im Zoo bis zum Einblick in Flitterwochen und Scheidungskriege. Im Mittelpunkt einer Doku-Soap stehen immer mehrere Protagonisten, deren Erlebnisse zu einem nicht endenden Band aneinander gereihter Episoden verflochten werden.

Ein wichtiges Erzählmittel ist dabei der *Cliffhanger*. Die eine Episode wird von einer anderen unterbrochen, bevor sie zu Ende ist. So soll die Aufmerksamkeit der Zuschauer innerhalb einer Folge gewonnen und von Folge zu Folge erhalten bleiben.

Ein zweites Gestaltungsmittel sind die *Statements der Protagonisten*, die Situationen einschätzen, ihre Motive und Handlungsziele vorstellen. Die Zuschauer können dann beim Fortgang der Doku-Soap beobachten, wie sie diese Ziele umsetzen und was sie daran hindert.

Die Erzählperspektive einer Doku-Soap ist »objektiv«. Ihre Geschichten erzählen sich gewissermaßen von selbst. Die Doku-Soap benutzt zwar die szenische Erzählweise und den Kamerastil der Fernsehreportage. Doch es gibt hier keinen Reporter, der das Geschehen aus seiner Sicht verfolgt, einordnet und bewertet. Das darf nicht darüber hinwegtäuschen, dass auch Doku-Soaps Resultate gezielter Gestaltungsabsichten sind. Ihre Protagonisten werden gecastet und nach dramaturgischen Vorgaben ausgewählt.

Die Geschichten, die zu sehen sind, sind das Ergebnis eines mehrstufigen Verdichtungsprozesses, in dem das aufgenommene Material nach dramaturgischen Gesichtspunkten ausgewählt und montiert wird. Für zehn Minuten Sendung werden etwa fünf Stunden Material gedreht, gesichtet und geschnitten.

Reality-Formate wie »Big Brother« (RTL) oder »Das perfekte Dinner« (Vox) begnügen sich nicht mehr damit, beobachtete Situationen zu Geschichten zu verdichten. Sie konfrontieren ihre Protagonisten mit bestimmten Aufgaben und zeigen dann mit den Mitteln der Doku-Soap, wie diese damit zu Recht kommen. Dass solche Versuchsanordnungen zu höchst bemerkenswerten, aber ebenso zu höchst dubiosen Ergebnissen führen können, zeigt eine Gegenüberstellung der beiden Reality-Formate »Schwarzwaldhaus 1902 – Leben wie vor 100 Jahren« (ARD 2002) und »Die Burg« (Pro 7 2005). Im einem Fall ging es um eine Zeitreise in eine höchst exakt rekonstruierte historische Epoche, im anderen um eine Art Dschungelcamp im Mittelalter mit Semi-Prominenten, die als Ritter und Burgfräulein verkleidet waren.

Pseudo-Dokus wie »Die Abschlussklasse« (Pro 7) oder »Lenßen & Partner« (SAT 1) werden ebenfalls häufig als Doku-Soaps bezeichnet, sind aber von diesen klar zu unterscheiden. Ihr dokumentarischer Charakter ist nur vorgetäuscht. Denn die Protagonisten agieren mehr oder minder frei nach einem vorgegebenen Drehbuch. Dieses *Scripted Reality Verfahren* wird zunehmend auch in anderen Fernsehsendungen eingesetzt. Es steigert den Unterhaltungswert, trägt aber kaum zur Glaubwürdigkeit des Mediums bei.

Dokutainment bezeichnet in erster Linie Formate, in denen ein Problemlöser – sei es als Coach, sei es als Engel im Einsatz – Menschen vor laufender Kamera beim Bewältigen ihrer Schwierigkeiten hilft. Auch diese Formate verbinden Unterhaltungsaspekte mit dem Dokumentarischen, haben daneben aber noch den Anspruch, als Ratgeber für ihre Zuschauer zu dienen. Bei ihrer Gestaltung greifen sie fast alle auf die Stilmittel der Fernsehreportage und der Boulevardmagazine zurück.

Das Doku-Drama kombiniert Elemente des dokumentarischen Films mit Elementen des Spielfilms. Bekannte Beispiele sind die Filme von Heinrich Breloer und Horst Königstein über die Entführung von Hans Martin Schleyer (»Todesspiel«, ARD 1997), über die Schriftstellerfamilie Mann (»Die Manns. Ein Jahrhundertroman«, ARD 2001) und über Albert Speer (»Speer und er«, ARD. 2004). Doku-Dramen behandeln historische Themen, indem sie historisches Material, Zeitzeugeninterviews und Szenen miteinander kombinieren, in denen historisch rekonstruierte Situationen von Schauspielern nachgestellt werden. Diese Produktionen sind genauso aufwendig und teuer wie Spielfilme.

Der Ursprung des Doku-Dramas, das früher einmal dokumentarisches Fernsehspiel hieß, sind die historische Dokumentation und das Dokumentarspiel. Das ist ein Bühnenstück, in dem die Schauspieler keinen erfundenen Text vortragen, sondern historisch verbürgte Aussagen, etwa aufgezeichnete Reden oder Gerichtsprotokolle. Diese historische Genauigkeit beansprucht das Doku-Drama auch für seine nachgestellten Spielszenen. Ebenso legt es großen Wert darauf, dass die rekonstruierten Passagen für die Zuschauer immer klar vom dokumentarischen Material zu unterscheiden sind. So sehen die Schauspieler ihren historischen Vorbildern zwar ähnlich, schlüpfen jedoch nie wie bei einem Spielfilm in die Maske eines Doppelgängers.

Reenactment, die möglichst getreue Nachinszenierung historischer Situationen, ist über das Doku-Drama hinausgehend inzwischen zu einem gängigen Darstellungsmittel aller historischen Dokumentationen geworden. Dort wird es allerdings primär zur Illustration von Alltagssituationen eingesetzt. Man versucht auf diese Weise, dem Zuschauer die Jagdmethoden von Steinzeitmenschen, die Arbeit römischer Sklaven oder die Essgewohnheiten des Mittelalters näher zu bringen.

Historienfilm. Betont das Doku-Drama seine Distanz zum historischen Gegenstand, so möchte der Historienfilm diese Distanz möglichst verringern. Wie jeder fiktionale Spielfilm will er seine Zuschauer in eine andere Welt versetzen. Historienfilme spielen vor historischer Kulisse und ranken sich um historische Personen und Begebenheiten. Dabei bilden sie gerne eine Projektionsfläche für die Auseinandersetzung mit aktuellen Problemen der Gegenwart. Exemplarisch sind die beiden Fernsehfilme »Dresden« (ZDF 2006) und »Die Sturmflut« (RTL 2006).

Storytelling. Das Vorliegen einer Story ist zentrale Voraussetzung für diese langen Formate. Die Filme müssen eine Geschichte erzählen, um die Aufmerksamkeit der Zuhörer lange zu halten.

Ein Blick in die Erzähltheorie zeigt, dass man unterscheiden muss zwischen der Handlung einer Geschichte, dem Plot, und der Erzählperspektive, der Art und Weise wie eine Geschichte erzählt wird. Als Vorbild des audiovisuellen Storytellings dient dabei meist die übliche Hollywood-Dramaturgie. Der Protagonist gerät bei der Verwirklichung seiner Ziele mit seiner Umwelt in einen Konflikt. Der Film zeigt dann, wie es ihm trotz vieler Hindernisse gelingt, diesen Konflikt schließlich zu meistern. Dabei wird der Plot so erzählt, dass die Zuschauer die Abenteuer des Protagonisten nicht nur beobachten, sondern emotional miterleben. Wichtige Gestaltungsmittel sind die Charakterisierung der Figuren und die Vorabinformation der Zuschauer. Sie sollen die Motive und die Ziele der Protagonisten und Antagonisten kennen und ahnen, was auf ihre Helden zukommt. Nur dann können sie mit ihnen darum bangen, dass sie ihre Ziele erreichen, oder müssen mit ihnen befürchten, dass die andere Seite ihre feindlichen Pläne verwirklicht.

Die journalistische Herausforderung durch das *Storytelling* ist zunächst einmal praktischer Art. Journalisten lernen ihr Handwerk an Darstellungsformen, die keine Geschichten erzählen. Darum brauchen sie einige Zeit, bis ihnen die Techniken des Storytelling vertraut sind.

Bedeutsamer sind jedoch einige andere Problempunkte. Das Erzählen fiktionaler Geschichten ist viel einfacher als das Erzählen von solchen, die sich tatsächlich ereignet haben. Denn die verlaufen nicht immer so, wie das nach dramaturgischen Gesichtspunkten optimal wäre. Journalistische Redlichkeit verlangt jedoch von einer Dokumentation, dass sie ihre Geschichte so wiedergibt, wie sie sich den Recherchen zufolge tatsächlich zugetragen hat.

Das zentrale journalistische Problem des Storytelling wird jedoch kaum gesehen. Es entsteht dadurch, dass Erzählungen nie in einem wertfreien Raum stattfinden, sondern immer in einen Sinnhorizont eingebettet sind. Erzählungen liefern immer eine Interpretation des von ihnen dargestellten Geschehens. Es gibt immer Böse, die gegen die Guten kämpfen, und Gute, die sich gegen die Bösen wehren müssen. Storytelling verbindet also immer Information und Meinung. Deswegen müssen Journalisten nicht darauf verzichten, Geschichten zu erzählen. Aber sie sollen sich überlegen, wie sie dies tun können, ohne dabei gegen die journalistische Norm der Trennung von Information und Meinung zu verstoßen.

Weiterführende Literatur:

Stefan Brauburger, Doku-Drama; in: Martin Ordolff, Fernsehjournalismus (UVK, Konstanz 2005)

Karl N. Renner, Storytelling im Fernsehjournalismus – Ein Zukunftskonzept mit offenen Fragen, in TV 3.0 – Journalistische und politische Herausforderungen des Fernsehens im digitalen Zeitalter (Online-Publikation der Friedrich-Ebert-Stiftung, 2008, www.journalistik.uni-mainz.de/Dateien/Renner_TV_3_MR.pdf)

Bodo Witzke, Martin Ordolff, Dokumentation, Feature und Dokumentarfilm; in: Martin Ordolff, Fernsehjournalismus (UVK, Konstanz 2005)

Bodo Witzke, Doku-Soap; in: Martin Ordolff, Fernsehjournalismus (UVK, Konstanz 2005)

Talkshow

Talkshows sind ein wesentlicher Programmbestandteil aller Sender. Zwei Gründe gibt es für den Boom der Talkshows, deren Zahl sich seit 1990 auf mehrere Dutzend vervielfacht hat:

- Sie sind erstens beim Publikum beliebt, bringen also Quote.
- Zweitens sind solche Gesprächssendungen vergleichsweise preiswert zu produzieren.

Der Boom der »Daily Talks« am Nachmittag ist dennoch wieder vorbei. Die meisten Talkshows, werden mehrmals wöchentlich oder wöchentlich gesendet, manche nur monatlich.

Personalisierung. Die Talkmaster/Moderatoren (engl. »Hosts«) werden im Allgemeinen stark herausgestellt und zu Bildschirm-

Persönlichkeiten mit großer Popularität aufgebaut. Diese Popularität nutzen die Sender dann teilweise (Reinhold Beckmann, Johannes B. Kerner, Harald Schmidt) auch für andere Sendungen. Beckmann und Kerner werden z. B. als Sportreporter/Moderatoren eingesetzt; Harald Schmidt ebenfalls im Sport und in Kultursendungen. Dadurch werden die Moderatoren immer mehr mit dem Programm insgesamt verbunden.

Dieser Trend zur Personalisierung hat auch dazu geführt, dass die Talkshows häufig nach den Moderatoren benannt sind (Anne Will). Ihre Namen bekommen oder bekamen sie aber auch von der Sendezeit (»3 nach neun«), dem Sendungscharakter (»Boulevard Bio«, 1991–2003, in zwölf Jahren 485 Sendungen), dem Aufzeichnungsort (»Talk im Turm«, SAT. 1, bis 1999) oder dem Sendungskonzept (»hartaberfair« mit Frank Plasberg, seit 2007 in der ARD, zuvor seit 2001 im WDR-Fernsehen).

Vom Inhalt her unterscheidet man zwei Arten von Talkshows:
- *themen*bezogene und
- *personen*bezogene Sendungen.

Von der Form her lassen sich folgende Sendungstypen unterscheiden:
- *gespräch*sbetonte
- *diskussion*sbetonte
- *show*betonte.

Themensendungen (»hartaberfair«). Genau genommen handelt es sich bei dieser Form weniger um eine »Show« als um eine »Diskussion« oder um einen themenbezogenen »Round-table-talk«. Die Information steht hier im Vordergrund, wobei ein spannender Verlauf der Diskussion auch einen hohen Unterhaltungswert für die Zuschauer haben kann. Diese eher herkömmliche Form der Gesprächssendung hat sich als sehr »strapazierfähig« erwiesen.

Personensendungen sind gesprächsbetont (»Beckmann«, »Johannes B. Kerner«). Beim Personen-Konzept steht die Person der Gäste im Vordergrund; Information wird unterhaltend vermittelt (Infotainment). In der Regel werden mehrere Personen von einem Moderator befragt.

Showbetonte Sendungen (Harald Schmidts »Late Night«, »3 nach 9«, Radio Bremen, seit 1974) wollen vor allem unterhalten, arbeiten mit Musik und zusätzlichen Unterhaltungselementen (s. u.).

Mischformen bewähren sich oft in der Praxis. Die zweitälteste deutsche Talkshow »3 nach 9« enthält ebenso Elemente aus Personen- wie aus Themensendungen. Dahinter steht der Gedanke, dass Personen ein Thema transportieren. So kommt es in diesen Sendungen mit Unterhaltungscharakter erwünschtermaßen immer wieder auch zu unterhaltsamen (Streit-)Gesprächen zwischen den Beteiligten.
Ein Mischformat ist ebenfalls »Menschen bei Maischberger«, eine Sendung zu einem Thema mit mehreren Gästen, die nach Gesprächen mit der Moderatorin dann miteinander diskutieren.

Art und Zusammenstellung der Gäste hängen eng mit dem Grundkonzept der Sendung zusammen. Eine Sendung mit *thematischem* Schwerpunkt braucht Gäste mit Sachkompetenz, oft sogar Experten zu einem Thema, die nicht unbedingt bekannt sein müssen, wenn das Thema nur interessant genug ist.
Eine *Personen-Show* ist auf interessante und unterhaltsame Persönlichkeiten mit Spaß an der Selbstdarstellung angewiesen. Um das Zuschauerinteresse für eine Personen-Sendung zu wecken, müssen vielversprechende und reizvolle Gäste angekündigt werden: Fast immer sind es deshalb Prominente.

Für die richtige Anzahl der Gäste gibt es keine Faustregel. Sie hängt ab von der Sendelänge, zusätzlichen Elementen in der Sendung (Musik, Sketche, Filmzuspielungen etc.) und von der erwünschten Länge der einzelnen Gespräche.

Das richtige Timing einer Talkshow ist ebenso wichtig wie schwierig. Nichts ist frustrierender für Zuschauer, Gäste und Moderatoren, als wenn zu wenig Zeit für zu viele Gäste zur Verfügung steht. Das legt den Gedanken an ein Open End nahe, das dieses Problem scheinbar löst. Dabei entsteht aber die Gefahr, dass sich im Bewusstsein der »unendlichen Zeit« keiner der Teilnehmer mehr irgendeine Disziplin auferlegt, und solche Runden sich gegen Ende oft verlabern. Viel Zeit ist nötig, aber *zu viel* Zeit abträglich.

Jedem Gast sollte auch gesagt werden, wie viel Zeit er ungefähr hat, damit er sich anschließend nicht zu-kurz-gekommen fühlt.

Nur eine sorgfältige Gästeauswahl ermöglicht eine gute Sendung. Das (meist große) Redaktionsteam überlegt gemeinsam, welche Gäste in eine Sendung passen würden und stimmt die Ideen mit dem Moderator ab. Die Redakteure/innen führen dann mit den Gästen vorab lange Interviews und schreiben darüber ausführliche Zusammenfassungen. Die Moderatoren sind so schon vorher detailliert darüber informiert, wonach zu fragen sich lohnt und welche Themen eher unergiebig sind. Auf dieser Basis bereiten sie sich weiter vor.

Erst kurz vor der Sendung treffen Gastgeber und Gäste idealerweise aufeinander. Das ermöglicht jene Spontaneität, die den Reiz von Talkshows ausmacht und die zerstört werden würde, wenn im Vorfeld schon ausführliche Gespräche zwischen Gast und Moderator stattfinden würden. Auf die Spitze getrieben wurde dieser Spontaneitäts-Gedanke mit der Sendung »Auf den ersten Blick« (WDR, 1977–78), bei der Moderator Werner Höfer unvorbereitet einem Gast gegenübergestellt wurde, von dem er bis zum Beginn der Live-Sendung nicht wusste, wer es sein würde.

Die Mischung macht's – so lautet das Rezept für die Zusammenstellung einer Gästerunde. Gelegentlich spricht man auch von der sogenannten »Kasperle-Theater-Dramaturgie«, bei der jedem Gast eine bestimmte Rolle zugeordnet wird. Wenn dann Kasperl, Gretel, Teufel, Polizist und Krokodil miteinander die Talk-Bühne betreten, dann entsteht mit etwas Glück jene lebendig-unterhaltsame Mischung, die Talkshow-Fans so schätzen.

Oft liegt auch schon darin ein Reiz, dass Leute zusammen am Tisch sitzen, die sich unter normalen Bedingungen nie treffen würden. Eine Garantie fürs Gelingen gibt es allerdings nie – Talkshow ist immer eine Fahrt ins Ungewisse.

Live oder aufgezeichnet ist deshalb eine wichtige Frage. Viele Talk-Sendungen werden glücklicherweise live gesendet, was zweifellos der Idee einer Gesprächsrunde entspricht. Denn für den Zuschauer stellt es einen nicht zu unterschätzenden Kitzel dar, dass theoretisch jederzeit etwas passieren kann, was den fernsehüblichen Rahmen sprengt.

Aufzeichnungen hingegen bergen keine Überraschungen. Sie beginnen erst, wenn alle Gäste eingetroffen sind, Pannen können behoben, unliebsame Äußerungen herausgeschnitten werden. Der Zuschauer erhält bei der Ausstrahlung ein Surrogat der Realität, vom letzten Restrisiko befreit. Für Aufzeichnungen, und manchmal gleich mehrerer Sendungen hintereinander, sprechen aber Kostengründe. Das ist wesentlich billiger. Auch Sendetermine am späten Abend sind oft ein Grund für Aufzeichnungen, ebenso wie Terminprobleme besonders wichtiger Gäste.

Der ideale Talkmaster bräuchte laut Reinhard Münchenhagen (Moderator von »Je später der Abend …«, erste deutsche Talkshow, ab 1973) »coole Herzlichkeit, aggressive Zurückhaltung, intellektuelle Biederkeit, neugierige Diskretion, jungenhafte Seriosität«. Kurz, er müsste alle nur denkbaren, einander widersprechenden Eigenschaften in sich verbinden, um den Erwartungen jener heterogenen Masse namens »Fernsehzuschauer« auch nur annähernd gerecht zu werden. Den idealen Talkmaster kann, soll und wird es also nie geben.

Für die Talkmasterin, inzwischen allgemein akzeptiert, gilt ungefähr dasselbe. Was sie immer noch von ihren männlichen Kollegen unterscheidet, ist, dass sie sich häufiger öffentliches Rumkritteln an ihrem Aussehen und ihrer Kleidung gefallen lassen muss.

Einige Kriterien für eine gute Gesprächsführung gibt es, auch wenn die Talk-Formate sehr unterschiedlich sind.

- Es sollten keine Suggestiv-Fragen gestellt werden, die vom Gast nur mit »Ja« oder »Nein« beantwortet werden können.
- Der Gast sollte nach Möglichkeit nicht unterbrochen werden; ist es unvermeidlich, dann sollte es höflich geschehen.
- Unzureichende oder ausweichende Antworten sollten »hinterfragt« werden; es muss »nachgehakt« werden.
- Ein Gespräch sollte sich nicht nach den Notizen des Moderators, sondern nach den Antworten des Gastes richten. Es darf nie darum gehen, einfach nur vorher überlegte Fragen »abzuhaken«.
- Zwei Sätze sollten nach Möglichkeit aus dem Repertoire des Moderators gestrichen werden: Leider haben wir nicht genug Zeit ... Lassen Sie uns darauf später kommen ...
- Der Moderator sollte nie vergessen, dass es nicht um ihn geht, sondern um den Gast. Wer am liebsten sich sprechen hört, ist für diesen Job nicht geeignet.

Wie weit ein Talkshow-Moderator »moderat« sein soll, darüber wird gestritten. In einer Talkshow treffen Menschen aufeinander und selbst bei allergrößtem Bemühen wird es einem Talkmaster nicht gelingen, seine Person aus diesen Gesprächen völlig herauszuhalten. Die Frage ist auch, ob das überhaupt wünschenswert ist, denn die Persönlichkeit des Fragers und seine individuellen Eigenheiten prägen ja auch den Stil einer Sendung und schaffen Identifikationsmöglichkeiten für den Zuschauer.

Deshalb gibt es auch den Sendungstyp mit mehr als einem Moderator: Die unterschiedlichen Moderatoren-Typen decken unterschiedliche Publikumsgeschmäcker oder Temperamente ab.

Bei »Harald Schmidt« wirkten zwei Co-Moderatoren mit, Manuel Andrack in der Funktion eines »Sidekicks«, also in Nebenrollen-Funktion mehr als gelegentlicher Stichwort-Geber und Oliver Pocher eher als »Frozzel-Partner«.

Das Gesicht einer Talk-Sendung wird natürlich in erster Linie von den Präsentatoren und Gästen bestimmt. Aber eine Reihe anderer Faktoren spielt ebenfalls eine Rolle:

- *Der Ort des Geschehens.* Findet die Talkshow in einem Studio statt oder an einem »realen« Ort wie z. B. einem Café?
- *Die Zuschauer im Raum.* Bei vielen Talk-Sendungen sind Zuschauer dabei, die durch Beifall oder Missfallens-Äußerungen erheblich zur Stimmung beitragen.
- *Zusätzliche Unterhaltungs-Elemente.* Um den »Show«-Charakter zu unterstreichen und Beteiligten wie Zuschauern eine »Atempause« zu gönnen, sind bei manchen Talkshows Musik-Nummern oder andere künstlerische Auftritte Bestandteil der Sendung.

Für Talkshows arbeiten – wer das will, muss sich meist an eine private Produktionsfirma wenden, die dem Moderator gehört oder an der er finanziell beteiligt ist. Bei ihr sind auch die Redakteure beschäftigt. Für sie bei der redaktionellen Hintergrundarbeit tätig zu werden, kann auch Berufsanfängern und manchmal sogar als Studentenjob gelingen:

- Gäste müssen gesucht und »eingekauft« werden. Mit ihnen werden ausführliche Vorab-Interviews geführt, sie werden »*vorgecheckt*«.
- Für die Moderatoren wird Material zusammengestellt, aus Archiven und aus Interviews mit Leuten, die über die Gäste etwas erzählen können.
- Vor oder nach der Sendung müssen die *Gäste betreut* werden.
- In der Sendung brauchen Regisseure oder Aufnahmeleiter nicht selten Unterstützung, besonders wenn Publikum eingeladen ist oder nicht im Studio aufgezeichnet wird (vgl. »Sendungen mit ZuschauerInnen-Beteiligung«).

- Wenn *Einspielfilme* (vgl. »Erklärfilm, Rausschmeißer und andere Kurzformen«) gebraucht werden, ist dies natürlich auch ein interessantes Betätigungsfeld für Reporter.
- Selbst für einen Auftritt vor der Kamera gibt es Chancen, wenn z. B. eine Publikumsbefragung vorgesehen ist, für die nicht die Moderatoren eingesetzt werden sollen.

Ganz auszuschließen ist übrigens nicht, dass diese Tätigkeiten Stufen auf einer Karriere-Leiter sein können – im Ausnahmefall sogar bis zur obersten, der Moderation.

⌨ Die bekanntesten Talkshows; Ergänzungen zur Moderation (»Online plus«)

Fernseh-Diskussion

»Diskussionsrunden im Fernsehen haben vorrangig das Ziel, unterschiedliche Auffassungen zu einer bestimmten Thematik herauszuarbeiten. Es kommt dabei nicht darauf an, sachliche Einigung unter den Diskussionspartnern zu erzielen, sondern dem Zuschauer die Möglichkeit zu geben, sich seine eigene Meinung zu bilden«, so fasste Manfred Buchwald (vgl. »Autoren«) in einer Vorauflage das journalistische Ziel dieser Sendungsform zusammen.

Damit Fernseh-Diskussionen gelingen, (vgl. »Talkshow«) ist Verschiedenes zu beachten. Beginnen wir mit der Wahl des richtigen Themas:

- Es sollte möglichst aktuell sein, aber noch nicht ausgelutscht.
- Von Bedeutung für möglichst viele muss es sein, zu speziell darf es nicht sein.
- Mehr um das Grundsätzliche sollte es gehen und weniger um Einzelheiten der Umsetzung.
- Der an der Sache orientierte Zuschauer ist der Adressat.
- »Kopfig« darf das Thema nicht ausfallen. Auch Gefühle und Emotionen sorgen für Interesse und sollten deshalb bei der Themenwahl eine Rolle spielen.

Wie viele Diskussionsteilnehmer eingeladen werden, ist vom Thema und der Sendelänge abhängig:

- Welche inhaltlichen Positionen müssen vertreten sein?
- Wie viel Redezeit sollte jeder haben? Bei 30 Minuten Sendezeit wären es bei vier Diskussionsteilnehmern für jeden nur etwa sechs Minuten, weil ja auch die Moderation ihre Zeit braucht.

Zu viele Gäste in Diskussionsrunden gibt es nicht selten, weil die Redaktionen glauben, möglichst viele Vertreter unterschiedlicher gesellschaftlicher Gruppen berücksichtigen zu sollen, auch wenn deren Auffassungen teilweise kaum voneinander abweichen. Ein Irrtum ist es auch anzunehmen, dass Sendungen mit vielen Gästen automatisch interessanter werden. Das Ergebnis ist oft Hektik oder zu wenig eigentliche Diskussion, weil die Darstellung der jeweiligen Positionen schon zu viel Zeit gekostet hat.

Der Diskussionsleiter einer solchen Runde hat folgende Aufgaben:

- Er muss dafür sorgen, dass alle wichtigen Standpunkte klar herausgearbeitet werden.
- Er muss erreichen, dass diese Standpunkte gegeneinander abgeklärt werden, sie also bestritten und verteidigt werden.
- Heftiges, lautstarkes und langes gegenseitiges »Sich-Anmachen« der Diskutanten muss er vermeiden, wenn es nur noch polemisch ist und zur Sache nichts mehr beiträgt. Obendrein nervt es auf Dauer und kann auch rein akustisch nur schwer zu verstehen sein.
- Verhindern muss er andrerseits auch gepflegte Langweile durch Diskussionsteilnehmer, die sich gegenseitig mit Glacéhandschuhen anfassen.
- Große »Soloauftritte« muss er stoppen, Zurückhaltende ermuntern.
- Auf einigermaßen gleiche Sprechraten muss er achten.

Sehr gut vorbereitet muss der Diskussionsleiter sein. Und zwar in zweierlei Hinsicht:

- Das Thema sollte er völlig beherrschen und genau wissen, was Sache ist.
- Die Diskussionsteilnehmer muss er ebenfalls kennen: Welche Standpunkte vertreten sie, wie argumentieren sie, womit sind sie zu packen, wie notfalls zu bremsen? Wo liegen die Schwächen der jeweiligen Standpunkte, wo ihre Stärken?

Die Sendung zeitlich zu strukturieren, gehört mit zur Vorbereitung.

Die Sendezeit wird dafür in *Blöcke* eingeteilt:

- Hauptaspekte des Themas,
- dazu jeweils: Vorstellung der Positionen und Diskussion der Standpunkte,
- evtl. Einspielfilme (s. u.).

Solch eine Sendungsstruktur, die natürlich auch die Zeit für die Moderation berücksichtigen muss, soll verhindern helfen, dass zu Sendungsbeginn zu breit diskutiert wird, während am Schluss die Zeit davonläuft.

Bei aller Planung muss der Moderator dennoch flexibel bleiben und darf nicht eine sehr interessante und dichte Diskussionsphase abrupt beenden, nur um seinen Zeitplan einzuhalten.

Anfangs- und Schlussmoderation sollten besonders gut vorbereitet sein.

Zu *Beginn* muss das Thema kurz vorgestellt werden:

- Worum geht es?
- Warum ist dies so wichtig und auch aktuell?

Am *Schluss*

- darf der Dank an die Runde nicht fehlen,
- ein kleiner Hinweis auf unmittelbar Bevorstehendes im Zusammenhang mit dem Thema darf sein,
- auf eine Zusammenfassung der Diskussion sollte verzichtet werden.

Die kann auf die Schnelle nicht vernünftig gelingen, dauert zu lange und provoziert die Gefahr, dass Gäste korrigierend unterbrechen.

Vom Teleprompter abgelesen (vgl. dort) darf allenfalls Anfangs- und Schlussmoderation sein, vielleicht auch noch die Anmoderationen für Einspielfilme – besser aber nicht. Alles andere aber muss der Diskussionsleiter jedenfalls frei sprechen. Dabei helfen Spickzettel auf einem Klemmbrett oder Karteikarten. Sie müssen so angelegt werden wie die Sendung strukturiert ist, also etwa für die Eröffnungsmoderation, jede Gäste-Vorstellung und jeden Themenblock/Aspekt eine Seite/Karte. Stichworte für die Fragen sind hilfreich, keinesfalls aber ausformulierte Fragen. Auch alle Gäste-Namen sollten so notiert sein, dass sie immer parat sind – plötzliche Namens-Blackouts während der Sendung sind dann kein Problem mehr.

Die Gäste vorstellen. Dafür gibt es zwei Methoden:

- In einer Vorstellungsrunde alle kurz hintereinander mit einem Hinweis darauf, warum sie für dieses Thema eingeladen sind und vielleicht auch einer kurzen Bemerkung zu Persönlichem.
- Jeden Gast einzeln und ihn dann auch gleich zu seiner Position zum Thema befragen, also eine Kombination von Vorstellung und erster Themenrunde. Die Sachausführungen dürfen dabei nicht zu lang geraten, weil es sonst zu lange dauert, bis alle Gäste eingeführt sind.

Die Reihenfolge der Vorstellung der Gäste muss mit der Regie abgesprochen sein, damit die Kameras im richtigen Moment die richtigen Bilder anbieten.

Diskussionsteilnehmer gezielt einladen. Auch wenn Gäste stellvertretend für eine Gruppe eingeladen werden, sollte sich die Redaktion nach Möglichkeit direkt an sie wenden und nicht an die Pressestellen der jeweiligen Partei, Kirche, Arbeitgeberorganisation, Gewerkschaft, usw.

Wer die Standpunkte aus der Sicht der jeweiligen Organisation am geschicktesten öffentlich verkauft, muss nicht auch aus re-

daktioneller Sicht der am besten geeignete Diskussionsteilnehmer sein. Die Redaktionen sollten sich daher nicht um »einen
Vertreter«, sondern um *bestimmte* Persönlichkeiten bemühen.

Die Positionen gut besetzen. Alle relevanten Grund-Positionen
zu einem Thema müssen durch Diskussionsteilnehmer vertreten
sein. Dabei ist darauf zu achten, dass es wirklich unterschiedliche Auffassungen sind, nicht nur Nuancen. Sonst kommt es
nämlich eher zu gegenseitigem Bestätigen als zu einem sich
Auseinder-setzen.

Gibt es nur zwei Hauptmeinungen zum Thema, sollte die Runde
auch einigermaßen ausgewogen besetzt sein. Wenn ein Disku-
tant allein gegen alle ankämpfen muss, dann wird sich der Zuschauer mit Recht Gedanken über die Motive machen, die zu
dieser Zusammensetzung geführt haben.

Die Personen gut besetzen. Wer gut rüberkommt, klar Position
bezieht, eine deutliche, verständliche Sprache spricht, auch mal
für einen Schmunzler oder Lacher gut ist, der ist geeignet als Diskussionsteilnehmer. Darum auch wird er vielleicht sehr oft eingeladen. Und dadurch wird er auch noch bekannt. Was ihn wieder attraktiver macht als Gast.

Wenn er dann aber zum »Dauergast« überall im Fernsehen geworden ist, dann kann die Zuschauer-Reaktion leicht umschla-
gen: »Ach, schon wieder der!«. Dann spätestens sollte sich die
Reaktion Gedanken über eine andere Besetzung machen – zumindest mal für eine ganze Weile.

Einspielfilme (vgl. »Erklärfilm, Rausschmeißer und andere Kurzformen«) haben meist die Funktion, das Thema anzureißen oder
in die Sache oder einzelne Haupt-Aspekte des Themas einzu-
führen. Manchmal konfrontieren sie auch Gäste mit früheren Positionen oder Verhaltensweisen. Sie müssen in die Sendungsstruktur eingeplant sein und werden dann auf Stichwort oder
nach festgelegter Anmoderation eingespielt. Der Moderator
muss darauf gefasst sein, dass Gäste direkt dazu korrigierend
Stellung nehmen wollen, wenn sie mit dem Inhalt nicht einver-

standen sind. Das ist nicht zu verhindern, aber es sollte nicht zu lang ausfallen, und der Moderator darf sich keinesfalls selbst in eine Diskussion über angeblich falsche Inhalte verwickeln lassen.

Namensinserts. Der Zuschauer muss immer wissen, wer da gerade spricht. Besonders bei größeren Runden verliert er leicht die Übersicht. Deshalb sollte der Moderator die Gäste regelmäßig mit Namen ansprechen. Zusätzlich werden »Bauchbinden« (Namensinserts) eingeblendet. Manchmal werden die Namen dabei zur Erinnerung oder um das Interesse immer wieder zu wecken mit kurzen Sachhinweisen verbunden, wie z. B.

war 10 Jahre lang Entwicklungshelfer

oder

Terrorismusexperte.

Bei der Verabredung werden die Gäste über das Diskussionsthema, wichtige Teilaspekte und die Zusammensetzung der Runde informiert. Manche machen ihre Teilnahme auch davon abhängig, wer noch in der Runde sitzt oder versuchen, deren Zusammensetzung durch »freundliche Hinweise« zu beeinflussen. Auch über evtl. Einspielfime und deren Inhalt wollen Gäste oder deren Pressesprecher oft Informationen. Bei prominenten oder besonders beschäftigten Gästen läuft diese Verabredung nur über die Pressestelle oder persönliche Referenten.

Eine Vorbesprechung vor der Sendung mit allen Teilnehmern ist häufig nicht möglich, weil manche zu knapp vor der Sendung eintreffen. Ein kurzes Gespräch, und sei es in der Maske oder schon im Studio, sollte auch dann noch sein. Es dient mehr dem »Anwärmen« als der Besprechung in der Sache.
Wenn Zeit ist, sollte eine kleine Vorbesprechung stattfinden, zum
- gegenseitigen Kennenlernen,
- Anwärmen und zum
- Besprechen der Sendungsstruktur.
Vermieden werden muss in jedem Fall, dass die eigentliche Diskussion zum Thema schon bei der Vorbesprechung beginnt. Das

nimmt den »Dampf« raus und schadet der Spontaneität in der Sendung.

Ein Unternehmen mit offenem Ausgang bleibt jede Fernseh-Diskussion trotz aller Vorbereitung und professionellen Handhabung, warnt Manfred Buchwald: Partner, die sich vorgenommen haben, gegen alle Regeln der Fairness und entgegen den Vereinbarungen Diskussionen »umzufunktionieren«, können den Moderator total überfahren und geradezu lächerlich machen. Sie riskieren damit jedoch auch, den Beifall der Zuschauer (und, wenn vorhanden) des Publikums im Studio zu verlieren, das ein höflicher und energischer Moderator in jedem Fall auf seiner Seite wissen kann.

Das gilt vor allem dann, wenn der Moderator seine Souveränität behält und sich davor hütet, auch in noch so hitzigen Diskussionsphasen selbst in den Streit einbezogen zu werden und etwa in der Sache Stellung zu beziehen.

Weiterführende Literatur:

Werner Holly/Peter Kühn/Ulrich Püschel (Hrsg.), Redeshows. Fernsehdiskussionen in der Diskussion (Max Niemeyer Verlag, Tübingen 1989)

Fernsehtext, Internet, Multimedia

Zusatznutzen wollen die Fernseh-Sender ihren Zuschauern mit Fernsehtext, Internet und mobilen Diensten bieten. Damit soll zudem die »Fernseh-Marke« gefestigt und (im privaten Fernsehen) möglichst bald Gewinn erzielt werden.

Das Angebot ist je nach Übertragungsweg unterschiedlich umfangreich, liegt aber im Wesentlichen in:

- der fortlaufenden Aktualisierung unabhängig von festen Sendezeiten im Fernsehprogramm,
- der ständigen Verfügbarkeit (jederzeit und an jedem Ort),
- spezielleren Informationen (etwa Sportergebnissen abseits des Spitzensports),
- zusätzlichen/vertiefenden Informationen,
- Service-Angeboten (wer oder was hilft dem Zuschauer weiter).

Fernsehtext (auch Teletext oder Videotext genannt) wird zusammen mit dem Fernseh-Sendesignal (codiert) ausgestrahlt. Über einen Decoder im Fernseh-Gerät wird das Signal wieder entschlüsselt. Mit seiner Fernbedienung ruft der Zuschauer die gewünschten Teletextseiten ab. Das macht technisch seine Attraktivität aus: Der Zuschauer kann vom Fernsehprogramm schnell und bequem zu diesem Zusatz-Angebot wechseln. Täglich nutzen über 16 Millionen Fernsehzuschauer in Deutschland den Teletext.

Ein »nüchternes« Informationsmedium ist der Fernsehtext im Vergleich zum Internet. Inhaltlich ist er vor allem deshalb erfolgreich, weil er zuverlässig ständig aktuelle, kurze Nachrichten, Service-Meldungen und Informationen zur Orientierung im Programm-Angebot des Fernsehens (vgl. unten) bereithält. Zuschauer, die keinen Internet-Anschluss haben oder sich zwischen zwei Nachrichtensendungen direkt am Fernsehgerät auf dem Laufenden halten wollen, können dies mit Fernsehtext unkompliziert tun.

Fernsehtext ist bisher nicht interaktiv, bietet also keinen Rückkanal vom Zuschauer zum Sender. Auch ansonsten ist er dem Internet technisch unterlegen: Die Textmenge ist beim analogen Videotext begrenzt (pro Seite nur 23-mal 40 Zeichen), Grafiken sind nur sehr beschränkt möglich; Fotos, Audios, Videos gar nicht.

Der Fernsehtext der Zukunft nach dem neuen HbbTV-Standard (Hybrid Broadcast Broadband TV) wird aber von immer mehr Sendern parallel zum bisherigen Angebot ausgestrahlt – auch wenn die allermeisten Fernsehgeräte dafür noch nicht ausgerüstet sind. Technisch gesehen, wird dabei das FS-Sendesignal (Broadcast) durch Informationen ergänzt, die über eine Internetverbindung abgerufen werden (Broadband). Dadurch kann der neue Fernsehtext alles, was auch das Internet bietet, nämlich Grafiken, Fotos, Videos und Audios übertragen. Der Zuschauer hat zudem die Möglichkeit, so Filme aus einer Mediathek abzurufen oder seine Meinung über einen Rückkanal kundzutun.

Die Untertitelung von Fernseh-Sendungen ist ein besonderer Fernsehtext-Service für Hörgeschädigte im ARD-Programm, dem ZDF und in den Dritten. Untertitel werden beim ARD Text in Potsdam und in den regionalen Redaktionen der Landesrundfunkanstalten erstellt. Dabei wird die Live-Untertitelung von z. B. Sportsendungen und Aktuellem immer umfangreicher. Meist wird dabei mit einem Spracherkennungsprogramm gearbeitet, das die Wörter und Sätze, die ihm ein Redakteur vorspricht, live in Untertitel umwandelt.

Der elektronische Programmführer ist ebenfalls ein wichtiges Angebot. Es liefert eine umfassende Übersicht über das Fernseh-Programm mit kleinen Inhaltsangaben, abrufbar auch nach Programmsparten. Diese Programm-Informationen sind immer auf dem letzten Stand, auch bei kurzfristigen Programm-Änderungen und beim Inhalt aktueller Sendungen. Über ein Zusatzsignal steuert der Programmführer die Aufzeichnung einprogrammierter Sendungen (auf DVD-Recorder), auch dann pünktlich, wenn die Sendung nicht zum angegebenen Zeitpunkt beginnt.

Im Internet können im Gegensatz zum bisherigen Videotext von der Technik her unbegrenzt viele Zusatzinformationen aller Art veröffentlicht werden: Texte, Grafiken, Bilder, Videos und Audios. In Kommentaren oder bspw. über Facebook, Chats oder durch E-Mail gibt es die Möglichkeit, sich direkt zum Programm zu äußern.

Der Umfang des Angebots in Internet und Teletext ist bei öffentlich-rechtlichen und privaten Rundfunkanstalten rechtlich verschieden geregelt.
Die Privaten unterliegen keinerlei Begrenzungen. Sie dürfen unbegrenzt werben, können E-Commerce betreiben und sind in ihrem Programm-Angebot nicht beschränkt.
Den Öffentlich-rechtlichen gestattet der Rundfunkänderungsstaatsvertrag keine Werbung, keinen E-Commerce sowie nur solche Angebote, die dem im »Drei-Stufen-Test« genehmigten Verweildauerkonzept für das jeweilige Angebot entsprechen.

Darüber hinaus sind Angebotsformen untersagt, die in einer sogenannten »Negativliste« im 12. RÄndStv. aufgeführt sind. ARD und ZDF sehen dementsprechend die Aufgabe ihres Online- und Fernsehtext-Angebots darin, Programminhalte aus Hörfunk und Fernsehen zu vertiefen und zu vernetzen. Der Schwerpunkt liegt bei Information, Bildung und Unterhaltung.

Das ARD-Angebot besteht für Fernsehtext und Internet wegen der föderalistischen Struktur des Senderverbunds aus regionalen und überregionalen Diensten. Das überregionale Internet-Angebot (*ARD.de*; Sitz der Redaktion: SWR-Landesfunkhaus Mainz) vernetzt als Dachportal auch die regionalen Angebote.
Tagesschau.de, mit der Redaktion beim NDR in Hamburg, ist das überregionale Nachrichtenportal der ARD. Boerse.ARD.de wird vom HR in Frankfurt betreut, sportschau.de vom WDR in Köln. Das überregionale Teletext-Programm für das Erste, der ARD Text, wird beim RBB in Potsdam erstellt.
Journalistische Arbeitsplätze gibt es also sowohl in den einzelnen ARD-Anstalten wie in den Zentral-Redaktionen.

Das Internet auf dem Fernsehbildschirm ansehen – das ist bei neuen Geräten immer häufiger möglich. Damit rücken Fernsehtext und Online-Dienst noch näher zusammen, weil sie vom Zuschauer zusammen mit weiteren (auch interaktiven) Datendiensten auf einem Gerät empfangen werden können. Diese Entwicklung wird auch die Nutzung von Fernseh-Programmen über Internet (IP-TV) positiv beeinflussen (vgl. »Für Internet- und Handy-Fernsehen produzieren«).

Streaming, TV on Demand, Mediatheken. Das Internet wird zunehmend zu einem technischen Verbreitungsweg für Fernseh-Programme, die live *gestreamt*, also zeitgleich über den Internet-Datenstrom verbreitet werden. Auch der zeitgleiche oder zeitversetzte Abruf einzelner Sendungen ist möglich (TV on Demand). Wie es für Radio-Sendungen ein Podcasting gibt, wird vom Fernsehen ein Vod-Cast angeboten, also das Herunterladen einzelner dafür bereitgestellter Sendungen. In Mediatheken werden (im Rahmen der durch den Rundfunkstaatsvertrag gesetzten Grenzen) Sendungen zum nachträglichen (oder erneuten) Ansehen bereitgehalten.

Angebote für mobile Nutzung gehören ebenfalls zum Standard-Angebot der Sender. Dafür werden die vorhandenen Programminhalte (z. B. Nachrichten) so umformatiert, dass sie auf den unterschiedlichen mobilen Endgeräten genutzt werden können. Die Palette der technischen Möglichkeiten reicht von Newslettern, über aktuelle E-Mails bei wichtigen (oder nach Sparten ausgewählten) Ereignissen bis zu Kurzfassungen in Bild und Ton und sog. Apps (= applications, Zusatzanwendungen für Smartphones). Auch die Fernsehtexte können vielfach über Handy abgerufen werden.

Multimedia-Redaktionen sind häufig die organisatorischen Einheiten, in denen die Teletext- und Online-Angebote erstellt werden. Wegen der unterschiedlichen technischen Möglichkeiten der beiden Übertragungswege stößt eine gemeinsame Texteingabe (noch) auf Probleme. Dennoch kooperieren beide Bereiche sehr eng und nutzen erstellte Texte gemeinsam. Das Teletext-Angebot wird von manchen Sendern zusätzlich über den Online-Auftritt verbreitet.

Die Arbeit in einer Multimedia-Redaktion ist der in einer Nachrichtenredaktion recht ähnlich. Gefragt ist die Fähigkeit,

- präzise und knapp zu formulieren,
- zuverlässig und korrekt zu arbeiten (auch bei Specials und Hintergrund-Beiträgen) und
- schnell zu sein.

Im Rahmen der Volontariate und in Journalismus-Studiengängen ist in aller Regel auch eine Multimedia-Ausbildung vorgesehen. Praktikanten sind ebenfalls willkommen. Viele Redaktionen beschäftigen auch freie Mitarbeiter.

Nicht beim Fernsehen ist man damit allerdings – darüber sollten sich Bewerber im Klaren sein. Es werden *crossmediale Be-*

gleitprodukte erstellt. Wer also darauf hofft, so durch die Hintertür in einer Fernseh-Redaktion Fuß zu fassen, wird wahrscheinlich enttäuscht werden.

Ein Praktikum in einer solchen Begleitmedium-Redaktion bietet dennoch einen Vorteil, selbst wenn das Fernsehen das eigentliche Berufsziel ist: Wer aktiv genug ist, kann die richtigen Leute persönlich kennen lernen. Und das wiederum kann durchaus die Tür zu einem Fernseh-Praktikum öffnen. Ansprechpartner für Praktika sind grundsätzlich die Personalabteilungen oder Ausbildungsredaktionen, für freie Mitarbeit (auch als Studentenjob) die Online-Redaktionen direkt.

Punkten kann im Online-Praktikum, wer sich gut allgemein im Internet und speziell in den sozialen Netzwerken auskennt und zudem vielleicht auch eine eigene Homepage oder einen Blog hat. Der Onliner muss eher in Modulen denken, nicht-lineare Schreibweisen beherzigen und multimediales Verständnis mitbringen. Denn im Gegensatz zu anderen Medien kann online der perfekte Mix aus Print, Video und Audio angeboten werden.
Wie bei den meisten Praktika ist es sinnvoll, schon ein wenig Journalismus-Erfahrung zu haben. Viele Redaktionen legen Wert darauf, dass der Bewerber einen journalistischen Studiengang belegt hat. Eine fundierte Online-Ausbildung bietet z. B. die Hochschule Darmstadt: http://journalismus.h-da.de/oj/

Auch mit Aushilfen arbeiten viele Multimedia-Redaktionen. Wer sich im Praktikum wacker geschlagen hat, kann danach möglicherweise einen Aushilfsjob ergattern. Der bringt nicht nur Erfahrung, sondern auch Geld.

Weiterführende Literatur:

Gabriele Hooffacker, Online-Journalismus. Schreiben und Gestalten für das Internet (3. vollständig überarbeitete Auflage, Journalistische Praxis, Econ, Berlin 2010)

Nea Matzen, Online-Journalismus (UVK, Konstanz 2010)

Klaus Meier (Hrsg.), Internet-Journalismus (3. überarbeitete und erweiterte Auflage, UVK, Konstanz 2002)

Einen Fernsehbeitrag planen

Erste Themen finden

Die Themen liegen auf der Straße, heißt es. Tun sie nicht. Sie fallen auch nicht vom Himmel, wie die täglichen Redaktionskonferenzen beweisen. Themen zu finden, in denen gute Beiträge stecken, ist ein hartes Stück Arbeit. Berufsanfänger sollten besonders sorgfältig vorgehen bei der Wahl ihrer Themen. Denn wenn die ersten Beiträge gleich gut gelingen, kann das sehr helfen bei der weiteren beruflichen Entwicklung. ⌷

Die Voraussetzungen für eine gelungene Themenwahl:
- eine genaue Kenntnis der Sendung,
- eine genaue Kenntnis der Themenlage,
- eine nüchterne Einschätzung, was man als Fernsehjournalist bereits leisten kann. Gerade am Anfang »überheben« sich viele.

Und so wird man diesen Anforderungen gerecht:

An der Redaktionskonferenz teilzunehmen, gehört zu den Pflichtterminen. Hier werden die Sendungen und ihre Einzelbeiträge analysiert und kritisiert. Die Redaktionskonferenz ist aber auch eine *Ideenbörse*. Da werden die Themen diskutiert, verworfen, geändert; da wird geplant, werden Aufträge vergeben.

Auftragsthemen der Redaktion gibt es immer. Niemand sollte sich aber allein auf sie verlassen. Oft bekommen sie die »alten Hasen« in der Redaktion, während man von Anfängern eigene Ideen erwartet. Dabei handelt es sich zu Beginn nicht um Spektakuläres, um die berühmten »heißen Eisen«, sondern viel häufiger um Alltagsgeschichten, die nicht selten beim Zuschauer eine stärkere Betroffenheit auslösen als große Themen, die in den Medien bereits in aller Breite diskutiert werden.

Eigene Themen ausgraben und in der Redaktionskonferenz so überzeugend vertreten, dass es zu einem Produktionsauftrag kommt und vielleicht zu einem guten Beitrag – das ist von einigen Voraussetzungen abhängig.

Selbst rundum informiert sein, ist die Grundlage. Also:

- Die Meldungen der Nachrichtenagenturen verfolgen, viel Zeitung lesen, die eigene und ähnliche Sendungen regelmäßig ansehen, einschlägige Radio-Sendungen hören und Themenideen auch im Internet sammeln.
- Auf Verdacht Themen »anrecherchieren«, Material sammeln, sich Ansprechpartner überlegen.
- Sich dabei nicht an einem Thema festbeißen, sondern alles vorprüfen, was in der nächsten Zeit aktuell, wichtig, und von allgemeinem Interesse sein könnte.

Die Redaktion und ihr Programm kennen lernen. Aufzeichnungen früherer Beiträge lassen sich dafür aus dem Archiv anfordern oder sie finden sich in der Mediathek des Senders im Netz. Beim Ansehen dann analysieren, vielleicht auch mit den Realisatoren, den Kollegen, darüber sprechen:

- Welche Themenfelder bevorzugt die Redaktion, was vernachlässigt sie offenkundig?
- Wie aktuell sind die Sendungen?
- Welche Darstellungsformen finden sich am häufigsten, werden also bevorzugt?

So lernt man nicht nur die Linie der Sendung kennen (und durchschaut manchmal auch, dass sie kaum eine hat), sondern stellt auch die Defizite in der Berichterstattung fest, erfährt, welche Gegenden im Sendegebiet offenbar in einem Nachrichtenschatten liegen, welche Themen erneut aufgegriffen werden müssten.

Das eigene Medium als Ideen-Lieferant. Ideen für eine weiterführende Berichterstattung liefern zunächst einmal die aktuellen Sendungen des eigenen Mediums Fernsehen: Tagesschau-Ausgaben und Heute-Sendungen, bei den Privaten die

Nachrichten, sind wie die täglichen Magazine eine Fundgrube, wenn es darum geht, überregionale Themen *regional* oder gar *lokal* aufzuarbeiten. Umgekehrt nehmen ja auch viele Anregungen aus den Regionen ihren Weg in die Gesamtprogramme.

Im Alltag und beim Drehen Augen und Ohren offen halten. Viele Fernsehjournalisten finden ihre besten Themen, wenn sie sich bei allen Eindrücken, die sie sammeln, konsequent fragen: Kann das ein Thema für mich werden, eignet es sich für die Sendungen, an denen ich mitarbeite? »Draußen« wird der Reporter oft zum *Ansprechpartner der Zuschauer*, die ihm bei den Dreharbeiten ihre Sorgen und Nöte schildern. Vielfach helfen sie ihm bei seiner Arbeit. Ihre Erfahrungen, ihre Beobachtungen sind manchmal viel genauer als seine eigenen, ihre Anregungen dem Zuschauerinteresse näher als vieles, was er offiziell erfährt.

Eine Frage wird sich der Fernsehjournalist vor jedem Themenvorschlag beantworten müssen:

Ist das Thema fernsehgerecht? Es muss sich *in Bildern erzählen lassen* – vor allem dann ist es ein Stoff für das Fernsehen. Allerdings: Beiträge, die dieses Kriterium ganz erfüllen, sind in den Programmen relativ selten.

Einfache Themen wählen. Klug beraten ist, wer sich anfangs auf Themen konzentriert, die er inhaltlich ohne Mühe bewältigt, also auf Themen aus Bereichen, in denen er sich auskennt. Dadurch kann man sich im Wesentlichen auf die fernsehgerechte Umsetzung konzentrieren und muss nicht gleichzeitig mit Form und Inhalt kämpfen.

Realisierbare Themen wählen. So manche Themenidee begeistert auf Anhieb – einen selbst und die Redaktion. Aber nicht selten stellt sich heraus, dass sie kaum umsetzbar ist – jedenfalls nicht rechtzeitig. Es macht keinen besonders guten Eindruck, wenn man deshalb einen erteilten Auftrag zurückgeben und eingestehen muss, dass es leider nichts wird.

➜ Tipp: Recherchieren Sie auch die Machbarkeit an, ehe Sie ein Thema vorschlagen. Wann immer Sie spezielle Drehgenehmigungen, Behörden-Auskünfte oder O-Töne von Betroffenen brauchen, ist Vorsicht geboten.

Bei solchen unsicheren Themen gibt es eine andere Möglichkeit: Man bietet sie nicht gleich an, sondern fragt erst einmal, ob grundsätzlich Interesse bestünde. Wenn ja, recherchiert man und meldet sich dann mit dem Ergebnis. Dadurch vermeidet man, in den Ruf zu kommen, zwar ein »kreativer Kopf« zu sein, »der aber nichts auf die Reihe bringt«.

Lieblingsthemen. Die BR-Fernseh-Journalistin Andrea Mirbeth (vgl. »Autoren«) empfiehlt: Wer neu in eine Redaktion kommt, sollte am besten schon ein bis zwei Themenvorschläge dabei haben. Das hat nichts mit Strebertum zu tun, sondern macht den ersten Beitrag einfacher. Denn die Chancen fürs Gelingen steigen, wenn man ein Thema bearbeitet, das einem wirklich liegt, das man gern macht, zu dem man leichter Zugang hat (und vielleicht auch schon Gesprächspartner weiß etc.). Dann bleibt einem vielleicht erspart, dass man z. B. in der aktuellen Redaktion das x-te »Wetterthema« aufs Auge gedrückt bekommt. Also ruhig mutig sein und zum Redakteur gehen – und nicht warten, bis man irgendein Thema machen muss, das in der Redaktion sonst keiner haben wollte …

Recherchieren

Das Recherchieren ist eine der wichtigsten journalistischen Pflichten und Indiz für die Berufsauffassung schlechthin. Es gibt dafür Arbeitsregeln, die für alle Journalisten gelten. Für den Fernseh-Journalisten kommen zusätzliche Anforderungen hinzu. Er ist dabei am erfolgreichsten, wenn er systematisch vorgeht und in drei Richtungen recherchiert:

- *Thema,*
- *Bild* und
- *Organisation.*

Bei der thematischen Recherche geht es um die Fakten, die der Reporter so umfassend wie möglich erarbeiten muss. *Zeitungsarchiv* und *Bibliothek* (vgl. »Archive, Bibliotheken, Dokumentationsstellen«) helfen weiter. Die Kolleginnen dort wissen meist, was der Journalist für seine Arbeit braucht und wo das dann auch schnell zu finden ist. Aber bitte gezielt lesen, vor allem im Internet. Sonst besteht die Gefahr, dass man sich in der Material-Fülle verliert. Die Zeit drängt.

Nach der Basisrecherche ergänzt der Reporter bei *Nachrecherchen* Aussagen, Quellen und eigene Erkenntnisse – misstrauisch gegenüber allem, was er bis dahin zum Thema gehört, gelesen und gesehen hat. *Checken* und *Gegenchecken* bringen immer wieder die sachlichen Fehler ans Licht. Die BR-Fernseh-Journalistin Andrea Mirbeth (vgl. »Autoren«) gibt den Rat, so viel wie machbar vorab am Telefon auch für die O-Töne zu klären. Deshalb führt sie, wann immer möglich, schon telefonische Probe-Interviews, um zu testen, wie der Interviewpartner argumentiert und worauf es ihm inhaltlich ankommt.

Eine Deadline beim Recherchieren gibt es nicht. Thematische Recherchen sind auch dann noch nicht abgeschlossen, wenn der Reporter bereits mit seinem Team unterwegs ist. Beim Drehen ergeben sich vielfach neue Aspekte. Bis unmittelbar vor der Sendung können Nachrecherchen erforderlich werden, wenn weitere Details zu überprüfen sind. Dabei erhält ein Thema manchmal auch neue Aspekte.

Bild-Recherche vor Ort. *Motivsuche* ist die fernsehtypische Recherche. Bei dieser *konzeptionellen Recherche* klärt der Reporter, wie er sein Thema in Bildern darstellen kann. Das geht bei größeren Beiträgen am besten mit einer *Vorbesichtigung*. Der Reporter muss lernen, mit den Augen des Kameramannes zu sehen – und deshalb sollte er sich im Laufe der Zeit mit der Arbeit des Kameramannes vertraut machen (vgl. »Die Kamera kennen lernen« und »Die Bilder mit der Kamera gestalten«). Leichter ist die Motivsuche zusammen mit dem Kameramann, sofern es dessen Terminkalender (und die Disposition) erlaubt.

Bei aktuellen Beiträgen fehlt für eine Vorbesichtigung natürlich die Zeit, da muss »vor Ort« improvisiert werden; dem Kameramann helfen dabei seine oft langjährigen Berufserfahrungen, von denen auch der Reporter profitieren kann.

Mit einem visuellen Konzept vor Ort zu kommen und zu merken, dass nichts davon zu realisieren ist – nichts ist für Andrea Mirbeth schlimmer. Manchmal sei man dann gar nicht mehr flexibel genug, schnell wieder umzudenken. Deshalb empfiehlt sie: Wenn man ein visuelles Konzept hat, schon vorab klären, ob es überhaupt realisierbar ist. Das muss auch am Telefon gehen, wenn eine Vorbesichtigung nicht möglich ist: Wie sieht es vor Ort aus, wo kann man Interviews führen, wieweit kann ich meine visuellen Vorstellungen vor Ort überhaupt umsetzen?

Einstieg und Ausstieg festlegen. Womit fange ich an, womit höre ich auf? Der Beitrag muss mit einer eindeutigen Bildaussage, mit einer *optischen Schlagzeile* beginnen, der die verbale Schlagzeile entspricht (es sei denn, es wird bewusst nur auf die Bildwirkung gesetzt). Einstieg und Ausstieg sollte der Reporter »draußen«, also bei der Motivsuche, spätestens bei den Dreharbeiten finden. Wenig ratsam ist es, das erst beim Sichten des Materials vor dem Schnitt nachzuholen, denn für diese Entscheidungen stehen dem Journalisten am Schneidetisch ja nur begrenzte Ausschnitte aus der Realität zur Wahl.

Bild	Erklärung zum Bild	Text
 Optische Schlagzeile	Die erste Einstellung soll optisch animieren und Spannung erzeugen: Viele Füße und Beine hinter- und nebeneinander. Die Fahrbahn unten noch zu einem Drittel im Bild, die Kamera sehr tief, knapp über dem Boden: es entsteht eine Art Spiegelung. Nach ca. 1" Stand: mit dem ersten Schlag der Kirchturmuhr setzt sich der Pulk in Bewegung – ein Durcheinander an Füßen und Beinen.	Ein Tausendfüßler in Wanderstiefeln. Verbale Schlagzeile

Die Motive festhalten. Ist der Journalist bei der Bild-Recherche auf sich allein gestellt, sollte er sich nicht nur auf sein Gedächtnis verlassen, sondern alle Eindrücke festhalten, die für sein Film-Konzept wichtig werden könnten. Immer häufiger nehmen Reporter dafür eine kleine Videokamera mit (vgl. »Der Video-Journalist«). Auch ein digitaler Fotoapparat erleichtert die Motiv-Dokumentation. Wer bei der Film-Konzeption mit *Storyboards* arbeitet (vgl. Beitrag »Filmplan, Storyboard, Drehbuch, Produktionsplan«), kann die wichtigsten Motive als Gedächtnisstützen einfach *skizzieren*. Das ist ebenfalls eine gute Methode, wenn auch immer seltener praktiziert.

Bild-Recherche im Archiv. Allgemeine Bilder einer verstopften Innenstadt oder von der Produktion in einem Automobilwerk müssen, wenn sie keinen aktuellen Bezug brauchen, nicht immer wieder neu gedreht werden. Sie finden sich schnell und kostengünstig im Fernseharchiv (vgl. »Archive, Bibliotheken, Dokumentationsstellen«).

Bei der organisatorischen Recherche muss der Fernsehjournalist alle Informationen sammeln, die einen *glatten Produktionsablauf* sicherstellen. Handelt es sich um einen Nachrichtenfilm oder um einen Kurzbericht, dann ist er in der Regel sein eigener Produktions- und Aufnahmeleiter, zuständig für behördliche und private Drehgenehmigungen und für Versicherungsfragen. Er muss den Zeitaufwand für die Produktion festlegen und an die Einhaltung der Arbeitszeit denken; er verwaltet die Handkasse und vergisst auch die Quittungsformulare nicht, falls irgendwelche Ausgaben auf ihn zukommen.

An tausend Dinge denken muss der Reporter, die mit seiner eigentlichen journalistischen Tätigkeit nur am Rande zu tun haben, die allerdings geklärt sein müssen, bevor der Produktionsauftrag geschrieben wird. In dem Beitrag »An alles denken – eine Checkliste für die Produktion« sind diese Dinge systematisch zusammengestellt.

Weiterführende Literatur:

Michael Haller, Recherchieren. Ein Handbuch für Journalisten (7. Auflage, UVK, Konstanz 2004)

Ele Schöfthaler, Die Recherche. Ein Handbuch für Ausbildung und Praxis (Journalistische Praxis, Econ, Berlin 2006)

Exposé/Ideenskizze und Treatment

Die Praxis in den Redaktionen ist sehr unterschiedlich, aber so viel lässt sich sagen: Je länger der von Ihnen angebotene Fernsehbeitrag ist, umso wahrscheinlicher ist es, dass Sie Ihren Vorschlag schriftlich ausarbeiten müssen. Bei Nachrichtenfilmen und kleinen aktuellen Beiträgen, die unter Zeitdruck entstehen, ist das in der Regel nicht der Fall. Aber auf Magazinstücke (vgl. dort und »Magazine«) kann es schon zutreffen. Bei Dokumentationen und Features (vgl. »Feature und Dokumentation«) ist es ganz gewiss so.

Dafür gibt es zwei Formen:

- Exposé/Themenvorschlag/Ideenskizze und
- Treatment.

Eine wichtige Hilfe beim Vorschlagen und Realisieren der ersten Beiträge können Exposé/Ideenskizze und Treatment aber auch dann sein, wenn eine Redaktion sie *nicht* verlangt. Sie zwingen zu Präzision in der Gedankenführung. Wer sich selbst auf diese Weise Klarheit verschafft, wird seinen Vorschlag überzeugender vortragen und auch auf Nachfragen zur Konzeption eine Antwort bereit haben.

Das Exposé – oft einfach *Themenvorschlag* oder auch *Ideenskizze* genannt – fixiert das Thema zum ersten Mal schriftlich. In wenigen Zeilen entwirft der Reporter einen *Orientierungsrahmen:* formuliert Anliegen und Aussage, umreißt den Inhalt und nennt die voraussichtliche Länge des Beitrags.

Das Exposé ist eine Entscheidungshilfe für die Redaktion. Sie soll daraus erkennen können, ob der geplante Beitrag in das

Konzept der Sendung passt, aktuell und von allgemeinem Interesse ist, wie der Autor sein Thema darstellen möchte, ob und mit welchem Aufwand seine Programmidee realisierbar ist. Bereits in dieser Phase müssen auch *wirtschaftliche Gesichtspunkte* der Produktion bedacht werden.

Je fundierter und präziser ein Exposé ist, umso leichter hat es der Reporter, sich mit seinem Thema durchzusetzen.

Mit dem Exposé schafft er aber auch zwischen sich und dem Thema eine *klärende Distanz*. Ist seine Idee wirklich so gut, wie er bisher angenommen hat; ist er überhaupt kompetent, das Thema aufzugreifen?

Beispiel für ein Exposé zum Film über die Volkswanderung (vgl. »In Bildern erzählen«):

```
Thema: Volkswanderung
Länge: ca. 2 Minuten
Für Sendung: (Titel)
Für Sende-Termin: (Datum)
Ausführlicher Nachrichtenfilm über den sechs-
ten Volkswandertag der baden-württembergischen
Landesregierung am Sonntag, dem (Datum). Wahr-
scheinlich 1 600 Teilnehmer. Start und Ziel der
30 Kilometer langen Wanderschleife: Schonach
im Schwarzwald.
Der Beitrag zeigt, wie die Wanderer einander
in ungezwungener Atmosphäre näherkommen und
ihre Freizeit in einer der schönsten Gegenden
des Sendegebiets gemeinsam verbringen. Kriti-
sche Haltung der Wandervereine zu solchen
»Massenveranstaltungen« wird ebenfalls thema-
tisiert.
Ab 8 Uhr wird die erste Wandergruppe (ca. 300
Teilnehmer) über die Rast auf halber Strecke
bis zur Medaille am Ziel begleitet. Sendung
abends zeitlich kein Problem.
Standard-Team, kein Licht, keine Interviews,
nur Atmo.
```

Das Treatment entwickelt die Ideenskizze weiter, schildert das Thema ausführlicher und präzisiert die Aussage. Welchen Spannungsbogen hat die Story? Mit welchen optischen und verbalen Mitteln wird sie erzählt? Zunächst eher beiläufige und unverbindliche Angaben werden jetzt konkretisiert: Wo wird der Beitrag gedreht? Wer gibt ein Statement? Welche Interviewpartner sind vorgesehen?

Ein gutes Treatment verhindert auch Pannen in der *Disposition*. Genaue Angaben im Treatment sorgen dafür, dass das Team richtig zusammengesetzt und richtig ausgerüstet ist – das geht bis zu Hinweisen auf angemessene Kleidung bei bestimmten Anlässen (vgl. »An alles denken – eine Checkliste für die Produktion«).

Für Kommunikation und Zusammenarbeit im Team kann das Treatment ebenfalls wichtig sein, wenn es im Voraus verteilt wird. Jeder im Team muss dann daraus erkennen können, was die Dreharbeiten von ihm verlangen. Der Kameramann wird sich Gedanken darüber machen, welche Ideen er zur Umsetzung der Story in Bilder beitragen kann und welche Ausrüstung er braucht. Der Tonmann will Art und Umfang seines Einsatzes erfahren, ebenso der Beleuchter. Auf der Fahrt zu den Dreharbeiten sollte der Reporter seine Angaben im Treatment im Gespräch ergänzen, um das Team noch stärker für das Thema zu interessieren (vgl. »Feature und Dokumentation«).

Beispiel für ein Treatment zum Film über die Volkswanderung (vgl. »In Bildern erzählen«):

```
Zum 6. Volkswandertag der baden-württembergi-
schen Landesregierung werden am Sonntag im
Schwarzwalddorf Schonach etwa 1600 Menschen
erwartet. Von 8 bis 12 Uhr gehen sie in unter-
schiedlich großen Pulks auf die dreißig Kilo-
meter lange Strecke. Auf halber Strecke finden
die erschöpften und vielleicht auch verletz-
ten Teilnehmerinnen und Teilnehmer einen Rast-
platz. Als Belohnung winkt am Ende eine Me-
daille der Landesregierung.
```

Infoziel: Im Mittelpunkt des Beitrags – Länge etwa 2 Minuten – steht das »Atmosphärische« dieser Großveranstaltung, die Menschen bei einem aktiven Freizeiterlebnis einander näherbringen soll. Es geht um die sportliche und kommunikative Seite der Volkswanderung, aber auch um kritische Anmerkungen, wie sie von Wanderorganisationen, zum Beispiel vom Alb- und Schwarzwaldverein geäußert werden: Das Wandererlebnis sei »mit zu viel Masse, mit zu viel Wettkampf verbunden. Der eigentliche Sinn, nämlich wandern ohne zu hetzen, in Ruhe die Natur zu erleben, das gehe verloren«.

Realisierung: Das FS-Team kann die Wanderer nicht auf der gesamten Strecke begleiten, sondern muß die Eindrücke im wesentlichen an Start und Ziel sowie bei der Rast sammeln. Die Kamera-Einstellungen ergeben sich aus den Beobachtungen vor Ort. Der Beitrag hat demnach drei knappe Abschnitte: Start, Rast und Ziel liefern den roten Faden. Aus Zeitgründen konzentriert sich das Team auf den ersten Pulk von etwa 300 Wanderern.

Kamera: Start: Viele Füße und Beine hinter- und nebeneinander als Einstieg: ein Tausendfüßler in Wanderstiefeln. Die Kamera verfolgt die Gruppe. Der Zuschauer soll bei der Rast und am Ziel einzelne typische Teilnehmerinnen und Teilnehmer wiedererkennen. Daneben werden in variierten Einstellungen das Schwarzwalddorf (mit touristischen Aspekten) und die Schwarzwaldlandschaft (eine der schönsten) vermittelt. Rastplatz: Pflege und Verpflegung der Wanderer; der wartende Bus, der Fußkranke zurückbringt.

Ziel: Details der Medaillen und ihrer Verleihung.

Ton: Originalatmo der Wanderer einzeln und in Kleingruppen (Start, Rast und Ziel), Stimmengewirr, Gesprächsfetzen, anfeuernde Zurufe, Beifall. Das Schlagen der Kirchturmuhr orientiert über den zeitlichen Rahmen.

Licht: nicht erforderlich.

Abfahrt: 6.30 Uhr
Drehbeginn: 7.45 Uhr, *Pause:* Rastplatz
Drehschluss und Rückkehr zum Sender: 14 Uhr.
Wanderkleidung, festes Schuhwerk, für den Notfall Regenschutz.

Da es sich bei dem Beitrag über den Volkswandertag um einen Nachrichtenfilm handelt, wird in der Praxis niemand dafür ein Treatment verlangen. Dennoch ist dieses Thema hier bewusst als Beispiel gewählt, um so den Unterschied zum Exposé/Themenvorschlag deutlich zu machen.

Filmplan, Storyboard, Drehbuch, Produktionsplan

Bei kurzen aktuellen Filmen beschränken sich die meisten Fernseh-Journalisten (Autoren/Realisatoren) auf formlose Notizen, mit denen sie ihre konzeptionellen Überlegungen festhalten und gleichzeitig dafür sorgen, dass sie beim Dreh nichts vergessen (vgl. »Als VJ selber drehen«).
Bei längeren Stücken ist dies anders. Da empfiehlt sich (besonders Anfängern) eine schriftliche Ausarbeitung des Filmkonzepts, ein Filmplan. Grundlage dafür sind Exposé/Ideenskizze und Treatment (vgl. dort).

Der Filmplan legt den Aufbau des Beitrags fest. Er wird grundsätzlich vom *Bild* her entwickelt. Dafür stellt der Reporter dar:

- die Story in Bildblöcken (= Komplexen) in der Reihenfolge, wie sie im Film erscheinen sollen (vgl. zu Bildblöcken/Komplexen »Bildsprache«),
- für jeden Block seine bildorientierten Aussagewünsche,
- für jeden Block seine Informationsabsichten und
- skizziert die Längen der einzelnen Blöcke.

Für jeden Bildblock gibt er außerdem an, ob O-Ton (im On oder im Off) oder Atmo eingesetzt und wo sein Text (Kommentar) unterlegt wird. Bildblöcke (= Komplexe) sind sozusagen die Kapitel eines Films. Wer seinen Filmplan detaillierter macht (ganz oder teilweise), plant in der kleineren Einheit Sequenz (= Unterkapitel).

Leicht kann die klare Linie eines Themas hinter der Fülle von Informationen zurücktreten, die der Reporter berücksichtigen möchte, weil sie ihm attraktiv zu sein scheinen.

→ Tipp: Hilfreich ist es, bei allen konzeptionellen Überlegungen (aber auch bei der Realisierung) die ursprüngliche Ideenskizze wie einen Leitsatz im Kopf zu behalten, damit man sich bei den optischen wie bei den verbalen Informationen nicht verzettelt.

Bei aller Sorgfalt, die man in den Filmplan investiert, aber nicht vergessen: Es handelt sich um einen *Plan*. Bei der *Umsetzung* kann sich manches ändern.

Optisch ergänzt werden kann die verbale Beschreibung der Bildblöcke. Diese optische Ergänzung durch Fotos, Videoaufnahmen (vgl. Kapitel »Als Video-Journalist arbeiten«) und Storyboards vermittelt die Bild-Absichten eindeutiger als Worte. Sie empfiehlt sich vor allem bei anspruchsvolleren bildorientierten Aussagewünschen und hilft zuerst dem Reporter bei der Präzisierung seiner eigenen Vorstellungen und später dem Kameramann bei der Umsetzung.

Storyboards sind kleine Skizzen. In größtmöglicher Vereinfachung verdeutlicht man dabei die gewünschte Bildaussage. Mit einer mehr oder weniger umfassenden Sammlung solcher Skizzen kann der Autor den Spannungsbogen seines Beitrags wiedergeben, aber auch nur einzelne, besonders wichtige oder schwierige Einstellungen, Sequenzen oder Bildblöcke.

Filmplan und/oder nur Storyboard? Jedem Autor bleibt es überlassen, wofür er sich entscheidet. Für den jungen Fernseh-Journalisten ist es (jedenfalls erst einmal) eine gute Methode, die Konzeption in einem Filmplan umfassend zu beschreiben und darüber hinaus einzelne, wesentliche Abschnitte des Beitrags ergänzend in Storyboards darzustellen.

➜ Tipp (von der BR-Fernsehjournalistin Andrea Mirbeth): Ein Storyboard ist für den Anfang keine schlechte Sache. Man muss ein Gefühl für eine visuell erzählte Geschichte entwickeln und für diese bildliche Vorstellung hilft ein gezeichnetes Storyboard am Anfang gewiss. So kann man die einzelnen Einstellungen und Sequenzen des Beitrags vorher »durchspielen«. Das Storyboard-Zeichnen wird man allerdings in der Praxis nicht lange durchhalten, sondern wird vor jedem Dreh eine Art »Storyboard im Kopf« entwickeln, also eine bildliche Vorstellung vom Beitrag.

Das Drehbuch wird von Fernsehjournalisten selten eingesetzt. Unerlässlich ist das Drehbuch, sobald es sich um größere Aufgaben handelt (Spielfilme, Krimis, Serien usw.) und deshalb auch für den Einsatz von Mitarbeitern und Ausrüstung umfassende Informationen erforderlich sind. Es macht nur Sinn, wenn der Dialog/Text und seine Visualisierung festliegen, wie es bei Spiel und Unterhaltung der Fall ist, aber auch bei Spielszenen innerhalb von Dokumentationen. Folgende Informationen werden im Drehbuch gegeben:

- Es beschreibt nacheinander alle Einstellungen einer Produktion.
- Es gibt passend zu der Bild-Beschreibung (je nach Bedarf für einzelne Einstellungen/Sequenzen/Blöcke gestalterische Anweisungen.
- Es vermerkt passend zu den Bild-Beschreibungen O-Töne, Geräusche und Atmo.

- Es gibt passend zu der Bild-Beschreibung (je nach Bedarf für einzelne Einstellungen/Sequenzen/Blöcke) organisatorische Anweisungen.
- Es bringt passend zu den Bild-Beschreibungen den Dialog und/oder den Kommentar (Text).

Das Drehbuch wird von links (optische Umsetzung) nach rechts (Textvorlage) geschrieben/gelesen.

Der Produktionsplan (Drehablaufplan) bei größeren Produktionen hilft Zeit und Geld sparen. Er setzt die Angaben des Filmplans so um, dass das Team ökonomisch arbeiten kann, und muss sorgfältig ausgearbeitet sein. Die Bildblöcke erscheinen hier – anders als in der Nummerierung des Filmplans – nicht in der für den Film vorgesehenen Reihenfolge, sondern so, wie es für den Ablauf der Dreharbeiten am sinnvollsten ist. Für jeden Bildblock werden angegeben:

- der genaue Drehtermin,
- die vorgesehene Drehzeit,
- der Drehort und
- die dort zu drehenden Motive/Dialoge/O-Töne.

Die Rubrik »Bemerkungen« bringt zusätzliche *dispositionelle* Hinweise, die den glatten Arbeitsablauf gewährleisten sollen. Dazu gehören für den Kameramann Hinweise auf zusätzliche Zeiten, die sich aus dem Wechsel der Drehorte oder anderen Umständen ergeben, aber auch z. B. Anweisungen an Tonmann oder Beleuchter, bereits am nächsten Drehort eine spätere Aufnahme vorzubereiten (vgl. »Wirtschaftlich produzieren«).

Auch bei kleineren Beiträgen, für die es weder Treatment noch Filmplan gibt (und zu geben braucht), muss der Reporter entsprechend überlegen, in welcher Reihenfolge die Dreharbeiten am (kosten)günstigsten erfolgen und dies entsprechend planen. Es reicht aber, wenn er sich seine Planung für den Drehablauf einfach auf einem Merkzettel notiert (vgl. »An alles denken – eine Checkliste für die Produktion«).

Übungsaufgabe und Muster für Filmplan und Drehablaufplan (»Online plus«)

Weiterführende Literatur:

Syd Field, Das Drehbuch – Die Grundlagen des Drehbuchschreibens. Schritt für Schritt vom Konzept zum fertigen Drehbuch (vollst. überarb. u. erw. Neuausgabe, Autorenhaus Verlag, Berlin 2007)

Christopher Keane, Schritt für Schritt zum erfolgreichen Drehbuch. Mit einem vollständigen, kommentierten Drehbuch (Verlag Autorenhaus, Berlin 2002)

Eugene Vale, Die Technik des Drehbuchschreibens für Film und Fernsehen (6. Auflage, TR-Verlagsunion, München 2007)

An alles denken – eine Checkliste für die Produktion

Diese Checkliste enthält vieles, was Autoren möglicherweise nicht jeden Tag benötigen, was aber insgesamt wichtig ist, damit ein Film auch organisatorisch und technisch erfolgreich zustande kommen kann.

In manchen Redaktionen ist ein Großteil der Checkfragen schon durch die tägliche Routine, auch durch die Routine der Disposition und die Erfahrung der Kamerateams mit möglichen Drehorten, beantwortet. Dann muss man sie nicht eigens stellen. Aber es kommen auch in den aktuell arbeitenden Redaktionen immer wieder Aufträge vor, bei denen es lohnt, jede einzelne Frage ausdrücklich zu prüfen.

Checkfragen als hilfreiche Routine angewöhnen – das ist die beste Methode. Anfangs kann man sich die Checkliste dafür aus dem Buch kopieren – am besten auf die Teile reduziert, die für die eigene Arbeit wichtig sind.

Rechte	
(?) Wer hat das Hausrecht am Drehort?	◯ Das Hausrecht klären oder durch die Produktionsleitung (im Ernstfall das Justiziariat) klären lassen.
(?) Müssen wir an jemanden Honorar zahlen: Mitwirkungshonorar; Rechtehonorar; Informationshonorar?	◯ Bei der Recherche klären, ob und ggf. in welcher Höhe solche Honorare fällig werden. Den Produktionsleiter veranlassen, das alles vertraglich zu vereinbaren.

(?) Brauchen wir Geld für Kleindarsteller, Familien, Gruppen usw.?	◯ Handkasse und Quittungsformulare besorgen.
(?) Liegen Fremdrechte auf dem Archivmaterial?	◯ Fremdrechte erwerben.

Ort	
(?) Zu welcher Uhrzeit wird gedreht?	◯ *Folge für die Lichtanforderung:* Im Sommer ist um 17.00 Uhr noch Licht, im Winter ist es schon dunkel.
(?) Wie groß ist der Raum, wie groß sind die möglichen Szenen?	◯ *Folge für die Lichtanforderung:* Beleuchter? Sich auch fragen, ob die Szene zu ändern ist.
(?) Reichen die elektrischen Anschlüsse?	◯ *Folge für die Disposition:* Wenn unklar, Vorbesichtigung, Anschluss bauen lassen.
(?) Liegt der Raum ruhig oder z. B. an einer lauten Straße oder in einer Einflugschneise?	◯ *Folge für Ton/die Disposition:* Drehzeit verlängern, wegen eventueller Unterbrechungen durch Ton-Probleme; evtl. Drehzeit ändern; Räume suchen, die ruhiger liegen.

Zeit	
(?) Sind die Verabredungen präzise getroffen?	◯ Es ist wichtig, sich genau abzusprechen und nicht z. B. die Ankunft am Drehort mit dem Drehbeginn zu verwechseln.
(?) Wo ist der *Treff?*	◯ Häufig wird die Kamerarampe des Senders vereinbart. Andere Orte genau festlegen, sonst müssen evtl. Kamerateam und Autoren/Reporter einander suchen. Parkmöglichkeiten beachten.

(?) Wann ist der *Treff*?	○ Zeit genau festlegen. *Grundregel zum Treff* mit dem Team: 5 Minuten vor der vereinbarten Zeit da sein.
(?) Wie lange fahren wir zum Drehort, wie lange von Drehort zu Drehort (Tageszeit, Berufsverkehr, Staus)?	○ Es tut gut, beim Fahren zum Drehort 15 Minuten Verzug einzurechnen. Verkehr ist heutzutage immer dicht.
(?) Wann ist die *Abfahrt*?	○ Meist einige Minuten nach dem Treff
(?) Wann ist der *Drehbeginn*?	○ Meist 20 bis 40 Minuten nach Ankunft, abhängig z. B. von den erforderlichen Aufbauarbeiten.

Kamera	
(?) Welche Kamerabewegungen benötigen wir?	○ *Folgerungen des Kameramanns:* Rollstuhl, Dolly, Elemack, Schienen, Bohlen.
(?) Fotos, Karten, Bilder?	○ *Folge:* Bilder aus dem Archiv und andere Quellen vor dem Dreh besorgen.
(?) Welche Computergrafik, Texte, Zeichnungen, Schriften, Namen?	○ *Folgerung der Disposition:* Produktionsanforderungen, Vorlagen für Computergrafiken vor dem Dreh erstellen lassen oder sofort nachher schriftliche Vorlage redaktionell abnehmen. Storyboard zeichnen. Der Text dafür sollte bereits in diesem Stadium fast endgültig sein, weil er den Rhythmus der Bilder bestimmt.

Ton	
(?) Wie viele Tonquellen müssen wir gleichzeitig berücksichtigen?	○ *Folgerungen der Disposition:* Teamzusammensetzung anpassen. *Folgerungen des Tontechnikers:* entsprechende Mikros, Mischpult; Angel; Tonassistent; Zeit für den Tonaufbau vorsehen.
(?) Welche Musik brauchen wir für welche dramaturgische Wirkung?	○ *Folge:* Zeit im Archiv vor dem Dreh; Überspielzeit auf Schnittnorm vor dem Schnitt, spätestens zu Beginn; Angaben für die GEMA sichern.

Archiv	
(?) Brauchen wir Material aus Archiven anderer Rundfunkhäuser oder auch den Archiven eigener Studios?	○ *Folge:* Überspielungen bestellen. Alle Angaben besorgen, die man fürs eigene Archiv auch benötigt, Sperrvermerke berücksichtigen.
(?) Welche Szenen aus alten Filmen benötige ich aus dem eigenen Archiv?	○ *Folge:* Archivnummer; technisches Format des Ausgangsmaterials (Film: 16mm oder 35mm; 1 Zoll: C oder B; U-matic; Beta; BetaSP, IMX usw.); technisches Format der jetzigen Sendung; Sperrvermerke berücksichtigen; Film bestellen.
(?) Gibt es einen freien Sichtplatz für das Ausgangsmaterial?	○ *Folgerungen der Disposition:* Sichtplatz buchen; Überspielzeit ordern.

Montage	
(?) Sind Schnittzeit und Gerät für den Aufwand entsprechend disponiert?	◯ *Folgerungen der Disposition:* Anderen Schnittplatz nehmen oder sich bei der Gestaltung nach dem Vorhandenen richten.
(?) Was wird das technische Ergebnis des Schnitts sein?	◯ Wenn Original mit allen Titeln, Einblendungen usw.: *Folgerungen der Disposition:* Schnittzeit verlängern; Schriftgenerator einplanen.

Sprecher	
(?) Wie viele Sprecher brauchen wir; Mann, Frau?	◯ *Folgerungen der Disposition:* Sprecher auswählen, disponieren lassen. *Folgerungen der Redaktion:* Die Autoren zur Regie bei der Sprachaufnahme einteilen. Wenn Autoren selbst sprechen: Wer von der Redaktion macht Regie dafür?
(?) Ist das Manuskript so geschrieben, dass ein Sprecher und der Toningenieur daraus die genauen Einsatzzeiten und Bildinformationen bekommt und sich auch noch Notizen machen kann?	◯ *Folge:* Das Manuskript braucht auf der linken Spalte die Timecode-Zeiten und die Bildinformation. Zweizeilig den eigentlichen Text schreiben, damit Korrekturen nicht den Text unleserlich machen.
(?) Wer begleitet redaktionell die Sprachaufnahme?	◯ *Folgerungen in der Redaktion:* Wenn ein Sprecher spricht, selbst in der Regie sitzen. Wenn man selbst spricht, jemanden aus der Redaktion in die Regie setzen.

Tonmischung	
(?) Ist das Studio dem Aufwand entsprechend disponiert?	○ *Folgerungen der Disposition:* Das Entsprechende disponieren. Evtl. Mischzeit verlängern.
(?) Sind im Manuskript die ersten und letzten Wörter der O-Töne angegeben?	○ *Folge für den Journalisten:* Wenn nein, Manuskript entsprechend ergänzen. Das erleichtert dem Ton die Arbeit.

Sendung	
(?) Ist die Liste der *Namensinserts* in der richtigen Form und Reihenfolge abgeliefert; sind die Inserts im Manuskript oder auf der Insert-Liste in entsprechender Länge angegeben und exakt platziert?	○ *Folge:* Die Namensinserts mit all diesen Angaben ins Manuskript einarbeiten. Daraus können sich alle Beteiligten dann die nötigen Informationen holen. Besonders die Platzierung im Film sollte man selbst angeben, sonst stiften die Inserts (Unterblender) an den merkwürdigsten Stellen Verwirrung. In manchen Redaktionen: eigene Insert-Listen schreiben.
(?) Ist das Textmanukript Teil des Sendemanuskripts?	○ Wenn ja, die endgültige Fasssung nach der Sprachaufnahme entsprechend weiterleiten, ggf. auch an die Multimediaredaktion.

Abwicklung	
(?) Sind die Angaben der Musik für die GEMA vollständig im richtigen Formular und bei der zuständigen Person?	○ In manchen Häusern macht das die Cutterin, in anderen ist dafür der Autor verantwortlich, in anderen die Redaktionssekretärin.

(?) Hat die Redaktion alle Angaben über Archivmaterial oder anderes Material, bei dem Rechte abzugelten sind?	◯ Wenn nein, nachliefern.
(?) Wo sind die Materialien (Fotos, Akten, Videos, Dokumente), die zurückgegeben werden müssen?	◯ *Folge:* Sich selbst darum kümmern, denn in den meisten Fällen hat man sie ja auch selbst entliehen.

Wirtschaftlich produzieren

Über das Geld zu wachen, ist in den Sendern vorrangig nicht Aufgabe der Journalisten, sondern der *Produktionsleiter.* Sie haben bei größeren Produktionen eine Vorkalkulation zu erstellen, in der alle absehbaren Kosten aufgeführt sind. Und sie haben während der Produktion darauf zu achten, dass die finanziellen Vorgaben eingehalten werden. Für die Reporter und Redakteure sind sie die wichtigsten Ansprechpartner, wenn es um eine *möglichst kostengünstige* Planung und optimale Vorbereitung geht.

Die zuverlässige Kalkulation ist eine wichtige Entscheidungsgrundlage, wenn es darum geht, ob ein Vorhaben in Angriff genommen werden soll oder nicht. Bei Eigenproduktionen von Sendern sollten in die Kalkulation einfließen:

- alle *direkten* Kosten (z. B. Honorare und Reisespesen) und nach einem bestimmten Schlüssel
- die *indirekten* Kosten/Gemeinkosten (z. B. die anteiligen Kosten für Gehälter von Festangestellten, Gebäude, Energie usw.).

Nur so erhält man eine realistische Vorstellung von den effektiven (tatsächlichen) Kosten einer Produktion.

Voraussetzung dafür ist eine *präzise Produktionsplanung*, die alle Produktionsschritte umfasst und genau ermittelt, welcher Aufwand erforderlich ist, um ein bestimmtes Produkt herzustellen. Da Fernsehproduktionen immer anders verlaufen als am Schreibtisch beschlossen, sind solche Kalkulationen natürlich mit Unwägbarkeiten behaftet.

Erfahrene Produktionsleiter können jedoch die Unsicherheiten in ihren Kalkulationen auf ein Mindestmaß reduzieren. Wenn bei einer gewissenhaften Kalkulation Produktionskosten herauskommen, die den Verantwortlichen zu hoch erscheinen, hat es wenig Sinn, einfach nur Einzelposten zusammenzukürzen und z. B. Dreh- oder Schnitt-Tage zu streichen. Die Produktion wird dadurch sicher nicht billiger, allenfalls die Etatüberziehung höher.

→ Tipp: Billiger kann eine – seriös kalkulierte – Produktion nur werden, wenn die Planung geändert wird, also Drehorte komplett entfallen, Szenen umgeschrieben oder gekürzt oder visuelle Konzepte modifiziert werden.

Bei größeren Produktionen stellt der Produktionsleiter einen oft umfangreichen *Produktionsplan* (vgl.»Filmplan, Storyboard, Drehbuch, Produktionsplan« und »An alles denken – eine Checkliste für die Produktion«) auf, in dem detailliert Drehorte, Dreh-, Schnitt- und Synchron-Tage, Vorbereitungs- und Fahrzeiten, technischer Bedarf bis hin zu Hotels, Ansprechpartnern und Telefonnummern aufgeführt sind. Grundlage einer solchen Planung ist natürlich ein enger *Dialog* mit Redaktion und Autoren, dem Kameramann und anderen Mitgliedern der Produktionscrew.

Information ist ein zentraler Begriff bei jeder wirtschaftlichen Produktionsplanung, denn nur wer umfassend informiert ist, kann sein Know-how auch optimal einbringen. Deshalb sollte *frühzeitig* mit dem Produktionsteam überlegt werden, wie die konkrete Aufgabe möglichst effizient gelöst werden kann. Als häufigste Klage ist nämlich aus den Produktionsbereichen eigentlich aller Sender zu hören, dass man von diesem oder jenem Sonderwunsch nichts gewusst habe und die Realisierung nunmehr schwierig, zumindest aber teuer sei.

Bei kleineren Produktionen, vor allem im aktuellen Bereich, ist die Vorbereitung zwangsläufig wesentlich summarischer. Die Aufgabe des Produktionsleiters fällt in der Regel dem Reporter zu, der neben seiner journalistischen Arbeit auch eine Menge Organisationstalent entfalten darf.

Bei aller Eile und allem Stress sollte jedoch auch bei kurzen aktuellen Beiträgen eine Art Produktionsplanung vorliegen und mit dem Team besprochen werden. Zusammen mit der Produktionscrew kann dann sehr schnell ein Drehplan mit Drehorten, Fahrstrecken und -zeiten, Arbeits- und Pausenzeiten aufgestellt werden, der allen Beteiligten eine halbwegs verlässliche Zeitdisposition ermöglicht.

Kurzfristige Änderungen sind im Aktuellen natürlich an der Tagesordnung (vgl. »Filmplan, Storyboard, Drehbuch, Produktionsplan«).

Die Arbeitszeit der Beteiligten ist wichtigster Kostenfaktor in jeder Produktionsplanung. Längere Drehzeiten belasten die Etats in der Regel stärker als teures Spezial-Equipment. Deshalb geht es bei der Produktionsplanung immer in erster Linie darum, die Produktionszeiten (und damit die Personalkosten) zu minimieren.

Die Dreharbeiten auf möglichst wenige Orte konzentrieren, weil bei Produktionen mit verschiedenen Drehorten die *Reisezeiten* sowie die *Auf- und Abbauzeiten* erhebliche Kosten verursachen. An den Drehorten selbst sollte die Zeit jedoch nicht zu knapp disponiert werden. Denn wenn wegen einer unrealistisch engen Zeitplanung das Produkt qualitativ zu wünschen übrig lässt und sogar ein *Nachdreh* fällig wird, war die Sparsamkeit in finanzieller Hinsicht ein Eigentor.

→ **Tipp:** Wer nur wenige Produktionstage zur Verfügung hat, sollte sich also genau überlegen, ob er wirklich jeden zunächst eingeplanten Drehort ansteuern muss. Oft sind Interviewpartner bereit, eine kleinere Reise auf sich zu nehmen, um ihr Interview an einem Ort zu geben, an dem das Team ohnehin arbeitet. Eventuelle zusätzliche Reisekosten für den Gesprächspartner rechnen sich da allemal.

Sequenzen für andere Beiträge an einem Ort gleich mitzudrehen, ist unter ökonomischen Gesichtspunkten sinnvoll. Wenn wegen einiger weniger Einstellungen ein anderes Kamerateam einige Tage später nochmals mehrere Stunden auf der Autobahn zubringt, dann ist das sicher viel teurer, als wenn man diese Bilder gleich mitgedreht hätte.

Kleinere Teams. Die Größe des Produktionsteams ist neben der Produktionsdauer natürlich unter Kostengesichtspunkten auch entscheidend. Bei allen Sendern gibt es die Tendenz, hier den Rotstift anzusetzen und die Kosten durch eine weitgehende Verkleinerung der Teams zu senken.

Das 2-er-Team (Kamera, Videotechnik/Ton) ist bei aktuellen Produktionen Standard geworden. Oft ist der Reporter auch mit nur einem Kameramann oder einer Kamerafrau allein unterwegs. Und nicht wenige aktuelle Beiträge werden mittlerweile von *Kamera-Reportern/Video-Journalisten* produziert, die als 1-Mann-Team komplette Beiträge abliefern. Zudem wurden die durchschnittlichen Produktionszeiten deutlich gesenkt.

Video-Journalisten (vgl. Kapitel »Als Video-Journalist arbeiten«) werden inzwischen von fast allen Sendern regelmäßig eingesetzt.

Out-Sourcing – das ist die Tendenz bei den Produktionsabteilungen der meisten Sender – ob öffentlich-rechtlich oder kommerziell. Der Stamm an festangestellten Mitarbeitern soll verringert und dafür ein Höchstmaß an Leistungen von außen eingekauft werden. Für Spezialaufgaben – etwa bei der Beleuchtung oder Beschallung – werden schon sehr lange und regelmäßig externe Firmen hinzugezogen, da die Anstellung eigener Fachkräfte unwirtschaftlich wäre. Inzwischen ist es aber üblich geworden, auch im Alltagsgeschäft regelmäßig externe Kräfte, etwa als Kameraleute, einzukaufen.

Komplette Produktionen bei freien Produzenten in Auftrag geben – dazu sind mehr und mehr auch die öffentlich-rechtlichen Sender übergegangen. Bei solchen Auftragsproduktionen liefert der Produzent zu einem Festpreis ein sendefertiges Band. Teilweise werden dabei auch Beistellungen des Senders, z. B. die Bereitstellung eines Tonstudios, vereinbart.

➜ Tipp: Viele (meist) kleine Produktionsfirmen mit Arbeitsplätzen auch für Journalisten sind dadurch entstanden.

Immer wieder vorgebracht wird das Argument, dass eine extreme Rationalisierung oder der Ankauf von Produktionen zu Dumping-Preisen zwangsläufig Auswirkungen auf die Qualität haben müsse. Das Beispiel zahlloser *»Quick-and-dirty«-Produktionen* scheint diesen Verdacht zu bestätigen. Doch der Zusammenhang zwischen Aufwand und Qualität ist keineswegs so zwingend, wie es auf den ersten Blick scheint.

Die Schnelligkeit einer Produktion wird angesichts einer immer schärferen Konkurrenz mehr und mehr zum Qualitätsmaßstab. Zu lange Produktionszeiten stellen einen Konkurrenznachteil dar. Ein aktueller Beitrag mag handwerklich noch so perfekt gedreht und geschnitten sein – er wird vom Publikum als zweitklassig empfunden, wenn er einen Tag zu spät läuft.

Die Vorstellungen von »handwerklicher« Qualität haben sich auch gewandelt. Waren früher die perfekte Ausleuchtung von Szenen und eine spielfilmartige Kameraführung vom Stativ Qualitätskriterien an sich, so wird heute oft mehr Wert auf *Authenti-*

zität gelegt. Vielen Redaktionen und Autoren geht es heute darum, bei der Berichterstattung möglichst wenig einzugreifen in das Ereignis, über das berichtet wird. Was oft nur mit einem Minimum an Personal zu erreichen ist.

Beim »großen« *Dokumentarfilm* (vgl. dort) und ganz speziell im relativ neuen Genre der »*Doku-Fiktion*« fordern allerdings herausragende Produkte nach wie vor ihren Preis.

Welcher zeitliche, personelle und technische Aufwand für eine Produktion erforderlich ist, lässt sich also niemals schematisch beantworten. Von Fall zu Fall muss letztlich die Redaktion entscheiden, wie viel ihr ein bestimmtes Produkt wert ist.

Archive, Bibliotheken, Dokumentationsstellen

Klug beraten ist jeder junge Fernsehjournalist, der sich beizeiten darüber informiert, wie ihm Archive, Bibliotheken und Dokumentationsstellen bei seiner Arbeit helfen können. Denn diese sind das *Gedächtnis der Gesellschaft* und damit für den Journalisten wichtige Partner und Quellenbasis. Mit ihrer Hilfe wird vieles schneller von der Hand gehen. Und manches geht auch gar nicht ohne sie, wie z.B. die zeithistorischen Dokumentationen.

Auf Bilder aus dem Fernseharchiv greift die BR-Fernsehredakteurin Simone Schneppensiefen (vgl. »Autoren«) stets in folgenden Fällen zurück:

- bei Nachrufen, Jubiläen, Geburtstagen, Preisverleihungen und um die Entwicklung einer Institution oder die Karriere einer Person darzustellen.
- bei Rückblicken aller Art (Jahresrückblick, Fortschritt von Bauarbeiten) oder sog. B-Stücken (vgl. »Bericht/Reporterbericht«) zu einem aktuellen A-Stück (z.B. die schlimmsten Lawinenunglücke der letzten Jahre, wenn sich gerade ein großes neues ereignet hat).

- bei Hintergrund- und Erklärstücken, z. B. die Entwicklung eines Themas wie die Gesundheitsreform. Neutrale Bilder etwa von Arztpraxen und Krankenhäusern werden dazu aus Zeit- und Geldgründen meist nicht neu gedreht (vgl. »Erklärfilm, Rausschmeißer und andere Kurzformen«).
- bei Berichten über Pressekonferenzen oder Parlamentsdebatten, um die Themen, die dort behandelt werden, auch im Bild darzustellen. Archivbilder gelten hier zwar nur als Notbehelf, aber es fehlen häufig die Zeit und die Möglichkeit, neue zu drehen.
- immer dann, wenn es zu aufwendig oder teuer ist, selbst zu drehen, so z. B. für Bilder von Operationen im Krankenhaus oder für Motive aus anderen Ländern.

Unterschiedlich organisiert sind die Archiveinrichtungen von Unternehmen zu Unternehmen: mal gibt es zentrale Anlaufpunkte für alle Medienarten, mal sind die Archive separat nach Auftrag (Video-, Schall- oder Pressearchiv) organisiert. Sie unterscheiden sich auch in Anzahl und Umfang der Bestände teilweise deutlich voneinander. Folgende Archiveinrichtungen stehen bei vielen Rundfunkanbietern zur Verfügung:

Film-/Videoarchive stellen archivierte Sendungen, Beiträge oder Teile daraus (Klammerteile) sowie in begrenztem Umfang archivwürdiges Drehmaterial (also nicht gesendetes Restmaterial) zur Verfügung. Darüber hinaus sichern sie das Programmvermögen langfristig als zeitgeschichtliches Quellengut.

ARD und ZDF haben ein gemeinsames Regelwerk Mediendokumentation verabschiedet, um die formale und inhaltliche Erschließung aller Bestände sicherzustellen. Es soll in allen ARD-Sendern und beim ZDF einen einheitlichen Dokumentationsstandard gewährleisten. Auf dieser Basis aufgebaute Datenbanken und digitale Archive (die darüber hinaus eine Vorschaufunktion für das Bildmaterial haben und auch das hochauflösende

Sendematerial in Form von Files speichern und für die Wieder-verwendung bereitstellen) ermöglichen heute einen umfassen-den und komfortablen Zugriff auf die archivierten Sendungen vom Redaktionsarbeitsplatz aus.

Die Sender der ARD kooperieren darüber hinaus untereinander und nutzen fast alle das gemeinsame Fernseh-Datenbank-An-wendungssystem FESAD. Recherchiert werden kann im We-sentlichen nach zahlreichen formalen (u. a. Titel, Sendedatum, Produktionsnummer, Material) und nach den folgenden inhaltli-chen Aspekten:

- sachthematischen und
- bildmotivischen.

Die elektronisch gespeicherten Informationen stehen in einem sogenannten *Online*-Verbund zur Recherche jeweils direkt vor Ort (fast) allen öffentlich-rechtlichen Rundfunkanstalten zur Ver-fügung. Mittels *Crossrecherchen* ist damit ein schneller Über-blick auf das für Produktionszwecke verfügbare Programmver-mögen möglich.

Innerhalb der Mediengruppe RTL Deutschland ist die info-Network GmbH als Produktionsfirma für die Nachrichten und Magazine zugleich für die Archivierung und Dokumentation der Nachrichten-, Magazin- und Sportformate der Sender RTL, n-tv und VOX verantwortlich. Das News-Archiv in der Kölner Zentrale der Mediengruppe hält darüber hinaus ausgewähltes Rohmate-rial zu fast allen relevanten Themengebieten bereit. Die Außen-studios und Regionalgesellschaften verfügen zusätzlich über eigene Archive mit regionalem Schwerpunkt.

Die Unterhaltungsformate (Fremd- und Eigenproduktionen) wer-den in einem Programmarchiv dokumentiert und archiviert, das von dem technischen Gruppen-Dienstleister CBC GmbH betrie-benen wird.

Die ProSiebenSat.1-Gruppe hat das DokuCenter als gemein-sames Produktionsarchiv für die aktuellen Formate. Dort wird das Material der Sender SAT.1, ProSieben und kabel eins doku-mentiert, archiviert und recherchiert. An die zentrale Datenbank sind auch die Regionalstudios von SAT.1 angeschlossen. Somit kann man von einem Standort aus im gesamten Datenbestand des Verbundes benötigtes Material recherchieren und bestellen. Die multimediale Plattform macht es außerdem möglich, dass über das webbasierte Archivsystem die Beiträge aller Redaktionen und der sonstige Bestand der Senderfamilie am Arbeitsplatz recherchiert, gesichtet und bestellt werden können.

Die Einführung digitaler Produktions- und Bearbeitungsverfahren hat auch im Archivbereich erhebliche Vorteile für Journalisten und Produktion bewirkt: Digitale Archive bringen Arbeitserleichterung, Zeitgewinn und Kostenersparnis. Wo die digitale Erfassung und Vernetzung bereits so weit abgeschlossen ist, können die Bestände nicht nur in Form *textlicher Referenzen* (also schriftlichen Informationen wie z. B. Abstracts, kurzen Inhaltsangaben) genutzt werden; zusätzlich stehen auch die dazugehörigen *Bild- und Tonsequenzen* unmittelbar am Arbeitsplatz zur Verfügung. Damit kann die Bewertung, Selektion und Weiterverarbeitung von Filmausschnitten und Ton-Material ohne umständliche Bereitstellung von MAZ-Bändern und deren Transport gleich am Redaktionsschreibtisch oder in Produktionsräumen stattfinden.

Die Wiederverwendung und Weiterverwertung von Produktionen oder Programmteilen ist allerdings unterschiedlich kompliziert und aufwendig. Bei den *aktuellen* Beständen, einschließlich der von der EBU (vgl. »Nachrichtenfilme bearbeiten«) oder von den internationalen Agenturen übernommenen Beiträge, sind meist nur in geringem Maße rechtliche Einschränkungen zu beachten. Sie betreffen im Wesentlichen den Persönlichkeitsschutz. Bei der Zweitnutzung von *fiktionalen* und *künstlerischen* Produktionen bestehen dagegen oft erhebliche urheberrechtliche Hindernisse und Auflagen (u. a. Lizenzen). Generell – so auch bei der Nutzung von Archivmaterial – ist die journalistische Sorgfaltspflicht zu beachten.

Urheberrechtshinweise werden immer wichtiger und sollen immer häufiger an allen Arbeitsplätzen gleich zusammen mit den Informationen über das Archivmaterial abrufbar sein. Wo das nicht oder nicht umfassend genug der Fall ist, informieren die Film- und Videoarchive bei der Auswahl der Programme und Klammerteile die Benutzer darüber.

Ist das Material nicht frei, müssen die Honorar- und Lizenzabteilungen die Urheberrechtsfrage und die Abgeltung klären.

Bildarchive halten Fotos und andere Bildmaterialien zur Verfügung. Sie sind in der Regel wenigstens nach

- geografischen,
- biografischen und
- sachthematischen

Gesichtspunkten erschlossen und weisen meist auch das *Copyright* nach. Teilweise sind zu Bildern auch kleine Beschreibungstexte verfügbar.

Die Bestände werden in elektronischen Informations- und Speichersystemen erfasst, verwaltet und bereitgehalten. Dadurch können sie über das Computernetzwerk z. B. direkt in die Redaktionen und zur Bearbeitung auch in die Grafik, zum Bildschnitt oder in die Sendung geschickt werden.

In- und Auslandsstudios werden via Internet bzw. Intranet mit dort benötigten Bildmaterialien versorgt.

Häufiger wird in den Sendern nur noch ein begrenzter, stark genutzter Bestand an Bildern vorgehalten. Die übrigen werden bei Bedarf in kurzer Zeit aus externen Bilddatenbanken beschafft.

Pressearchive versorgen die Journalisten in allen deutschen Rundfunkanstalten mit Zeitungsartikeln und Informationen u. a. durch Bereitstellung leistungsfähiger Informationssysteme. Auf gezielte Fragestellungen an das Archiv erhalten die Journalisten die gewünschten Unterlagen und Auskunft über Fakten, die aus den Materialien ermittelt worden sind. Bei einigen Sendern beliefert das Pressearchiv regelmäßig die Moderatoren mit Material oder bringt selbst Themenvorschläge in die Redaktionssitzungen mit ein. Manche Archive geben periodisch *Vorschaudaten* für Programmplaner und Redaktionen heraus.

Externe (fachspezifische) Datenbanken stehen über spezielle Datenbankanschlüsse oder via Internet zusätzlich zur journalistischen Recherche zur Verfügung, wenn die eigenen Quellen nicht ausreichen. Selbstverständlich wird auch generell das Internet genutzt.

Geschulte Dokumentare helfen den journalistischen Nutzern in allen Archiven. Im Prinzip müssen die Fernsehjournalisten aber selbst mit den elektronischen Informationssystemen vertraut sein, so dass sie die Datenbanken selbständig für die eigene assoziative Informationsgewinnung nutzen können.

Recherche-Teams oder Dokumentationsredakteure werden bei größeren Produktionen oder wichtigen/kritischen Beiträgen (z. B. für politische Magazine) eingesetzt. Bei mittel- und langfristiger Programmplanung können die Recherchegruppen häufig lange vor Beginn der eigentlichen Arbeit an einem Projekt – sozusagen in der *Vorrecherchephase* – Informationen bereitstellen.

Direkt vom Schreibtisch. Abhängig vom Fortschritt der Digitalisierung und interner Vernetzung sind bei fast allen Sendern Artikel aus Presse-Datenbanken und andere Informationen aus den Archivsystemen direkt am Arbeitsplatz von den Journalisten recherchierbar, egal ob im Büro, im Schnittraum oder dem Studio. Auch Studios oder Auslandskorrespondenten-Büros haben diese Möglichkeiten.

Bibliotheken haben einige Rundfunkanstalten. Über Fernleihe besorgen sie gewünschte Bücher auch von außerhalb.

(Gesonderte) Schall-Archive gibt es vor allem bei den ARD-Sendern. Dort sind die Hörfunk-Sendungen und in großer Zahl kommerzielle Tonträger für die Musikwellen erfasst, dokumentiert und gespeichert. Bilder findet man da nicht; aber gute O-Töne, Geräusche und Musiken helfen auch Fernsehjournalisten oft weiter.

Benutzerordnungen regeln den Umgang mit Archiven. Es gibt sie in fast allen Rundfunkanstalten – eine *Pflichtlektüre* für den Fernsehjournalisten. Sie enthalten Hinweise zur Ausleihe ebenso wie Bestimmungen über Ansicht und Abklammerung, Kopieren und Reproduzieren von Bild-, Film- und Videomaterial. Sie informieren darüber, wie das Genehmigungsverfahren (z. B. bei der Benutzung von Film- und Videokopien) geregelt ist. Für Volontäre gibt es meist Einführungskurse, Praktikanten müssen sich in der Regel selbst informieren.

Axel Bundenthal, der Leiter des ZDF-Bereichs ABD (Archiv, Bibliothek, Dokumentation) gibt jungen Journalisten folgende Ratschläge:

- Verlasse Dich nie auf nur eine Quelle (alte BBC-Weisheit).
- Archive sind Hilfswerkzeuge für guten Journalismus – ein Ersatz für die eigene engagierte Recherche sind sie nicht.
- Ein Tag für das Lernen der Archivbenutzung, spart viele Stunden ergebnislosen Suchens.

Einen Fernsehbeitrag realisieren

Im Team arbeiten

Informieren, interessieren, motivieren – so einfach ist es, im Team erfolgreich zusammenzuarbeiten. Der Fernsehjournalist, also der Reporter/Realisator/Autor gibt dabei den Ton an, denn in seinem Kopf existiert bereits die Story.

Was der Fernseh-Journalist braucht, sind nämlich *Mitdenker*, vom Kameramann bis zum Beleuchter, und das zum frühestmöglichen Zeitpunkt. Sie wollen in der Regel auch gern mitreden, wenn man sie einweiht, das Thema mit ihnen diskutiert, gemeinsam überlegt, wie man es am besten auf den Bildschirm bringt – und dabei ehrlich einräumt, dass andere, selbst die jüngsten Kamera-Assistenten ziemlich häufig gute Ideen haben. Rechthaberei bringt da wenig; auf den Dialog im Team kommt es an.

Reporter oder Kameramann. Unbestreitbar bleibt, dass der Kameramann zuständig ist, wenn es darum geht, journalistische Aussagewünsche in Bilder umzusetzen. Der Kameramann arbeitet, auch unter künstlerischen und ästhetischen Gesichtspunkten in hohem Maße eigenverantwortlich. Der *angestellte* Kameramann gilt dann als Teamchef, wenn der Reporter *freier Mitarbeiter* ist.
Der Reporter freilich hat viel früher bereits an dem geplanten Beitrag zu arbeiten begonnen.

Eine Checkliste für die Produktion empfiehlt sich für den Reporter, denn er sollte bei der Vorbereitung des Drehs wirklich an alles denken – und das sind viele unterschiedliche Dinge (vgl. »An alles denken – eine Checkliste für die Produktion«). Das Wichtigste von dem, was im Folgenden grundsätzlich dargestellt wird und vieles mehr, ist dort noch einmal knapp und übersichtlich zusammengefasst.
Das Team bildet sich bei der gemeinsamen Abfahrt.

Ein EB-Team (Elektronische Berichterstattung) besteht in der Regel aus dem *Kameramann* oder der *Kamerafrau* und einem *Assistenten* oder einer *Assistentin*. Der Kamera-Assistent bereitet die Aufnahmen vor, stellt die Ausrüstung in Absprache mit dem Kameramann zusammen, hilft draußen bei Veränderungen der Kamerastandpunkte, nimmt auch Zwischenschnitte auf und steuert den Ton aus. Zum Team gehören bei schwierigen Aufgaben zusätzlich *Toningenieur/Tontechniker* und bei Innenaufnahmen ein *Beleuchter*.

Bei der aktuellen Berichterstattung sind die Teams allerdings vielfach kleiner: Der Kameramann muss immer häufiger auch ohne Assistenten auskommen. »Licht« und »Ton« sind selten besetzt. Da springt dann der Reporter ein, der ohnehin multifunktional arbeitet – als Journalist, Regisseur, Produktions- und Aufnahmeleiter.

Für den ersten Dreh (aber nicht nur dafür) gibt die BR-Fernseh-Journalistin Andrea Mirbeth folgende Ratschläge:
- Unbedingt den Eindruck vermeiden, dass man das Fernsehen neu erfinden will.
- Andrerseits aber auch sagen, was man will, wie man es sich vorstellt. Am ehesten wird man im Stich gelassen, wenn man das nicht tut.

Konkrete Ansagen. »Dreh mir das da drüben mal«, funktioniert nur bei gut eingespielten Teams. Deshalb am Anfang lieber sagen: »Ich stell mir das als Eröffnungsbild sehr total vor« oder »Ich will eine Nahe im Profil, um es dann im Schnitt dagegen zu setzen.«

Wenn man z. B. eine schnell geschnittene Montage plant, muss man eben sagen, dass man viele z. B. nahe Einstellungen mit Perspektivenwechsel braucht. Sagt man das nicht, kriegt man am Ende einen 35 Sekunden-Schwenk!

➡ Tipp: Gehen Sie nach der Methode vor: »Das will ich im Schnitt machen … Deshalb hätte ich gern …«.

Das Team verfügt über eine ständige Ausrüstung, die im Normalfall für die aktuelle Tagesberichterstattung ausreicht. Sie umfasst: *Camcorder,* einen *Wiedergabemonitor* und das entsprechende Zubehör. Zur Standardausrüstung gehört auch das Material für kleinere Tonaufnahmen wie *Mikrofone* und *Mischpult.* Ein kleiner *Lichtkoffer* (Handlicht) ist ebenfalls vorhanden. Da diese Standardausrüstung der EB-Teams von Sender zu Sender (oder von Produktionsfirma zu Produktionsfirma) leicht unterschiedlich ist, sollte man sich darüber informieren. Bestellt die Redaktion nämlich bei der Produktion oder Disposition ein Team, dann steht nur diese Standardausrüstung zur Verfügung. Und damit sind die Möglichkeiten z. B. bei schlechten Lichtverhältnissen oder komplizierten Tonaufnahmen begrenzt.

Sonderwünsche müssen deshalb mit Produktion und/oder Disposition rechtzeitig *besprochen* und *angemeldet* werden.
Andrea Mirbeth rät dazu, dass man auch bei der Teambestellung seine Wünsche offen formuliert: »Wer nichts sagt, kann auch nicht erwarten, dass er sein Wunschteam bekommt. Also unbedingt der ›Dispo‹ sagen, wenn man viel von der Schulter oder mit speziellen Objektiven drehen will. Im Rahmen des Möglichen werden dann auch Teams mit entsprechender Erfahrung ausgesucht.« Man werde im Laufe der Zeit merken, mit wem man gut und mit wem man weniger gut »kann« – und dann versuchen, entsprechend zu buchen.

➜ Tipp: Es gibt Kameramänner, die bekannt dafür sind, dass sie gern mit Berufsanfängern drehen und auch pädagogisches Talent haben. Versuchen Sie, bei den ersten Drehs diese Kollegen und Kolleginnen zu bekommen und möglichst nicht solche, die als »nicht gerade einfach« gelten.

Beim Dreh: Bild und Ton aufzeichnen

Das auch heute noch übliche Wort »Dreh« kommt von der Filmkamera, einer Technik, die es im Fernsehen (so gut wie) nicht mehr gibt. Heute wird auf diverse Trägermedien digital aufgezeichnet (vgl. »Aufzeichnungsformate, Speicherkarten, MAZ-Bänder«). Die Analog-Technik ist inzwischen überholt. An den ersten Beitrag erinnert sich aber auch heute noch jeder Reporter, trotz moderner Technik. Nicht weil das Thema so aufregend war, sondern weil er mit so vielen Tücken zu kämpfen hatte.

Erst denken, dann drehen. Im Idealfall zeichnet der Kameramann die Einstellungen schon in der Reihenfolge auf, wie sie später im Beitrag verwendet werden sollen. Je mehr sich der Reporter diesem Ideal annähert, desto mehr nutzt er die Möglichkeiten der EB. Hat man nämlich vom Drehen ein wildes Durcheinander mit ins Studio gebracht, dann geht auch beim digitalen Schnitt noch Zeit mit dem Materialsichten verloren (dem Suchen der Einstellungen/Clips, die man für den Beitrag verwenden will).

Sparen Sie an der Anzahl der Einstellungen. Kommen Sie mit viel zu vielen Einstellungen vom Drehort zurück, so haben Sie im Schneideraum die zeitraubende Qual der Wahl. Also vorher überlegen, *wie viele* Einstellungen Sie brauchen.

Beispiel: Nehmen wir an, der Bericht soll in der Sendung eine Länge von 90 Sekunden haben. Die Einstellungen sind im Schnitt sechs Sekunden lang. Dann können Sie können 15 Einstellungen unterbringen.

➔ Tipp: Berechnen Sie immer eine Sicherheitsreserve. Also drehen Sie immer mehr Einstellungen als sie tatsächlich verwenden können.

Die Einstellungen müssen lang genug »stehen«. Besonders wenn sich ein Motiv bewegt, sollte ein längerer Ablauf gedreht werden als nachher im Bericht erforderlich. Dann kann der Cutter besser die Stellung des Motivs finden, die zum nächsten Bild passt. Bei Kamerabewegungen (Zoom/Schwenk) das Bild am Anfang und am Ende »fest« (ohne Bewegung) stehen lassen (vgl. »Bildsprache: Zoom, Kamerafahrten, Gänge und Schwenks«).

Die Kontrolle der Aufnahme am Drehort ist ein großes Plus. Kameramann und Reporter können an Ort und Stelle überprüfen, ob die Einstellungen etwas geworden sind. Die Ausrede des Reporters, er habe einen schlechten Kameramann gehabt, der ihm diese oder jene Einstellung »versaut« habe, zählt bei der EB nicht. Wenn eine Einstellung danebengegangen ist, sofort wiederholen! Ist dies nicht mehr möglich (weil z. B. der Staatsgast abgeflogen ist), muss sich der Reporter wohl oder übel ein neues Konzept einfallen lassen. Die meisten EB-Kameras verfügen über ein (Farb-) Display, manchmal steht ein kleiner Monitor zur Verfügung. Bei anderen Systemen ist die Kontrolle nur durch einen Blick durchs Kamera-Okular möglich. Das Sucherbild ist dort gleichzeitig als Wiedergabemonitor ausgelegt. Die Überprüfung besonders wichtiger abgedrehter Einstellungen durch den Reporter gehört zum Arbeitsalltag. Ein guter Kameramann schlägt das von sich aus vor.

Zeitgewinn durch gezielte Vorarbeit ist dann am einfachsten zu erreichen, wenn der Reporter nach einem vorher erstellten *Film- oder Drehablaufplan* arbeitet (vgl. »Filmplan, Storyboard, Drehbuch, Produktionsplan«). Im aktuellen Betrieb reicht häufig allerdings die Zeit nicht aus, einen genauen Drehablaufplan zu schreiben. Dann müssen es auch einige schnelle *Stichworte* tun, mit denen der Reporter auf dem Weg zum Drehort oder kurz vor Beginn des Drehens seine Vorstellungen festhält – notfalls auf einer Papierserviette.

Dieser Notdrehplan mit Angaben über Text und Bilder dient zum einen dazu, dem Kameramann die eigenen Vorstellungen über die benötigten Bilder zu erläutern, zum andern als Gedächtnisstütze. Der Satz des alten Konfuzius »Selbst blasse Tusche ist besser als das beste Gedächtnis« bewahrheitet sich, wenn der Reporter merkt, dass er wichtige Einstellungen vergessen hat.

Folgende Dinge braucht der Fernsehreporter also beim Dreh: *Bleistift* (möglichst mit Radiergummi), *Papier* (möglichst DIN A 4) auf einem *Klemmbrett* (weil man dann auch auf dem Schoß im Auto oder am Drehort schreiben kann), *Stoppuhr/notfalls auf dem Handy* (um den Text an die Länge der Bildsequenzen anzupassen, zu »timen«).

Ein Protokoll des Drehablaufs schreibt der Fernsehreporter, wenn er überhaupt keinen oder nur einen Notdrehplan zur Verfügung hat. Das Protokoll muss vier Informationen enthalten: Bildmotiv, Einstellungsart, ungefähre Länge der Einstellung und Zeit des Einstellungsbeginns. Die Zeitangabe für das Speichermedium 1, 11. Minute, 5. Sekunde kann man so notieren: 1/11:05. Beispiel: Für eine Pressekonferenz könnte ein Drehablaufprotokoll (Shotlist) so aussehen:

```
1/11  05 Sprecher am Rednerpult zum Thema    groß
```

```
1/11  50 Zuschauer Dreier-Gruppe             halbnah
```

```
1/12  02 Zwischenschnitt Fotografen nah      nah
```

```
1/12  10 Saalübersicht                       Totale
```

Solch ein Protokoll kann außerdem noch kurze inhaltliche Informationen festhalten, z. B. ein Stichwort zu welchem Thema der Redner zu einer bestimmten Zeit gesprochen hat oder welche Version einer vielleicht mehrfach gedrehten Einstellung beim Schnitt verwendet werden soll.

Der Timecode hilft beim Wiederfinden gedrehter Einstellungen. Er ist ein elektronisches Zeitsignal, das (parallel zur Bild- und Tonaufzeichnung auf einer gesonderten Spur) aufgezeichnet wird. Der Timecode wird unterteilt in Stunden, Minuten, Sekunden und »Frames« (= Bilder, 25 in der Sekunde). Beim Schnitt kann man mit Hilfe dieser Angaben eine bestimmte Einstellung wiederfinden. Voraussetzung dafür ist allerdings, dass sich der Reporter die Zeit wenigstens auf die Minute genau aufgeschrieben hat.
Besonders bei Veranstaltungen mit langen Reden oder Diskussionen ist dieses Verfahren sehr nützlich. Im Schneideraum gibt dann der Cutter die Zeitangaben in die Schnittsoftware/den Schnittcomputer, und die entsprechende Stelle wird direkt wiedergefunden.

Real-Time. Beim Timecode gibt es zwei Möglichkeiten, die je nach EB-Einsatz unterschiedlich angewendet werden können:

- Entweder wird am Anfang der Aufzeichnung das Zeitsignal auf Null gestellt und dann eine fortlaufende Timecode-Zeit aufgezeichnet. Bei jedem Anhalten des Recorders hält auch die Timecode-Zeit an. Die Länge der Aufzeichnungen entspricht am Ende der Timecode-Zeit.
- Oder die tatsächliche Uhrzeit wird als Timecode-Zeit (*Real-Time*) aufgezeichnet. Ist z. B. der Reporter während einer langen Rede irgendwo im Saal unterwegs, dann notiert er einfach die Uhrzeit, wenn er einen wichtigen Satz hört. Er findet ihn später nach der Real-Time am Schnittrecorder sofort wieder.

→ Tipp: Die Zeit des Recorders nach der Uhr des Reporters stellen.

Speichermedien richtig beschriften und fortlaufend nummerieren – das erleichtert das Wiederfinden und verhindert Verwechslungen. Zur korrekten Beschriftung gehört: Titel, Datum, der ungefähre Inhalt und die Sendung und/oder die Redaktion, für die der Beitrag vorgesehen ist, Kostenstelle und Produktionsnummer.

Vor Ort sendefertig aufzeichnen – das kann zweckmäßig sein, wenn die Zeit besonders knapp ist. Während die Sendung bereits läuft, kann der Reporter dann noch mit seinem Beitrag im Funkhaus eintreffen, weil eine Nachbearbeitung nicht mehr erforderlich ist. Eine andere Möglichkeit besteht darin, ein so vor Ort produziertes Stück mit einer *Window-Unit* (siehe weiter unten) oder *SNG* (Satellite News Gathering, vgl. »Journalistischer Arbeitsplatz SNG und Ü-Wagen«) in eine Live-Sendung einzuspielen. Auf die Nachbearbeitung im Funkhaus oder vor Ort wird der Reporter aber nur verzichten, wenn die Nähe des wahrzunehmenden Ereignisses zum Sendetermin ihn dazu zwingt oder er, beispielsweise in Fällen der Auslandsberichterstattung, keine Studiotechnik zur Verfügung hat.

Zwei verschiedene Arbeitstechniken kann man beim Dreh in solchen Fällen anwenden:
- Die eine besteht darin, zuerst die Bilder Einstellung für Einstellung in der gewünschten Reihenfolge nacheinander auf-

zuzeichnen. Die Bilder müssen also zusammenpassen, die Bildanschlüsse stimmen. Auch in der richtigen Länge müssen die Einstellungen aufgenommen werden. Texten und Sprachaufnahme erfolgen danach ebenfalls am Drehort.

- Umgekehrt geht man bei der anderen (selteneren) Methode vor: zuerst den Text schreiben (den man vielleicht schon auf der Fahrt zum Drehort vorstrukturiert), dann die Sprachaufnahme machen, die man anschließend Einstellung für Einstellung bebildert.

Eine Window-Unit kann in vielen Fällen von Direkt-Übertragungen den großen Aufwand mit teuren Übertragungswagen ersetzen. An der Kamera wird ein Sender mit Signalverstärker angeschlossen. Mit Hilfe einer Parabolspiegelantenne wird von einem hochgelegenen Dach oder Fenster (daher der Name) eine Antenne auf dem Dach eines Funkhauses oder auf einem Umsetzer (Fernsehturm) angepeilt. Auf dieser »Strecke« (Richtfunk) wird der Bericht übermittelt. Der Einsatz der Window-Unit ist aber nur dort möglich, wo sich ein Umsetzer oder das Funkhaus in näherer Umgebung befindet, da die Senderleistung der Anlage begrenzt ist. Auch als Außenstelle für einen Übertragungswagen kann die Window-Unit eingesetzt werden.

Die Window-Unit der EB wird auf zwei verschiedene Arten genutzt: Der Reporter kann sich vom Ort des Geschehens in eine laufende Sendung *einschalten* oder seinen Beitrag überspielen und im Funkhaus für eine spätere Sendung *aufzeichnen* lassen. Oft geht es dabei um Interviews oder Statements.

Fly-away-Einheiten haben völlig neue Wege in der Fernsehberichterstattung eröffnet. Hierbei handelt es sich um mobile Erdfunkstationen, die mittels einer faltbaren Parabolspiegelantenne von fast jedem beliebigen Punkt der Welt einen Fernsehsatelliten im Orbit anpeilen können. Ausgerüstet mit einem Satellitentelefon und einem Generator zur Stromversorgung hat der Reporter quasi seine Sendestation für Live-Berichte im Handgepäck. Der Schnitt-Laptop, der daran angeschlossen wird, ermöglicht es dem Reporter, komplett fertig gestellte Beiträge in die Zentrale zu überspielen.

File-Transfer, die Übertragung von Bild- und Tonmaterial und ganzer Beiträge via Internet, gewinnt im Fernsehalltag immer mehr an Bedeutung. Dabei werden die Daten beim Absender extrem komprimiert und verschlüsselt, um beim Emfänger dekomprimiert und entschlüsselt zu werden. Die Vorteile liegen in der Einsparung teurer Leitungskosten für Satellitenübertragungen und in der weltweiten Verfügbarkeit des Internets. Nachteilig für Reporter und Redaktion ist die lange Übertragungszeit (für einen 2-Minuten-Beitrag bis zu zwei Stunden).

Immer synchron ist der Ton bei der Aufzeichnung, also genau zum Bild passend. Denn auf den Speichermedien werden Bild und Ton ja zusammen aufgezeichnet.

Der Ton hat seine Tücken auch bei der EB:

■ Meist sind die Anzeigegeräte für die Tonaussteuerung sehr klein und ungenau, so dass sich die Techniker lieber auf die Aussteuerungsautomatik verlassen. Anspruchsvolle Tonaufnahmen sind damit kaum möglich.

■ Außerdem steuern die beiden Mikroeingänge je eine der beiden Tonspuren getrennt an. Will man beim Drehen also den Ton mit mehreren Mikros und in einer Vormischung aufzeichnen, braucht man ein Zusatzmischpult, das mit dem Recorder verbunden ist. Eine typische Situation dieser Art ist ein Interview, bei dem sowohl der Reporter als auch der Gesprächspartner ein Ansteckmikrofon erhält.

Ton-Spuren. Für die Ton-Aufzeichnung hat sich folgende Regelung durchgesetzt:

■ Beim Dreh: Auf den Spuren 1 und 2 wird der *IT-Ton* aufgezeichnet (= *International Sound Track*), d.h. Atmo/Atmosphären- und Originaltöne.

■ Bei fertigen Beiträgen/Sendungen in Mono wird so verfahren: Auf Spur 1 ist der *Sendeton* (ST = die komplette Mischung aller Töne) aufgezeichnet, auf Spur 2 der IT-Ton.

Für Stereo-Sendungen gilt: Spuren 1 und 2 für ST und Spuren 3 und 4 für IT. Wer als Videojournalist oder Kamerareporrter arbeitet (vgl. Kapitel »Als Videojournalist arbeiten«), muss das wissen.

EB-Kamera

Für den EB-Bereich (Elektronische ›Außen‹-Berichterstattung) werden Kameras mit integriertem Aufnahmegerät, *Kamera-rekorder (Camcorder)* eingesetzt. Damit spielt neben der eigentlichen Kamerafunktion, der Wandlung von Bildern in elektrische Signale, die Frage nach der Art und Weise der Bildspeicherung im Camcorder eine ausschlaggebende Rolle.

Digitale Camcorder und Formate haben sich statt der analogen Geräte in der Fernsehproduktionstechnik etabliert. Sie tragen zu einer erheblichen Verbesserung der technischen Bildqualität bei.

IT-basierte Produktionssysteme (IT = Informationstechnologie) sorgen zusätzlich dafür, dass die klassischen MAZ- und Video-Systeme verdrängt worden sind, und zwar analoge wie digitale. Sie sind nämlich mit diesen Produktionssystemen (Schnitt, Weiterbearbeitung) nur relativ aufwendig zu vernetzen (vgl.»Aufzeichnungsformate, Speicherkarten, MAZ-Bänder«). Gegenüber den klassischen MAZ-Systemen (**M**agnetische Bild-**A**ufzeichnung) eröffneten sich durch diese Entwicklung viele funktionale Vorteile, wie z. B. der nonlineare Schnitt oder die Nutzung von Datennetzen (Internet) für die Übertragung von Videomaterial vom Drehort zum Sender. Das bedeutet aber leider nicht, dass die Vielfalt der MAZ-, Daten- und Aufzeichnungsformate abnimmt. Viele Generationen von EB-Kameras, Speicher- und Bearbeitungssystemen existieren nebeneinander und sind hinsichtlich der Daten- und Speicherformate untereinander nur eingeschränkt oder gar nicht kompatibel.

Digitale Speichermedien, wie Festplatten oder Speicherkarten, sind erheblich teurer als Videobänder (MAZ-Bänder). Deshalb wird es bis auf weiteres nicht möglich sein, beliebig viele solcher Speichermedien bereit zu halten. Das hat einen unmittelbaren Einfluss auf den Umgang mit dem Drehmaterial. Um die notwendige Anzahl der teuren Speichermedien (Festplatten

Professioneller Schulter-Camcorder PDW-F350L (Sony) zur Aufzeichnung auf Professional Disc-Medien, verwendet also kein Band mehr, sondern eine rotierende Scheibe. Umschaltbar zwischen den hochauflösenden (High Definition-) und den Standard-Formaten (SD). Außerdem umschaltbar auf verschieden lange Aufzeichungszeiten (bis zu 120 Minuten) bei unterschiedlichen Qualitäten. Guter Workflow, d. h. das Material ist schnell in Bearbeitungssysteme zu übertragen. Ergänzende Informationen zum gedrehten Material können mit auf die Scheibe gespeichert werden.

oder Speicherkarten) in den Camcordern zu begrenzen, werden sie nach dem Einspielen in die Speicher (Server) des Bearbeitungssystems rasch wieder gelöscht und für weitere Aufnahmen verwendet.

Drehmaterial, das archiviert werden soll, muss dann vom Bearbeitungssystem auf Videoband ausgespielt oder – soweit vorhanden – unmittelbar in ein digitales Archiv eingespielt werden.

Retro Loop heißt eine Funktion die erst mit der Einführung digitaler Speichersysteme möglich geworden ist. In dieser Betriebsart schreibt der Camcorder fortlaufend, für einen einstellbaren Zeitraum (z. B. 10 Minuten), seine Bilder auf den digitalen Speicher. Ist die eingestellte Zeitspanne zu Ende, läuft die Aufnahme weiter und überschreibt die jeweils ältesten Bilder. Damit wird eine Szene (z. B. die Tür eines Verhandlungsraumes) fortlaufend überwacht. Betätigt der Kameramann nun den eigentlichen Aufnahmeknopf, weil ein erwartetes Ereignis beginnt, dann »merkt«

sich der Kamerarecorder was in den Minuten zuvor stattgefunden hat und schreibt alle weiteren Aufnahmen nicht mehr in den »Retro Loop«-Speicher.

Im Field-Einsatz (also beim Außen-Dreh) werden an einen Laptop angeschlossene Camcorder eingesetzt, z. B. Avid Xpress HD, Final Cut Express oder Sony Vegas (s. Abbildung).
Der Journalist kann von einer XDCAM-Kamera das Material sehr schnell auf den Laptop übertragen und dort schneiden. Es ist aber auch möglich, das Material nur in Sichtungsqualität auf dem Laptop zu speichern, um vor Ort oder auf der Rückfahrt vom Drehort nur den Rohschnitt zu machen oder die Bilder zur nachfolgenden Bearbeitung im Funkhaus mit Informationen für den Schnitt oder den Text zu versehen.

Laptops (kleine tragbare Computer) haben die bisherigen mobilen Schnitt-Systeme weitgehend ersetzt. Das digitale Bildmaterial wird vom Camcorder in die Laptops eingespielt und vor Ort nonlinear (also mit unmittelbarem Zugriff auf jede gedrehte Einstellung) bearbeitet. Kommen bandlose Speichersysteme zum Einsatz (also z. B. Speicherkarten), dann können auch diese unmittelbar an den Laptop angeschlossen werden.

Beiträge überspielen. Es ist nicht nur möglich, *Beiträge* auf den Laptops *unmittelbar vor Ort zu bearbeiten,* sondern sie können auch vom Laptop aus *per Satellit oder über das Internet an den Heimatsender übertragen werden.*
Abhängig von der Qualität eines digitalen Übertragungsweges lassen sich die Beiträge *»echtzeitunabhängig«* übertragen, das heißt schneller oder langsamer als ihre eigentliche Spieldauer. Moderne Kodierungsverfahren, die Bilddaten bei akzeptabler Bildqualität enorm reduzieren, helfen dabei, auch weniger

leistungsfähige Übertragungswege, wie z. B. das Internet oder Telefonleitungen zu nutzen, wenn die Aktualität es erfordert.

→ Tipp: Gute Kenntnisse im Umgang mit Computern, dem Internet und den Netzzugängen sind in diesem Zusammenhang wichtige Voraussetzung für den Reporter vor Ort.

Die Lichtempfindlichkeit kann elektronisch so gesteigert werden, dass auch in schwierigen Lichtsituationen noch Aufnahmen bei ungefähr 60 Lux (Kerzenlicht) möglich sind. Diese Funktion nennt man »gain«.

Durch die CCD-Bildaufnahmechips (Charge Coupled Device) wird die Lichtempfindlichkeit der Kamera im Wesentlichen bestimmt. Die professionellen EB-Kameras arbeiten in der Regel mit drei CCD-Bildaufnehmern, die für die drei Farbauszüge rot, grün und blau notwendig sind.

Zusätzlich steigern lässt sich Lichtempfindlichkeit mit der *»Lens on chip«-Technik,* mit der moderne CCD-Kameras arbeiten. Dabei ist auf jedem einzelnen Photosensor (CCD-Bildaufnehmer bestehen aus einer Vielzahl von Photosensoren) eine Miniatur-Sammellinse aufgebracht. Diese Sammellinse macht die Kameras um etwa eine Blendenstufe empfindlicher. Damit sind akzeptable Aufnahmen sogar noch bei einem Lux möglich.

Weißabgleich. Nicht selten wird der Fernseh-Journalist von seinem Kameramann gebeten, irgendeine rein weiße Unterlage (und sei es die Rückseite seines Produktionsplanes) vor die Kamera zu halten und auf diese Weise beim Weißabgleich zu assistieren. Hierbei wird die Kamera an die Lichtverhältnisse (Farbtemperaturen) angepasst. Dies ist nötig, weil es der Kamera (anders als dem menschlichen Auge) nicht möglich ist, bei unterschiedlichen Lichtverhältnissen weiße Flächen immer als weiß zu erkennen. Bei falscher Einstellung (also ohne Weißabgleich) kann die Farbbalance gestört werden. Weiße Flächen, wie z. B. Schnee oder Wolken, erscheinen dann leicht eingefärbt.

Diesen Anpassungsvorgang führt die Kamera automatisch durch. Der Kameramann muss dazu jedoch die Kamera auf eine weiße Fläche in der aufzunehmenden Szene halten und den automatischen Weißabgleich auslösen.

Einen kontinuierlichen Weißabgleich können neuere Kameras machen. Die Kamera ermittelt dabei automatisch und fortlaufend jede Änderung der Farbtemperatur des Lichts und stellt sich sofort selbständig darauf ein. Das ist z. B. der Fall, wenn der Kameramann einen Schwenk in einem Raum bei Kunstlicht beginnt und ihn im Freien auf Tageslicht beendet.

Mit einem Schwarzabgleich reguliert man zusätzlich den Schwarzanteil des Bildes so, dass ein schwarzes Objekt nicht bunt, sondern schwarz erscheint.

Aufzeichnungsformate, Speicherkarten, MAZ-Bänder

Die digitalen Fernsehbilder werden auf Speichermedien aufgezeichnet, die auch der Fernsehjournalist kennen sollte.

Bandlose Speichersysteme für die Bild- und Tondaten sind heute in der EB-Berichterstattung und den Funkhäusern die Regel: Festplatten, Speicherkarten, Speicherscheiben (z. B. Blue Laser Discs) und Disksysteme.

Die MAZ- oder Videobänder spielen immer weniger eine Rolle im Fernsehbetrieb. Zum einen finden sie sich aber noch in riesigen Mengen in den Rundfunkarchiven, zum anderen werden sie gelegentlich noch im Bereich der mobilen Aufnahme mit Camcordern (vgl. »EB-Kamera«) verwendet. *Digi-Beta* der Firma Sony ist ein MAZ-Format, das sich für die Aufzeichnung digitaler Videosignale in den Fernsehbetrieben durchgesetzt hatte. Es ist auch heute noch gelegentlich anzutreffen.
HD CAM der Firma Sony ist ein MAZ-Format, das *HDTV-Signale* (High Definition Television, hochauflösendes Fernsehen) speichern kann und für die HDTV-Produktion eine Rolle spielt.

Bei der Aufzeichnung im DV-Format (Digital Video) haben sich im Wesentlichen zwei digitale Beschreibungsformate für Videodaten durchgesetzt. Sie bilden die Grundlage unterschiedlicher Gerätefamilien.

- das *DVCPRO*-Format der Firma Panasonic (*DVCPro 25/50* für SDTV und *DVCPro 100* für HDTV)
- die *DVCAM*-Geräte der Firma Sony.

Beiden Bilddatenformaten liegen Reduktionsverfahren zugrunde, mit denen die Menge der zu speichernden Bilddaten begrenzt wird.

Das MPEG-Verfahren (entwickelt von der **M**oving **P**icture **E**xperts **G**roup) kann die Datenmenge zusätzlich dadurch reduzieren, dass nur noch sog. Schlüsselbilder komplett übertragen werden. Die Bilder dazwischen werden aus Informationen neu berechnet, die lediglich inhaltliche Änderungen in Bezug auf die Schlüsselbilder beschreiben. Auf dieser Grundlage arbeiten die Sony-Formate

- *Betacam SX* und *IMX*.

Für leistungsfähige Reduktionsverfahren, die bei der *HDTV-Produktion* eine zunehmende Rolle spielen, sind folgende Datenformate Beispiele:

- *AVC-Intra* (Panasonic),
- *XDCAM HD422* (Sony) und
- *DNxHD* (AVID).

Drei Systeme (»Gerätefamilien«), mit denen häufig gearbeitet wird, sind:

- *XDCAM.* Digitale Geräte dieser Sony-Serie verwenden optische Speicher-Medien (Blue Ray Disc, Professional-Disc). Die Gerätefamilie umfasst Camcorder, Studiorecorder sowie mobile Disc-Recorder und Disc-Laufwerke für den Außeneinsatz. Die Speicherkapazität einer Professional Disc entspricht einer Aufzeichnungsdauer von knapp zwei Stunden für DVCAM-kodiertes Bildmaterial.
- *P2* von Panasonic arbeitet mit Festkörperspeichern (Speicherkarten). Es gibt damit in den P2-Geräten keine mechani-

schen Laufwerke für Bänder oder Scheiben mehr. P2-Spei-
cherkarten sind auch an jedem beliebigen Computer (Laptop)
zu lesen, der eine entsprechende Schnittstelle besitzt.
Die Gerätefamilie umfasst: Camcorder, stationäre und mobile
P2-Recorder und P2-Lesegeräte mit Computeranschluss.
Jeweils fünf P2-Speicherkarten kann der Camcorder gleichzeitig aufnehmen und unterbrechungsfrei der Reihe nach beschreiben. Karten, die bereits beschrieben sind, können im
laufenden Betrieb ausgetauscht werden. Die max. Speicherkapazität der P2-Karten entspricht einer Spieldauer von ca.
40 Minuten.

- *Editcam,* digitaler Camcorder, bereits in den 90ern gemeinsam
  entwickelt von Ikegami und Avid (CamCutter), inzwischen in
  der vierten Generation, schreibt Bilddaten auf so genannte
  Fieldpacks, die mit *Wechselfestplatten* oder *CF-Karten* (Compact Flash) bestückt sind.

Weitere wesentliche Systeme (auch ältere) und zusätzliche Informationen zur Speicherung von Fernsehdaten im Online-Auftritt von »Fernseh-Journalismus«. 🖥

Mikrofone

Kleinere Tonaufnahmen macht der *Kameraassistent.* Bei schwierigen Tonaufnahmen gehört ein *Tontechniker* zum Team. Dennoch kommt es (immer häufiger) vor, dass der Journalist bei Tonaufnahmen helfen muss. Schon deshalb sollte er auch etwas
über die Mikrofone wissen. Sie entscheiden weitgehend über die
klangliche Qualität einer Tonaufnahme. *Die Art der Schallquelle*
(ob Musik, Sprache oder Geräusche aufgenommen werden sollen) sowie Drehort und Aufnahmebedingungen bestimmen, für
welche Mikrofone man sich entscheidet.
Hat der Kameramann den Bildausschnitt festgelegt, muss »der
Ton« überlegen, wo er welche Mikrofone wie anordnet.

Die Richtcharakteristik sorgt dafür, dass der Schall vornehm-
lich aus einer bestimmten Richtung aufgenommen wird, anderer

dafür weitgehend »ausgeblendet« ist. *Störende Geräusche* lassen sich allgemein durch Richtmikrofone abschwächen.

Kugelcharakteristik bedeutet, dass das Mikrofon den Schall von allen Seiten gleichmäßig aufnimmt. Ein Kugel-Mikrofon könnte man also beim Interview in einer mittleren Position zwischen Reporter und Interview-Partner belassen. Man müsste es nicht auf den jeweils Sprechenden ausrichten.
Die Richtungsabhängigkeit der Mikrofone dem Schall gegenüber vergrößert sich bei folgenden Richtcharakteristiken: *Niere, Super-Niere, Keule.*

Nierencharakteristik: Das Mikrofon nimmt den Schall von vorn, auch von den Seiten, kaum aber von hinten auf. Beim Interview muss man es auf den eigenen Mund richten, wenn man fragt und bei der Antwort auf den des Interview-Partners. Noch stärker auf die Schallquelle ausgerichtet sind (Richt-)Mikrofone mit Keulencharakteristik.
Beispiel: Will man ein Interview in der Nähe einer Blaskapelle aufnehmen, so übertönt die laute Musik bei einem Mikrofon mit Kugelcharakteristik das Gespräch. Durch ein Richtmikrofon mit Keulencharakteristik kann erreicht werden, dass die Kapelle außerhalb der Richtcharakteristik liegt und das Interview deutlich zu hören ist. Auch eine »Niere« wäre in diesem Fall besser als ein Kugelmikrofon.
Dasselbe gilt, wenn der Abstand zwischen Mikrofon und Schallquelle groß ist. Kommt ein Sprecher aus der »Richtkeule« heraus, verändert sich das Klangbild der Stimme bis zur Unverständlichkeit.

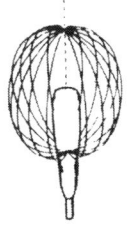
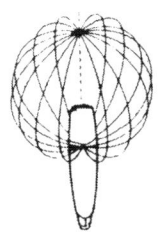

| Mikrofon mit Nierencharakteristik | Mikrofon mit Kugelcharakteristik | Mikrofon mit Keulencharakteristik |

Als Lavalier-Mikrofone werden kleine Ansteck- oder (auch) Umhänge-Mikrofone (mit Kugelcharakteristik) bezeichnet. Sie werden gern im Fernsehen verwendet, weil man sie im Bild kaum bemerkt. Außerdem bringt man sie so nah am Mund (z. B. Revers der Jacke) an, dass Störgeräusche weitgehend vermieden werden. Den Ton übertragen diese Mini-Mikrofone über einen kleinen Sender, der in der Jackentasche oder am Gürtel getragen wird. Es muss also niemand mehr »verkabelt« werden.

→ Tipp: Lavalier-Mikrofone möglichst nicht verdeckt an den Kleidungsstücken anbringen, weil Reibungsgeräusche zwischen Mikrofon und Kleidung störend wirken.

Ein (drahtloses) Mikrofon in der Hand des Reporters hat aber auch seine Vorteile: Man kann es schnell wegziehen, wenn man seinen Interview-Partner unterbrechen muss. Dauer-Redner sind so leichter in den Griff zu bekommen als wenn sie über ihr eigenes Mikrofon verfügen.

Störschall im Aufnahmefeld. Dazu gehören z. B. *Windgeräusche*. Wenn der Wind stark ist, verursacht er oft ein Knacken. Das kann durch einen Windschutz verringert werden.
Andere häufige Störgeräusche sind: Fußbodenknarren, Straßenlärm, Vogelgezwitscher, Umweltgeräusche.
Zur Isolierung solcher störenden Schallquellen können Mikrofone mit begrenzter Richtcharakteristik eingesetzt werden, um das Störgeräusch dadurch aus dem Aufnahmebereich herauszuhalten. Die Tonqualität verbessert sich auch, wenn man mit dem Mikrofon möglichst nah an die Nutzschallquelle, z. B. eine sprechende Person, herankommt und damit den Einfluss der störenden Schallquelle verringert.

Im Freien oder in Räumen, das ist bei der Tonaufnahme wichtig. Wände reflektieren die Schallwellen, so dass neben den direkten noch die reflektierten Schallwellen auf das Mikrofon treffen. Die zeitliche Differenz beider Wellen ergibt den Nachhall, der durch Richtmikrofone gedämpft wird. Er kann auch durch schallschluckende Materialien herabgesetzt werden.

Lampen und Leuchten

Beim Drehen aktueller Beiträge wird in aller Regel, wenn überhaupt, »nur kleines Licht« gesetzt. Dabei muss hin und wieder auch der Journalist helfen, wenn es in einem sparsam besetzten Team keinen Beleuchter gibt. Die wichtigsten Grundkenntnisse über Lampen und Leuchten sollte er deshalb haben. Sie helfen ihm auch dabei, lichttechnisch besonders aufwendige Drehs zusammen mit dem Kameramann oder der Dispo zu planen.

Bei der Beleuchtung, dem Licht, unterscheidet man zwischen Lampen und Leuchten (vgl. »Licht und Bildgestaltung«):

- *Lampen* (auch: Brenner oder Leuchtmittel) nennt man die Lichtquellen (die das Licht *erzeugen*). Energiesparlampen sind die am weitesten verbreiteten Lichtquellen. Für Fernsehaufnahmen gibt es sie mit unterschiedlichen Leistungen zwischen 100 W bis zu in der Regel 5 000 W beim Einsatz in Scheinwerfern. Eine freihängende Lampe strahlt das Licht nach allen Seiten aus.
- *Leuchten* nennt man die Einrichtungen, in denen das Licht der Lampen *gerichtet* wird. Für Beleuchtungszwecke ist es nämlich erforderlich, dass bestimmte Teile des Raumes stärker bestrahlt werden als andere. Dafür gibt es Reflektoren *(Schirme)* oder Linsen *(Scheinwerfer)* in unterschiedlichen Formen und Größen.

Kunstlichtlampen (Glühlicht) sind Halogenglühlampen. Sie werden bei Innenaufnahmen verwendet und sind über Dimmer stufenlos zu regeln.

Tageslichtleuchten (*Halogenmetalldampflampen,* HMI-Lampen) entsprechen dem Tageslicht, so dass sie als zusätzliche Tageslichtquellen verwendet werden. Die leistungsstarken Tageslichtleuchten dürfen nur von Beleuchtern (mit Elektrofachschein) verwendet werden. Sie reichen bis zu 24 000 W. Unabhängig von der Art der Lampen gibt es für die Lichtführung (das Richten des Lichts):

Scheinwerfer erzeugen mit Hilfe von Stufenlinsen (Fresnell-Linsen) und zusätzlichen Reflektoren ein paralleles Lichtbündel mit einem direkten harten oder weichen Licht. Ein Drehknopf ermöglicht eine mehr oder weniger starke Fokussierung, wodurch der Durchmesser des Lichtbündels (Spot oder Lichtkegel) verändert und das Licht weicher oder härter wird.

Flächenleuchten (Fluter, Breitstrahler) werden verwendet, um eine große Fläche gleichmäßig auszuleuchten (z.b. Studio, Dekoration oder Bluebox (vgl.»Journalistischer Arbeitsplatz Studio«). Sie erzeugen ein gleichmäßiges direktes Licht. Es gibt sie aber auch als indirekte Flächenleuchten, die noch weicheres Licht erzeugen, z. B. um schattenfrei auszuleuchten (was manchen Gesichtern gut tut).

Indirektstrahler liefern ein sehr weiches, schattenarmes Licht. Dafür ist die Lampe nach vorn abgeschirmt, so dass kein direktes Licht abgestrahlt werden kann.

Handleuchten (Reporterlicht) und Kameralicht (auf der Kamera anzustecken) sind ebenfalls Reflektorleuchten mit Halogenglühlampen und nur als Personenlicht geeignet, wenn das vorhandene Licht nicht ausreicht, oder um Schatten etwas aufzuhellen. Stromquelle sind immer Batterien.
Scheinwerfer und Flächenleuchten brauchen einen Stromanschluss, bei geringer Wattzahl 220 V, sonst Starkstrom (Elektrofachschein, vgl.»An alles denken – eine Checkliste für die Produktion«).

Nichtlinearer Schnitt

Die Speicherung von Bild- und Tondaten in digitaler Form auf Plattenspeichern bietet für die Bearbeitung des Materials erhebliche Vorteile. So ist es möglich, auf jedes beliebige Bild- und Tonereignis nichtlinear (= nonlinear), also direkt und kurzfristig in Bruchteilen von Sekunden, zuzugreifen. Das früher notwendige zeitaufwendige Umspulen von Videobändern entfällt. Darüber hinaus sind die gespeicherten Szenen – quasi parallel – in Form szenenspezifischer Standbilder (»elektronischer Galgen«) am Computermonitor darzustellen.

Nichtlineare Speicherung. Bandlose digitale Systeme sind in der Lage, einmal gespeicherte Bilder und Töne in beliebiger Folge kontinuierlich und unterbrechungsfrei wiederzugeben.
Die Vorteile der »nichtlinearen« Speicherung auf bandlosen Speichermedien im Gegensatz zur »linearen« Bandspeicherung macht der Vergleich deutlich, einen bestimmten Musiktitel auf Compact Disk (CD) oder auf einer Tonkassette zu suchen. Für die kontinuierliche Wiedergabe bestimmter Musiktitelfolgen muss von der Tonkassette jeweils eine Kopie mit der gewünschten Titelfolge angefertigt werden. Bei einer Wiedergabe der Musiktitel von einer CD ist lediglich der CD-Player für die gewünschte Titelfolge zu programmieren.

Auf die Festlegung der Szenenfolge reduziert sich also der digitale Schnitt. Das Produkt der Schnittbearbeitung ist eine Adressenliste der gewünschten Szenenfolge und Bearbeitungsschritte. Diese Arbeitsweise hat den Begriff der nichtlinearen Bearbeitung (nonlinear Editing) geprägt. Die Vorteile sind erheblich:

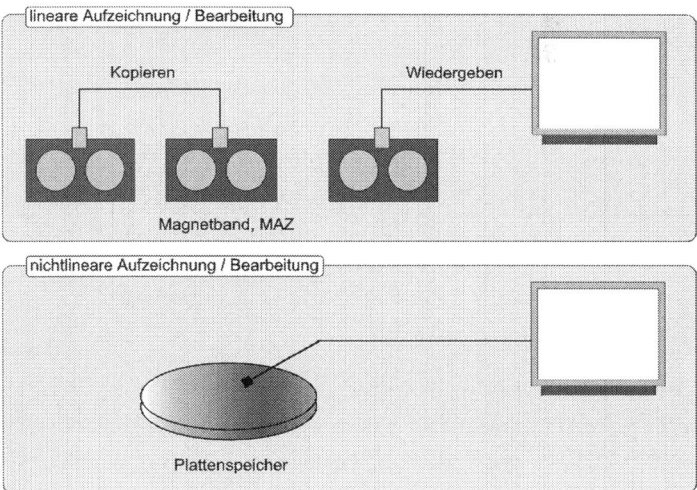

- Die Schnitte (= die Adressenliste für das Abspielen in der gewünschten Abfolge) kann in beliebiger Form jederzeit korrigiert werden.
- Ohne zusätzliche Kopier- oder Umspielprozesse sind parallele Schnittversionen (Adressenlisten) mit demselben Bild- und Tonmaterial zu erstellen.
- Innerhalb fertiger Beiträge sind Längenkorrekturen durch Hinzufügen oder Herausnehmen von Szenen bzw. Bild- und Tonfolgen problemlos möglich.

Benutzerschnittstellen, Bedienoberflächen. Die wesentlichen Bedien-Elemente (Benutzerschnittstelle) sind die Computer-tastatur und die Maus. Die einzelnen Arbeitsschritte vollziehen sich in abstrakter Form hinter einer grafischen Bedienoberfläche.

Der »elektronische Galgen« zeigt das Quellenmaterial in Form szenenspezifischer Standbilder. Eine »Timeline« repräsentiert die Schnittfolge des entstehenden Beitrags. Für die Erstellung von

Bedienoberfläche eines nichtlinearen On-Line-Systems mit »elektronischem Galgen« und »Timeline« (AVID NewsCutter)

Bild-/Tonblenden, Schriften oder für andere Bearbeitungsfunktionen öffnen sich zusätzliche Bedienfenster. Die klassischen Bedienteile der Bearbeitungspulte finden sich allesamt in der grafischen Bedienoberfläche des Computermonitors integriert.

NewsCutter und Media Composer von AVID oder *Final Cut Pro* von Apple sind die Produktnamen gebräuchlicher digitaler, nichtlinearer Schnittsysteme. Der NewsCutter ist in seiner Funktionalität auf die Anforderungen der aktuellen Berichterstattung abgestimmt, Media Composer und Final Cut Pro erfüllen auch Anforderungen jenseits der aktuellen Produktion. Der Funktionsumfang ist auf wesentliche Bearbeitungsvorgänge beschränkt. Einfache und schnelle Bedienung hat Vorrang vor komplexen Bearbeitungsfunktionen. Was in den folgenden Abbildungen anhand der Bedienoberfläche eines früheren NewsCutter-Modells von Avid gezeigt und erklärt wird, hat beispielhaft nach wie vor Gültigkeit.

Der Arbeitsablauf. Die erste Stufe ist das Einspielen des gedrehten Materials.

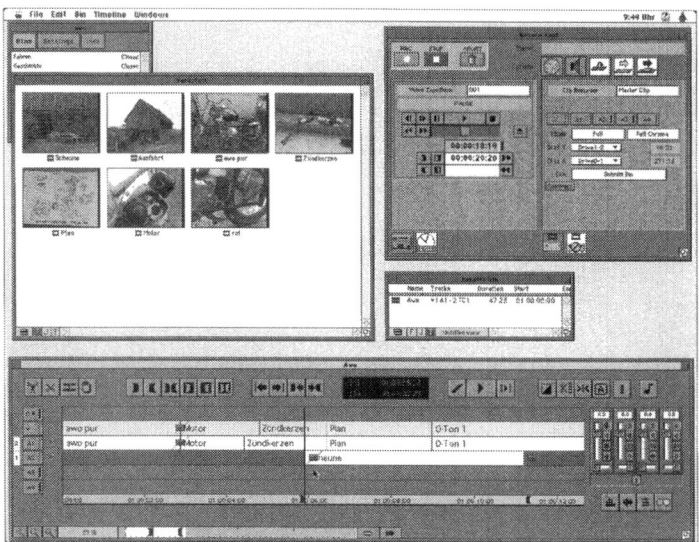

Arbeitsbildschirm beim Einspielen

Beim Einspielen wird das Quellenmaterial auf dem digitalen Plattenspeicher des Bearbeitungssystems aufgezeichnet. Das Quellenmaterial kann von den verschiedenen Speichermedien der Camcorder kommen oder es können Bild- und Tonsignale sein, die von außerhalb zugespielt werden (z. B. von einem anderen Sender/Studio oder vom Ort einer Außenübertragung, AÜ).

Mit dem Record Tool, oben rechts im Arbeitsbildschirm, wird die Einspielung des Bild- und Tonmaterials gesteuert. Im Bin-Fenster, oben links zu sehen, werden die Clips (die einzelnen Einstellungen, auch Files genannt) gesammelt. *Die Timeline,* in der unteren Bildhälfte, *repräsentiert in Form einer grafischen Darstellung die Schnittfolge.* Zwischen Record Tool und Timeline ist ein zusätzliches Bin-Fenster geöffnet, das statistische Daten zu den einzelnen Clips zeigt (Bandnummer, Timecode, Signalspuren, Titel usw.).

In der »Bin« (elektronischer Galgen) finden sich die Clips in Form repräsentativer Standbilder wieder. Am »Galgen« wurden früher beim Schnitt von Filmmaterial die einzelnen Einstellungen zum Sichten und Ordnen »aufgehängt«.
Jeweils ein Bild der entsprechenden Einstellung repräsentiert einen Clip. Unter dem Bild sind das Symbol der Clipart und der Clipname dargestellt. Die Clipart wird zusätzlich durch einen farbigen Rahmen gekennzeichnet. Werden beim Einspielen bzw. beim Schneiden keine Clipnamen durch den Bediener festgelegt, so erfolgt die Benennung und Nummerierung der Clips automatisch durch das System. *Master Clips* (Master Clip) repräsentieren die eingespielten Einstellungen, *Subclips* (Master Clip, Sub) die Ausschnitte eines Master Clips und *Storyclips* (Untitled) sind geschnittene Sequenzen.

Elektronischer Galgen mit Zusatzfunktion. Eine andere (alternativ zu wählende) Darstellungsform der Bin erlaubt die Eingabe von Texten (Journalistenmode). Im Journalistenmode ist jedem Clipbild ein Textrahmen zugeordnet. Er zeigt den Kommentar, der beispielsweise beim Einspielen zu einem Clip eingetragen

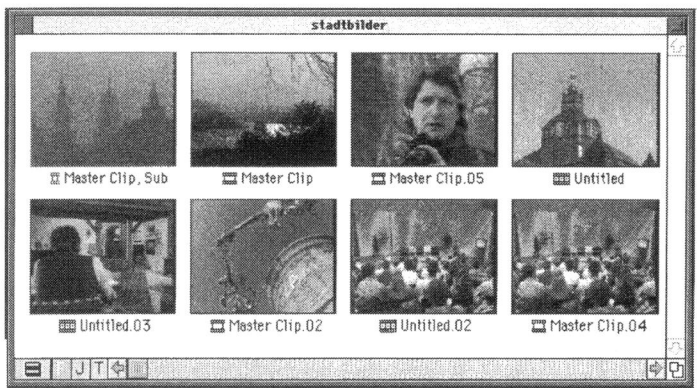

Die Bin, »der elektronische Galgen«

wurde. Auch Storyclips können beim Schneiden mit beliebigem Text versehen werden.

Schnitt. Die Bildschirmdarstellung unterscheidet sich nur geringfügig von der Bedienoberfläche beim Einspielen (vgl. oben). Neben den Fenstern der Bin und der Timeline findet sich jetzt,

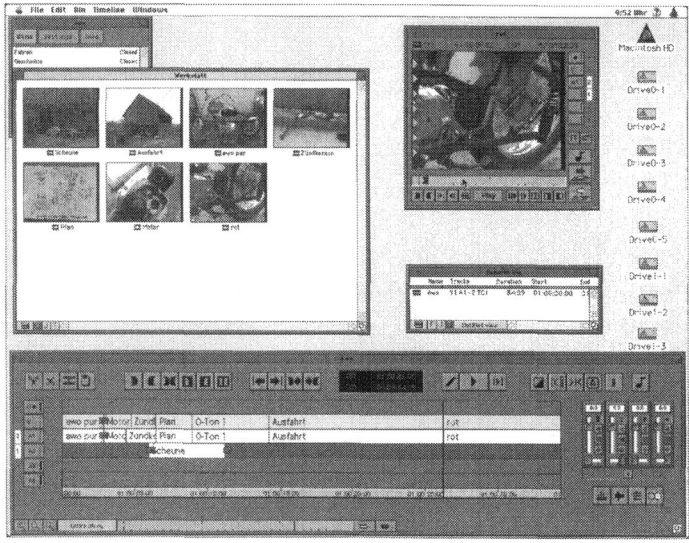

Arbeitsbildschirm beim Schnitt

anstelle des Record Tools, der *Pop-Up-Monitor* (rechts oben im Bild). Er zeigt gewünschte Bilder groß.

Beim Schnitt werden die Master Clips in der »Timeline« zu einer Story zusammengesetzt. Im einfachsten Falle werden sie hierzu aus der Bin unmittelbar mit dem Mauszeiger in die Timeline gezogen und beliebig platziert. Damit ist das einfache Aneinanderreihen von Clips ebenso möglich wie das Einfügen in bestehende Szenenfolgen.

In der Bin vorsortierte Clips (*Storyboard-Schnitt*) lassen sich auch als Gruppe in die Timeline ziehen und erscheinen dort als Schnittfolge entsprechend ihrer vorherigen Platzierung in der Bin.

Eine alternative Vorgehensweise für die Schnittausführung bietet der Pop-Up-Monitor. Einzelne Clips können hier hineingezogen, vorbereitet werden (Mark-In und Mark-Out werden gesetzt) und dann auf »Tastendruck« in die Timeline geschnitten werden. Mit dem ersten Schnittbefehl entsteht ein Storyclip, der den Beitrag innerhalb der Bin repräsentiert.

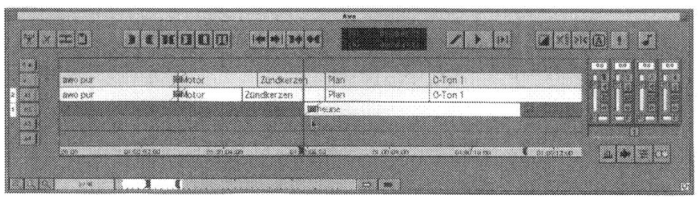

Die Timeline

Die Timeline repräsentiert das »Recorderband« des nichtlinearen Schnitts. Es zeigt

- die Signalspuren,
- die Szenenfolge des entstehenden Beitrages und
- Bearbeitungsfunktionen.

So findet sich eine Videospur für das Bildmaterial, Audiospuren für die Töne und eine Grafikspur für das Einfügen von Schriften und grafischen Elementen. Eine spurübergreifende Cursorlinie markiert die jeweils aktuelle Wiedergabeposition und kann für den schnellen Suchlauf mit der Maus über die Timeline geführt werden. Der bildweise Suchlauf wird über die Jog-Tasten der Tastatur ausgeführt. Nach einem Schnitt erscheint der jeweilige

Clip an der markierten Position in der Timeline. Jede Spur des Clips wird als Segment, versehen mit dem Clipnamen, dargestellt und kann separat bearbeitet werden. Die Trennlinien zwischen den Clips markieren die erfolgten Schnitte (Schnittpunkte).

Der Pop-Up-Monitor

Rechts vom Spurbild ist das Audio Panel mit Tonpegel- und Panoramaregler sowie Tasten für spezielle Audiofunktionen zu sehen. Darüber finden sich weitere Funktionstasten für das Einfügen von Blenden, das Aufrufen des Trim Tools (siehe unten), das Ziehen von Schnittpunkten, das Aufrufen des Title Tools und zur Nachvertonung (Voice Over-Funktion) eines geschnittenen Beitrags.

Um die Clips einzeln zu bearbeiten öffnet sich bei Bedarf das Fenster »Pop-UP-Monitor« mit einem Doppelklick auf das zugehörige Bild in der Bin. Man kann Schnittmarken setzen und *Subclips bilden*, das heißt, Teile einer Szene als separaten Clip in der Bin ablegen. Insbesondere bei längeren Leitungsaufzeichnungen, die zunächst in Form eines zusammenhängenden Clips in der Bin erscheinen, ist es wichtig, vor dem Schnittbeginn das Material in Subclips zu organisieren.

Die Korrektur von Schnittpunkten (Trimmen), das Setzen von Blenden und Trickeffekten sowie die Tonbearbeitung erfolgen jeweils nach dem Schnitt in der Timeline. Je nach Funktion öffnen sich weitere spezifische Bedienfenster.

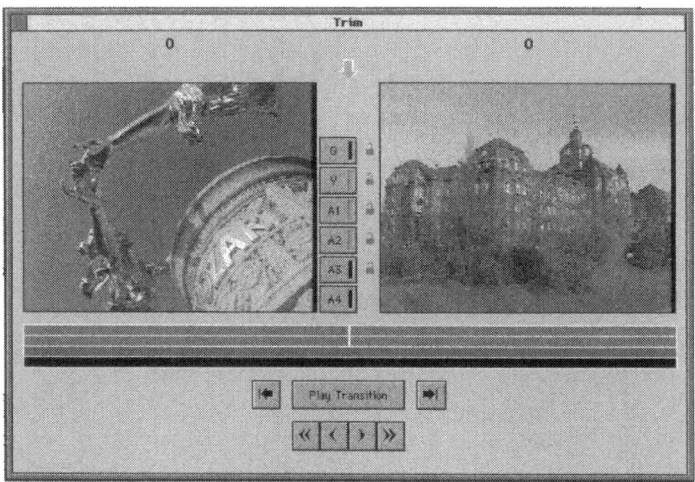

Das Trim Tool für die bildgenaue Korrektur von Schnittpunkten

Das Trim Tool erlaubt die bildgenaue Einstellung von Schnittpunkten. In den beiden Bildfenstern erscheint das jeweils letzte bzw. erste Bild der Szenen am Schnittpunkt. Das zu korrigierende Bild wird mit der Maus angeklickt, der Schnittpunkt mit den vier Trimtasten, unten im Trim Tool-Fenster, um jeweils ein oder zehn Bilder verschoben.

Zur Endfertigung wird eine Sprachaufnahme in eine Audiospur der Timeline aufgezeichnet (Voice Over-Funktion). Schrift- und Grafikelemente entstehen im Title Tool, einem integrierten Grafikprogramm und werden in die Grafikspur der Timeline eingefügt.

Datennetzwerke zur Verbindung von Computersystemen bilden die technische Infrastruktur der heutigen Informationstechnologie (IT). Mit der Digitalisierung ist auch das Bild- und Tonmaterial zu Daten geworden. Es kann damit in dem Computersystem genauso wie andere Daten behandelt werden. So wird das Datennetzwerk für den Materialaustausch zwischen den verschiedenen Arbeitsplätzen der Fernsehproduktion genutzt.

Client-/Serverstrukturen. Viele nichtlineare Bearbeitungsplätze (Clients) sind im Datennetzwerk mit dem gemeinsam genutzten Materialspeicher (Server) verbunden. Das bedeutet, dass das Bild- und Tonmaterial, wenn es erst einmal eingespielt wurde, für alle angeschlossenen Arbeitsplätze gleichzeitig zur Verfügung steht. Damit können aus demselben Material zeitgleich mehrere verschiedene Fassungen eines Beitrags geschnitten werden, z. B. ein kurzer Nachrichtenfilm (NiF, vgl. dort) und ein längerer Bericht (vgl. »Bericht/Reporterbericht«). Häufig übernehmen sog. Ingest-Server die Einspielung des Rohmaterials und Playout-Server die Ausspielung der sendefertigen Beiträge.

Grafik: Texte optisch unterstützen

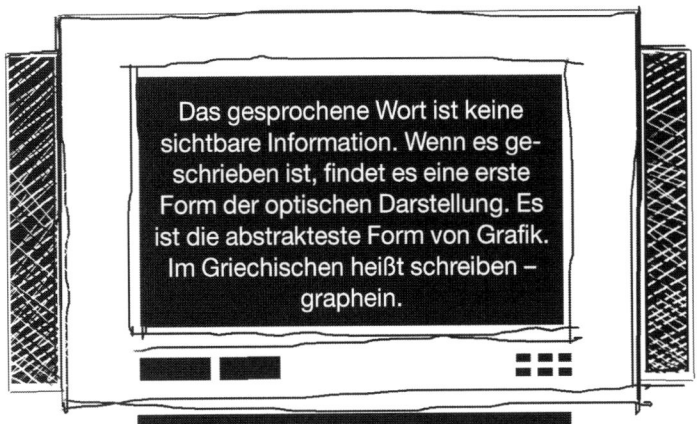

Das gesprochene Wort ist keine sichtbare Information. Wenn es geschrieben ist, findet es eine erste Form der optischen Darstellung. Es ist die abstrakteste Form von Grafik. Im Griechischen heißt schreiben – graphein.

Was für die Wortnachricht gilt, trifft auch für die Texte in vielen anderen Darstellungsformen zu (vgl. »Magazine«): Um besser und schneller verstanden zu werden, brauchen Sie visuelle Elemente zur Unterstützung. Der Journalist ist für das Wort, der Designer/Grafiker für das Bild verantwortlich. Ob z.B. Foto, Grafik, Typographie oder andere Gestaltungsformen – sie obliegen seiner ästhetischen und inhaltlichen Verantwortung. Er ist wie der Journalist der Wahrheit und der Glaubwürdigkeit verpflichtet. Beide müssen eng und bereits in einem frühen Stadium der Konzeption zusammenarbeiten. Wichtig ist als Ergebnis die größtmögliche Übereinstimmung der Informationen in Wort und Bild.

Der Designer muss alle bildsprachlichen Mittel kennen und einsetzen können. Beschaffung, Auswahl und Bearbeitung ist seine Aufgabe. Entwurf und Skizze werden auch heute noch mit dem Stift erstellt. Bei der Realisation arbeitet der Grafiker dann mit digitalen Bildbearbeitungsprogrammen und hochauflösenden Monitoren.

Die folgenden Seiten zeigen als Beispiel Möglichkeiten des Grafik-Designers, Nachrichtentexte für den Bildschirm optisch aufzubereiten. Den Text hat die Tagesschau-Redaktion zur Verfügung gestellt.

Auch für den Designer gelten die W-Fragen: Was/Wer/Wo/Wann/Warum/Wie.

Text:

①②

Bosnien

Eine neue Bosnien Kon-
ferenz hat am Nach-
mittag in New York
begonnen.
Drei Wochen nach Genf
nahmen Kriegsparteien
und Kontaktgruppen einen
neuen Anlauf, um eine
Friedensregelung zu
finden.
Trotz mehrfacher
Boykott-Drohungen
⑤ sitzt auch der bosnische
Außenminister
Sacirbey mit am
Verhandlungstisch.
Ziel der Konferenz
ist es, Grundzüge der
künftigen Verfassung
von Bosnien-
Herzegowina
festzulegen und einen
Waffenstillstand
zu beschließen.
Noch aber scheinen
die Positionen der
bosnischen Regierung
und der Serben
unvereinbar.

③ ④

Sender ① *Wann?*

Was? ①

Was? ②

Warum? Wo ③

Sprecher im Off

Wer? ④

Wer? + Warum ⑤

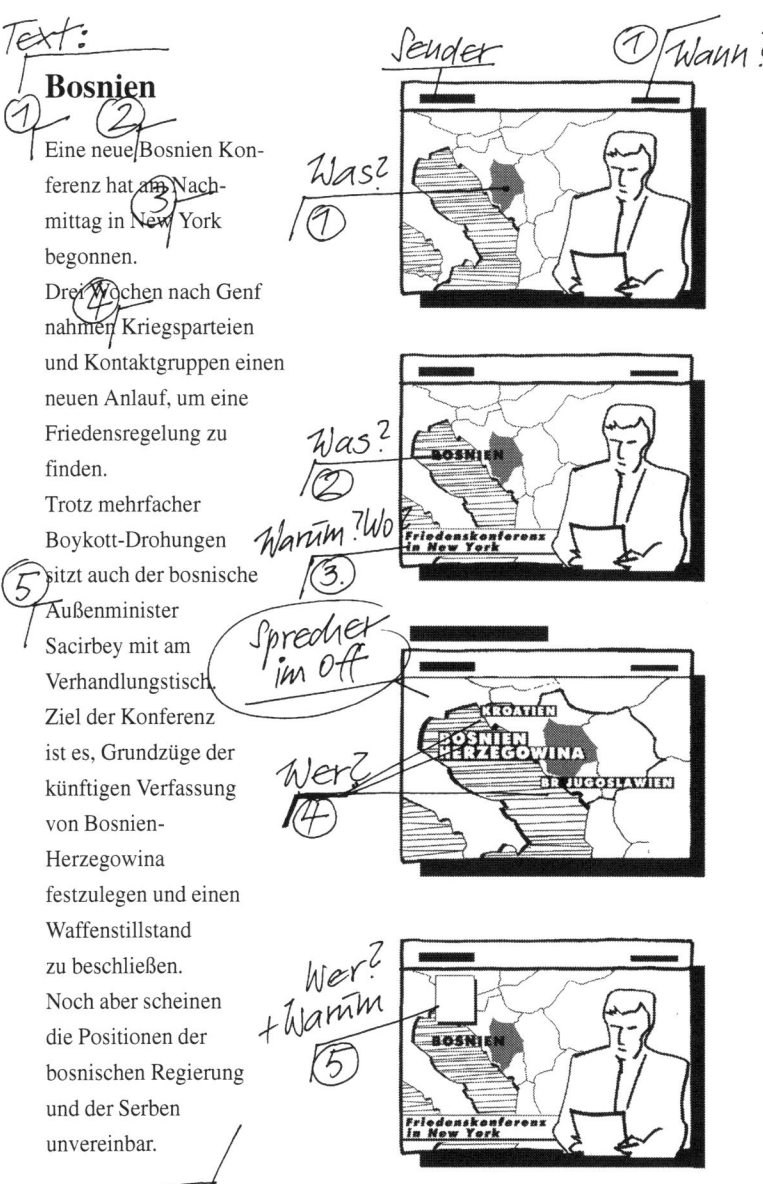

Text:

Im spektakulärsten
Prozess der italienischen
Nachkriegsgeschichte
muss sich der ehemalige
Ministerpräsident Andreotti
seit heute in Palermo
verantworten.
Dem christdemokratischen
Politiker wird vorge-
worfen, Verbindungen zur
Mafia gehabt zu haben.

Die bildsprachlichen Mittel:

Typografie   Fotografie   Grafik

Typografie, Buchstabenschreiben, Gestaltung mit Schrift: Lesbares in
Form von Untertiteln, Bauchbinden-, Namens- und Funktionsbeschrei-
bung (8), Schlagzeilen (9), Stichwortsammlung (10), Tabellen.

Fotografie, lichtgeschriebenes, lichtge-
staltetes Bild (11): Schwarz/weiß- und
Colorfotografie, Sach-, Personenauf-
nahme, Landschaftsaufnahme. Die Fotografie oder ein Standbild aus einem Video werden am häufigsten als Bildbeleg
und als Dokumentation eingesetzt. Das
Foto/Standbild allein sagt, wer oder was
abgebildet ist, eventuell wo: Aber über
Wie und Warum sagt das Einzelbild
nichts aus. Es ist austauschbar.
Erst durch den Zusatz von *Grafik* (12) erhält es unverwechselbare Aussage und
Aktualität, wird gleichzeitig interpretiert.

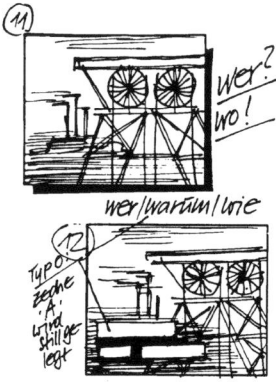

Grafik, geschriebenes Bild. *Angewandte-Freie Grafik.* (13) Bildliches in Form von Bildsymbol, Signet, Karten, Pictogramm, Statistik, Organogramm, Illustration (figürlich-abstrakt), Diagramm, Collage, Fotografik. Die Aufgabe der grafischen Bildsprache ist es, die Vermittlung von Inhalten, Nachrichten, Informationen zu unterstützen, zu stärken, zu ergänzen und aufzuschlüsseln. Da wir in einer Zeit der optischen Überfütterung leben, ist es notwendig, sorgsam mit dem Bild umzugehen und es sinnvoll einzusetzen und anzuwenden. Die geografische oder politische *Karte* (14) stellt eine räumliche oder politische Orientierung dar. Entfernung oder Zuordnung wird sichtbar, Geschichte übersichtlich. *Signets, Pictogramme, Bild-symbole* (15) sind stellvertretende Sinnbilder, Bildidentifikationen mit allgemein bekannten Vorgängen. Bildkürzel oder bildliche Kurz-formen stehen für gesellschaftliche Sparten oder Trends.

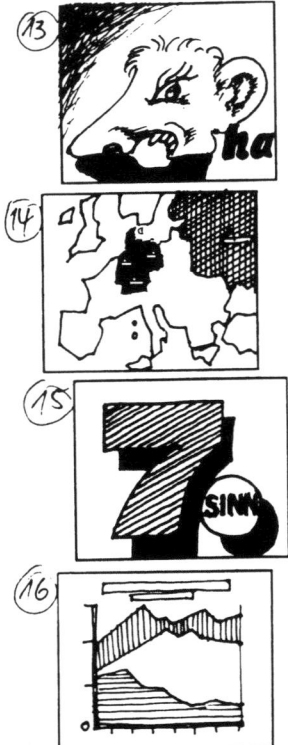

Diagramme, Organogramme und Statistiken (16) sind in sich ge-schlossene, stehende Bildaussagen aus fachbezogenen Analy-sen. Die Wirkung erhöht sich um ein Vielfaches, wenn die ord-nende, vergleichende und erklärende Funktion in zeitlicher Folge abläuft.

Bearbeitung von Originalbildern kennzeichnen: Das elektro-nische Medium mit der Möglichkeit der elektronischen Bildver-arbeitung fordert einen hohen ethischen Anspruch von dem De-signer, der sich jeder Form der Verfälschung und Veränderung von Dokumenten bewusst sein muss. Durch die elektronische Bearbeitung entstehen neue Originale, die, wenn sie subjektive Interpretationen sind, namentlich und mit dem Datum versehen, gekennzeichnet sein sollten.

Im Zusammenwirken von Sprache und unverwechselbarem Bild findet eine umfassende Interpretation statt. Zusätzlich stellt sich der Effekt der Redundanz ein. Diese Verdoppelung von Information schafft eine verstärkte Verständlichkeit.

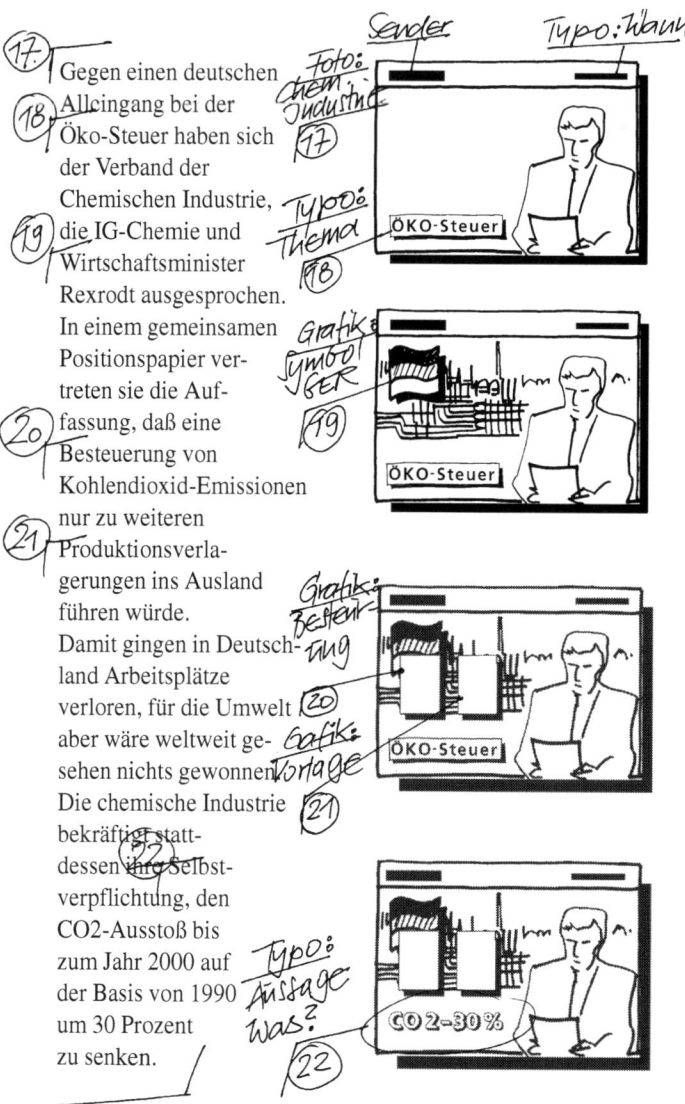

Gegen einen deutschen Alleingang bei der Öko-Steuer haben sich der Verband der Chemischen Industrie, die IG-Chemie und Wirtschaftsminister Rexrodt ausgesprochen. In einem gemeinsamen Positionspapier vertreten sie die Auffassung, daß eine Besteuerung von Kohlendioxid-Emissionen nur zu weiteren Produktionsverlagerungen ins Ausland führen würde. Damit gingen in Deutschland Arbeitsplätze verloren, für die Umwelt aber wäre weltweit gesehen nichts gewonnen. Die chemische Industrie bekräftigt stattdessen ihre Selbstverpflichtung, den CO_2-Ausstoß bis zum Jahr 2000 auf der Basis von 1990 um 30 Prozent zu senken.

Ein vollständiges
Verbot von Landminen
hat UN-Generalsekretär
Boutros Ghali gefordert.
In einer per Video
übertragenen Ansprache
an die UN-Konferenz
über inhumane kon-
ventionelle Waffen
in Wien sagte er:
Jährlich würden
20.000 Menschen durch
Minen getötet
oder verstümmelt.
Für ein Teilverbot
sprach sich der
Vertreter Deutschlands,
Staatssekretär Schäfer
aus.
So sollte die
Verwendung von Minen,
die sich nach einer
gewissen Zeit nicht
selbst zerstören,
untersagt oder zumindest
eingeschränkt werden.
Frankreich kündigte an,
die Produktion und den
Export von Anti-
Personen-Minen
auszusetzen.

Die richtige Bildsprache zu finden, hängt in erster Linie von der Zeit ab, die zur Verfügung steht. Will die Nachrichtenredaktion auf die gestaltenden, unverwechselbaren Bilder nicht verzichten, muss sie vorplanen können. Das gilt besonders für die immer häufigeren computeranimierten Grafiken. Deren Gestaltung und Umsetzung zusammen mit Mediengestaltern ist besonders zeitaufwendig.

Mit elektronischen Tricks informieren

Elektronische Tricks helfen dem Fernsehjournalisten beim Transport von Informationen. Eine bildliche Information wird beim Zuschauer aber nur dann etwas bewirken, wenn sie weder inhaltlich noch äußerlich zu einer durch nichts motivierten, erdrückenden Bilderflut entartet.

Hinzu kommt: Elektronische Tricks können einiges kosten, nämlich Vorbereitungszeit, Geld und Nerven. Eher das Gegenteil war aber der Grund für die Entwicklung so mancher Tricks: Sie sollten Zeit und Geld sparen helfen.

Die gebräuchlichen Fachausdrücke verstehen muss auch der Journalist, aber nicht nur dies: Er muss die Möglichkeiten kennen und seine Bildidee ebenso verständlich machen können, wie er umgekehrt verstehen und akzeptieren muss, warum Regisseur, Bildmischerin und Bildingenieur seine Idee vielleicht für undurchführbar erklären und wegen der beschränkten Mittel nur annähernd gleichwertige Alternativen vorschlagen.

Elektronische Tricks werden an den Mischpulten in der Bildregie der Fernsehstudios und Ü-Wagen oder an separaten Geräten realisiert. Bei den Mischpulttechniken unterscheidet man zwischen den alten PAL- oder (engl.) »Composite«-Mischern, den älteren Komponenten-»Component«-Mischern (beide nicht mehr gebräuchlich) und modernen digitalen Mischern. Dem Benutzer präsentieren sie sich aber immer als sogenannte »AB«-Mischer.

Den AB-Mischer erkennt man äußerlich an mehreren untereinander liegenden, waagrechten Leuchttastenreihen. Je zwei

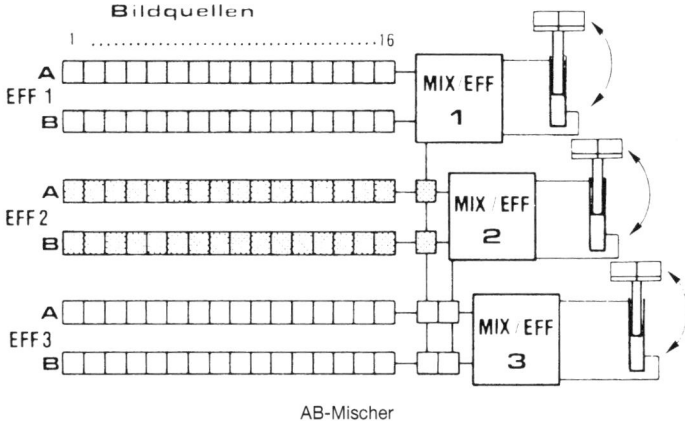

AB-Mischer

Tastenreihen sind (z. B. durch gleiche Farbgebung) als zusammengehörend zu erkennen.
An allen Tasten einer Tastenspalte (von oben nach unten) liegt jeweils eine Bildquelle an. Von links nach rechts kann man durch Tastendruck immer andere Bildquellen anwählen. Das beginnt bei den Studiokameras und geht über die Videomaschinen (MAZ), Serverkanäle und Bildspeicher bis zu den externen Bildquellen.
Hat man in zwei zusammengehörenden Tastenreihen je ein Bild A und B angewählt, so lassen sich diese beiden Bilder in dem Bild- und Trickmischer rechts davon (Mix/Effekt-Stufe) miteinander kombinieren. Dazu bedient man einen umlegbaren Hebel, mit dem der zeitliche Ablauf des Mischvorgangs gesteuert oder ein Trickeffekt gestartet wird. Mit der Cut-Taste ist auch ein Hartschnitt zwischen den Quellen A und B möglich.
Das Misch- oder Trickbild des oberen, ersten Mischers kann nun als neue Bildquelle A oder B der zweiten AB-Ebene angewählt und dort mit einem weiteren Bild B oder A kombiniert werden, bis das gewünschte Ausgangsbild erzeugt ist.

Das Fernsehbild wird Zeile für Zeile geschrieben, von links nach rechts und von oben nach unten. Mit einem elektronischen Schalter (veränderbare Umschaltzeiten) kann man in den zeitlichen Ablauf jeder Zeile eingreifen.

Auf dieser Möglichkeit beruhen sehr viele elektronische Tricks. Wird ein Bild 1 z. B. immer nur bis Zeilenmitte geschrieben und danach immer wieder auf ein Bild 2 umgeschaltet, so hat man den »Standardtrick« der senkrechten *Bildteilung* realisiert.

Standardtrick oder Wipe nennt man diese Trennung zweier elektronischer Bilder durch waagrecht, senkrecht, diagonal, balken- oder zickzackförmig verlaufende Linien und durch geometrische Figuren wie Kreise usw. Die Möglichkeiten dafür zeigt ein Leuchttastenfeld auf dem Mischpult (vgl. Abb. »Leuchttastenfeld mit Trickfiguren«).

Leuchttastenfeld mit Trickfiguren

Die Kanten der Schablonentricks lassen sich mit den erwähnten Hebeln von Hand oder automatisch über den Bildschirm verfahren, wobei von Bild 1 auf Bild 2 gewechselt oder in einer geeigneten Zwischenstellung angehalten wird.

Trickkanten sind normalerweise »hart«. Mit anderen Tricks, z. B. »Soft Edge«, lassen sich durch Mischung in einem Bereich wählbarer Breite weiche Übergänge zwischen Bild 1 und 2 schaffen.

Ein Wipe ist als »elektronische Schablone« anzusehen. In den »schwarzen« Bereich der Schablone/Trickfigur wird ein Bild 1 (in der Grafik: Bildquelle 2) eingesetzt, in den »weißen« Bereich ein Bild 2 (in der Grafik: Bildquelle 1). Digitale Schablonen in DVEs (siehe weiter unten) steigern die Effektmöglichkeiten für Bildübergänge (»Transitions«) um ein Vielfaches.

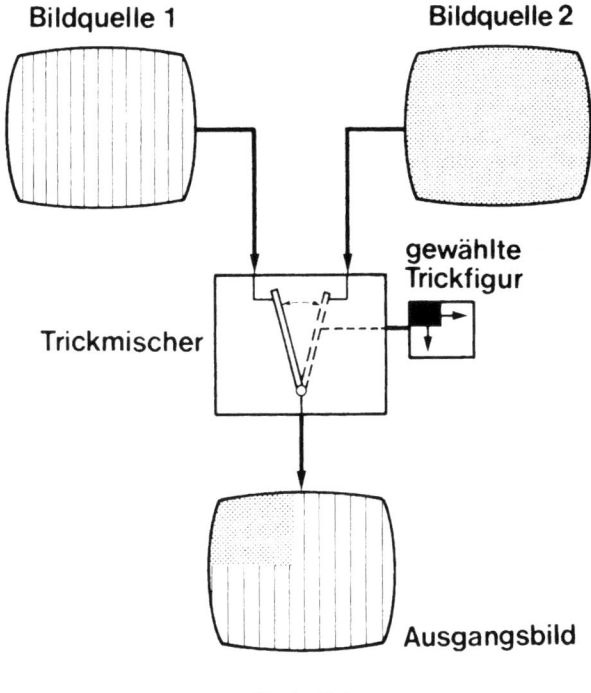

Standardtrick

327

Mit einem *Positioner* z. B., der ähnlich wie der Joystick bei funkferngesteuerten Modellflugzeugen aussieht, lässt sich eine Trickfigur auf dem Bildschirm beliebig positionieren. Ist diese Trickfigur zum Beispiel ein Querbalken, so kann man die einzelnen Zeilen eines Schriftstückes nacheinander hervorheben, indem man das Schriftbild im Bereich des Querbalkens normal hell und außerhalb noch einmal, aber dunkler wiedergibt und dann den Balken mit dem Positioner verschiebt (»Spoteffekt«, vgl. weiter unten DVE).

Von Stanzen oder Keying spricht man, wenn man aus einer normalen Bildvorlage eine elektronische Schablone herstellt und dann wie bei einer Trickfigur in den weißen und den schwarzen Bereich unterschiedliche Bilder einsetzt oder »einstanzt«.
Weist ein Schwarz/Weiß-Bild Bereiche einheitlichen Graus auf oder ein Farbbild Bereiche einheitlicher Farbgebung, so kann man diese Bereiche zum Keying verwenden: die einheitlichen Bereiche werden als »Schwarz« definiert, die restlichen Bereiche als »Weiß« (oder umgekehrt), womit man wieder eine Schablone hat, die man zum Stanzen benutzt: Weiß wird durch »den Vordergrund« ersetzt, Schwarz durch »den Hintergrund«. Hat man die Schablone aus einer Schwarzweiß-Bildvorlage gewonnen, spricht man vom *Luminance Key,* hat man sie aus einer Farb-Bildvorlage gewonnen, spricht man vom *Chroma Key* oder bei Mischpulten, die mit digitalen Signalen arbeiten, vom *Digital Chroma Key.*

Typisches Beispiel für einen Chroma Key-Trick ist der Moderator/die Moderatorin vor einer blauen Wand. Er/sie darf diese Farbe selbst nicht tragen. Die einheitliche blaue Bildfläche wird dann zu Schwarz, der/die Moderator/in zu Weiß definiert (oder umgekehrt), und in Weiß wieder der/die Moderator/in als Vordergrund (»Key Fill«), in Schwarz ein beliebiges Hintergrundbild (Film, Dia, Kamera) eingesetzt/gestanzt.
Wegen der blauen Wand, die meist für diesen Trick verwendet wird, ist auch der Ausdruck »Blue box« üblich.
Daneben ist auch die Verwendung der Farbe Grün möglich (Green box). Dass die Farbe Blau bevorzugt als Stanzfarbe benutzt wird, ist historisch bedingt. In den Anfängen des Farbfern-

sehens war eine randlose Stanze nur schwer zu erzielen. Der dabei entstandene blaue Rand war weniger störend als ein grüner Rand. Bei den heutigen digitalen Stanz- und Korrekturmöglichkeiten fällt dieses Argument nicht mehr ins Gewicht. Grün bietet wegen seines höheren Anteils am Bildsignal sogar Vorteile beim Stanzen und findet heutzutage mehr und mehr Anwendung. Theoretisch wäre auch Rot als Stanzfarbe möglich, ist aber nicht praktikabel, da es in jedem Hautton vorkommt.

Der Chroma-Key-Trick bietet in Spielszenen beim Einstanzen geeigneter Filmbilder die Illusion von Originalschauplätzen. Zusammen mit Studiodekorationen ist es möglich, fließende Übergänge zum Hintergrundbild zu schaffen. Um die Illusion räumlich vollkommen zu machen, kann man Dekorationsteile in der Stanzfarbe in geeignetem Abstand vor der Wand platzieren. Bringt man nun z. B. bei einem Torbogen Kanten der Dekoration mit Kanten im Hintergrundfoto zur Deckung, so scheint eine Person, die im Bild der Studiokamera nach hinten weg hinter das Dekorationsteil geht, wirklich im Torbogen zu verschwinden (vgl. am Schluss das »Virtuelle Studio«). Sogar die Schatten, die in einem realen Bild vorhanden wären, lassen sich mit dem Mischpult erzeugen.

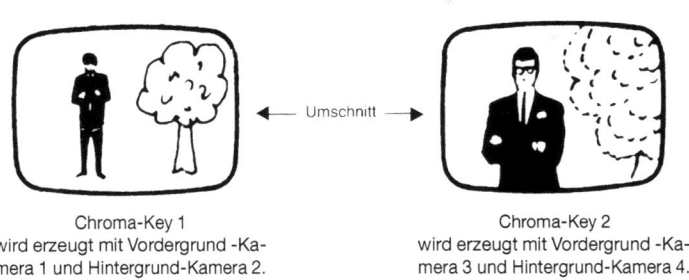

Chroma-Key 1
wird erzeugt mit Vordergrund -Kamera 1 und Hintergrund-Kamera 2.

Chroma-Key 2
wird erzeugt mit Vordergrund -Kamera 3 und Hintergrund-Kamera 4.

»Projektionsfläche« im Vordergrundbild. Seitlich hinter dem Moderator ist eine kleine »Leinwand« in einer Stanzfarbe aufgehängt, in die ein Bild formatfüllend eingestanzt werden kann. Eleganter und bequemer lässt sich ein solches Problem heute mithilfe eines *DVE* oder im *Virtuellen Studio* lösen (s. u.).

Der Übergang auf das reine Hintergrundbild kann durch das (plötzliche) »Herausschneiden« des Moderators oder sein (geisterhaftes) »Herausblenden« oder das »Heraustricken« mit einem Standardtrick vorgenommen werden. Besonders elegant ist keine dieser Lösungen, besser ist wohl ein Hartschnitt oder eine Überblendung auf eine andere Einstellung des Hintergrundbildes oder das Herausgehen des Moderators aus dem Bild.

Das Virtuelle Studio ist ein Studio, das reale Dekoration mit der virtuellen Welt kombiniert. Darin bewegen sich die Akteure und Kameras vor bzw. in einer stanzfarbenen Dekoration (z. B. blau). In diese stanzfarbenen Bildteile werden absolut synchron zu den Kamerabewegungen in Echtzeit errechnete 3D-Computerbilder als jeweils passende räumliche Ansichten eingesetzt.
Das virtuelle Studio unterscheidet sich von der einfachen Chroma-Key-Produktion dadurch, dass eine oder mehrere Kameras nicht nur starre Einstellungen liefern, sondern dass alle durch Kamerabewegungen möglichen Bildveränderungen zulässig sind. Standorte der Kameras, Höhe, Blickwinkel und Brennweiten werden einem Hochleistungsrechner zugeführt, der anhand dieser Informationen die virtuellen Hintergründe berechnet. Dies gilt auch beim Übergang von einer Kamera auf eine andere, so dass der Hintergrund entsprechend in der Perspektive gewechselt wird.

Schriften. Falls erforderlich, wird in das ansonsten fertige Sendebild als letztes die Schrift unmittelbar durch Hartschnitt oder allmählich durch weiches Einblenden eingestanzt. Dies geschieht zum einen mit einem *Schriftzusetzer* (»Downstream Keyer«), der die Schwarzweiß-Schriftbildvorlage einer Kamera als Schablone zum Stanzen in das Ausgangsbild nutzt, wobei man die Schrift auch mit Farbe füllen kann. Zum anderen kann man Schriften mit einem separaten *Schriftgenerator* (»Character Generator«) erstellen und in vielfältigster Form ins Ausgangsbild stanzen.
Ein einseitiger *Schlagschatten* (Shadow) an der Schrift, eine schmale bis breite *Schriftumrandung* (Border), nur der *Schriftumriss* (Outline) oder sogar Relief-Buchstaben (»Prägeeffekte«)

können bei entsprechender Ausstattung der Geräte bzw. des Mischpultes realisiert werden. Solche Tricks lassen sich auch bei beliebigen anderen Schablonenvorlagen effektvoll nutzen (weitere Effekte s. u. DVE).

Zeitlupe, Zeitraffer. Die »elektronische Zeitwandlung« ist besonders aus der Sportberichterstattung nicht mehr wegzudenken, vor allem weil sie sofort verfügbar ist. *Server* (digitale Massenspeicher als Plattenstapel) und *»DVTRs«, Digital Video Tape Recorders* gestatten Zeitwandlungen und auch das Rückwärtsabspielen:

- jedes Bild mehrfach (Zeitlupe),
- ein Bild immer wieder (Standbild),
- Bilder überspringen (Zeitraffer).

Einige solcher Maschinen können auch mit mehrfacher Normalgeschwindigkeit (25 Bilder/sec) aufzeichnen, also z. B. 75 Bilder/sec, so dass bei anschließender Wiedergabe mit 25 Bildern/sec eine sehr »weiche« Zeitdehnung um das Dreifache erscheint.

Digitale Videoeffekte (»DVEs«) werden mit digitaltechnischen, rechnergesteuerten Geräten erzielt, in denen feste Programme für die einzelnen Effekte gespeichert sind. Bei diesen Effekten handelt es sich um

- Bildgrößenänderungen,
- Bildverzerrungen und
- Bildverformungen.

Sie können von Hand gefahren werden oder laufen automatisch ab und sind mit Tastendruck abzurufen.

Zum Verständnis der Bildformatänderungen denke man an ein normales Fernsehbild, das zu schrumpfen beginnt, zusammengedrückt oder gestaucht wird, während im frei werdenden Bildbereich ein neues Bild auftaucht. Oder man denke an ein Bild, das sich kaleidoskopartig vervielfacht, wobei dann in einzelnen Segmenten wieder neue Bilder erscheinen, oder an ein Bild, das sich zu einem Zylinder zusammenrollt u. v. a. m.

Heute gibt es sehr leistungsfähige Generatoren für digitale Videoeffekte, die ein ganzes Feuerwerk von Möglichkeiten bieten. Dabei ist aber die Gefahr nicht zu übersehen, dass die Effekte abseits von Showsendungen nur zur reinen Spielerei gebraucht werden oder ein Eigenleben führen und für den eigentlichen Zweck der Sendung kaum mehr eine unterstützende (z. B. journalistische, erläuternde, dramaturgische o. ä.) Funktion haben.

Das Prinzip der Erzeugung digitaler Videoeffekte ist immer dasselbe: Ein »normales« Fernsehbild wird Bildpunkt für Bildpunkt in Form von digitalen Zahlenfolgen, die Helligkeit und Farbe des jeweiligen Bildpunktes (Pixels) repräsentieren, in einen digitalen »Zwischenspeicher« eingelesen. Die so adressierbaren Bildpunkte oder nur eine Auswahl davon können nun in völlig anderer, z. B. umgedrehter, gespiegelter u. ä. Reihenfolge, generell also nach ganz anderen zeitlichen und mathematischen (z. B. 3D-)Gesetzen wieder ausgelesen und so zu einem »verzerrten« Bild neu zusammengefügt werden, eben zum digitalen Effekt. Kleine Veränderungen einer solchen Verzerrung von Bild zu Bild ergeben ebenso wie beim Trickfilm die Animation,

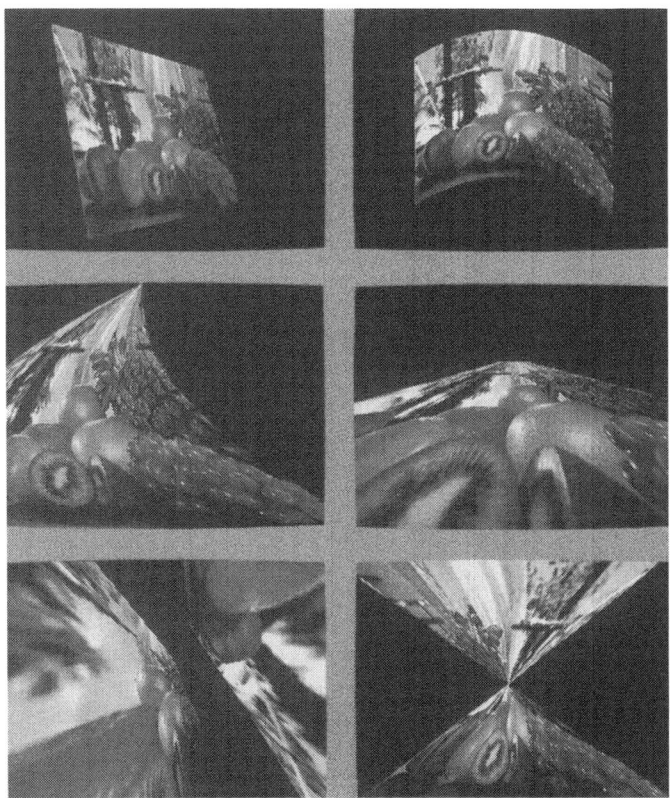

Digitale Videoeffekte (DVE)

d. h. die Bewegung eines digitalen Effektes innerhalb der Bildschirmfläche.

Computergrafik. Generell ist zu unterscheiden zwischen
- der grafischen Bearbeitung von fremden oder selbstentworfenen zweidimensionalen Bildschirm-Bildern und
- der Schaffung von dreidimensionalen Objekten auf dem Bildschirm, die dann oft noch bewegt (animiert) werden sollen.

Inzwischen sind aber 3D-Programme oft in »Mal«-Programme integriert und umgekehrt. Damit sind dann beim Benutzer einerseits die Fähigkeiten eines Bildhauers/Trickfilmers, andererseits eines Malers/Grafikers gefordert.

Paintsysteme. Ausgangspunkt der Grafik-Erzeugung auf besonders hoch auflösenden Bildschirmen sind die digitalisierten Bildpunkte eines Fernsehbildes. Sie können mit Hilfe des Benutzer-Menüs, des Grafiktabletts, des druckempfindlichen Stiftes und einer Tastatur auf verschiedenste Weisen beeinflusst werden.

Wie ein Paintsystem funktioniert, wird hier an einem Beispiel vereinfacht erläutert (die Terminologie kann sich je nach Programm ändern):

Nach dem Einschalten des jeweiligen »Malprogramm(teil)s« dient eine mit einer vertikalen Wischbewegung des Stiftes aufrufbare »Palette« zur Auswahl von Farben oder zum Vormischen von zusätzlichen Farbtönen.

Mit einer horizontalen Wischbewegung des Stiftes ruft man das Menü auf, das folgende Hauptfunktionen enthält:

- *Painting* gestattet u. a. folgende Maltechniken: Strich- und Kreidezeichnung, Sprühpistole (*Airbrush*), (transparente) Wasserfarbe und Schattierung.

- *Graphics* ermöglicht exakte »technische« Zeichnungen.

Grafikerin des SWR bei der Arbeit mit einer Paintbox. Auf Monitoren sieht sie das Ergebnis ihrer Arbeit, das sie ständig verändern und ergänzen und schließlich speichern kann.

- Mit *Effects* kann man Kamerabilder (z. B. von Logos) zu Schablonen umfunktionieren, Farben in bestimmte Helligkeitswerte des Bildes einfließen lassen, das Bild in ein »Mosaikbild« verwandeln u. a. m.
- *Paste Up* dient u. a. zum »Ausschneiden«, »Freistellen« und zum quasi dreidimensionalen »Prägen« (von Texten).
- *Animation* ist die Möglichkeit, bewegte 2D-Grafiken oder Trickfiguren zu erzeugen. Aus den bisher genannten fünf Hauptfunktionen heraus ist die wichtige Funktion *Stencil* aufrufbar, mit der sich Bildteile maskieren, Schablonen und mattierte Flächen anlegen oder Bilder in Vorder- und Hintergrundbereiche aufteilen lassen.
- Die *Library* (Bilder-Bibliothek) als Speicher- und Verwaltungssystem ist die sechste Hauptfunktion.

Computergrafiken mit Animation in Profiqualität haben große Bedeutung (s. u. virtuelles Studio). Sie werden in der Regel als Auftragsproduktionen von darauf spezialisierten Studios realisiert, die über »Workstations« mit leistungsfähigen, superschnellen Rechnern oder mehreren parallel arbeitenden Rechnern verfügen.
Diese Aufgaben werden in komplizierten, heute immer noch zeitaufwendigen (und damit teuren) Rechenprozessen gelöst.

Landschaftsdarstellungen sind ein besonderes Kapitel der Computergrafik: Im Prinzip definiert der Grafiker Bildbereiche, die eine bestimmte Landschaftsgestalt annehmen sollen, und überlässt es weitgehend dem Rechner, diese Flächen mit den für die jeweiligen Landschaften typischen unregelmäßigen Strukturen (»Fractals«) zu füllen, z. B. Gebirge, Wiesen, Wälder, Felder, Straßen, Gewässer. Solche Strukturen bestehen aus nichts anderem als kleinen, »aneinandergeklebten« Polygonen, z. B. senkrechten Strichen für Wiesen, Dreiecken für Gebirge usw., die vom Rechner wie zufällig in Größe und Schattierung geändert werden und dadurch den Eindruck von Unregelmäßigkeiten erwecken.

Die »Hohe Schule« der Computerkunst besteht in der Animation von Wasserwellen, von Niederschlägen wie Regen, Schnee, Nebel, von Windeffekten und von Faltenwurf bei Textilien in Bewegung. Für die perfekte Animation von Lebewesen ist das »Scannen« der Bewegung am lebenden Objekt (z. B. des Mienenspiels) oft noch die praktikabelste Lösung.

Sinnvoll sind Computerfilme nur dort wirklich (und finanziell gerechtfertigt), wo sie völlig neue Erkenntnisse/Erlebnisse vermitteln.
Es gibt hervorragende Beispiele von »ernsthaften« Computerfilmen mit wissenschaftlichem Charakter, z. B. über den Flug einer Weltraumsonde dicht am Kern des Halleyschen Kometen vorbei, wie man ihn in der Realität niemals zu sehen bekäme, oder von Computerfilmen mit wertvoller künstlerischer Aussage. Dagegen sind die im Raum torkelnden Buchstaben oder Logos zu den »billigen« Computergrafiken zu rechnen.

Die Verantwortlichkeit des Fernsehjournalisten ist also auch gefragt: Er/sie sollte wissen, was oder wie viel er unter gestalterischen wie unter Zeit- und Kostengesichtspunkten im Hinblick auf Tricks bzw. Effekte verlangen darf.

 Wie digitale Computergrafiken entstehen (»Online plus«)

Texten

Die Rolle des Textes ist im Fernsehbeitrag eine andere als im Hörfunk oder gar in der Zeitung (vgl. »Der Beitrag des Textes zur Information«). Es ist deshalb hilfreich, sich die Aufgabenverteilung der einzelnen Fernseh-Gestaltungsebenen klar zu machen:

- Das Bild zeigt Realität, ist dabei aber oft nicht eindeutig.
- Das Geräusch/die Atmo macht das Bild lebendig, ergänzt oder unterstreicht die Bild-Aussage (vgl. »Der Beitrag des Tons zur Information«).
- Die Musik baut Stimmung auf.

- Der O-Ton liefert authentische Aussagen wie Meinungen, Expertenwissen oder Augenzeugenberichte (vgl. »O-Töne/Statements«).
- Der Text schließlich macht den Rest und nur diesen Rest!

Was der Text also nicht machen darf:
- Er sagt nicht: `Das ist ein ...` Das ist nämlich die Zuständigkeit des Bildes.
- Er wird auch nicht sagen: `Hier ist es laut und hektisch.` Das macht das Geräusch.
- Text behauptet auch nicht: `Hier ist es unheimlich.` Das kann die Musik (zusammen mit Bild und Atmo/Geräuschen) am besten.
- Und schließlich liefert er auch nicht den Erfahrungsbericht eines Teilnehmers oder beschreibt dessen Gefühle. Das macht der besser und glaubwürdiger selbst im O-Ton.
- Der Text sollte dem Zuschauer außerdem nie vorgeben, wie er etwas beurteilen soll. Es ist viel besser, dieses Urteil durch die Gesamtheit des Films beim Zuschauer selbst entstehen zu lassen.

Was aber nur der Text kann und dazu noch richtig gut:
- Er liefert abstrakte Informationen, Daten, Zahlen und Fakten: `Seit der Funkausstellung 1967 sendet das bundesdeutsche Fernsehen in Farbe.`
- Der Text kennt die Vorgeschichte, Hintergründe und Zusammenhänge: `Gerade mal 6000 Farbfernseher gab es damals ...`
- Er ergänzt das Bild um die Information hinter dem Bild: `In der DDR dauerte es noch zwei Jahre, bis die Bilder farbig wurden.`
- Der Text muss Eindeutigkeit schaffen, für Verständlichkeit sorgen und dafür, dass keine Irritationen entstehen. Der Zuschauer soll jederzeit wissen, worum es gerade geht: `Auch in der Bundesrepublik hatten die allermeisten vorerst nichts von der neuen farbigen Fernsehwelt.`
- Er lenkt Blick und Erwartung des Zuschauers: `Im Ver-`

gleich zu heute allerdings waren die Farben
aber alles andere als brillant.

- Der Text reagiert auf das, was auf den anderen Gestaltungsebenen passiert (siehe auch weiter unten zu Störungen in
der Text-Bild-Beziehung): Nein, das ist keine Bild-
störung. So bescheiden waren sie tatsächlich,
die ersten farbigen Fernsehbilder.

Prinzipiell gilt: Nicht alle Gestaltungsebenen auf einmal!
Ein Text, der alles andere gnadenlos »zuquatscht«, verhindert den Informationsfluss.

Nur wenig Text vertragen also starke Bilder, ebenso Passagen,
in denen es etwas Interessantes zu hören gibt, sei es Musik oder
Geräusch. Wenn der Zuschauer zunächst etwas mit seinen Sin-
nen erleben kann, merkt er sich die darauffolgenden Textinfor-
mationen umso besser.

Die Text-Bild-Beziehung. Beim Zusammenspiel von Text und
Bild gibt es drei Fehlerquellen:

- Die Text-Bild-Kollision: Text und Bild widersprechen sich.
Das muss unter allen Umständen vermieden werden.
- Die Text-Bild-Schere: Text und Bild haben wenig oder nichts
miteinander zu tun. Beide Gestaltungsmittel ergänzen sich
also nicht zu einer gemeinsamen Aussage. Das sollte vermieden werden. Hin und wieder geht es jedoch nicht anders.
Vor allem in kurzen Nachrichtenfilmen muss der Text oft auch
abstrakte Informationen liefern, für die im Detail keine Bilder
vorhanden sind. Diese sich dadurch ergebende Text-Bild-
Schere darf allerdings nur über eine kurze Strecke offen sein
(je nach Filmlänge und -format maximal 10 bis 20 Sekunden)
und nie am Anfang oder am Schluss eines Films stehen.
- Die *Text-Bild-Verklebung:* Text und Bild sagen dasselbe aus.
Das muss vermieden werden, weil der Texter (oft aus Angst vor
der Text-Bild-Kollision) so eine ganze Informationsebene verschenkt. Aber noch schlimmer, er langweilt auch den Zuschauer.

Wenn das Bild also die Trümmer eines Gebäudes zeigt, darf der Text nicht so sein: Das Gebäude wurde vollständig zerstört. Stattdessen sollte er die Bild-Aussage mit Informationen ergänzen, die nicht ohnehin zu sehen sind: Das Gebäude war nach früheren Hochwasserschäden gerade erst wieder aufgebaut worden.

Schrift im Bild (z. B. einen Auszug aus einem Gesetzestext) soll der Text wörtlich aufgreifen, zumindest mit dem zentralen Begriff.

Bei Grafiken muss der Text alle Elemente eins zu eins »vorlesen«. Um der Verständlichkeit willen haben die Gestaltungsebenen Bild (grafisch umgesetzte Information) und Text ausnahmsweise also dieselbe Aussage: Im Juli waren 3 Millionen 188tausend Menschen arbeitslos gemeldet. Das sind 4000 weniger als im Juni.

➔ Tipp: Den Text für die Grafik schon schreiben, bevor die Grafik in Auftrag gegeben bzw. geschnitten wird. Nur so kann man Inhalte und Länge der Grafik exakt aufeinander abstimmen.

Die Sprache des Filmtextes muss so sein, dass er seiner Aufgabe gerecht wird, für Verständlichkeit und Eindeutigkeit zu sorgen. Deshalb:

- Fremdwörter/Fachausdrücke vermeiden oder erklären. Mit solchen (meist aus Pressemitteilungen übernommenen) Sätzen können nur Insider und Eingeweihte etwas anfangen: Im Walzwerk Völklingen ist ein neues Kühlbett mit einer direkt angeschlossenen Adjustagelinie installiert worden.
  In Formaten allerdings, die sich ausdrücklich an Insider richten (wie etwa bei der Fußball-Berichterstattung), würde es seltsam wirken, wenn »Abseits« erklärt würde, obwohl sicher nicht alle Zuschauer genau wissen, was der Fachausdruck besagt.
- Alltagstaugliche Sprache benutzen, sich also von Amtsstubendeutsch, Polizei-Sprache und Agenturfloskeln lösen. **Deshalb so nicht:** Der Verband forderte, verstärkt

Männer in den Grundschul-Lehrkörper zu integrieren. **Besser:** Der Verband forderte mehr Männer als Grundschullehrer.

- Keine krampfhafte Suche nach Synonymen. Die richtige Bezeichnung ist auch noch beim vierten Mal die richtige Bezeichnung. Redundanz dient der Eindeutigkeit. In einem Text
über das Verfassungsreferendum in der Türkei wird Tayyip Er-
dogan abwechselnd bezeichnet als: Ministerpräsident,
Regierungschef, Chef der Religiös-Konservati-
ven, AKP-Chef, Premier, und islamisch-Konservativer. Das hat zur Folge, dass die Zuschauer stark damit
beschäftigt sind, die jeweiligen Funktionen zu verstehen und
deshalb dem eigentlichen Text-Inhalt nicht mehr gut folgen
können. Es ist auch nicht so, dass man auf dem Umweg über
ein Synonym wie islamisch-Konservativer zusätzliche
Informationen in aller Kürze einschmuggeln könnte, weil der
Zuschauer sie nicht als solche wahrnimmt.

- Keine Klammern und Einschübe. Bei zweigeteilten Verben
auch den zweiten Teil nach vorne ziehen. Nicht so: Der Bundestag hat in zweiter Lesung das Gesetzesvor-
haben von Minister NN für einen tiefgreifen-
den Umbau der XY mit großer Mehrheit ... gebilligt?
... abgelehnt? ... an den Ausschuss verwiesen? Besser so:
Gebilligt hat der Bundestag ...

- Hilfsverben nach Möglichkeit vermeiden. So ist es für das
Hörverständnis meistens besser, zukünftige Ereignisse über
das Präsens zu transportieren. Statt: Der Bundestag wird
am Mittwoch in zweiter Lesung ... beraten. **Besser:**
Der Bundestag berät ...

- Ein Sinnschritt nach dem anderen. Das geht am besten in kurzen Sätzen, die deshalb grundsätzlich für den Fernsehtext zu
empfehlen sind. Möglich ist aber auch mal eine Reihe von
Haupt- und Nebensätzen, die jeweils eine abgeschlossene
Aussage transportieren: Der Schulalltag in Ruanda hat
sich sehr geändert, denn immer mehr Kinder haben inzwischen die Möglichkeit, eine Schule zu
besuchen, auch wenn einige dafür mehrere Stun-

den Fußmarsch auf sich nehmen müssen, und das bei großer Hitze und ohne ordentliche Schuhe.

- Aktiv ist oft besser (dynamischer, lebendiger und auch verständlicher) als Passiv. Allerdings ist das Passiv immer dann angebracht, wenn tatsächlich etwas erlitten wird: Die Füße werden bei dieser Wanderung ganz schön strapaziert.

- Verben sind oft besser als Substantive, vor allem besser als Substantive, die mit -ung, -ition und -heit enden. Statt auf die Berücksichtigung dieser Ratschläge zu achten, sollten Sie sie einfach berücksichtigen.

- Keine Bindestrich-Konstruktionen bei gleichen Endsilben: Er leidet unter Lust- und Appetitlosigkeit ist beim Hören nicht eindeutig. Besser: Er leidet unter Lustlosigkeit und Appetitlosigkeit.

- Auch An- und Abführungszeichen zum Kennzeichnen von Zitaten oder Ironie lassen sich nicht hören, da nutzt auch der beste Sprecher nichts. Besser ist es, Zitate deutlich anzutexten, etwa mit Er sagte wörtlich ...

- Wortbilder vermeiden, sie hängen oft schief und gelingen nur selten, denn im Film ist die Bildebene für Bilder zuständig.

- Alle »aber«, »aber auch«, »doch« überprüfen, ob wirklich von einem Widerspruch die Rede ist, oft sind es nur überflüssige Einsprengsel.

- Konkrete Informationen tun gut, geben Farbe, machen Inhalte erlebbar und glaubwürdig: 1.613 Wanderer waren bei der Volkswanderung am Sonntag am Start.

- Zahlen sind vor allem dann gut, wenn sie vergleichbar sind und in Relation stehen: Das ist allerdings ein gutes Drittel weniger als im Vorjahr.

- Bei Platzmangel mit unvollständigen Sätzen arbeiten, mit Schlagworten oder Satz-Fragmenten. Aber Vorsicht: Das wirkt schnell maniert oder es klingt nach Boulevard.

- Alle Adjektive überprüfen, ob man sie wirklich braucht: Oft findet sich die beschriebene Eigenschaft auf einer der anderen Ebenen wieder (im Bild, in Geräusch/Atmo, im O-Ton), dann ist das Adjektiv überflüssig. Wenn das nicht der Fall ist, kann es schnell als unglaubwürdig oder falsch empfunden werden, weil der »Beleg« in einer anderen Gestaltungsebene fehlt.

- Personen von links nach rechts vorstellen, Namen genau auf die Person texten. Die nötige Eindeutigkeit kann man auch durch Hinweise schaffen wie: Links im Bild, mit der roten Jacke ...

Anfang und Schluss. Am Anfang eines Films entscheidet es sich, ob der Zuschauer ihn sehen will; der Schluss ist das, was in der Erinnerung am stärksten haften bleibt. Es lohnt sich, diesen Stellen auch beim Text ganz besondere Aufmerksamkeit zu widmen.

Text-Anfang. Da der Zuschauer am besten in den Film gelockt wird, wenn er zunächst etwas sinnlich erlebt, muss der Text den anderen Gestaltungsebenen den Vortritt lassen. Er darf erst dann beginnen, wenn die Spannung aus Bild/Geräusch/Atmo/Musik nachgelassen hat, auch bei einer NIF sind das mindestens zwei Sekunden.

Bild	Ton
	Atmo Stimmengewirr. Nach ca. 1" der erste Schlag der Kirchturmuhr. Original-Atmo des Starts, lachende, rufende, anfeuernde Leute, Geräusche von vielen Schritten. Nach ca. 4" Textbeginn.

Der Text-Anfang muss auf das reagieren, was bisher zu sehen oder hören war, bzw. die Stimmung aufgreifen. Das gibt dem Zuschauer die Gewissheit, dass er und der Text »im gleichen Film« sind. Der Text gewinnt dadurch enorm an Glaubwürdigkeit. Das gilt nicht nur für den Film-Anfang, sondern auch für jeden Szenenwechsel. Beispiel:

Bild: Die ersten zwölf Sekunden zeigen ein Ruderboot auf einem See mit vielen Seerosen, ein Mann sitzt entspannt auf der Ruderbank, Umschnitt auf Gesicht des Mannes, der verträumt in die Sonne blinzelt.

Text: Man könnte denken, dass hier in Asse die Angst umgeht. Aber das ist nicht so. Martin Schmitt hat keine Angst.

Die Behauptung des Textes Man könnte denken wird durch nichts gestützt, der Zuschauer ist irritiert und der Film hat es schwer, ihn wieder »einzufangen« und auf das Thema »Atommülllager in der Nachbarschaft« einzustimmen.

→ Tipp: Sich vor dem ersten Satz klar machen, was am Anfang zu sehen, zu hören und spüren ist und das dann aufgreifen. So wäre der Text sofort verständlich, wenn auch eine Warntafel oder ein Kühlturm im Bild zu sehen wären.

Die Vorstellung, man könne mit solchen Text-Bild-Kollisionen (s.o.) den Zuschauer überraschen und neugierig machen, funktioniert in der Regel nicht. Beim Zuschauer entsteht lediglich das Gefühl: Hier stimmt doch was nicht.

Der Schluss-Satz ist manchmal der Satz, mit dem man beim Texten am meisten ringt. Es hilft, sich seine Funktion klar zu machen: den Film zu einem Abschluss zu bringen. Bewährt haben sich folgende Typen von Schluss-Sätzen:

- Ausblick in die Zukunft: Wie geht diese Geschichte weiter? Der Alltag wird zeigen, wie gefestigt diese Demokratie tatsächlich ist.
- Fazit, Zusammenfassung, Forderung. Die internationale Staatengemeinschaft wird über diese übereinkommenen Handelsbeschränkungen auf jeden Fall nachdenken müssen.
- Klammer: Ein (Bild-)Element des Anfangs wird wieder aufgegriffen, meist in abgewandelter Form (z. B. der Ruderer in Asse, vgl. auch »Ein Nachrichtenfilm als Beispiel«).
- Wortspiel, Witz, Zitat, abgewandelte Redewendung oder Sprichwort.
- Lyrische oder nachdenkliche Anmerkung.
- Service-Hinweis: Die Ausstellung dauert noch bis zum 29. Oktober.
- Text sagt ausdrücklich: Jetzt ist Schluss, beispielsweise mit den Worten Feierabend ist um 18 Uhr.

Am Ende kein neues Fass aufmachen, keine neue Frage auf-
werfen. Das gilt mit einer Ausnahme: Vor einem Studiogast oder
einer Schalte darf der Film nicht zu einer Lösung kommen, es
muss im Text eine These/Problemstellung/Frage angerissen
werden: Die verunsicherten Eltern fragen sich
also, ob sie ihre Kinder gegen Masern impfen lassen sollen oder nicht.

O-Ton-Antexte verdienen neben Anfang und Schluss beson-
dere Mühe. Ein schlechter Antext kann jeden O-Ton ruinieren.
Wie aber findet man den richtigen Antext? Generell gilt: Jeder O-
Ton braucht einen Antext. Er muss den O-Ton vorbereiten und
Erwartung wecken. Dazu sind zwei Punkte zu beachten:
- Der Antext muss von derselben Sache reden wie der O-Ton.
- Er darf sie aber nicht vorwegnehmen.
Diese Grat-Wanderung gelingt, wenn man den Antext als Ge-
genstück zum O-Ton baut. Das Grundprinzip ist in der folgenden
Tabelle mit häufigen O-Ton-Typen dargestellt. Die Beispiele be-
ziehen sich auf einen (fiktiven) Bericht über eine Flutkatastrophe.

Antext	O-Ton
Zusammenfassung Den Flutopfern fehlt es an allem.	Details Wir haben kein Trinkwasser, nichts zu essen, keine Medikamente, keinen Strom.
Details Die Flutopfer haben weder Wasser, noch Nahrung, Kleidung oder ein Dach über dem Kopf.	Zusammenfassung Wir haben überhaupt nichts mehr, wie sollen wir überleben.
Objektiver, sachlicher Antext Gebraucht werden mindestens 40 weitere Hubschrauber.	Stimmung, Gefühl, Meinung Hier hofft kaum noch jemand, dass die Hubschrauber rechtzeitig eintreffen.

Antext	O-Ton
Behauptung, These Die Flut hat nicht nur die Ernte dieses Jahres vernichtet.	Begründung, Beleg In diesen Tagen müsste das Saatgut für das nächste Jahr ausgebracht werden, aber die Felder stehen alle noch unter Wasser.
Offene Vermutung/These mit Fragecharakter Die Sorge wächst, ob allen Eingeschlossenen geholfen werden kann.	Antwort (Ja, nein, doch, weiß nicht) Nein, das bekommen wir nicht hin, wir haben zu wenig Hubschrauber.
Beim unvollständigen O-Ton muss der Antext einfach nur den Satz vervollständigen. Bei den Helfern wächst die Sorge ...	dass das Wasser schneller steigt, als wir zusätzliche Hubschrauber bereit stellen können.
Bei mehreren direkt aneinander geschnittenen O-Tönen muss der Antext alle berücksichtigen. Die Helfer kommen aus aller Welt ...	Aus Italien sind wir inzwischen mehr als zwanzig./Wir Polen waren mit unter den Ersten hier vor Ort./ Aus Deutschland haben wir vor allem mit Wasseraufbereitungsanlagen helfen können.

Fremdsprachige O-Töne am Anfang und Schluss offen (in der Originalsprache) stehen lassen. Die wörtliche Übersetzung dazwischen drüberblenden (voice over). Das dient der Glaubwürdigkeit des ganzen Beitrags. Im Mittelteil kann inhaltlich gerafft werden.

Sich an die Frage zu erinnern, die man dem O-Ton-Geber gestellt hat, hilft manchmal bei der Suche nach dem passenden Antext. Diesen Fragesatz wandelt man dann in einen Aussagesatz (ohne Fragezeichen) um.

Reale Frage: Warum hat es so lange gedauert, bis die Bundeswehr mit den Hilfsflügen begonnen hat?

Als Antext besser: Es ist Kritik laut geworden, die Hilfsflüge der Bundeswehr seien zu spät gestartet.

Das Text-Manuskript muss mit präzisen Timecode-Angaben versehen sein. Das ist noch wichtiger, wenn ein Sprecher den Filmtext lesen soll (und nicht der Autor selbst).

Für alle Stellen, an denen der Text auf die Sekunde genau sitzen soll, ist also die Zeit zu vermerken, auch wenn das mitten in einem Satz ist.

Ebenso muss der Textanfang genau festgehalten sein. Am Schluss muss angegeben sein, wann Textende ist und wann (bei welchem Timecode) der Film zu Ende geht.

Es empfiehlt sich ebenfalls, die Inhalte von O-Tönen stichwortartig im Manuskript festzuhalten.

Der Cutter oder Techniker im Synchronstudio braucht darüber hinaus Angaben über freistehende Stellen ohne Text, über Musik oder Geräusche.

Auch ein Anmoderations-Vorschlag gehört ins Manuskript, ebenso die Insert-Angaben, es sei denn, man arbeitet mit den entsprechenden Tools eines Redaktionssystems. Günstig ist doppelter Zeilenabstand, der handschriftliche Korrekturen erlaubt.

Nicht vor dem Dreh texten, empfiehlt Gerhard Schult in der Vorauflage sehr zu Recht. Zugleich schlägt er den folgenden Arbeitsablauf beim Texten vor: Ein Text, der bei Abfahrt des Teams fertig vorliegt, engt nicht nur den gestalterischen Spielraum des Kameramannes ein, sondern kann auch die journalistische Information reduzieren: Der Autor klammert sich an seinen Text, den er bebildern will, er ist für neue Eindrücke nicht mehr offen. Das schließt nicht aus, dass sich schon nach dem Recherchieren ein Text-Gerüst fixieren lässt.

Beim Drehen muss der Autor alles registrieren (und notieren), was für seinen Text wichtig sein könnte. Die Wirklichkeit am Drehort gibt seinem Thema oft andere Perspektiven. Darauf muss er sich einstellen.

Das Texten schon auf der Rückfahrt beginnen und im Büro noch vor dem Schnitt fortsetzen. Das ist bei aktuellen Beiträgen oft erforderlich und auch sinnvoll. Solch ein Textentwurf ist in der Praxis der aktuellen Redaktionen häufig schon ziemlich endgültig. Das kommt der nächsten Arbeitsphase, dem Schnitt, zugute.

Mit dem Textentwurf zum Schnitt. Mit dem Textentwurf ist auch ein ziemlich detaillierter *Schnittplan* entstanden. Konkrete Vorstellungen über die endgültige Form seines Beitrags muss der Autor nämlich spätestens bei *Schnittbeginn* haben und sie dann auch der Cutterin vermitteln können. Unsicherheit des Autors führt leicht zum Durcheinander. Viel Zeit geht dann beim Suchen und Austauschen der Einstellungen verloren.

Texten während des Schnitts. Der endgültige Text kann beim Filmschnitt entstehen. Die Synthese von optischer Aussage und verbaler Information wird dann am ehesten möglich. Für den Berufsanfänger ist es allerdings nicht leicht, gleichzeitig einer Cutterin Hinweise zu geben und den Text auszuarbeiten. Ist unmittelbar nach dem Schnitt auch das Manuskript fertig, kann es der Autor sofort auf den Film probelesen und zusammen mit der Cutterin erkennen, wo noch etwas zu tun ist.

Texten nach dem Schnitt, das ist bei längeren Beiträgen der ratsamste und übliche Weg. Trotzdem wird während des Schnitts der Text meist schon wenigstens in Stichworten skizziert. Allein im Schneideraum oder im Büro mit einer Arbeitskopie im Recorder oder in der Workstation wird dann geschrieben.
Hofft aber der Autor, er könne die Cutterin im Notfall noch hinzuziehen, weil ihm vielleicht die eine Einstellung zu lang oder jener Komplex falsch platziert erscheint, wird er es meist schwer haben: Sie arbeitet schon an einem anderen Film.

Den fertigen Text noch einmal zu überprüfen, ist ein Muss. Der Autor wird dabei z. B. Wortwiederholungen beseitigen (sofern sie nicht sinnvoll sind, weil es um zentrale Begriffe geht), Flüchtigkeitsfehler korrigieren und besonders Zahlenangaben und Übergänge zum O-Ton unter die Lupe nehmen. Namen und Titel/Funktionen sollte er kontrollieren.

Richtzeit Redaktionsschluss. Nach Möglichkeit arbeitet der Autor aber nicht bis auf die letzte Minute am Text. Er sollte alle Pannenmöglichkeiten vor Augen haben, die es in anderen Bereichen bis zur Sendung noch geben kann und dafür eine Zeitreserve einkalkulieren. Was nützt ein ausgefeilter Text, wenn ein schlecht vorbereiteter Sprecher seine Einsätze verpasst, wenn Versprecher hingenommen werden müssen, wenn der ohnehin reichliche Text über das Bild hinaus ins Schwarze geht.

Weitere Hinweise zum Texten finden Sie, außer in den bereits oben genannten, auch in allen Beiträgen zum Thema Nachrichten, in »Magazine« sowie zu den jeweiligen Besonderheiten bei den verschiedenen Darstellungsformen.

Texten trainieren kann man auch ganz allein. Analysieren Sie dazu Beiträge in handwerklich gut gemachten Sendungen, die Sie im Internet-Auftritt der Sender leicht finden. Auch dazu weitere praktische Tipps im Netz. 🖳

Weiterführende Literatur:

Walther von La Roche: Fürs Hören schreiben; in: Walther von La Roche/Axel Buchholz (Hrsg.), Radio-Journalismus (9. Auflage, Econ, Journalistische Praxis, Berlin 2009)

Martin Ordolff/Stefan Wachtel, Texten für TV. Ein Leitfaden zu verständlichen Fernsehbeiträgen (TR-Verlagsunion, München 2009)

Abnahme

Zur Sendung freigegeben wird der Beitrag nach der redaktionellen Abnahme. Sie ist Aufgabe des Redaktionsleiters, der sie oft auch überträgt, z. B. dem Chef vom Dienst (CvD).

Bei tagesaktuellen Programmen erfolgt die Abnahme in der Regel erst ganz kurz vor der Sendung. Für lange Diskussionen und Änderungen am Beitrag ist da keine Zeit mehr. Im Wesentlichen geht es nur noch um die letzte Vergewisserung, dass der Beitrag keine groben Schnitzer enthält – etwa wichtige Standpunkte gar nicht oder falsch wiedergibt oder gar juristisch angreifbar ist. Sind Änderungen erforderlich, zeitlich aber nicht mehr möglich, kann manchmal über die *Moderation* noch etwas gerettet werden. Schlimmstenfalls muss der Beitrag *abgesetzt* werden, was bei wichtigen Themen einer »kleinen Katastrophe« nahekommt. Deshalb wird häufig bereits vor der Synchronisation der Text abgenommen, weil da Änderungen noch einfacher möglich sind.

Bei kritischen Themen darf der Reporter den Abnahmeredakteur nicht vor vollendete Tatsachen stellen. Stattdessen sollte er so früh wie möglich über seinen Beitrag mit dem Abnahmeredakteur sprechen. Falls nämlich *nachrecherchiert* werden oder die Konzeption geändert werden muss, ist das im Vorfeld der Abnahme sinnvoller als danach.
Gelegentlich wird zur Abnahme auch ein Vertreter der *Rechtsabteilung* hinzugebeten, um sicher zu sein, dass alles juristisch »wasserdicht« ist. Gut, wenn der Jurist dann schon im Vorfeld mit der Sache befasst war und seine Ratschläge auch beachtet wurden (vgl. »Rechtstipps für Fernsehjournalisten«).

Auch bei unkritischen Themen muss der Reporter bei der Abnahme mit Fragen zu Thema, Text und Realisierung rechnen. Er sollte dann überzeugende Antworten parat haben.
Ist das so, wird es seinem »Standing« in der Redaktion gut tun.
➜ Tipp von Andrea Mirbeth, einer BR-Fernsehjournalistin: Bei der Abnahme den eigenen Beitrag ruhig verteidigen und erklären, warum man etwas so oder so gemacht hat – aber nicht bis zur Sturheit. Wenn's der Redakteur geändert haben will, dann ist es eben so.

Bei der Abnahme von längeren Beiträgen, die nicht tagesaktuell sind, wird auf weit mehr als auf Mindestanforderungen geachtet:

- Hat der Reporter inhaltlich und formal die Ansprüche des Themas und der Redaktion erfüllt?
- Was ist zwar nicht falsch oder schlecht, aber anders vielleicht noch besser?

Ein glattes »Ja« ist bei solchen Abnahmen nicht immer drin, die Diskussion dann unerlässlich oder gar unerfreulich. Als »Zensur« sind Änderungswünsche dennoch nicht zu disqualifizieren, weil die Redaktion letztlich senderintern, bei Aufsichtsgremien und schlimmstenfalls auch vor Gericht verantwortlich gemacht wird. Kommt es hart auf hart, kann ein Reporter seinen Beitrag auch zurückziehen, wenn er seine Autorenrechte so entscheidend durch gewünschte Änderungen beeinträchtigt sieht. Unzulässig ist, dass ein Beitrag *hinter dem Rücken des Autors* entscheidend redigiert oder geändert wird.

Abnahmen in Stufen sind ein häufig geübtes Verfahren, um bei längeren Beiträgen immer wieder zu überprüfen, ob Redaktion und Autor mit ihren Vorstellungen noch im Einklang sind. So gibt es *Roh-, Feinschnitt-* und *Text-Abnahmen* mit einer *Schlussabnahme* am Ende der Produktion.

»Gestorben« heißt es im Jargon am Ende einer Produktion. Die Redaktion/der Reporter muss sich allerdings noch um einige organisatorische Dinge kümmern. Vielfach gibt es noch den Sendepass, der neben Titel, Autor und Abnahmevermerk die Sendedaten enthält, also »Länge des Beitrags«, »Letzte Worte«, »Letzte Einstellung«, usw. Für den glatten Ablauf sind oft auch die genauen Zeiten für die Insert-Einblendungen und die Telefon-Nummern derjenigen notwendig, die über den Sendetermin informiert werden sollen, für die Abrechnung schließlich auch Hinweise auf evtl. verwendetes Fremdmaterial, die Zahl der Arbeitstage beim Recherchieren, Drehen und Schnitt.
Gefragt ist in dieser Arbeitsphase noch einmal pedantische Genauigkeit.

Als Video-Journalist arbeiten

Der Video-Journalist (VJ)

Video-Journalist (VJ) ist die Bezeichnung für einen Journalisten, der seine Beiträge
- selbst recherchiert,
- dreht,
- schneidet und
- textet.

Gängig sind aber auch *Mischformen*, bei denen VJs zwar selbst drehen, aber ganz oder zum Teil herkömmlich (also mit Cutter/in) schneiden.

VJs arbeiten in der Regel mit DV-Kameras (DigitalVideo) und schneiden die Beiträge digital auf PC oder Laptop.

VJs in ihrer Vollausprägung vereinigen also die traditionell getrennten Tätigkeiten des Journalisten, Kameramanns und Cutters in einer Person. Darin liegen die Chancen und Risiken dieser Arbeitsweise. 🖥

Ist Video-Journalismus Billig-Fernsehen? Die Debatte über Sinn oder Unsinn von VJ-Einsätzen wurde anfangs leidenschaftlich, teilweise geradezu ideologisch geführt. Insbesondere Vertreter von Produktion und Technik sahen den Niedergang von Bild- und Tonqualität voraus. Sie brandmarkten Video-Journalismus als »Billigfernsehen«, durch das die Existenz von Kameraleuten und Cuttern gefährdet und deren Kompetenz verraten werde. Das Multitasking führe zu Multi-Qualitätsverlust. Durch den nicht stattfindenden Austausch im Team würden zudem journalistische Fehleinschätzungen provoziert, die hinterher schwer korrigierbar seien.

Inzwischen ist Nüchternheit eingekehrt: Die öffentlich-rechtlichen deutschen Sender haben beim Einsatz von VJs international aufgeschlossen. Im Privat-Fernsehen basieren inzwischen ganze Programme oder Programmbereiche auf dieser Arbeitsweise. Die Zahl der VJs steigt kontinuierlich, ebenso die technische Qualität der Beiträge wie auch die Kompetenz der Video-Journalisten. Viele VJs drehen mit HD-fähigen Kameras und sorgen damit für einen weiteren Technologieschub, indem sie mit vergleichsweiser günstiger Technik den HD-Standard bereits realisieren, der für die gesamte Produktion aus Kostengründen noch auf sich warten lässt.

Ob es VJs geben kann oder soll, darum geht es nicht mehr. Es geht nun darum, was die Sender daraus machen. Richtig eingesetzt, können VJs die Palette möglicher Fernsehformen ergänzen, die Flexibilität von Redaktions- und Produktionsleitungen erhöhen und beim einzelnen Mitarbeiter die persönliche Motivation, den Spaß an der Arbeit und die Professionalität steigern (vgl. »Wirtschaftlich produzieren«).

Wie man VJ wird, ist sehr unterschiedlich.
- Berufserfahrene, herkömmlich ausgebildete Journalisten oder auch Produktionsmitarbeiter lassen sich zum VJ weiterbilden.
- Nachwuchsjournalisten bekommen in den Volontariaten eine VJ-Grundausbildung. Der Videojournalismus wird so durch die jungen Journalisten in den Sendern etabliert.
- Mit der Verbreitung der Technik steigt auch außerhalb der Fernsehsender die Zahl der Anbieter von unterschiedlich langen Aus- und Fortbildungen zum VJ (vgl. »Hochschulen, Journalisten-Schulen und Kurse«). Sie werden auch von Print- und Online-Journalisten genutzt.

Sicher ist: Ohne gründliche Aus- und permantente Fortbildung können VJs nicht seriös mit den herkömmlichen Teams konkurrieren. Eine VJ-Zertifizierung wie in der Schweiz könnte auch für deutsche Sender interessant sein.

Ein bisschen VJ sein genügt nicht. Diese Erfahrung machen alle, die VJs einsetzen und die selbst als VJs arbeiten. Der Videojournalismus muss schon einen wesentlichen Teil der eigenen Arbeit ausmachen, sonst geht mangels Übung die Effizienz verloren. Zudem hat sich gezeigt, dass die besten VJs diejenigen sind, die

Eine Video-Journalistin vom Hessischen Rundfunk bei der Arbeit. VJs kontrollieren ihre Bilder über das Display (links vorn an der Kamera).

häufig auch selbst schneiden. Denn wer das selbst gedrehte Material selbst schneidet, merkt und lernt besonders nachdrücklich, was er beim Dreh schon hätte anders machen müssen.

Die Vorteile beim Einsatz von VJs für die Sender sind vielfältig:

- Als »Ein-Mann-Team« (auch natürlich »Eine-Frau-Team«) sind sie flexibel und mobil.
- Sie verfügen häufig über ihre persönliche Ausrüstung bzw. eine individuell zugeteilte Ausrüstung und entlasten damit Disposition und Geräteausgabe beim Sender.
- Bei Auslandsreisen brauchen sie kein Carnet (Zollbescheinigung) für ihre Ausrüstung. Zeit und Verwaltungsarbeit wird gespart.
- Sie verursachen geringere Reisekosten.
- Multitasking spart Personalkosten.
- Durch die geringeren Kosten lässt sich mit VJs bzw. Videoreportern mehr regionale Berichterstattung leisten, die sich anders für die Sender nicht »rechnen« würde.

Die Arbeitsfelder von VJs sind umfangreich geworden – eine fast zwangsläufige Folge ihrer Vorteile beim Einsatz:

- Lokale oder regionale Beiträge von Fernseh-Korresponden- ten. Auch Radio- und Zeitungsjournalisten oder Mitarbeiter von Online-Diensten können sie zusätzlich anbieten.

→ Tipp: Gerade für Berufseinsteiger kann es eine Chance sein, als VJ-Regionalkorrespondenten tätig zu werden, ähnlich dem freien Mitarbeiter der Zeitung, der die Berichte aus einem bestimmten Umkreis liefert.

- Langzeitbeobachtungen. Hier würde manche Produktion nicht zustande kommen, wenn die Produktionskosten nicht durch VJ-Einsatz gedämpft werden könnten.

- Porträts oder Features, die ein besonders vertrauensvolles Verhältnis zu den Personen voraussetzen, die mit der Kamera beobachtet werden. Die erforderliche Intimität/Nähe kann ein allein agierender VJ leichter herstellen und wahren als das ein Drei-Mann-Team kann.

Nichtaktuelle und längere Formate eignen sich besser für VJs als kurze aktuelle. Besonders wenn es um inhaltlich anspruchs- volle aktuelle Termine geht, bei denen der Fernseh-Journalist seine volle Konzentration zum Beobachten, Fragen und Erfor- schen/Recherchieren von Hintergründen braucht, ist das »Ein- Personen-Team« schnell überfordert.

VJs verändern Programme. Die Debatte über die Qualität von Fernsehprogramm hat auch durch den Einsatz von VJs auf neuem Niveau eingesetzt. »Ein VJ-Stück ist ein gutes Stück, wenn man ihm nicht ansieht, dass es ein VJ-Stück ist«, hieß es anfänglich. Diese Einstellung der ersten VJ-Generation wird zu- nehmend in Frage gestellt zugunsten der Ansicht, dass VJs einen ganz eigenen, neuen Zugang zu Fernsehen schaffen kön- nen und – sollten. Dieser Ansatz könnte eine Chance für Nach- wuchsjournalisten sein, sich mit dem Entwickeln – und Herstel- len – neuer Formate zu profilieren. So könnten sich VJs auch dem Argument entziehen, dasselbe »alte« Fernsehen zu machen – nur eben billiger.

Die Regel »Story is king« gilt für VJ-Filme womöglich noch mehr als für herkömmliche Beiträge. Wenn die Geschichte gut ist, wird der Zuschauer auch technische Unzulänglichkeiten (z. B. beim Ton) eher verzeihen.

VJs ermöglichen Programme, die sonst aus Kostengründen nicht stattfinden würden. Mit VJs lässt sich Geld sparen, aber nicht so schnell wie gedacht und wahrscheinlich nicht so viel wie erhofft. Dass sich mit VJs allerdings sehr wirtschaftlich produzieren lässt, beweist das Privat-Fernsehen. Bei nahezu allen öffentlich-rechtlichen Sendern erhält ein VJ aber einen Zuschlag, mit dem abgegolten wird, dass er zusätzlich zur journalistischen Arbeit auch noch selber dreht und schneidet. Solch eine faire Honorierung zehrt natürlich einen Teil der Ersparnis für die Sender wieder auf.

VJs verändern Berufsbilder, zuerst einmal das des Fernseh-Journalisten selbst, aber auch in anderen journalistischen Berufen.

- Der FS-Journalist muss zugleich auch als Kameramann und Cutter arbeiten (können). Dieses Einbeziehen *technischer* Tätigkeiten hat es allerdings auch bei Radio- und Printjournalisten bereits gegeben.
- Hörfunkjournalisten können mit überschaubarem Aufwand an kurze Fernsehformen (NiFs, vgl. dort) herangeführt und somit generell für *bimediales* Arbeiten eingesetzt werden.
- Online- oder Zeitungsjournalisten können ebenfalls leichter für *crossmediales* Arbeiten geschult und dann für den Internet-Auftritt von Printprodukten entsprechend eingesetzt werden.
- Produktionsmitarbeiter können sich journalistisch weiterqualifizieren und dadurch als Journalisten arbeiten.

Weitere Einsatzmöglichkeiten. Die DV-Kamera wird immer häufiger vom Journalisten als *Zweitkamera* zu größeren Produktionen mitgenommen. Es kann die Qualität eines Beitrages beträchtlich erhöhen, wenn so – weniger auffällig und flexibler im Einsatz – zusätzliche attraktive Bilder gedreht werden. Mit der DV-Kamera können auch Personen gecastet werden, über die oder mit denen

größere Produktionen entstehen sollen. Ähnliches gilt für Drehorte, die Locations. Solche Casting-Aufnahmen sind oft überzeugender als wortreiche Beschreibungen oder Fotografien.
Nicht zuletzt lassen sich mit der DV-Kamera jederzeit spontan
Aufnahmen als elektronisches Bildgedächtnis oder Notizbuch
machen (z. B. bei der Motivsuche oder Vorrecherche), oder zusätzliches Material lässt sich für den Online-Auftritt des Senders
drehen.

VJ-Ausbildung ist zu empfehlen, und nicht nur für Berufsanfänger. Sie bietet zusätzliche Chancen für die journalistische Tätigkeit in einem Fernsehmarkt, der zunehmend nach
kostengünstigen Produktionen verlangt. Auch wer nicht
ausschließlich als VJ arbeitet, wird profitieren:

- Er wird auch in herkömmlichen Teamsituationen besser
  agieren, weil er mehr vom Gestalten eines Beitrages versteht.
- Er kann auf sein gestalterisches Potential mit einer
  Zweitkamera aufmerksam machen.
- Er schafft die Voraussetzungen für mögliche crossmediale Einsätze.
- Er eröffnet sich als Radio- und Print-Journalist zusätzliche Arbeitsmöglichkeiten.

Ein möglicher Königsweg: Eine qualifizierte Aus- und Weiterbildung als VJ absolvieren und danach als VJ, aber auch
mal nach herkömmlicher Art mit einem Team arbeiten.

Risiken nicht übersehen sollte man trotzdem. Sie liegen vor allem in der *Selbstausbeutung* durch eine ständige Mehrfach-Belas-
tung und durch die immer verfügbare Kamera. *Falsche Selbstein-
schätzung* ist eine andere Gefahr: Alles selber machen (müssen),
kann auch bedeuten, nichts (ganz) richtig machen (können).
Falsch eingesetzte oder sich selbst falsch einschätzende VJs
schaden sowohl den Profis an der Kamera und im Schnitt als
auch dem Berufsbild des Journalisten.

Als VJ selber drehen

Recherche und gute Vorbereitung sind die halbe Miete, besonders in einem Ein-Mann/eine Frau-Team.

Mit einer klaren Vorstellung vom fertigen Beitrag gehen professionelle Video-Journalisten (VJs) deshalb zum Drehen. Sie haben, wenn immer möglich:

- die *Inhalte* und *Fakten* schon vorrecherchiert,
- den *Aufbau* des Beitrags im Kopf,
- sich überlegt, welche *Bilder* sie brauchen,
- und wissen genau, welche *Fragen* sie ihren Interview-Partnern stellen wollen.

→ Tipp: Nehmen Sie Ihre Kamera zu den Recherchegesprächen mit. Bei der Vor-Ort-Recherche ergeben sich oft schon kleine Geschichten, die Sie mitdrehen können.

Ein Beispiel: Die Redaktion möchte *ein unterhaltsames Porträt von 2:30 Minuten Länge* über den Alltag der »amtierenden Loreley« haben. Die Loreley ist eine mythische Figur aus dem Mittelrheintal. Schönheit und Gesang dieser langhaarigen Blondine betören die Kapitäne der Rheinschiffe derart, dass sie die gefährlichen Klippen im Rhein übersehen und untergehen. Um diesen beliebten Mythos auch für Amerikaner, Engländer und Chinesen anschaulich zu machen, wählt der regionale Tourismusverband alle zwei Jahre eine lebendige Loreley. Die neu gekürte Loreley ist die 23-jährige Pädagogik-Studentin Vanessa. Sie sitzt auf dem Felsen, kämmt ihr blondes Haar und singt für die Touristen ein Lied.

Die Story soll die Fragen beantworten: Wie schafft Vanessa es, den Alltag zu bewältigen als Studierende und als »Loreley«? Wo liegen die Konflikte? Wie löst Vanessa sie?

Mit welchen Bildern er die Geschichte erzählen kann und wofür sie im Film stehen sollen, das überlegt der VJ zuerst. Welche Situationen brauche ich im Bild? Welche Klischees sind mit der Geschichte verbunden und wie kann ich mit ihnen spielen?

Das sind in etwa die Elemente, die ich als VJ brauche, um die Story ins Bild umzusetzen:

Erste Situation (= Bildkomplex):

Die Loreley sitzt in ihrem samtblauen Kleid auf dem Felsen, singt und kämmt sich das blonde Haar. Im Hintergrund der Rhein, vielleicht fährt gerade auch noch ein Schiff durchs Bild.

Zweite Situation:

Ein öffentlicher Auftritt, bei dem wir die den Tourismus fördernden Tätigkeiten von Vanessa beobachten können. Als Loreley muss sie viele Hände schütteln und vor großem Publikum etwas über das Mittelrheintal erzählen. Wie wirkt ihr Auftritt?

Dritte Situation:

Vanessa privat. Wie sieht ihr Zuhause aus? Wie ihr Alltag? Vielleicht kann man Vanessa filmen, wie sie sich zur Loreley verwandelt. Beim Haarekämmen oder beim Anziehen des Kleides. Sie dabei eventuell fragen, was es ihr bedeutet, die Loreley zu sein.

Vierte Situation:

In der Universität. Vielleicht im Hörsaal oder in der Bibliothek. Ziel ist es, sie im Kreise ihrer Studienkollegen zu zeigen. Diese kann man gleich fragen, was sie von Vanessas Nebenjob halten.

→ Tipp: Es ist hilfreich, sich diese Drehsituationen stichwortartig aufzuschreiben (vgl.»Filmplan, Storyboard, Drehbuch, Produktionsplan«).

Welche O-Töne brauche ich, das überlegt der VJ als nächstes. Welche Fragen muss ich stellen, um dieses Ziel, also die gewünschten Aussagen, zu bekommen? In welcher Situation kann ich sie am besten stellen? Beispiele finden sich oben in den Situationen drei und vier.

In unserer Story muss der VJ Vanessa aber eine Frage auf jeden Fall stellen: Warum hat sie sich zur Loreley wählen lassen. Diese Frage kommt also auf unseren Interviewzettel mit einem kurzen Vermerk, in welcher Situation man sie stellen will.

→ Tipp: Wichtige und unverzichtbare Fragen und dazugehörige Dreh-Situationen vorher aufschreiben und zum Dreh mitnehmen, damit man sie nicht vergisst.

Der Film beginnt im Kopf zu entstehen beim Überlegen der Bilder/Situationen und der O-Töne. Wie wird daraus eine Geschichte? Wie baue ich also meinen Film auf? Schreibt man die einzelnen Drehsituationen und dazu die O-Töne in der richtigen Reihenfolge auf, hat man bereits sein grobes Konzept. Jetzt kann mit dem Drehen begonnen werden.

Die Ausrüstung immer parat haben – und zwar einsatzbereit, gepflegt und ordentlich. Ein Vorteil des VJs ist seine schnelle Einsatzbereitschaft. Die kann er aber nur nutzen, wenn er mit wenigen Griffen seine funktionsfähige (also vorher überprüfte) Ausrüstung bereit hat. Dazu gehört vor allem:

- Die Akkus müssen geladen sein.
- Erforderliche Ersatzakkus sind dabei.
- Genug Datenträger zur Aufzeichnung sind eingepackt.
- Kamera und Kamera-Zubehör, Stativ, Mikros, Lampe, Kabel müssen in einer funktionsgerechten Tasche/Rucksack so verpackt sein, dass alles seinen festen Platz hat und schnell und ohne Suchen zur Verfügung steht.
- Ein Regenschutz für die Kamera sollte nicht fehlen. Das kann zur Not auch eine einfache Plastiktüte sein.

Beim Dreh konzentriert sein, um nichts zu vergessen. Denn die Arbeit eines VJ ist sehr anstrengend, weil er immer gleichzeitig Folgendes tun muss:

- auf Bild und Ton achten,
- dem Geschehen folgen und
- an die gesamte Story denken.

Die Technik beschäftigt manche Anfänger so sehr, dass sie die einfachsten journalistischsten Regeln vergessen – wie etwa, die Interview-Partner nach ihren Namen zu fragen. Deshalb haben viele Journalisten, die zum VJ umschulen, am Anfang das Gefühl, dass der Journalismus zu kurz kommt.

Möglichst viele Arbeitsschritte automatisieren ist das Rezept dagegen. Vergleichbar ist das mit dem Autofahren: In den ersten Fahrstunden sitzt man am Lenkrad und fühlt sich schnell überfordert, weil man auf viele Dinge achten muss. Nach einiger Praxis haben wir das Autofahren automatisiert und deshalb dabei sogar noch Kapazitäten frei. So ähnlich ist es bei Journalisten, die Videojournalismus lernen:

Die Technik steht zwischen ihnen und der Story, jedenfalls zu Beginn. Also muss jeder Handgriff an der Kamera, am Stativ, bei Licht und Ton systematisch geübt werden – so lange bis er sitzt und annähernd automatisch erfolgt. Dann ist der Kopf weitgehend frei für den Inhalt und das Umsetzen der Story.

→ Tipp: Es macht Sinn, sich am Anfang einfachere Storys zu suchen, die vorher einigermaßen planbar und deshalb auch technisch leichter umsetzbar sind.

Die Interview-Partner richtig vorbereiten. Man sollte nur grob erklären, welche Situationen man gerne aufnehmen möchte und was man dabei fragen will. Also nicht zu sehr ins Detail gehen, damit sich die O-Ton-Geber nicht schon alle Antworten vorher ausdenken. Sonst wirkt alles schnell steif und gestellt.

Zurück zu unserem Beispiel: Vanessa erzählt uns am Telefon, dass sie am Morgen eine Vorlesung in der Uni besuchen wird und am frühen Abend bei der Eröffnung eines Aussichtspunktes als Loreley etwas über das Mittelrheintal erzählen soll. Dazwischen will sie nach Hause, um sich umzuziehen. Perfekt! Sie erklärt sich auch bereit, für die Dreharbeiten auf dem Felsen zu singen und sich dabei die Haare zu kämmen. Das wird ein schöner Dreh!

Beim Drehen das Ziel nicht aus den Augen verlieren. Dafür ist das Konzept in der Tasche eine Hilfestellung. Man sollte aber trotzdem offen für Änderungen bleiben, weil sich vor Ort im Gespräch und im Umgang mit den Partnern oft noch interessante andere Möglichkeiten ergeben.

Von unserer Loreley erfahren wir im Laufe des Tages, dass sie auch Sängerin in einer Rockband ist und am späteren Abend eine Probe ansteht. Diesen Termin wollen wir als flexibler VJ natürlich wahrnehmen. Das gibt unserer Story noch mehr Würze.

Die 5-Shot-Technik soll dabei helfen, ein Geschehen in Bilder umzusetzen. Grundlage ist die eigene Wahrnehmung, der sie folgt. Bei der 5-Shot-Technik (Shot = Einstellung) handelt es sich um die klassische Auflösungstechnik, die der US-Amerikaner Michael Rosenblum[1] in Deutschland unter diesem Namen populär gemacht hat. Das bedeutet, ich drehe bestimmte einzelne Einstellungen (vgl. »Bildsprache«) in einer empfohlenen Reihenfolge, um später im Schnitt mehrere Möglichkeiten zu haben, daraus eine Sequenz zu bilden. Die Einstellungen beantworten die W-Fragen beim Aufbau einer Nachricht.

In unserem Beitrag über die Loreley würden wir zum Beispiel die Situation »Vanessa sitzt auf dem Felsen und kämmt sich die Haare« folgendermaßen auflösen:

Wo wandert unser Blick zuerst hin? Zum Kamm? Wenn das so ist, dann ist mit der persönlichen Wahrnehmung alles in bester Ordnung. Unsere Aufmerksamkeit reagiert auf Bewegung und unser Auge folgt dieser. Dieses Verhalten liegt in der Natur des Menschen und ist ein uralter Überlebensreflex aus den Jäger- und Sammlerzeiten. Bewegung bedeutet Gefahr und deshalb reagieren wir darauf.

Die journalistischen W's. Wir sehen also eine Naheinstellung (ein Close-Up) vom Kämmen. Welche Information trägt diese Einstellung?

Was passiert? Jemand kämmt sich die Haare. Das sehen wir in der ersten Einstellung.
Und danach, wo wandert unser Blick dann hin? Zu Vanessa, zu ihrem Gesicht.

Wer kämmt sich die Haare? Das beantwortet uns also die zweite Einstellung, auch eine »Nahe« (Naheinstellung).
Was wollen wir jetzt wissen?

Wo findet das alles statt? Die dritte Einstellung informiert uns darüber mit einer Totalen. Vanessa ist in dieser Einstellung nur ein Teil der Szene.
Wir sollten jetzt die Verbindung zwischen Person und Land-schaft noch deutlicher werden lassen – durch eine Einstellungs-variante.

Die Einstellung zeigt die Aktion (Kämmen) und die Anbindung an die Landschaft verdichtet.

Diese vierte Einstellung (Halbtotale) unterstreicht noch einmal den Zusammenhang zwischen Was, Wer und Wo – das aber intensiver als die vorangegangene totalere Einstellung. Diesen Zusammenhang kann man auch gut mit einer »over shoulder«-Einstellung herstellen, wenn der Drehort dies (anders als hier) zulässt.

Was sollte die fünfte Einstellung sein? Wir sprechen ja von der 5-Shot-Technik. Im Idealfall könnte das die Beantwortung der Warum-Frage sein.

Das geht in diesem Fall aber leider nicht. Deshalb sollte man nach einem Wow-Shot Ausschau halten. Wow steht für ungewöhnlich, besonders, schön.

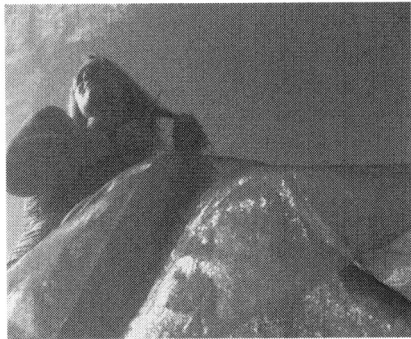

Vanessa ist durch den durchsichtigen
Stoff ihres Kleides gedreht.

Der Wow-Shot ist eine wirkungsvolle Einstellung, die neben der reinen Information auch eine besondere gestalterische Komponente enthält (deshalb auch »Beauty-Shot« genannt). Das könnte eine ungewöhnliche Perspektive sein, eine Spiegelung des Geschehens, eine schöne Schattenbildung oder eine Silhouette. Es geht dabei darum, von der Szenerie zurückzutreten, um noch einmal einen distanzierteren Blick darauf zu werfen und eventuell einen persönlichen visuellen Akzent des VJ zu setzen.

→ Tipp: Drehen Sie die 5 Shots, wenn immer möglich, in dieser Reihenfolge, damit Sie keine Einstellung vergessen und sich damit später alle Schnittmöglichkeiten offen halten.

Nicht als Dogma sehen sollte man die 5-Shot-Technik, nach deren Muster man aber sehr leicht viele Szenen in einzelne Einstellungen auflösen kann. Deshalb ist sie ein guter Weg, um *drehen zu lernen.*

Eine erste Hilfestellung für Reportagedrehs sind die folgenden Ratschläge. Sie haben sich in vielen Seminaren und in der darauf folgenden Praxis bewährt. Zum Teil leiten sie sich aus Michael Rosenblums Theorien ab.

Disziplin beim Drehen. Was für den professionellen Kameramann gilt, muss der VJ umso mehr beachten. Er hat noch weniger Zeit zur Verfügung. Deswegen darf es möglichst wenig Ausschuss geben, mit Überflüssigem sollte er sich nicht aufhalten. Im Folgenden ein paar Regeln für die Kameraführung mit hoher Sicherheitsgarantie:

In der Regel dreht der VJ aus der Hand. Deshalb muss er räumlich beweglich sein, darf also möglichst nicht an ein Stativ gebunden sein.

Der Einsatz von Stativen ist dennoch manchmal der Weg zum ruhigen Bild. In folgenden Situationen wird deshalb vom Stativ oder mit aufgelegter Kamera gedreht (Kamera wird auf oder an einem ruhigen Gegenstand abgestützt):

- *Wenn im Bild keine Bewegung stattfindet.* Sonst wirkt eine leicht unruhige/verwackelte Einstellung wie eine subjektive Kamera, wie ein Bild aus der Sicht einer Person. Im Bild findet keine Bewegung statt, wenn man Landschaften dreht oder Gebäude, Schilder, Malereien und Fotografien, die an Wänden hängen.
- *Bei klassischen Sitzinterviews.* Der Partner sitzt zum Beispiel auf dem Sofa und erzählt.
- *Bei kurzen O-Tönen von stehenden O-Ton-Gebern,* bei denen das Handmikrofon im Bild sein soll. Ist man aber flexibel und kann den Interview-Partner mit einem Funkmikrofon verkabeln, können kurze O-Töne aus der Hand gedreht werden.
- *Wenn man nicht nah an sein Objekt herankommt,* weil dort eine Absperrung oder ein natürliches Hindernis das unmöglich macht. Dann muss man den Weitwinkelbereich verlassen und zoomen. Ohne Stativ würden die Bilder viel zu unruhig.

Ein Einbeinstativ ist eine alternative und sehr gute Lösung. Damit lassen sich hervorragend etwas längere O-Töne drehen, ohne dass der Arm schwer wird. Man kann zudem den Weitwinkelbereich etwas verlassen und zoomen, ohne Angst vor Wacklern haben zu müssen.

Auch mit Stativ sollte man nur feste Einstellungen drehen, also Schwenks vermeiden. Die meisten DJ-Stative sind nämlich eher Leichtstative. Für professionelle Schwenks und Zoomfahrten braucht man aber eher schwere, um die Bewegung ruhig und sauber ausführen zu können. Leichte Stative sind zu wackelig und eher ungeeignet zum Schwenken.

Ohne Stativ sollte man losgehen, wenn man schnell und flexibel in der Bewegung bleiben muss, weil man eine Reportage dreht und deshalb seine Töne in der Situation aufnimmt. Beispiel: Wenn man die Politesse beim Knöllchen-Verteilen begleitet, einen Tag mit dem Vorstandsvorsitzenden eines Konzerns verbringt oder mit der Bittprozession für mehr Regen über die Felder unterwegs ist, dann ist ein Stativ nur hinderlich.

→ **Tipp:** Ein Stativ sollte man aber trotzdem im Auto haben.

Vom Zoomhebel lassen wir die Finger, zumindest am Anfang. Will man die erste Naheinstellung (Close-Up) drehen, geht man mit der Kamera nah an das Objekt heran. Will man eine einordnende Totale drehen, bewegt man sich körperlich weiter weg.

- Der erste Vorteil beim Drehen im Weitwinkelbereich (also mit kurzer Brennweite) ist, dass die Kamera eine große Tiefenschärfe hat und damit große Bereiche des Bildes scharf sind und sich Unschärfen eher verspielen.
- Der zweite Vorteil ist, dass bei einem weitwinklig gedrehten Bild unbeabsichtigte Kamerabewegungen (Wackler) nicht so auffällig sind, weniger stören.

Würde man sich dagegen die Situation (das Geschehen vor der Kamera) heranzoomen, also mit dem Teleobjektiv (lange Brennweite) aus größerer Entfernung ohne Stativ drehen, wären unprofessionelle Wackler kaum zu vermeiden.

Am Drehort nicht wild drauflos drehen. Beim Eintreffen am Drehort erst einmal Ruhe bewahren und sich schnell einen Überblick verschaffen. Nicht gleich alles drehen, was einem vor die Linse kommt. Dann entscheiden: Was muss ich sofort machen, weil die Gelegenheit sonst vorbei ist? Was kann ich auch noch später nachholen? Wen kann ich bitten, noch für mich zu bleiben?

Der VJ sollte beim Drehen eine Reihe weiterer wichtiger Regeln beachten. Sie sind im Folgenden zusammengefasst:

Zehn Regeln für das Drehen

1. Die Kamera bewusst ein- und ausschalten. Nicht mit laufender Kamera/Rotlicht die nächste Einstellung suchen. Sonst läuft man Gefahr, dass keine Einstellung bewusst ausgewählt ist und lange genug steht.

2. Immer das Display im Blick behalten und nicht durch den Sucher schauen. Als VJ sollte man am Drehort stets den Überblick behalten. Schaut man durch den Sucher, ist das gesamte rechte Blickfeld von der Wahrnehmung ausgeschlossen.

3. Nur Stände drehen. Die Kamera wird nicht bewegt, zumindest nicht am Anfang.
Schwenks und Kamerafahrten erfordern sehr viel Können und Erfahrung. Sie misslingen leicht und geben dem Material dann einen amateurhaften Look. Mit der Kamera also nicht herumrühren als wäre sie ein Kochlöffel in einem Gemüseeintopf. Das erschwert außerdem noch den Schnitt. Stehende Bilder entsprechen zudem unserer natürlichen Wahrnehmung am ehesten.

4. Klare Einstellungen drehen, die eindeutig das zeigen was der gewünschten Aussage nützlich ist (vgl. »Bildsprache«).

5. Jede Einstellung mindestens 10 Sekunden drehen. Am besten zählt man in Gedanken von 1 bis 10. Aber bitte nicht laut zählen, weil man sonst seine eigene Stimme im Ton hört.

6. Keine sinnlosen Einzel- oder Schnittbilder, wie die Uhr an der Wand, den Aschenbecher auf dem Tisch, oder den Kronleuchter an der Decke. Man verschwendet nur seine Zeit und die Bilder bringen die Story nicht voran.

7. Möglichst wenig Sitzinterviews und statische O-Töne. Fragen sollten vor allem aus der Situation heraus gestellt werden.
Anders ist es bei Interviews, die Ruhe und Nachdenklichkeit erfordern. Da wird der Interviewpartner eher sitzen oder ruhig stehen. Die Kamera kommt auf das Stativ. Der VJ richtet das Bild ein, startet die Kamera, beobachtet das Bild im

Display aus dem Augenwinkel, stellt seine Fragen von hinter der Kamera (leicht seitwärts versetzt) und hält *dabei Augenkontakt zum* Interviewten.

8. Nicht inszenieren! VJs folgen dem Leben und gestalten es nicht um!

9. Nicht zu viele O-Töne drehen. Sie sollten nicht mehr als ein Fünftel des Drehmaterials ausmachen. Das bedeutet, dass der Protagonist mehr bei Aktionen abgebildet werden soll und nicht permanent sprechend.

10. Immer Kopfhörer tragen, um den Ton zu kontrollieren. Denn ein Bild ohne dazugehörigen Ton ist verschenkt.

Weiterführende Literatur:

Andre Zalbertus & Michael Rosenblum, Videojournalismus, Die Digitale Revolution (uni-edition, Berlin 2003)

Die Kamera kennen lernen

Wer als Video-Journalist arbeiten will, muss natürlich seine Kamera kennen. In aller Regel aber sind für das Aufzeichnen oder Aufnehmen der Bilder noch *Kamerafrauen* oder *Kameramänner* zuständig. Sie werden bei den Sendern selbst oder auf Fachschulen ausgebildet und sind danach erst einmal mehrere Jahre als Assistenten tätig. Die Arbeit mit der Kamera ist ihre Sache.

Die Kamera etwas kennen und einige Grundbegriffe verstehen sollte trotzdem auch der Fernsehjournalist. Das hilft bei der Zusammenarbeit im Team.

Kameraobjektive. Ein Objektiv mit veränderbarer Brennweite ist Standard. Es wird *Zoomobjektiv* (auch manchmal Variooobjektiv, Transfokator oder Gummilinse) genannt.

Zoomobjektive haben gegenüber den früheren Objektiven mit festen Brennweiten zwei wesentliche Vorteile:

- Mit einem einzigen Objektiv können unterschiedliche Brennweiten eingestellt werden.
- Während einer Einstellung kann die Brennweite kontinuierlich verändert werden. Man nennt das »zoomen« (oder auch noch Transfokator- oder Linsenfahrt).

Brennpunkt (Fokus) wird der Punkt hinter der Linse des Objektivs genannt, in dem sich die einfallenden Lichtstrahlen sammeln. Sie treffen von vorn parallel auf die Linse auf, werden durch die Krümmung des Glases gebrochen und kommen dann im Brennpunkt zusammen. Bei der *elektronischen Kamera* treffen die im Brennpunkt vereinigten Lichtstrahlen auf den sog. Wandler, also die Aufnahmeröhre oder den Chip. Dort werden sie in elektrische Impulse umgesetzt (zur Speicherung vgl. »Aufzeichnungsformate, Speicherkarten, MAZ-Bänder«).

Brennweite ist die Bezeichnung für die Entfernung zwischen dem Mittelpunkt der Linse und dem Brennpunkt. Sie wird in Mil-

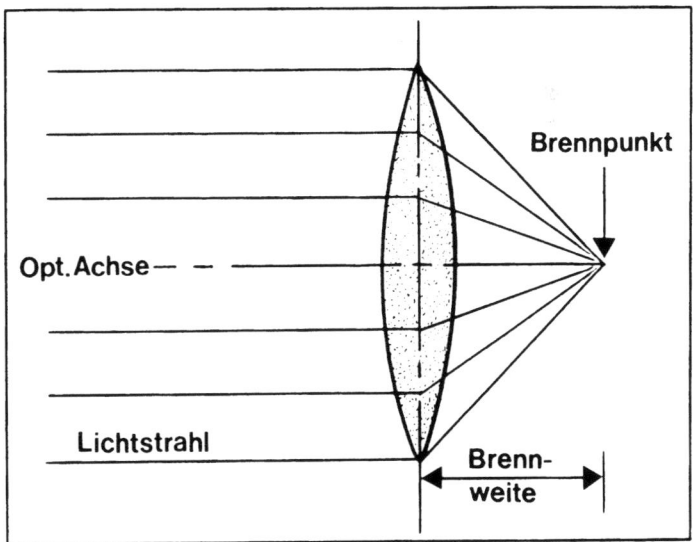

limetern angegeben. Bei einem Objektiv mit einer kurzen (oder kleinen) Brennweite ist also der Abstand zwischen Linsenmittelpunkt und Brennpunkt gering; groß ist er bei einem Objektiv mit einer langen (oder großen) Brennweite.

Weitwinkel- und Tele-Objektive. Zwischen Brennweite und Bildgröße besteht eine proportionale Beziehung. Je kleiner die Brennweite ist, desto

- kleiner ist das Bild und desto
- größer ist der Bildausschnitt des Raumes, der aufgenommen wird.

Dies gilt natürlich auch umgekehrt: Je größer die Brennweite ist, desto

- größer ist das Bild und desto
- kleiner ist der Bildausschnitt des Raums, der aufgenommen wird.

Objektive mit sehr kleiner Brennweite heißen *Weitwinkel-Objektive,* solche mit sehr großer Brennweite *Tele-Objektive.*

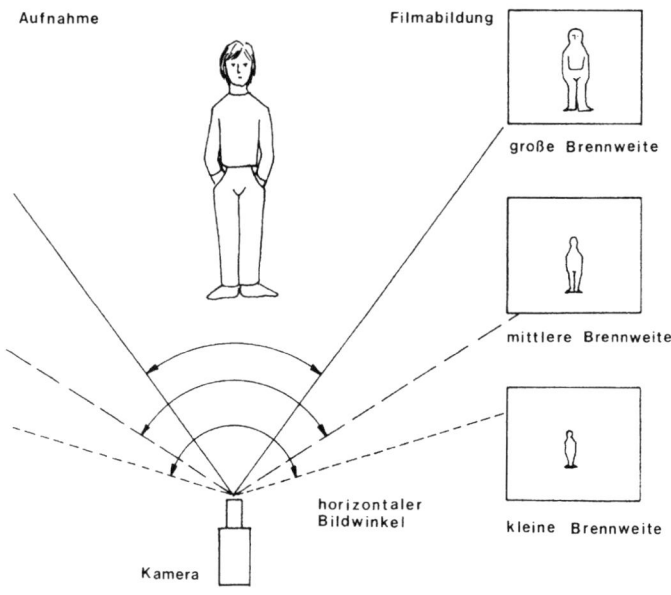

Brennweite und Blickwinkel

Die lange Brennweite wirkt *raumverflachend* gegenüber der Normalbrennweite und die kurze Brennweite *raumdehnend*.

Die Blende reguliert den Lichteinfall in das Objektiv. Ihre Funktion ist mit der Pupille zu vergleichen: Fällt viel Licht ins Auge, ist die Pupille klein, bei wenig Licht ist ihr Durchmesser größer. Fällt bei der Aufnahme zu viel Licht in die Kamera, erhält man eine *Überbelichtung*, bei zu wenig Licht eine *Unterbelichtung*. Eine verstellbare Objektivblende passt das Objektiv den verschiedenen Belichtungsbedingungen an.

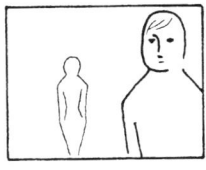 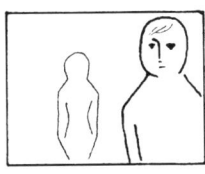 

| Weitwinkelobjektiv | Normalobjektiv | Teleobjektiv |
| kleine Enfernung | mittlere Entfernung | große Entfernung |

Unterschiedliche Raumwirkung von Objektiven

Die Blendenzahl gibt das Verhältnis der Brennweite zur Öffnung der eingestellten Blende an; sie ist auf dem Objektivtubus eingraviert. Je größer die Blendenzahl, desto kleiner ist die Öffnung der Blende, d. h. umso weniger Licht fällt durch das Objektiv. Aufgenommen wird also

- bei viel Licht mit großer Blendenzahl (kleiner Öffnung des Objektivs) und
- bei wenig Licht mit kleiner Blendenzahl (d. h. großer Öffnung des Objektivs).

Elektronische Kameras haben eine automatische Blendensteuerung, die sich bei Profigeräten auch abschalten lässt. Am Blendenring der Filmkamera wird dann die »richtige Belichtung« gewählt. Die Lichtverhältnisse werden mit dem Belichtungsmesser festgestellt.

Die Blendenzahlen sind so gewählt, dass eine Veränderung um einen Blendenwert den doppelten oder halben Lichteinfall bewirkt, je nachdem ob man auf der Skala nach unten oder oben geht.

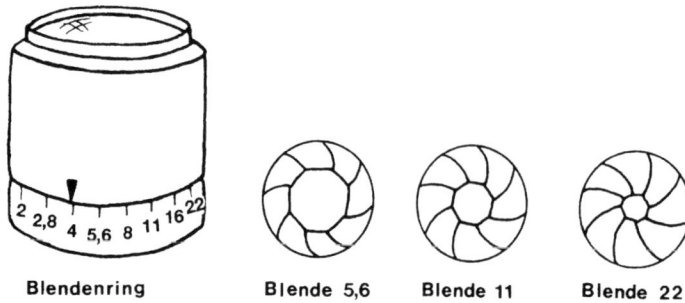

| Blendenring | Blende 5,6 | Blende 11 | Blende 22 |

Die Lichtstärke ist eine weitere kennzeichnende Größe für ein Objektiv. Sie wird auch »relative Öffnung« oder »Öffnungsverhältnis« genannt. Die Zahlenwerte der *relativen Lichtstärke* lassen erkennen, ob man bestimmte Objektive bei schwierigen Lichtverhältnissen einsetzen kann oder ob man mit lichtstärkeren Objektiven arbeiten muss. Objektive mit kleineren Zahlenwerten sind lichtstärker als solche mit größeren: 1:1,2 drückt also eine größere relative Lichtstärke des Objektivs aus als 1:1,4 oder gar 1:2,4.

Von zwei Faktoren ist die Lichtstärke abhängig:
- vom *Durchmesser* der Linse und
- vom *Abstand* zwischen Linse und Brennpunkt.

Je größer die Linse, desto mehr Licht fällt in das Objektiv, desto lichtstärker ist es also. Von diesem Licht bleibt umso mehr erhalten, je kürzer der Weg von der Linse bis zum Brennpunkt ist, also bis zum Auftreffen auf den Wandler oder den Film. Zur Errechnung der Lichtstärke eines Objektivs werden diese beiden Werte miteinander in Beziehung gesetzt.

$$\text{Lichtstärke} = \frac{\text{Linsendurchmesser}}{\text{Brennweite}} \quad \text{z. B.} \quad \frac{30\,\text{mm}}{60\,\text{mm}} = \frac{1}{2}$$

Dieses Objektiv hat eine Lichtstärke von 1:2.

Schärfentiefe nennt man den Bereich, in dem die aufgenommenen Gegenstände in der Tiefe (also hintereinander) scharf abgebildet werden. Er ist von drei Größen abhängig, die variabel sind:

- von der *Blende,* also der Lichtmenge, die ins Objektiv gelangt,
- von der *Brennweite,* also der Entfernung, die das Licht im Objektiv zurücklegt und
- von der *Entfernung* zwischen der Kamera und dem Aufnahmeobjekt.

Die Schärfentiefe nimmt zu

- je besser die Lichtverhältnisse sind, d. h. also, je größer die *Blendenzahl* gewählt werden kann,
- je kürzer die *Brennweite* ist, d. h. also Weitwinkelobjektive haben eine große, Teleobjektive eine kleine Schärfentiefe,
- je größer die *Entfernung zum Aufnahmeobjekt* ist.

Der Bereich, in dem eine Aufnahme scharf ist, nimmt umso mehr ab

- je schlechter die Lichtverhältnisse sind, also je kleiner die *Blendenzahl* gewählt werden muss,
- je größer die *Brennweite* ist und
- je geringer die *Aufnahmeentfernung* ist.

Am Schärfentiefering eines Objektivs kann man den Zusammenhang von Einstellungsentfernung, Blendenzahl und Schärfentiefebereich erkennen. Blendenzahl und Einstellungsentfernung ermöglichen ein Ablesen des Schärfentiefebereiches.

Beispiel: Benutzt man ein Objektiv mit langer Brennweite und kleiner Blendenzahl, und eine Person läuft auf die Kamera zu, muss ständig die Einstellungsentfernung am Objektiv verändert werden. Je näher die Person zur Kamera kommt, desto schwieriger wird es, sie im Schärfentiefebereich zu halten, da dieser kleiner wird. Die Zone der Schärfentiefe verringert sich, wenn die Einstellungsentfernung abnimmt.

Die Bilder mit der Kamera gestalten

Wer als Video-Journalist (VJ) arbeiten will, muss seinen Aussagewunsch selbst optisch realisieren. Aber auch der Fernsehjournalist, der mit einem Kameramann oder einer Kamerafrau arbeitet, muss Grundkenntnisse im Umgang mit der Kamera haben. Sonst kann er nicht wissen, was mit der Kamera umsetzbar ist.

Grundkenntnisse selbst aneignen sollten sich deshalb angehende Fernsehjournalisten, egal ob sie als VJ arbeiten wollen oder nicht.

- Die *Bedienungsanleitung* muss zunächst gründlich studiert werden. Erst wenn man mit der Kamera vertraut ist, können die ersten Bilder eingefangen werden.
- Dazu ist keine Profi-Ausrüstung erforderlich. Auch mit den handelsüblichen Amateur-Kameras lassen sich die wichtigsten Kamera-Operationen erproben.
- Fast alle diese Kameras haben einen Schwarzweiß-Sucher-Monitor, auf dem sich das Ergebnis der Arbeit sofort überprüfen lässt.
- Noch genauer ist die Kontrolle, wenn man die Aufzeichnung direkt vom Camcorder oder über einen Videorecorder auf dem Bildschirm des Fernsehgerätes abspielt.
- Wer selbst keine Video-Ausrüstung besitzt, findet z. B. *Leihmöglichkeiten* bei den Offenen Kanälen (vgl. »Anschriften«).

Übungsaufgaben sollen Ihnen helfen, Schritt für Schritt Erfahrungen beim Umgang mit der Kamera und bei der Bildgestaltung zu sammeln.

Bitte nehmen sie sich vor, diese Kamera-Übungen *genau so* auszuführen, wie wir es Ihnen vorschlagen. Die praktische Umsetzung von Bild-Ideen in entsprechende Aufnahmen erfordert handwerkliche Präzision des Kameramannes oder der Kamerafrau und lässt Beliebigkeit nicht zu.

So sollten Sie vorgehen:

- Suchen Sie sich mindestens einen *Partner,* der Sie bei den Aufnahmen unterstützt.
- Arbeiten Sie gemeinsam alle vorgeschlagenen Übungen *vorher* durch. Falls Sie dabei Verständnisprobleme oder Schwierigkeiten mit Fachausdrücken/Definitionen haben sollten, lesen Sie bitte noch einmal die Beiträge »Bildgestaltung«, »Bildschnitt«, »Als VJ selber drehen« und »Die Kamera kennen lernen«.
- Nehmen Sie sich als Anfänger für diese Aufgaben zwei bis drei Stunden Zeit. Setzen Sie sich nicht unter Zeitdruck. Suchen Sie in aller Ruhe die richtige Einstellung. Proben Sie die Kamerabewegungen erst mehrfach »trocken«, bevor Sie die Bilder aufzeichnen.
- Sprechen Sie die jeweilige *Aufgabe* vor der Aufzeichnung in das Kameramikrofon (nur Ton). Beim Abspielen der Aufzeichnungen können Sie auf diese Weise besser kontrollieren, was Sie sich vorgenommen hatten.
- Nicht ganz gelungene Einstellungen *wiederholen* Sie bitte. Sie können bei der Vorführung dann Ihre eigenen Fortschritte feststellen.
- Fast alle vorgeschlagenen Einstellungen können Sie in einem *Park* drehen. Wir haben diesen Drehort ausgewählt, weil Sie sich dort am ehesten auf Ihre Arbeit konzentrieren können und durch den Straßenverkehr nicht gefährdet sind. Falls Sie das eine oder andere vorgeschlagene Motiv nicht finden sollten, suchen Sie bitte ein entsprechendes Ersatzmotiv. Und nun: Viel Erfolg beim Dreh!

Ein Objekt allein abbilden, damit fangen wir an. Unser Vorschlag: Suchen Sie sich ein feststehendes Objekt, zum Beispiel einen Baum in einem Park. Von diesem Baum wollen Sie ein Bild machen. Es soll ihn ganz zeigen.

Sie können dazu Ihren Standpunkt, die Zoom-Einstellung oder auch beides so lange verändern, bis das erreicht ist. Starten Sie jetzt die Kamera, dann zeichnet sie dieses Bild auf: Ihre erste Einstellung.

Spielen Sie sich Ihre erste Einstellung zur Kontrolle gleich im Sucher/auf dem Display vor; wiederholen Sie die Aufnahme, bis Sie wirklich damit zufrieden sind.

Details des Objekts abbilden. Verändern Sie dazu die Zoom-Einstellung in Richtung Tele, bis das gewünschte Detail – ein kleiner Ast mit Blättern – im Sucher erscheint. Mit Hilfe der so geänderten Brennweite haben Sie einen neuen Bildausschnitt gefunden. Aber zoomen Sie nicht von der vorangegangenen Einstellung zu dieser. Drehen Sie eine neue stehende Einstellung mit neuer Brennweite.

Ein Objekt in seiner Umgebung zeigen. Verändern Sie die Zoom-Einstellung in Richtung Weitwinkel. Der Baum ist nun nicht mehr bildfüllend, sondern ordnet sich in die Parklandschaft ein. Wieder hat Ihnen die Veränderung der Brennweite geholfen, einen anderen Bildausschnitt zu finden.

Sie haben damit drei verschiedene feste Einstellungen Ihres Objektes aufgenommen und erfahren: Unterschiedliche Brennweiten liefern unterschiedliche Bildausschnitte.

Erzielen Sie unterschiedliche Wirkungen mit unterschiedlichen Perspektiven. Vielleicht finden Sie für diese Übung ein kleines Kind, das Ihnen als »Statist« behilflich ist. Aber vorher bitte auch die Mutti fragen! Nehmen Sie das Kind auf der Parkbank sitzend aus drei verschiedenen Perspektiven auf: zuerst aus der Sicht (also Höhe) eines Erwachsenen, der vor der Parkbank steht, dann aus der Sitzhöhe des Kindes und schließlich von ganz tief unten (»Froschperspektive«), so dass Sie zu dem Kind aufblicken müssen. Verändern Sie dabei aber nicht den Bildausschnitt und auch nicht den Standort der Kamera, sondern nur die Höhe (vgl. Abb. S. 377).

Aus der Sicht eines
Erwachsenen

Aus Sitzhöhe des Kindes

Von tief unten gesehen

Drehen Sie Schuss und Gegenschuss ohne und mit Achsensprung. Auch bei diesen Aufnahmen hilft Ihnen sicher das kleine Kind. Nehmen Sie es von schräg vorn so auf, dass es rechts auf einer ansonsten leeren Parkbank sitzt und nach rechts schaut. Das ist der »Schuss«. Und nun der »Gegenschuss«. Sie gehen dazu mit der Kamera hinter die Parkbank und zeigen das Kind jetzt also von schräg hinten. Es muss in dieser Einstellung auch wieder nach rechts schauen. Jetzt ist die rechte Hälfte der Parkbank leer zu sehen. Wenn Ihnen das gelungen ist, dann haben Sie »Schuss« und »Gegenschuss« *ohne Achsensprung* gedreht – so wie es sein muss.

Jetzt überspringen Sie bitte einmal bewusst die Bildachse und produzieren Sie mit der nächsten Einstellung einen *Achsensprung.* Als Ergebnis muss das Kind jetzt plötzlich nach links (und nicht nach rechts) schauen.

Diesen Effekt erreichen Sie allein mit der Wahl eines anderen (falschen) Kamerastandorts beim Gegenschuss. Das Kind darf seine Position auf der Bank nicht verändern. Ein Achsensprung ist ein handwerklicher Fehler und muss vermieden werden (vgl. Grafik S. 378 und »Bildaufbau«, Regeln für die Kameraaufstellung).

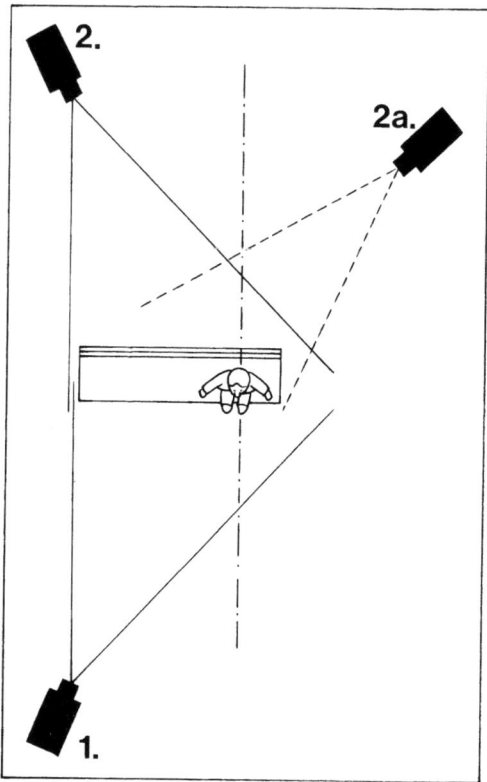

Kamerastandort 1: »Schuss«
Kamerastandort 2: »Gegenschuss«
Kamerastandort 2a: falscher »Gegenschuss«
Bildachse: – · – · – · – · –

Finden Sie heraus: Wie weit reicht die Schärfe? Für Ihren Test
suchen Sie sich im Park ein Schild, das im Schatten steht. Nehmen Sie das Schild mit einer langen Brenn-
weite (Tele) auf.

Sie können die Schrift gut lesen, aber der
Hintergrund ist unscharf. Ihr Bild hat also
eine geringe Schärfentiefe. Suchen Sie
jetzt ein Schild, das im Hellen steht. Neh-
men Sie dieses Schild aus derselben Entfernung mit derselben
Brennweite auf.

Jetzt können Sie außer der Schrift auch den Hintergrund klar erkennen. Die Schärfentiefe ist groß.

Warum ist das so? Wenn Sie das Schild im Schatten aufnehmen wollen, muss die Blende weit geöffnet sein. *Je weiter die Blende geöffnet ist, umso geringer ist die Schärfentiefe.* Das Schild im Hellen wurde dagegen mit nahezu geschlossener Blende aufgenommen; die Schärfentiefe ist also groß. Die meisten Amateur-Videokameras steuern übrigens das Öffnen und Schließen der Blende entsprechend den Lichtverhältnissen automatisch, ohne die Blendenzahlen anzuzeigen.

Mit derselben Tele-Brennweite nehmen Sie eine Parkbank bildfüllend auf.

Sie erkennen, dass die Schärfentiefe nicht sehr groß ist. Anschließend verändern Sie die Brennweite auf Weitwinkel-Position. Wechseln Sie jetzt Ihren Standpunkt so, dass Sie mit der Weitwinkel-Brennweite wieder dieselbe Parkbank bildfüllend aufnehmen. Bei dieser Einstellung ist die Schärfentiefe größer geworden: *Je kürzer die Brennweite, desto größer die Schärfentiefe.* Außerdem hat sich auch der Zusammenhang der Bildelemente verändert: *Die Brennweite wirkt sich also nicht*

nur auf die Schärfentiefe aus, sondern auch auf die Blickwinkel.

Bringen Sie Bewegung ins Bild. Finden Sie im Park Menschen beim Spazierengehen. Wählen Sie eine Einstellung, in der die Parkbesucher an Ihnen vorbeigehen. Verändern Sie aber beim Aufzeichnen nicht den Standpunkt der Kamera und bewegen Sie die Kamera auch nicht. Die (relativ starke) Bewegung wird allein durch die sich bewegenden Menschen erreicht. Man spricht von der »inneren Bewegung« des Bildes.

Bewegung kommt aber auch durch Kamerabewegungen (Kameraschwenks, Kamerafahrten) ins Bild.

Das Gestaltungselement Bewegung wird natürlich verstärkt, wenn sich sowohl das Aufnahmeobjekt als auch die Kamera bewegen.

Schwenks sind die ersten Kamerabewegungen, die wir ausprobieren wollen. Auch dafür verändern wir den Kamerastandort nicht. Wir bewegen die Kamera an einem festen Standort. Wenn Sie kein Kamerastativ haben, lehnen Sie sich am besten an einen Baumstamm. Sie können nun in alle Richtungen schwenken: horizontal, vertikal, diagonal. Sie entscheiden sich zunächst für einen horizontalen Schwenk über die Parkanlage. Dabei entdecken Sie: *Der Schwenk verbindet zwei Einstellungen miteinander,* den Stand vor und den Stand nach der Kamerabewegung. Beide Einstellungen tragen zur Orientierung bei; ohne sie ist der Schwenk sinnlos.

Nicht sofort die Kamera bewegen! *Am Anfang und am Ende des Schwenks muss das Bild »stehen«,* die Kamera also in Ruhestellung sein. Wenn man übrigens zunächst nicht genau weiß, ob man einen Schwenk am Schneidetisch wirklich braucht, nimmt man den Stand am Anfang und am Ende so lange auf, dass man eine dieser stehenden Einstellungen auch ohne Kameraschwenk verwenden kann. Und da man manchmal auch nicht weiß, in welcher Richtung ein horizontaler Schwenk eingesetzt werden soll, schwenkt man die Kamera zunächst von rechts nach links und in der Wiederholung von links nach rechts. Solch ein »Sicherheitsschwenk« ist aber sinnlos, wenn gemäß dem Aussagewunsch der Schwenk Anfangs- und Endeinstellung gerade in dieser Abfolge miteinander verbinden soll.

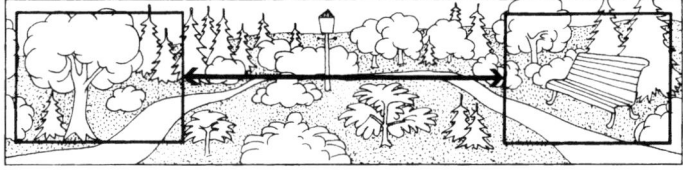

Erproben Sie die Schwenkgeschwindigkeit. Ein Schwenk soll zügig, aber nicht zu schnell sein. Durch die Bildvergrößerung bei der Projektion wird nämlich ein längerer Weg in derselben Zeit zurückgelegt, so dass der Schwenk ohnehin schneller erscheint, als man es im Sucher abschätzen kann. *Objektive mit kurzer Brennweite* bilden die Realität am kleinsten ab. Mit ihnen kann deshalb schneller geschwenkt werden als mit *Objektiven mit langer Brennweite,* deren Bildwinkel kleiner ist. Ein *Schwenk mit einem Teleobjektiv* muss deshalb sehr langsam sein. Dennoch ist dabei die Verwacklungsgefahr groß; Ruckbewegungen sieht man beim Teleobjektiv am deutlichsten.

Versuchen Sie also je einen Schwenk mit einer kurzen und einer langen Brennweite und finden Sie dafür die richtige Schwenkgeschwindigkeit.

Schwenken Sie mit einer Bewegung. Die Bewegung »führt« dann den Schwenk, ihre Geschwindigkeit bestimmt auch die Geschwindigkeit des Schwenks, mit dem das sich bewegende Aufnahmeobjekt »verfolgt« wird *(Verfolgungsschwenk):*

Machen Sie einen langsamen und langen Schwenk, indem Sie mit älteren Spaziergängern mitschwenken. Schnelle Schwenks lassen sich realisieren, wenn Sie Kinder im Bild haben und mitschwenken. *Die Bewegung der aufgenommenen Objekte kann also* – wie in diesen Fällen – *die Schwenkgeschwindigkeit vorgeben.*

Die Dauer des Schwenks wird aber auch vom Bildinhalt bestimmt. Schwenken Sie zunächst eine leere Parkbank ab und anschließend eine Parkbank, auf der Menschen sitzen. Die leere Parkbank muss man schneller abschwenken, denn der Bildinhalt lässt sich auch schneller erfassen.

Reißen Sie einen Schwenk. Bei *Reißschwenks* wird blitzschnell von einer Einstellung weg- zu einer anderen hingeschwenkt. Was zwischen diesen beiden Einstellungen liegt, ist dabei nicht so wichtig und durch die hohe Schwenkgeschwindigkeit auch kaum oder nicht zu erkennen. Reißschwenks können also zwei Einstellungen miteinander verbinden. Wenn damit ein Raum- oder Zeitsprung vollzogen werden soll, wird dabei nur die Ausgangseinstellung zusammen mit dem gerissenen Schwenk gedreht. Die Zieleinstellung wird dann angeschnitten. Auch ohne Raum- und Zeitsprung wird so verfahren, wenn es von der Kameraführung

her nicht möglich ist, nach dem Reißschwenk einwandfrei die Kamerabewegung auf der Zieleinstellung zu beenden.
Der Reißschwenk wird auch als Wischblende eingesetzt. Dann signalisieren die durch die Schwenkgeschwindigkeit verwischenden Bilder den *Schlusspunkt einer Sequenz oder einer Szene.*
Versuchen Sie einen Reißschwenk, indem Sie von Eltern auf der Parkbank zu den etwas entfernt spielenden Kindern schwenken.

Kamerafahrten üben. Kamerafahrten sind horizontale und vertikale Veränderungen des Kamerastandpunkts. Sie führen zu immer neuen perspektivischen Wirkungen. Man unterscheidet *Quer-, Längs-, Hoch-, Schräg- und Diagonalfahrten.*

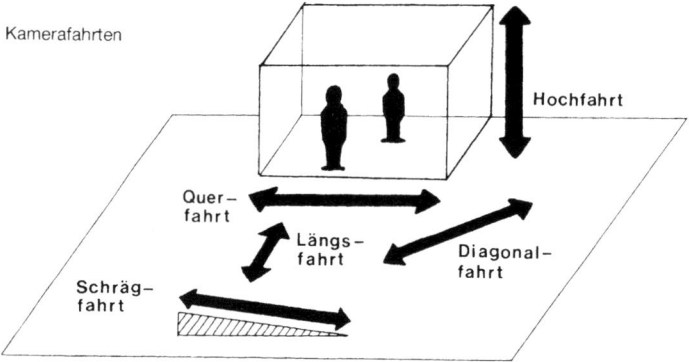

Kamerafahrten

Querfahrten (auch *Parallelfahrten* genannt) können Sie üben, wenn Sie aus dem Seitenfenster eines langsam am Parkrand vorbeifahrenden Autos Bilder aufnehmen. Wählen Sie wieder eine kurze Brennweite (Weitwinkel), um das Verwackeln möglichst zu verhindern.
Querfahrten können auch als *Begleitfahrten* vorkommen. Dabei bewegt sich die Kamera (in unserem Fall also im fahrenden Auto) so schnell wie das Objekt, das sie aufnimmt. Der Abstand zwischen beiden bleibt konstant, das Objekt wird immer gleich groß abgebildet.
Lassen Sie das Auto so schnell fahren wie ein Fußgänger auf dem Bürgersteig geht, den Sie durch das offene Seitenfenster mit der Kamera »begleiten«.

Längsfahrten. Bei ihnen geht es um *Nähe* oder *Distanz* zum Aufnahmegegenstand. Es gibt sie als *Ranfahrten* (Zufahrt, eine Fahrt hin zum aufgenommenen Objekt) und umgekehrt als Rückfahrten. Weil sich bei diesen Kamerabewegungen der Abstand zum aufgenommenen Objekt tatsächlich verändert, sprechen wir von »echten Fahrten«. Wegen dieser Abstandsveränderung muss gleichzeitig mit der Kamerabewegung auch die Schärfe »nachgezogen« werden. Bei den Amateur-Videokameras geschieht dies in aller Regel automatisch (Autofocus).
Stellen Sie in der ruhigen Straße am Parkrand eine Person an den Straßenrand. Fahren Sie aus einiger Distanz mit dem Auto auf die Person zu und nehmen Sie sie dabei durch die Frontscheibe auf (Zufahrt). Wenn Sie von der Person wegfahren und dabei dann durch die Rückscheibe drehen, machen Sie eine Rückfahrt.

Gänge werden ebenfalls zu den Fahrten gerechnet. Gehen Sie also mit der Kamera auf eine Person zu, die auf der Parkbank sitzt (Ranfahrt) oder gehen Sie von ihr weg (Rückfahrt). Üben Sie sich dabei in einem »schleichenden« Gang, weil die Kamerabewegung möglichst gleitend und ruhig ausfallen soll.

Machen Sie eine Zoomfahrt. Dabei wird der Standort der Kamera nicht verändert. Mit Hilfe des *Zoomobjektivs wird* lediglich *gleitend die Brennweite gewechselt.* Man spricht deshalb auch von Zooming.
Zoomfahrten sind »unechte« Kamerafahrten, scheinbare Fahrten durch stufenlose Veränderung der Brennweite und damit des Bildausschnitts. *Diese gleitende Veränderung des Bildausschnitts bei der Zoomfahrt widerspricht den natürlichen Sehgewohnheiten.* Der Zuschauer empfindet sie, als würde sich die Bildwand auf ihn zu- oder von ihm wegbewegen. Bei der »echten« Kamerafahrt dagegen wird der Betrachter in die Bewegung einbezogen, und es scheint, als würde er sich in das Bild hineinbewegen, so wie es beim normalen Gehen der Fall ist. *Profis setzen deshalb den Zoom außerordentlich sparsam ein.*
Nach der Theorie nun die Praxis. Suchen Sie sich im Park ein Schild oder eine Skulptur. In einiger Entfernung davon wählen

Sie einen festen Kamerastandpunkt. Das Schild oder die Skulptur sollten Sie zu Beginn zusammen mit der Umgebung und nicht zu groß mitten im Sucherbild haben.

Starten Sie jetzt die Kamera und drücken Sie kurz danach auf die Tele-Taste des Zooms. Das Schild oder die Skulptur werden jetzt langsam immer größer und beherrschen am Ende der Zoomfahrt allein das Bild.

Kleiner Bildausschnitt: Tele-Einstellung, großer Weitwinkel

Wenn Ihnen das gut gelungen ist, versuchen Sie es einmal umgekehrt, zoomen Sie von der längsten Brennweite zur kürzesten (von Tele zu Weitwinkel). Zu Beginn sind also Schild oder Skulptur bildbeherrschend groß, am Ende der Zoomfahrt zeigt der Bildausschnitt sie als Teil der Parklandschaft.

Kombinieren Sie eine »echte« mit einer »unechten« Kamerafahrt. Aus einer solchen Kombination können sich *interessante bildgestalterische Möglichkeiten* ergeben.

Wählen Sie dieselbe Situation wie bei der Längsfahrt als Rückfahrt. Durch die Heckscheibe drehen Sie also eine Person am Straßenrand, von der sich das Auto (und mit ihm die Kamera, also der Zuschauer) wegbewegt. Diese »Wegbewegung« unterstützen Sie durch eine Zoomfahrt von Tele zu Weitwinkel, verändern Sie also gleichzeitig die Brennweite von lang nach kurz.

Bei einer Wiederholung der »echten« Kamerafahrt (Längsfahrt als Rückfahrt) machen Sie jetzt die gegenteilige Zoomfahrt – eine Ranfahrt von Weitwinkel zu Tele. Kamerafahrt und Zoomfahrt wirken jetzt gegenläufig.

Arbeiten Sie mit der subjektiven Kamera. Subjektive Kamera heißt, dass die *Kamera sich in die Rolle einer agierenden – also sich bewegenden – Person versetzt.* Dem Zuschauer teilt sie dabei mit, »wie« und »was« diese handelnde Person sieht, denn die subjektive Kamera vollzieht ja ihre Bewegungen nach – beim Gehen das leichte Auf und Ab, beim sich Umschauen die Blicke nach rechts oder nach links.

Probieren Sie das einmal aus. Stellen Sie sich vor, Sie haben im Park, irgendwo rechts oder links des Weges, Ihren Autoschlüssel verloren. Sie suchen ihn – mit laufender Kamera. Unversehens realisieren Sie dabei Schwenks und Fahrten, indem Sie mal nach rechts und mal nach links schauen, indem Sie mal auf eine größere Fläche schauen (Weitwinkel) und mal leicht gebückt eine kleinere Stelle hinter einem Busch genau in Augenschein nehmen (Tele). Aber übertreiben Sie die Kamerabewegungen nicht. Sie bekommen sonst eine unnatürliche Wirkung.

Und jetzt gehen Sie in den Park! Sie sollten den *Schritt von der Theorie zur Praxis wirklich vollziehen* und die vorgeschlagenen Bilder selbst mit der Kamera einfangen.

Im Online-Auftritt von »Fernseh-Journalismus« finden Sie einen »Übungsplan Bildgestaltung« (vgl. Inhaltsverzeichnis). Er soll eine kurz gefasste Arbeitsanleitung sein. 🖳

→ Tipp: Sehen Sie möglichst oft *bewusst* fern, um die Auswahl von Bildausschnitten, die Kamerabewegungen und die Abfolge unterschiedlicher Bildausschnitte und Kamerabewegungen wahrzunehmen. Und denken Sie darüber nach, welcher Aussagewunsch dem zugrunde lag – und ob diese Sprache der Bilder verständlich war.

Als VJ selber schneiden

VJs sollten schneiden können, ihr gedrehtes Material also auch selbst bearbeiten können. Sie haben dadurch eine größere Freiheit bei der Organisation dieser Postproduktion und so auch eine 100prozentige Kontrolle über ihren Fernsehbeitrag. Sie können fertige Filme anbieten und sind damit unabhängig von eventuellen personellen oder finanziellen Engpässen bei der Disposition.

Schneiden ist Kämpfen mit dem eigenen Material und Lernen aus den eigenen Fehlern. Das tut manchmal weh. Aber VJs, die selbst schneiden, verbessern die Qualität ihrer Kamera-Arbeit in kurzer Zeit enorm. Das betrifft das Drehverhältnis (Verhältnis von aufgezeichnetem Rohmaterial zur Länge des fertigen Beitrags, vgl. »Bildschnitt«) wie auch die Kameraführung.

Ein VJ-Schnittplatz beim privaten Sender »center.tv Heimatfernsehen«, der u.a. in Köln und im Ruhrgebiet sendet. Produziert wird ausschließlich von VJs. Der Lokalsender ist ein Tochterunternehmen der Zalbertus New Media, die unter anderem IP-TV Sender aufbaut, betreibt und veräußert.

Gute Vorarbeit hilft beim Schnitt – das merkt der selber schneidende VJ sofort. Je klarer man seinen Film beim Drehen schon im Kopf hatte, umso schneller geht der Schnitt (vgl. »Als VJ selber drehen«).

Vor- und Nachteile beim Selberschneiden. Als VJ sollte man sich immer die Frage stellen: Braucht mein Film einen Cutter und wenn ja, ab welcher Produktionsphase? Abhängig ist dies vom Endprodukt und der zur Verfügung stehenden Zeit.

Vorteile	Nachteile	Schlussfolgerung
Schneidet man selbst ein längeres Stück ohne Zeitdruck, hat man als VJ mehr Möglichkeiten, mit dem Material zu spielen und Dinge auszuprobieren.	Bis zur Abnahme des Beitrags gibt es kein Korrektiv.	Doch mit Cutter schneiden oder sich regelmäßig ein Kollegen-Korrektiv einholen.
Da der VJ seine Ideen nicht mit einem Cutter bespricht, also auch nicht beeinflusst wird, kommt die Handschrift des VJ mehr zur Geltung.	Bis zur Abnahme des Beitrags gibt es kein Korrektiv.	Regelmäßig ein Feed-back einholen.
VJs sind in aktuellen Situationen unverzüglich einsetzbar. Wenn es darauf ankommt, können sie also schneller am Drehort sein und noch Bilder einfangen, für die ein (schwerer zu disponierendes) Team vielleicht zu spät käme.	VJs schneiden in der Regel langsamer als Cutter, die ja Spezialisten auf ihrem Gebiet sind. VJs können die Arbeitsschritte nur hintereinander ausführen. Im Team kann der Redakteur texten und der Cutter gleichzeitig schneiden oder an der Tonmischung arbeiten. Bei der Arbeit im Newsroom kann die Zeit dadurch knapp werden.	Entsprechend mehr Zeit einplanen. Wenn es besonders schnell gehen muss, doch mit Cutter arbeiten. Man kann als VJ schon seinen Text machen, während der Cutter schneidet.

VJs können sich bei nicht-aktuellen Beiträgen ihre Zeit zum Schneiden selber einteilen. Sie sind unabhängig von der Disposition im Funkhaus. Auf Reisen (besonders wichtig im Ausland, weil kostenintensiv) können sie ihre Beiträge allein und überall überspielfertig produzieren.	Wenn man einen Cutter mit Schnittraum gebucht hat, muss man in einer vorbestimmten Zeit fertig werden. Schneidet der VJ an einem Desktop oder Laptop zu Hause, vergisst er gerne die Zeit, entwickelt sehr schnell einen »Spieltrieb«. Das kann gut sein für die eigene Handschrift, frisst aber auch viel Zeit.	Sich eine bestimmte Zeit für den Schnitt vornehmen und die auch einhalten.

Das Erlernen des Schnittprogramms fällt vielen schwer. Es erfordert Ausdauer und Übung.

Es gibt verschiedene Wege, sich mit einer Schnittsoftware vertraut zum machen. Am häufigsten verbreitet ist die »Do it yourself«-Methode, man lernt das Programm also in Eigenregie. Das ist ein sehr steiniger und anstrengender Weg, der starke Nerven, jede Menge Disziplin und einen starken Willen erfordert. Auf diesem Weg helfen *Tutorials* (interaktive Lernprogramme), die man zu einem Programm kaufen kann, oder ganz einfach die *Bedienungsanleitung*. Ein Nachteil dieser Methode ist, dass sich oft Fehler in der Handhabung einschleichen, die man nicht mehr herausbekommt.

In einem Kurs lernt man unter Anleitung eines Profis ein Schnittprogramm sicherer und effektiver. In drei bis fünf Tagen werden alle grundsätzlichen Funktionen und Einstellungen der Software erklärt (Grundkurs).

→ Tipp: Man sollte als Teilnehmer eines solchen Kurses immer einen Computer vor sich haben, um das Gezeigte unmittelbar ausprobieren zu können.

Eine HR-Video-Journalistin hat ihren mobilen Schnittplatz in einem südfranzösischen Hotelzimmer aufgebaut: links die Kamera, rechts daneben der Laptop mit der Schnittsoftware, noch weiter rechts eine zusätzliche externe Festplatte als »Archivmedium« zum Speichern von Material.

Auch innerhalb eines Kurses lernt man das Schneiden am intensivsten, indem man ein kleines Filmprojekt beginnt. Der Übungsfilm sollte aber nur eine Länge von zwei bis drei Minuten haben.

Schnittprogramme. Die am häufigsten von Fernsehsendern genutzte Schnittsoftware für VJs ist in Deutschland AVID Express. Danach kommt Pinnacle/AVID Liquid. In internationalen VJ-Kreisen ist Final Cut Pro von Apple noch weit verbreitet.

Wer bei einem Sender regelmäßig arbeitet, kann auch als freier Journalist das dort vorhandene Programm nutzen. Wenn man keine Anbindung an einen Sender hat und am Ende nur seinen Beitrag abgibt oder per Upload (über Internet) an den Sender schickt, sollte man sich intuitiv entscheiden: also die Oberfläche der Programme ansehen und herausfinden, mit welcher man besser klarkommt. Qualitativ gibt es zwischen den Programmen keine erheblichen Unterschiede.

Die Gestaltungsregeln (vgl. »Bildschnitt«) gelten natürlich auch für VJs. Bis man sie sicher beherrscht, passieren allerdings immer wieder Fehler.

Die häufigsten Fehler bei den ersten Schnitten – und wie sie zu vermeiden sind:

- Nicht von schönen Bildern verführen lassen, sich immer strikt am Aussagewunsch des Beitrags orientieren.
- Der VJ liebt sein Material. Er hat oft auch ordentlich geschwitzt bis er es hatte. Trotzdem erweist sich manches beim Schnitt als überflüssig. Deshalb die alte Cutterregel beherzigen: Kill your darlings!
- Die stärksten Bilder zuerst. Als Fernsehmacher sollte man dem Zuschauer (mit der Fernbedienung in der Hand) einen guten Grund geben, sich den Film anzusehen – und nicht gleich wegzuzappen.
- Die Story zuerst grob vorschneiden, um zu kontrollieren ob sie so funktioniert. Dann erst mit dem Feinschnitt beginnen.
- Da die VJs vor Ort waren, schneiden Sie oft den Beitrag so, wie der reale Zeitablauf beim Drehen war. Oft ist es aber spannender, diese Zeit-Abfolge zu verlassen (vgl. für ein Beispiel »Bericht/Reporterbericht«).
- Am Schluss des Bildschnitts noch mal jede Einstellung auf kleine Wackler am Anfang und Ende absuchen und ggf. herausnehmen.

Die Timeline ist in allen Schnittprogrammen das Fenster, in dem man (vereinfacht gesagt) den eigentlichen Schnitt durchführt. Dabei werden die ausgewählten Einstellungen aus dem Rohmaterial in die gewünschte Reihenfolge gebracht. Dies geschieht meist durch Ziehen mit dem Mauszeiger (vgl. »Nichtlinearer Schnitt«).

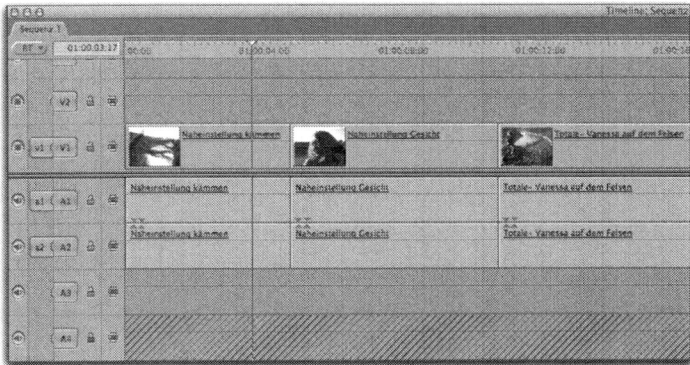

Timeline aus dem Schnitt-Programm »Final Cut Pro«. Man sieht hier geschnitten, also hintereinander gelegt, eine mögliche Folge der ersten drei Einstellungen aus dem Beitrag »Als VJ selber drehen« (vgl. dort). Von links nach rechts: Naheinstellung Kämmen, Naheinstellung Gesicht, Totale Vanessa auf dem Felsen. Diese Einstellungen sind entsprechend bezeichnet und werden jeweils durch ein Key-Bild (Schlüsselbild) repräsentiert. Sie liegen in der Videospur 1 (V 1), darunter die beiden Tonspuren (= Audio, A1 und A 2). Die Symbole rechts von den Spurbezeichnungen bezeichnen Steuerelemente, wie z. B. »Spur schützen«, um eine ungewollte, versehendliche Bearbeitung zu verhindern. Die senkrechten Striche zwischen den Clips markieren die Stellen, an denen Schnitte gemacht wurden. Stellt man sich die Filmclips als reale »Filmstreifen« vor, kann man beim ersten Blick darauf auch Längen erkennen.

Bild- und Tonspuren immer gleich belegen auf der Timeline, damit man nicht den Überblick verliert. Die Sender praktizieren unterschiedliche Belegungen. Man sollte einfach in der Schnitt-Abteilung nach der im Sender üblichen fragen. Dann findet sich auch ein anderer Kollege gleich zurecht, wenn der einmal (im Notfall) einen Beitrag weiter bearbeiten muss. Eine Belegung könnte beispielsweise so aussehen:

Videospur 1	die Bilddaten
Videospur 2	die Schriften
Audio 1	Atmo-(sphärische) Töne
Audio 2	O-Töne
Audio 3	Kommentar, d. h. der gesprochene Text des Autors
Audio 4	Musik oder Sound-Effekte

Nachbearbeitung, Synchronisation und Mischung. Mit dem Schnitt, also dem Aneinanderfügen der Bilder in der Timeline ist die Postproduktion noch nicht erledigt. Möglicherweise müssen dann noch Schriften (z. B. *Namensinserts)* eingeblendet oder bestimmte *Bild-Tricks* (z. B. spezielle Blenden) gemacht werden. Die Schnittprogramme ermöglichen dies in weitem Umfang (vgl. »Mit elektronischen Tricks informieren«).

Schließlich ist der Filmtext noch zu sprechen (vgl. »Den eigenen Beitrag lesen«) und die verschiedenen Ton-Spuren müssen »gemischt«, also in der Sende-Ton-Spur zusammengeführt werden (vgl. »Digitaler Schnitt«).

→ Tipp: Die Tonbearbeitung/Mischung dauert oft genauso lange wie der Bildschnitt. Sie sollten deshalb immer genug Zeit einkalkulieren.

Die VJ-Ausrüstung

Die Entwicklung beim VJ-Equipment geht so rasant voran, dass sie oft zu großer Unsicherheit führt. Kauft man heute ein Gerät, kann es morgen schon überholt sein. Es gibt aber ein paar Ratschläge, anhand derer man sich gut orientieren kann.

Im Sender nachfragen. Fast alle Sender arbeiten heute mit *DV-Kameras*. Hat man einen Haussender, fragt man einfach, welche Kameras dort benutzt werden. Entscheidet man sich für dieselben, kann man vom Sender-Know-how profitieren und gelegentlich auch von den Einkaufskonditionen.

Noch wichtiger ist das bei den *Schnittsystemen*. Die modernen Newsrooms sind serverbasiert, verfügen also an so gut wie jedem Arbeitsplatz über eine Workstation mit integriertem Schnittsystem. Darauf kann der Journalist sein Material schon vorsortieren oder auch schneiden (vgl. »Journalistischer Arbeitsplatz digitaler Newsroom«).

→ Tipp: Achten sie darauf, dass Sie mit Ihrem eigenen Schnittsystem dem Sender-System möglichst nahekommen. Das verringert Übertragungsprobleme. Benutzt man dasselbe

System wie die Sendeanstalt, kann man zudem bei den Fachleuten im Sender nachfragen, wenn man allein nicht weiterweiß.

Besprechungen in Fachzeitschriften vergleichen, und zwar in solchen für Profis wie für Amateure. Kameras und Schnittlaptops werden in diesem semiprofessionellen Zwischensegment in beiden besprochen. Die Geräte, die von beiden Seiten für gut befunden werden, sind oft die richtigen. Auch über die Preise wird man so informiert.

Die Grundausstattung eines VJ besteht aus:

- einer digitalen *Videokamera*.
- einem *Ansteckmikrofon* (Kugelcharakteristik, vgl. »Mikrofone«), das den Ton über einen Sender an die Kamera überträgt. Man braucht also kein Ton-Kabel.
- einem *Richtmikrofon,* das auf der Kamera angebracht ist. Man kann beim Drehen Interview-Fragen stellen und die Antworten werden in guter Qualität aufgenommen.
- einem geschlossenen *Kopfhörer*, zum Abhören des Tones.
- einem kleinen *Kameralicht*, das für eine leichte Aufhellung im Nahbereich ausreicht (z. B. für die Augenpartie, so genanntes Augenlicht, vgl. »Lampen und Leuchten«).
- einem trockenen *Brillenputztuch* zum Reinigen des Objektives.
- einem *Stativ* (Dreibein- und/oder Einbeinstativ).
- einer *Tasche/Rucksack*, in die/den das gesamte Equipment passt.
- einem *Schnittprogramm* auf einem Laptop/Desktop.

DV-Kameras. Solche kleinen digitalen Videokameras gibt es vor allem von Panasonic und Sony. Sie liefern Material, das hinsichtlich der technischen Qualität allen Ansprüchen für die Ausstrahlung gerecht wird. Neben einem hochwertigen *Objektiv* müssen VJ-Kameras auch einen guten *Steadyshot* haben. Steadyshot ist ein elektronischer Bildstabilisator, der leichte Wackelbewegungen ausgleicht. Eine professionelle DV-Kamera muss zudem mit XLR-Anschlüssen für professionelle Mikrofone und mit einem großen, abklappbaren Display ausgestattet sein.

Auf Bedienfreundlichkeit der Kameras achten. Ein guter VJ ist quasi mit seiner VJ-Kamera verheiratet. Deshalb ist es wichtig, dass er sich mit ihr stets »gut versteht«, auch wenn's mal hektisch zugeht. Gemeint ist vor allen Dingen die *Menüführung.*

→ Tipp: Wenn Sie ihre Wunschkamera in der Hand halten, sollten Sie die Menüführung innerhalb von fünf Minuten verstehen, ohne in die Bedienungsanleitung hineingesehen zu haben.

Derzeit sind zwei Camcorder (Panasonic AG-HPX 171E und Sony Z5) für den VJ Einsatz in den Sendeanstalten am weitesten verbreitet.

Viel Handling-Ärger beim Drehen kann man so vermeiden:

- Tasten und Regler müssen *unkompliziert* bedienbar sein.
- Alle wichtigen Funktionen wie Fokus, Blende, Verschluss-zeit (Shutter), Licht-Verstärkung (Gain) sollten sich *manuell* einstellen lassen.
- Der ausklappbare *Kontrollmonitor* sollte nicht zu klein sein. VJs kontrollieren ihr Bild hauptsächlich über diesen Monitor.
- Die Kamera muss auf jeden Fall einen *externen Tonein-gang* haben, der manuell auszusteuern ist. Kann man keine externen Mikrofone anschließen, ist professionel-les Produzieren unmöglich!
- Auch sollte man auf das *Gewicht* der Kamera achten. Sie darf nicht zu leicht sein, weil dann die ruhige Kame-raführung schwieriger ist. Und sie sollte nicht zu schwer sein, weil man die Kamera ja den ganzen Tag herumträgt. Ein Gewicht zwischen zwei und vier Kilo ist günstig.

Zu viel Technik sollte der VJ vermeiden, weil er sonst an Kraft, Schnelligkeit und Flexibilität verliert.

→ Tipp: Vor dem Dreh genau überlegen, was man wirklich braucht, und nur das mitnehmen.

Für Internet- und Handy-Fernsehen produzieren

Was wir bisher unter Fernsehen verstanden haben, ist inzwischen auf allen möglichen Geräten zu sehen wie PC, Laptop und Handy. Sie sind sehr unterschiedlich in ihren Größen und in ihren technischen Grundlagen. Wer sich also künftig an die Arbeit macht, muss berücksichtigen, auf welchen Plattformen sein Beitrag zu sehen sein wird.

Videojournalisten, Online- und Multimedia-Redakteure liefern neben den klassischen »Fernseh-Journalisten« zunehmend die Inhalte für die neuen Endgeräte und Empfangsmöglichkeiten.

Die Bildschirme schrumpfen. Bei einem 7cm-Handy-Bildschirm etwa ist manches bisherige Bild ganz einfach nicht mehr zu erkennen. Selbst leistungsfähige Laptop-Bildschirme sind einem guten TV-Screen immer noch unterlegen. Die Grundvoraussetzungen für einen Dreh sind nun also nicht mehr gleich.

Das Thema Bandbreiten, mit denen bewegte Bilder vor allem auf Computer-Screens kommen, ist derzeit noch problematischer als die kleinen Bildschirme.

Alles was unter doppelter DSL-Bandbreite ist, bedeutet Qualitätseinbuße. Eine rasante Kamerafahrt, ein schneller Schwenk – was im echten TV ein willkommener und gelungener Effekt sein kann, wird bei einer langsameren Internetverbindung schnell zu einem verpixelten Bild, das bei dem (Online-) Zuschauer eher den Eindruck hinterlässt, jemand habe sein Handwerk nicht beherrscht.

Doch die Bandbreiten wachsen stetig. IP-basiertes Fernsehen (Internet-FS) wird deshalb nicht auf Dauer von wesentlich schlechterer technischer Qualität sein.

Das Prinzip Rücksichtnahme gilt während dieser technischen Übergangszeit. Es bedeutet, so zu drehen, dass tatsächlich auch Nutzer mit niedrigeren Bandbreiten etwas davon haben.

Bildsprache ruhiger machen – das ist die wesentliche Voraussetzung für PC- und Handy-Fernsehen. Sie muss außerdem wieder gemäßigter werden, mehr mit der Totalen als mit der Großen (dem Detail) arbeiten.

→ Tipp: Raffinierte Details, schnelle Fahrten und Schwenks auf einer 7-cm-Diagonalen sind vergebliche Liebesmüh. Gefordert ist eine ruhige Bildsprache.

Erzählerisches Tempo erhöhen. Zudem steht sehr in Frage, ob für solche Mini-TV-Beiträge die bewährten Fernseh-Faustregeln für Storylines (den Aufbau des Beitrags, die Erzählstruktur) noch so ohne weiteres übernommen werden können. Die 2'30"-MAZ (mit drei O-Tönen, drei Off-Tönen) wirkt nach den Erfahrungen auf Miniscreens behäbig und langweilig. Wirksam hingegen: *ein höheres erzählerisches Tempo*, höhere Dichte. Dies erklärt sich auch aus der Nutzungssituation und der Motivation eines mobilen Zuschauers. Sie sind nicht einmal ansatzweise vergleichbar mit der eines Sehers, der sich gerade auf der heimischen Couch befindet.

Der Text wird wichtiger. Dass ein Beitrag als Ganzes wirken soll (also Bild, Text und Ton als Einheit), dass auch Bilder für sich allein Wirkung und Atmosphäre erzielen sollen, gilt nur sehr eingeschränkt, wenn ein Bild und dessen Aussage nur schwer erkennbar ist.

→ Tipp: Im Text erklären, was man im »großen« Fernsehen sehen würde. Und was dort deshalb unerklärt bleiben soll.

Für ein neues, komprimiertes Fernsehen muss man also einige Dinge in Frage stellen, die bisher Common Sense waren.

Weiterführende Literatur:

Christian Jakubetz, Crossmedia (1. Auflage, UVK Verlagsgesellschaft, Konstanz 2008)

Newsroom, Studioproduktion und Außenübertragung

Journalistischer Arbeitsplatz digitaler Newsroom

Die *digitale (nichtlineare) Produktion* hat die Fernsehtechnik zur Fernseh-Datenverarbeitung verändert. Der Computer hat Recorder zum Aufzeichnen und Abspielen und das Videoband als Speichermedium weitgehend ersetzt. Fernsehbild und -ton werden als digitale Daten in leistungsstarken miteinander vernetzten Rechnern gespeichert und bearbeitet.

Der Newsroom ist eine Großraum-Redaktion für die Nachrichtensendungen und Nachrichtenmagazine. Die Fernseh-Journalisten/innen arbeiten darin oft zusammen mit Onlinern, Mediengestaltern und Grafikern. Dafür stehen ihnen außer ihren Schreibtischen auch Workstations (s.u.) zur Verfügung.

Als digitaler Newsroom wird das vernetzte digitale System bezeichnet, das schnelle Arbeitsabläufe vom ersten Sichten des Materials bis zur Ausstrahlung des fertigen Beitrags ermöglicht. Das Bild- und Tonmaterial wird dafür über ein Datennetz zwischen den Computern (»Servern«) hin- und hergeschickt. Jederzeit kann sofort auf das gesamte Material zugegriffen werden. Wie bei der CD jeder einzelne Titel direkt anwählbar ist, so steht bei der Speicherung auf Festplatte jedes einzelne Bild (und jede Bildsequenz, auch der Ton) unmittelbar zum Bearbeiten oder Sichten zur Verfügung. Aus dem Rohmaterial können so parallel für unterschiedliche Sendungen die jeweiligen Fassungen produziert werden.

In allumfassende digitale Produktions- und Sendesysteme sind diese digitalen Newsroom-Systeme integriert. Dadurch entstehen Synergien zwischen Fernsehen, Hörfunk und Multimedia. Die Grafik zeigt das Grundprinzip eines solchen Systems, wie es inzwischen in vielen Rundfunkanstalten existiert.

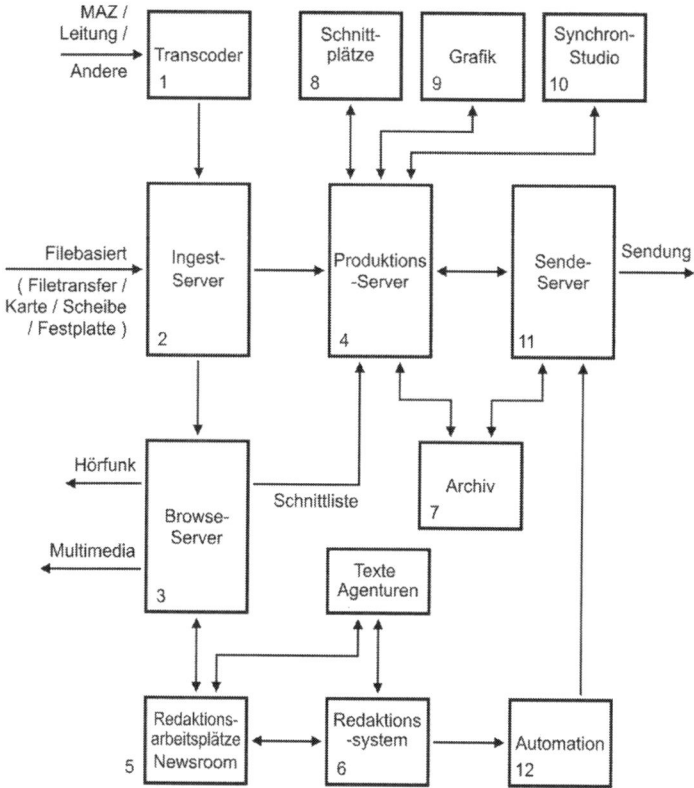

Grafik: SR/ Klaus Rebmann

Grundprinzip eines Digitalen Newsrooms bzw. eines Digitalen Produktionssystems

Datenreduzierung. Innerhalb des Produktionssystems wird in der Regel mit einem leicht datenreduzierten Fileformat (dem »Hausformat«) gearbeitet. Die Kameras des jeweiligen Senders arbeiten dann ebenfalls mit demselben Fileformat, z. B.:

- Sony-Kameras mit dem XD-Cam-Format und Speicherung auf Blue Ray-Discs, demnächst auch auf Speicherkarten,
- Panasonic-Kameras mit dem DVCpro-Format auf P2-Speicherkarten.

Das Rohmaterial wird auf zwei unterschiedliche Arten in das digitale Produktionssystem eingespielt (= ingest).

Einspielen über einen Transcoder (1) in den Ingest-Server ist bei linearen Quellen erforderlich: einem MAZ-Band, einer Leitungsüberspielung oder einer Satellitenübertragung (z. B. eines Live-Ereignisses).

Einspielen direkt in den Ingest-Server (2). Dies geschieht, wenn das Rohmaterial von einem nichtlinearen Speichermedium (Speicherkarte, Blue Ray-Disc, Festplatte) kommt, aber auch durch Filetransfer von einem anderen Sender über eine schnelle Datenleitung.

Filebasierte Speicherung in Kameras ermöglicht also eine besonders schnelle Übertragung in die Serverlandschaft des Funkhauses ohne zusätzliche Wandlung.

Im Browse-Server (3) wird parallel zur Speicherung im Ingest-Server eine Kopie in geringerer Qualität angelegt. Außerdem werden in regelmäßigen Zeitabständen »Briefmarkenbilder« erzeugt, die eine Orientierung im Rohmaterial ermöglichen.

Auf den Browse-Server kann auch der Hörfunk zur Entnahme von O-Tönen zugreifen, ebenfalls die Multimedia-Redaktion zur Verwertung des Materials im Internet-Auftritt des Senders.

In den Produktionsserver (4) wird das Material in der Regel beim Einspielen gleich automatisch weitergeleitet. Bereits während des Ingests kann im Produktionsserver die Bearbeitung beginnen. Um das Material später wieder aufzufinden, muss es eindeutig mit den notwendigen Daten gekennzeichnet werden. Außerdem bekommen die unterschiedlichen Materialarten jeweils Löschregeln mit Angaben über die Verweildauer im digitalen Produktionssystem.

Die Redaktionsarbeitsplätze/Workstations (5) im Newsroom (und in anderen Redaktionen) haben Zugriff auf den Browse-Server. Das Rohmaterial kann also am redaktionellen Arbeitsplatz gesichtet und in einem einfachen Ansichts- und Schnittsystem bearbeitet werden. So ist im Büro bereits ein Rohschnitt oder das Anlegen einer Schnittliste möglich, die anschließend an den Produktions-Server weitergeleitet wird.

Mehrere Schnittplätze (8) nutzen den Produktions-Server parallel. Sie können dasselbe oder auch unterschiedliches Material anhand der vorliegenden Schnittlisten bearbeiten.

Die Grafikabteilung (9) ist ebenfalls an den Produktions-Server angeschlossen. Sie kann Videosequenzen oder Standbilder aus dem Produktions-Server entnehmen, bearbeiten und wieder abspeichern.

Auch das Synchronstudio (10) hat Zugriff auf den Produktions-Server. Es vertont die bearbeiteten Beiträge, sofern dies nicht gleich am Schnittplatz geschieht.

Rendern, Fusen. Sind alle Bearbeitungsschritte abgeschlossen, müssen diese auch gesichert werden, denn bisher wurde mit dem Rohmaterial, den Grafiken und Tönen lediglich anhand der Schnittlisten gearbeitet. Alle Bearbeitungsschritte müssen nun auch gespeichert werden. Dieser Vorgang wird auch als *Rendern, Fusen* oder einfach als *Sichern* bezeichnet.

Das Archiv (7) ist ebenfalls an den Produktions-Server angeschlossen. So können fertige Beiträge gleich in das Archivsystem geschoben werden. Umgekehrt sind an Schnittplätzen Entnahme und Bearbeitung von Archivmaterial möglich.

In den Sende-Server (11) werden fertige Beiträge aus dem Produktions-Server geschoben (kopiert). Unter Zeitdruck können diese bereits wenige Sekunden nach Anstoßen des Vorganges wieder aus dem Sende-Server in die Sendung ausgespielt werden.

Werden Beiträge im Zuge des Programmaustauschs an andere Rundfunkanstalten verschickt, müssen sie den gleichen Weg nehmen. Allerdings ist dann neben dem linearen Verfahren auch die Übermittlung per Filetransfer möglich. Benötigte MAZ-Kopien werden ebenfalls durch Ausspielen aus dem Sende-Server hergestellt.

Das Redaktionssystem (6) ist für die redaktionelle Arbeit das führende System in einer digitalen Produktions- und Sendeumgebung. Darin sind die Sendeabläufe in allen Einzelheiten hinterlegt. Die Texte der Beiträge wie auch die Teleprompter-Texte für die Studio-Kameras werden darin verfasst und der Produktionskette zugeordnet. Auch Agenturmeldungen laufen im Redaktionssystem auf und können darin weiterverarbeitet werden.

Die (Sende-)Automation (12) schließlich wird vom Redaktionssystem »gefüttert«. Sie legt rechtzeitig die im Sendeablauf vorgesehenen Beiträge im Sendestudio vor, ebenfalls die gewünschten Bildinserts, Logos und Bauchbinden. Wenn ein Beitrag noch nicht fertig ist, warnt die Sendeautomation. Sobald er vorliegt, gibt sie »grünes Licht«.
Die Automation kann auch dafür eingesetzt werden, vorprogrammierte Mitschnitte von vorgegebenen Programmquellen durchzuführen, zum Beispiel nachts, wenn kein Personal zur Verfügung steht.

Journalistischer Arbeitsplatz Studio

Für viele journalistische Tätigkeiten ist das Studio der Arbeitsplatz des Fernseh-Journalisten. Im Studio entstehen Live-Sendungen und Vorproduktionen, ganze Sendungen oder auch nur einzelne Teile von Programmen.

Wenn der Fernseh-Journalist vor der Kamera tätig wird, dann kann das der Fall sein als
- *Moderator*, der einzelne Bestandteile einer Sendung durch seine Moderation miteinander verbindet,
- *Redakteur im Studio* (auch Studio-Redakteur), der selbst verfasste oder mitverfasste Nachrichten verliest,

- *Interviewer*, der einen oder mehrere Interview-Partner befragt,
- journalistischer *Interview-Partner* für ein Kollegen-Gespräch,
- *Kommentator*, der seinen Kommentar vorträgt oder vom Moderator nach seiner Meinung befragt wird,
- *Off-Kommentator*, der live, d. h. während der Sendung, den Text zu einem Film spricht,
- *Sprecher* des »Kommentars« (der erforderlichen Zusatzinformation) zu Bildern, die Kameras von einem Reportage-Ort (z. B. aus einem Sportstadion) liefern,
- *Diskussionsleiter*, der eine Gesprächsrunde leitet,
- *Talkmaster*, der allein oder mit anderen eine Talkshow moderiert.

Das Studio. Bei großen Sendern haben wichtige aktuelle Sendungen (wie z. B. die Tagesschau) ihr eigenes Studio. Es ist dann immer sendefertig hergerichtet und muss nur kurz »hochgefahren« werden. Das gilt auch für ein »Katastrophenstudio«, das für aktuelle Sondersendungen innerhalb kürzester Zeit inklusive der dafür erforderlichen Mannschaft zur Verfügung sein muss.

Die meisten Studios allerdings werden für mehrere reguläre journalistische Sendungen genutzt. Auch sie sind dafür fest eingerichtet oder zumindest so vorbereitet, dass sie mit wenig Umrüstung sendungsbereit sind. Dazu gehört, dass das Licht gesetzt oder die Lichtsetzung elektronisch gespeichert ist, um dann automatisch entsprechend geregelt zu werden. Deko(rations)-Teile sind fest installiert oder die Positionen dafür markiert, damit sie schnell genau an die vorgesehene Stelle gebracht werden können. Die Routine-Kamerapositionen sind auf dem Studiofußboden ebenfalls eingezeichnet.

Virtuelle Studios sind mit Hilfe der Computertechnik dreidimensional »möblierter« künstlicher Raum (vgl. »Mit elektronischen Tricks informieren«). Dekorationselemente sind nur scheinbar vorhanden. Der im (abgesehen vom Moderatorentisch und den Sitz-möbeln) leeren Studio agierende Moderator wird von der Sende-regie in den virtuellen Raum so hineingemischt, dass sich für den Zuschauer beides ununterscheidbar zu einem Bild verbindet. Vorreiter in Deutschland war der WDR, bei den Nachrichtenstu-dios das ZDF mit seiner »grünen Hölle« (wegen der Chroma-Key-Farbe, s. unten), dem virtuellen Studio für »heute« und »heute-journal«.

Das virtuelle WDR-Studio in Köln (Grabbing: WDR/AÜ & Studioproduktion). Pult und Moderatorin (hier als Puppe) nehmen die Kameras als reales Vordergrundbild (links) aus unterschiedlichen Blickrichtungen auf, schwenken und fahren. Ihre Bewegungen werden als Trackingdaten erfasst und dienen dazu, die dreidimensionale Kulisse im Grafikcomputer stets perspektivisch passend zum Vordergrundbild darzustellen (rechts).

Die Bildregie ist die optische Steuerungszentrale für Vorpro-duktionen und Live-Sendungen. Im Zentrum steht ein *Mischpult* vor einer großen *Monitorwand*. Auf den ersten Blick ist die Viel-zahl dieser Kontrollbildschirme verwirrend. Sie sind aber nach einem bestimmten Prinzip angeordnet.

In einer Reihe sind meist die mit den verschiedenen Bildquellen gekennzeichneten oder nummerierten Vorschau-Monitore ange-bracht. Sie zeigen die »Bildangebote«, aus denen der Regisseur sein »Endbild« auswählen kann:

- die unterschiedlichen Einstellungen, die die Studio-Kameras anbieten,
- die Zuspielwege für die Beiträge oder die Leitung für die Schalte und
- die Tricks und Effekte, also die Produkte der Bildbearbeitung mit Hilfe von Tricks und Effekten, oft mit »Mix/Effects« beschriftet (vgl. »Mit elektronischen Tricks informieren«).

Der mit »Endbild« bezeichnete Monitor zeigt das ausgehende Bild, das gesendet bzw. aufgezeichnet wird.

Am Mischpult im Regietisch werden mit Reglern, Tasten und Bedienungsknöpfen im Wesentlichen folgende Vorgänge gesteuert:

- Schneiden: harter übergangsloser Wechsel von einer Bildquelle zur anderen;
- Blenden: weicher Übergang, bei dem ein Bild langsam unsichtbar wird, während ein anderes gleichzeitig erscheint. Mit Trick-Blenden ist dieser Vorgang in zahllosen Varianten möglich;

Eine kleine SWR-Bildregie, gebaut von der Fa. BFE Studio und Mediensysteme. Das BFE-Foto zeigt am Regiepult (von links) die Arbeitsplätze des Studio-Redakteurs/ Regisseurs, des Bildmischers und der Grafik. Auf der Monitorwand sind u. a. die Bildangebote der Kameras und anderer Bildquellen sowie das Ausgangsbild (oben) zu sehen.

- Stanzen: Übereinanderlegen mehrerer Bilder zur Herstellung eines Gesamtbildes (vgl. unten Chroma-Key und Schriftgenerator).

Außerdem enthält der Regietisch alle Kommunikationseinrichtungen, die Regisseur und Bildmischerin brauchen, um während der Sendung ständig mit Kamera-Leuten, Aufnahmeleiter und Journalisten im Studio, mit den Technikern im Abspielzentrum und mit der Ton-Regie sowie mit Außenstellen in Verbindung zu stehen.

Die Studio-Kameras können jederzeit leicht (ohne Rucken) auf eine andere Position gerollt und auch mit Pumpstativen gleitend in der Höhe verändert werden. Sie sind nummeriert und haben bei aktuellen Sendungen häufig ihren »Stammplatz«.

Wenn eine sehr bewegliche Kamera gebraucht wird, etwa für Zwischenschnitte bei Produktionen mit Publikum, wird eine

Mit dieser Multiformat-Kamera (LDK 6000 von Thomson) lassen sich gleichzeitig Bilder für das Standardfernsehen wie auch für das hochauflösende Fernsehen (HDTV) generieren. Sie gibt die Originalszene lebendig und detailgenau mit höchster Bildqualität wieder, ob im Studio oder bei Außenübertragungen (auch als Schulterkamera).

Steadycam eingesetzt, eine hydraulisch abgefederte Kamera, die der Kameramann mit einer Hüft-Halte-Vorrichtung tragen kann. Sie liefert weitgehend wackelfreie Bilder auch bei Gängen. Wegen eines besonderen »Vorbaus« fällt die Studio-Kamera direkt vor dem Moderatorentisch besonders auf. Sie ist mit einem Teleprompter ausgestattet.

Der Teleprompter (Autocue) ist ein Hilfsgerät, von dem Moderatoren oder Kommentatoren ihren Text ablesen können (vgl. »Texte vom Teleprompter/Autocue lesen«).

Der Kommentatorenplatz gestattet es, auch noch während der Sendung oder Aufzeichnung im Studio live den Text (den »Kommentar«) zu einem Film zu sprechen. Auf diese Weise wird die Zeit für die vorherige Synchronisation gespart. Sprecher oder Journalisten setzen sich dazu an einen besonderen Arbeitsplatz. Er besteht aus einem Monitor, auf den die zu kommentierenden Bilder eingespielt werden, einem Tisch mit Kommandoanlage und Rotlicht, einem Mikrofon und Kopfhörern.
Auf den Kopfhörer wird der IT-Ton (International Sound Track) mit der fertigen Vormischung von Atmo, O-Tönen (Geräuschen, Interviews, Statements) und evtl. Musik eingespielt. Der Journalist spricht seinen Text live dazu, ohne selbst im Bild zu sein. Die Ton-Endmischung erfolgt also während der Sendung oder Aufzeichnung.

Der Monitor, ein Kontrollbildschirm, ist ein wichtiges Arbeitsgerät im Studio auch für den Fernsehjournalisten. Der Monitor zeigt in der Regel das »Endbild«, also das Bild, das live gesendet oder aufgezeichnet wird. Auf ihm kann der Moderator z. B. kontrollieren, ob ein anmoderierter Film tatsächlich auch kommt oder ob ein »angesprochenes« Insert (eine Grafik, ein Foto) auch wirklich im Bild erscheint. Seine Sprechgeschwindigkeit oder den Inhalt der Moderation kann er so auf den Bildinhalt abstellen. Bei einer Schalte (Schaltkonferenz) zeigt der Monitor die im Studio nicht anwesenden und nur über Bildleitung eingespielten Interviewpartner oder den Reporter vor Ort.

Monitore sind in den Moderatoren- oder Sprechertisch einge-
baut oder so platziert, dass sie die Blickrichtung des Journalisten nicht von »seiner« (der ihn hauptsächlich aufnehmenden)
Kamera ablenken. Sie stehen deshalb meist unterhalb dieser
Kamera.

➜ Tipp: Bei *fernsehunerfahrenen Partnern* im Studio ist Vorsicht
   geboten. Sie lassen sich leicht von ihrem eigenen Bild im
   Monitor ablenken. Deshalb ganz auf den Monitor verzichten
   oder ihn außerhalb ihrer Blickrichtung postieren.

Dekoration. Als Hintergrund für den Journalisten vor der Kamera, zusammen mit ihm oder auch allein, sollen häufig stehende
oder bewegte Bilder, Grafiken oder Symbole als zusätzliche Information oder als Sendungskennzeichen gezeigt werden. Die
Deko(ration) ist in aktuellen Studios in der Regel für verschiedene
wiederkehrende Programme vorhanden. Meist handelt es sich
dabei um verschiebbare Stellwände mit Grafiken, Fotos oder
einer Kombination von beiden. Mehrere dieser Wände können
entlang der Studiowand auf Schienen montiert sein, damit der

Moderator vor einer realen Studio-Dekoration

Hintergrund ohne viel Mühe von Sendung zu Sendung schnell verändert werden kann. Wünscht man einen neutralen Hintergrund, wird ein Vorhang davorgezogen. In diesen Fällen zeigen die Kameras den Journalisten also einfach zusammen mit einem »körperlich« vorhandenen Hintergrund. Meist gibt es diese bildliche Zusatzinformation aber überhaupt nicht real im Studio. Die »Zusatzinformation« wird dann sozusagen elektronisch »erzeugt«. Dieses Bild wird in der Senderegie mit dem vom Moderator kombiniert.

Digitale Bildspeicher sind Datenbanken, in denen Fotos (Computer-)Grafiken und Standbilder aus Beiträgen abrufbereit zur Verfügung stehen. In diesen Servern sind auch regelmäßig eingesetzte Sendungs- oder Programmlogos oder Rubriken-Grafiken gespeichert. Vor einer Sendung werden sie in den Ablaufplan in der benötigten Reihenfolge aufgenommen.

Chroma-Key (= Farbstanzen, auch Blue box oder Green box genannt) ist ein rein elektronisches Mischverfahren. Im Studio sieht man nur eine (meist tiefblau, gelegentlich auch grün) eingefärbte und voll ausgeleuchtete Fläche, vor der z. B. der Moderator aufgenommen werden kann. Die blauen/grünen Bildanteile werden dann durch ein gewünschtes Hintergrundbild ersetzt (vgl. zur Technik von Chroma-Key-Tricks »Mit elektronischen Tricks informieren«).
Das Hintergrundbild kann dabei stehen (Foto, Grafik) oder auch bewegt sein (vorproduzierte Bildsequenz, Live-Bilder einer Außenübertragung). Eine Blau-/Grünwand gehört zur Standardausrüstung der aktuellen Studios.

Großbildmonitore sind eine ebenfalls weit verbreitete Methode, hinter dem Moderator Bild-Zusatzinformationen zu zeigen. Darauf können Fotos, Grafiken oder auch Filme die Moderation optisch ergänzen.

Die Sendeablaufsteuerung ist im Zusammenhang mit der Digitalisierung der Fernsehtechnik in immer mehr Sendern einge-

Ein Blick in das Tagesschau- und Tagesthemen-Studio beim NDR. Im Bild (NDR/Marcus Krüger) sind drei der vier automatischen Kameras, alle mit Teleprompter. Sie haben ein Stativ mit fahrbarem Untersatz (Elektromotor) für die Fernsteuerung aus der Regie. Hinter dem ovalen Moderatorentisch stehen zwei Anlehn-Hocker, dazwischen eine Kommunikationseinheit zur Verbindung mit der Regie. Auf dem Boden neben dem linken Hocker liegt unter dem Tisch ein Fußschalter, mit dem die Moderatoren sich zur Selbstkontrolle ihr Vorschau-Kamera-Bild auf einen Monitor holen können. Im Hintergrund ist die Realdekoration mit hinterleuchtetem Tagesschau-Design zu erkennen.

führt worden. Damit werden Beiträge, Trailer, Bilder und Grafiken bei der Sendung automatisch direkt aus dem Zentral- oder Sendespeicher (Server) abgerufen. Dies geschieht meist in Verbindung mit der Steuerung »von Hand«. Der in der Redaktion erstellte Ablaufplan mit der Reihenfolge der Programm-Elemente muss auch Live-Teile und Außenübertragungen (AÜs), Fotos, Grafiken und Hintergrundbilder enthalten.

Änderungen des Ablaufplans und Veränderungen von Ein- und Ausstiegspunkten in Beiträgen lassen sich noch während der laufenden Sendung vornehmen. Der Ablaufplan steht in der jeweils aktuellsten Fassung zeitgleich über die vernetzten PCs allen Berechtigten in Redaktion, Produktion und Technik zur Verfügung. Meist ist der Moderatorentisch so eingerichtet, dass sich der Moderator den Ablaufplan während der Sendung auf einem eingebauten Bildschirm ansehen kann.

Der Produktionsbereich insgesamt ist von Sender zu Sender etwas unterschiedlich organisiert. Er umfasst (außer den Studios für Produktion und Sendung mit den dazugehörigen Regien) vor allem auch:

- bei digitaler Produktion im Wesentlichen einen Raum für den zentralen Datenspeicher, einen »Server«. Er speichert das gesamte Bild-Material – unbearbeitet oder zusammen mit den »Schnitt-Listen«. Das Rohmaterial kann daraus auf angeschlossene Schnitt-Computer in den Schnitträumen oder auf Redaktionssssysteme (Workstations) zur Bearbeitung abgerufen werden. Handelt es sich um bereits geschnittene Beiträge, warten sie im Server bis sie für die Aufzeichnungen von größeren Produktionen oder von einer automatischen Sendeablaufsteuerung für die Ausstrahlung angefordert werden;

- bei Speicherung noch auf MAZ-Bändern ein Abspielzentrum (oder mehrere Abspielräume) mit Recordern zur digitalen Bild- und Tonaufzeichnung und -wiedergabe;

- die Maske, für die man sich Zeit nehmen sollte. Gut geschminkt (und frisiert) zu sein, ist wegen der künstlichen Lichtverhältnisse im Studio und der gnadenlosen »Sehschärfe der Kameras« äußerst wichtig (vgl. »Vor der Kamera«).

- zugeordnete Räume für u. a. Kamerakontrolle und Dekoration (Bühne);

- den Schnitt mit Schnitträumen, in denen Cutter (oder auch Journalisten selbst) das gedrehte Bild- und Tonmaterial bearbeiten (vgl. »Nichlinearer Schnitt« und »Linearer Schnitt«);

- Synchronstudios zum Aufnehmen des Textes (vgl. »Den eigenen Beitrag lesen«). Sie sind teilweise gleich den Schnitträumen angegliedert;

- Sichtungsräume, in denen die Journalisten das gedrehte Material oder Beiträge, aus denen »Klammerteile« (einzelne Passagen) entnommen werden sollen (vgl. »Archive, Bibliotheken, Dokumentationsstellen«), ansehen können. Allerdings werden durch die digitalen Redaktionssysteme und den Einsatz von selbst schneidenden Video-Journalisten zum Teil der Schnitt, besonders aber Materialsichtung und Vorschnitt zunehmend in die Redaktionen verlagert;

- die Organisationseinheit Licht (vgl. »Licht und Bildgestaltung« sowie »Lampen und Leuchten«);
- die Organisationseinheit FS-Ton (vgl. »Der Beitrag des Tons zur Information«);
- die Werkstätten oder Wartungseinheiten.
- → Tipp: Sie sind auch für Journalisten mit eigener Ausrüstung oder ständiger Ausrüstung des Senders wichtige Anlaufstellen.
- die Disposition, die Studio-Termine vergibt oder Teams für die Drehs einteilt.
- → Tipp: Gute Beziehungen zu den Mitarbeitern dort haben nicht selten zu »Traumteams« geführt und weniger passende Team-Konstellationen verhindert.
- die Organisationseinheit EB oder Außenübertragungen (AÜ) (vgl. »Journalistischer Arbeitsplatz SNG und Ü-Wagen«).

Eine »Studioführung« unter fachkundiger Anleitung empfiehlt sich gleich zu Beginn einer Hospitanz, eines Praktikums oder eines Volontariats, um schnell einen Überblick zu bekommen.

Im Team arbeiten bei Sendung und Studio-Produktion

Für die aktuellen Standardsendungen sind Studiozeiten fest eingeplant. Dafür müssen nur Sonderwünsche angemeldet werden, wenn sie mit den ohnehin vorgesehenen technischen und personellen Kapazitäten nicht zu realisieren sind.

Alle zusätzlichen Produktionen müssen möglichst langfristig bei der »Disposition« gebucht werden. Nur wenn rechtzeitig geplant wird, kann auch reibungslos und kostengünstig produziert werden. Dafür sind bei allen Sendern bestimmte Verfahrensweisen verbindlich. 🖥

Teamarbeit ist die Produktion oder das Fahren der Live-Sendung. Wer daran beteiligt ist, hängt von der Schwierigkeit der Produktion, der Größe und Finanzkraft des Senders, dem Fortschritt der Digitalisierung und der Automatisierung des Sendeablaufs ab. Je kleiner der Sender und je mehr Alltagsroutine die Produktion oder Sendung, umso mehr werden Funktionen gebündelt.

Regisseur/Ablaufregisseur. Er/sie sorgt bei der Sendung im Regieraum (vgl. »Journalistischer Arbeitsplatz Studio«) dafür, dass Live-Teile (z. B. Moderation oder Interviews), vorproduzierte Filme (Mazen), Zuspielungen aus Studios oder von Reportage-Orten und Schalten (Bild-Konferenzschaltungen) mit Reportern oder Interviewpartnern von außerhalb sich nahtlos zusammenfügen.

Der Ablaufregisseur bestimmt auch Größe und Perspektive der Einstellungen, die die Studio-Kameras zeigen sollen und wählt zwischen mehreren von den Kameras angebotenen Bildern aus: Wird noch der fragende Moderator gezeigt? Oder wird schon auf den zuhörenden Interviewpartner umgeschnitten? Sollen dessen nervös knetende Hände groß im Bild sein? Wann zeigen wir sein Gesicht bildschirmfüllend, wann den Studiogast zusammen mit dem Moderator?

Ergänzende Grafiken, Fotos und Schrifteinblendungen müssen zum richtigen Zeitpunkt in der gewünschten Länge zu sehen sein. Sollen die Bilder als Voll-, Teil- oder als Hintergrund gezeigt werden? Der Ablaufregisseur veranlasst dies aufgrund des Ablaufplans ebenso wie er darüber entscheidet, ob Bilder direkt aufeinander folgen (harter Umschnitt) oder ob die Übergänge mit verschiedenen Blenden (Tricks) gestaltet werden sollen.

Der Bildmischer bedient das (Bild-)Mischpult, setzt also die Anweisungen des Ablaufregisseurs durch Tastendruck oder mit Reglern technisch um: »zieht« die Blenden, schneidet um, gibt Vorwarnungen und »Kommandos« z. B. an Kameraleute, Zuspieltechniker und die Journalisten im Studio weiter.

Der Tontechniker arbeitet in der (meist) separaten Tonregie (und vorher beim Aufbau im Studio). Er stellt sicher, dass zu jedem

Bild auch der Ton in der richtigen Aussteuerung über den Sender geht oder aufgezeichnet wird. Zwischen ihm und dem Regisseur wird besprochen, welche Mikrofone wo platziert werden.

→ Tipp: »Bitte ansprechen« lautet über Lautsprecher oder Kopfhörer das Kommando aus der Tonregie, wenn der Tontechniker den Ton »einpegeln« will. Dann sollten zusammenhängende Sätze (z. b. der Anfang der Moderation) in der Lautstärke gesprochen werden, in der man anschließend auch reden wird. Studiogästen kann man mit einer Frage dabei helfen. Ein »Danke« aus der Regie signalisiert, dass die richtige Pegeleinstellung gefunden ist.

Ein Bildingenieur sitzt zum Steuern der automatischen Kameras nur in der Regie, wenn im Studio ohne Kameraleute gearbeitet wird. Ein Bildtechniker ist dafür zuständig, dass die Bilder von der technischen Qualität her einwandfrei über den Sender gehen, also z. B. die Farben korrekt sind. Er hat seinen Arbeitsplatz allerdings meist in der Kamerakontrolle.

Der Insert-Assistent schreibt auf einer PC-ähnlichen Tastatur Namen und evtl. weitere kurze Texte in den *Schriftgenerator.* Sie werden daraus dann während der Sendung zur Einblendung in das Bild abgerufen (eigentlich: eingestanzt, vgl. dazu »Mit elektronischen Tricks informieren«). Im Sport werden Ergebnisse eingeblendet oder der Zuschauer wird auf Programm-Änderungen aufmerksam gemacht. Die Texte können für den Zuschauer auf verschiedene Weise sichtbar gemacht werden:

- auf einmal als Schriftzeile oder Textblock,
- Zeile für Zeile vom unteren Bildrand zum oberen wandernd und
- Buchstabe für Buchstabe in einer Zeile vom Bildrand aus durch das Bild hindurchziehend.

Der Ablaufredakteur ist der Journalist in der Senderegie. Er hat als verantwortlicher Redakteur (z. B. als Chef vom Dienst, CvD) die journalistische Leitung. Er ist Ansprechpartner des Ablaufregisseurs und hat das Sagen, wenn es um inhaltliche Korrekturen, um Änderungen oder Ergänzungen geht, wenn gestreckt oder gekürzt werden muss. Die Beiträge, Moderationstexte und Inserts muss der Ablaufredakteur kennen, um auf Rückfragen des Regisseurs antworten zu können.

Trotz aller Hektik gerade vor Beginn aktueller Sendungen darf der Journalist nicht in allerletzter Sekunde ins Studio oder in die Senderegie kommen. Es sollte noch Zeit bleiben für ein freundliches Wort mit dem Team, um noch offene Fragen zu klären oder einfach nur, um etwas Ruhe einkehren zu lassen.

Gelegenheit für Hinweise und Vorschläge ist vor Beginn der Aufzeichnung oder Live-Sendung, wenn sich Regisseur und Bildmischerin (meist) in einem Probedurchlauf die Beiträge ansehen und dabei noch zusätzliche Angaben über Zeiten, Tricks und Effekte in das Manuskript oder den Ablaufplan eintragen.

Das Team im Studio besteht neben den Journalisten, die vor der Kamera agieren, ebenfalls aus mehreren Mitarbeitern oder Mitarbeiterinnen.

Die Kameraleute bieten nach dem Ablaufplan und von vorher festgelegten Positionen aus der Senderegie die Bilder an. Der erste Kameramann »setzt« das Licht. Über Kopfhörer und Mikrofon sind die Kameraleute direkt mit der Senderegie verbunden. Sie wählen in der Regel von sich aus die Einstellungen.

Werden von der Regie bestimmte Perspektiven gewünscht, erfahren die Kameraleute das über Kopfhörer. So wird auch eine kurze Vorwarnung (»Achtung, die Drei«) gegeben, bevor z. B. die Kamera 3 »geschnitten« wird, also ihr Bild gesendet oder aufgezeichnet wird. Dies zeigt dann zwar ein kleines rotes Licht dem Kameramann oder der Kamerafrau an, durch die Vorwarnung soll aber erreicht werden, dass das Bild in jedem Fall »steht«, bevor auf die Kamera umgeschnitten wird.

Hinweise für den Moderator im On kann die Senderegie über die Sprechverbindung den Kameraleuten bzw. dem Aufnahmeleiter übermitteln, die sie dann in Zeichensprache weitergeben.
➜ Tipp: Kameraleute helfen dem Journalisten vor der Kamera auch oft mit wertvollen Ratschlägen, können ihm z. B. sagen, wie eine Einstellung »kommt«. Alexander Kulpok (vgl. »Autoren«) empfiehlt darum: Der Fernsehjournalist tut immer gut daran, auf die fachlichen Ratschläge der Kameraleute zu hören.

Automatische Kameras werden zunehmend in aktuellen Studios eingesetzt, wenn für eine Sendung nur wenige, sich stets wiederholende Standard-Einstellungen erforderlich sind. Aus der Regie können über Fernsteuerung Kamera-Positionen und -Einstellungen verändert werden. Kameraleute gibt es nicht mehr, aber auch ein Mischsystem von besetzten und unbesetzten Kameras wird praktiziert.

Der Aufnahmeleiter ist die Stütze im Studio, zuständig für den reibungslosen organisatorischen Ablauf. Er sorgt für jede Kleinigkeit – bis hin zur guten Stimmung bei der oft hektischen Arbeit. Der Aufnahmeleiter achtet darauf, dass der Journalist und seine Gesprächspartner rechtzeitig zum Schminken in die »Maske« gehen und dass sie beizeiten an ihrem Platz im Studio sind. Er zeigt während der Sendung – trotz der überall vorhandenen Studiouhr – an, welche Minute es geschlagen hat, ob Straffen oder Strecken angebracht ist. Schließlich leistet der Aufnahmeleiter dem Moderator, der während einer Live-Sendung das Studio nicht verlassen kann, Handreichungen – vom vergessenen Kugelschreiber über das Glas Wasser bis zur »letzten Meldung«. Die allerdings können sich die Moderatoren in modernen Studios auch in Moderationspausen selbst aus dem Redaktionssystem auf den Monitor im Moderationstisch holen.

Der Teleprompter-Assistent (meist ein redaktioneller Mitarbeiter oder eine Sekretärin) steuert die Geschwindigkeit, mit der der Moderationstext vor dem Objektiv der Kamera abläuft (vgl. »Texte vom Teleprompter/Autocue lesen«).

Die Kommandosprache im Fernsehstudio ist überall leicht unterschiedlich. »Achtung! Ruhe bitte!« oder »Achtung! Ruhe im Studio« ist aber immer die Warnung des Aufnahmeleiters kurz vor Beginn einer Aufzeichnung, einer ganzen Live-Sendung oder eines einzelnen Live-Takes in einer Direktsendung. Zeiten werden vom Aufnahmeleiter (manchmal auch von Kameraleuten) mit den Fingern angezeigt. Aber Vorsicht: zwei ausgestreckte Finger können entweder bedeuten »Noch zwei Minuten« oder »zwei Minuten sind vorüber«.

➜ Tipp: Sprechen Sie sich mit dem Aufnahmeleiter genau darüber ab, wie Sie die Zeit angezeigt haben wollen, sonst sind Missverständnisse unvermeidlich.

Die gekreuzten Unterarme hoch gehalten signalisieren meist »Schluss machen« (dann keine Frage mehr stellen), kreisende Bewegungen beider Hände umeinander zeigen oft an, dass noch Zeit ist und gestreckt werden soll. Ansonsten gilt (wenn kein Rotlicht ist): wenig Worte machen, dafür aber klare und freundliche.

Zusätzliche Mitarbeiter für Hilfstätigkeiten zur Unterstützung des Fach- und Stammpersonals im Studio-Team werden fast überall benötigt – vom Kabelhelfer über den Bediener des Schriftgenerators bis zum »Assi« für den Aufnahmeleiter.

➜ Tipp: Solche Jobs geben einen guten Einblick in die Fernseharbeit und helfen, wertvolle Kontakte für den späteren Einstieg ins Berufsleben beim Fernsehen zu knüpfen. Schon manche Fernseh-Karriere hat so begonnen.

Weiterführende Literatur:

Hans-Peter Gumprecht, Ruhe Bitte! Aufnahmeleitung bei Film und Fernsehen (2. Auflage, UVK Medien, Konstanz 2002/8)

Journalistischer Arbeitsplatz SNG und Ü-Wagen

Aktuelle Interviews im Parlament oder bei Wirtschaftsveranstaltungen, Ereignisse wie die Einweihung eines neuen Industrieparks, ein Bericht vom Ferienstau auf der Autobahn, vom Hochwasser oder Schneechaos, von einem Sportevent oder vom ersten Schultag – das alles z. B. können Anlässe für die Arbeit mit Fernseh-Reportagewagen sein. Geht es dabei um Außenübertragungen (AÜs) etwa von Messen, von wichtigen Sportveranstaltungen, von Volks- oder Stadtfesten, Gedenkveranstaltungen oder Festivals, werden große Ü-Wagen (Übertragungswagen) eingesetzt. Im journalistischen Alltag sind allerdings die kleineren aktuellen Einsätze der Normalfall.

Mit dem SNG-Wagen, der kleinen Schwester des großen Übertragungswagens, ist der Fernseh-Journalist immer dann unterwegs, wenn's schnell, aktuell und authentisch sein soll, wenn also im täglichen aktuellen Geschäft von vor Ort berichtet werden soll. Die Abkürzung SNG bedeutet *Satellite News Gathering* oder übersetzt: Elektronische Berichterstattung über Satellit. Die SNG ist eine mobile, flexible Übertragungseinheit. Gegenüber der Berichterstattung aus dem Studio und nur mit Filmen hat die Arbeit mit der SNG einige Vorteile:

- Sie ist aktueller (weil live in die Sendung zugeschaltet) oder erst kurz vorher aufgezeichnet.
- Sie ist authentisch und anschaulich.
- Sie ist durch den Reporter »personalisiert«, der Reporter als »Markenzeichen« für den Sender.

Der Zwei-Kamera-SNG-Wagen des SR

- Sie ist ein dramaturgisch belebendes Mittel innerhalb der Sendung.
- Sie zeigt die Präsenz des Senders »draußen« am Ort des Geschehens.

Die gesamte dafür erforderliche Technik ist im SNG-Wagen, so groß wie ein Kleintransporter, auf engem Raum untergebracht:

- Geräte zur Bild- und Tonaufzeichnung und für den Schnitt,
- ein kleines Mischpult,
- ein Sprecherplatz zum Synchronisieren oder Off-Kommentieren,
- mindestens eine Kamera, meist zwei Kameras,
- kleines Licht und
- Parabolantenne und Sender zur Satellitenübertragung.

Die Besatzung einer SNG ist vom jeweiligen Einsatzzweck abhängig und natürlich davon, was ein Sender sich finanziell leisten kann. In der Regel gehören dazu:

- Je ein Bild- und ein Tontechniker,
- mindestens ein Kameramann. Und bei Bedarf
- ein Bildmischer bzw. ein Cutter.

Unterstützt wird die Mannschaft von (meist zwei) Produktionshelfern, die z. B. Kamerakabel legen und beim Auf- und Abbau der SNG-Einheit helfen.

→ Tipp: Diese Helfer-Tätigkeit ist oft ein Studentenjob. Er vermittelt einen guten Einblick in die aktuelle journalistische Arbeit beim Fernsehen.

Der Fernseh-Journalist ist mit einem SNG-Einsatz in zwei Funktionen befasst: als Redakteur oder als Reporter.

Der Redakteur recherchiert, organisiert, koordiniert und realisiert. Auch eine erfolgreiche SNG-Produktion beginnt mit der Planung. Zuerst muss ein geeigneter Stellplatz für den SNG-Wagen gefunden und – je nach Notwendigkeit und zeitlicher Möglichkeit – auch vorbesichtigt werden (falls erforderlich, gemeinsam mit einem der Techniker). Dabei sind einige Punkte zu bedenken:

- Wie soll der vor Ort produzierte Beitrag zum Sender kommen? Folgende Möglichkeiten gibt es:
- wenn Zeit ist: mit dem Auto (spart Kosten);
- wenn weniger Zeit ist, das Ereignis vor Ort aber zum Sendebeginn schon vorbei ist: als vorher überspielte Vorproduktion;
- wenn keine Zeit ist und/oder das Ereignis noch andauert: als Live-Einspielung in die Sendung.
- Lässt sich der Satellit vom Einsatzort aus anpeilen oder versperren Hochhäuser oder Bäume die Sicht?
- Existiert eine Stromversorgung oder muss ein Aggregat mitgenommen werden?
- Wie weit können die notwendigen Kabel gezogen werden?
- Sind Genehmigungen erforderlich, um den SNG-Wagen am gewünschten Einsatzort abstellen zu dürfen?

Gegebenenfalls muss der Redakteur auch in der Produktionsabteilung die Satellitenzeiten bestellen.

Zusätzlich zu den organisatorischen Fragen sind vom Redakteur auch die Anforderungen an den journalistischen Einsatz vor Ort festzulegen und mit dem Reporter vorzubereiten.

Bei der journalistischen Vorbereitung von SNGs ist u. a. zu bedenken,

- ob Interviewpartner an den Ü-Ort bestellt oder dort gesucht werden müssen,
- ob ein Einspielfilm/Einspielfilme produziert werden sollen,
- ob ein Reporter möglicherweise überfordert ist, also zwei eingesetzt werden müssen oder vielleicht ein Redaktionsassistent zur Beschaffung aktueller Informationen vor Ort.

Ist das geklärt, lädt der Redakteur ggf. Interviewpartner an den Produktionsort ein und bereitet (wenn erforderlich und möglich) die Realisierung von Einspielfilmen vor. Bleibt er im Funkhaus, hält er bis zur Sendung Kontakt mit dem Reporter und der SNG-Besatzung.

Die Beitragsformen vor Ort sind vielfältig (vgl. jeweils dazu im Kapitel »Beiträge/Darstellungsformen«):

- Bericht/Reporterbericht,
- Live-Bericht und Live-Reportage,

- Interview,
- Aufsager und Live-Aufsager (Schalte),
- Live-Nachfrage (vgl. »Live-Bericht und Live-Reportage«) und
- Moderation.

In einem Reporterpaket werden häufig mehrere dieser Beitragsformen zusammengefasst. Bei einem großen Einsatz kann es dies alles sein:

- Nach der Anmoderation des Studiomoderators meldet der Reporter sich zuerst mit einem *Live-Aufsager*.
- Danach ergänzt er seinen Aufsager mit einem vorher von ihm produzierten *Einspielfilm*, der er selbst anmoderiert. Den Film kann er vorher synchronisieren oder den Text live (aus dem Off) sprechen.
- Im Anschluss an den Einspielfilm führt der Reporter ein Live-Interview (z. B. mit einem Augenzeugen oder Experten).
- Zum Schluss beantwortet er in einer Live-Nachfrage noch Fragen des Studio-Moderators.

Die Beitrags-Reihenfolge im Reporterpaket ist natürlich auch anders möglich. So kann das Interview schon vor dem Einspielfilm begonnen werden, damit der Interview-Partner aus dem Off zu Passagen des Einspielfilms befragt werden kann. Nach dem Film wird das Interview im On fortgesetzt. Daran schließt die Nachfrage an.

Regisseur und Verantwortlicher vor Ort ist der Redakteur, wenn er mit am Ü-Ort ist (was zumindest bei größeren Einsätzen der Fall ist). Er stimmt dann mit dem Moderator die Anmoderation ab, vereinbart Stichworte, nimmt die Einspielfilme ab, besorgt und betreut Interview-Partner und ist der Ansprechpartner für die Redaktion im Funkhaus.

Der Redakteur hat das letzte Wort bei allen redaktionellen Fragen, die vor Ort entschieden werden müssen.

Der Reporter bereitet sich zunächst in der Redaktion auf seinen Einsatz vor: Er recherchiert, informiert sich über den Einsatzort und die Gesprächspartner, strukturiert Aufsager und Interviews. Je nach Größe der Redaktion oder aktueller Personalsituation, kann es auch sein, dass der Reporter allein mit der AÜ beauftragt wird. Dann muss er alle Aufgaben des Redakteurs zusätzlich übernehmen.

Am Produktionsort stimmt sich der Reporter umfassend mit dem gesamten Team ab. Nicht alles, was er aus journalistischer Sicht vielleicht gern hätte oder was redaktionell gewünscht ist, lässt sich technisch auch machen.

→ Tipp: Seien sie als Reporter vor Ort sehr flexibel und ein besonders guter Teamspieler. Übertragen Sie Ihre Nervosität nicht auf Kollegen. Versuchen Sie, der ruhende Pol zu sein.

Die räumliche Enge und die meist große Hektik bei aktuellen Ereignissen fordern auch vom Journalisten besondere Konzentration und große Professionalität.

Die Reporter-Arbeit vor Ort ergibt sich aus den jeweiligen journalistischen Darstellungsformen. Unabhängig davon, was sie im Einzelnen erfordern, muss klar sein:

- Das Fernsehen zeigt bewegte Bilder – der Reporter ist kein Mikrofonstativ, sondern sollte sich, wann immer es inhaltlich sinnvoll und technisch machbar ist, bewegen.
- Es muss deutlich werden, dass der Beitrag von vor Ort kommt. Die Zuschauer wollen/und sollen möglichst viel vom Ort des Geschehens sehen (und selbst beim schnell eingespielten Live-Interview noch wenigstens ein bisschen).
- Einen Text sollte der Reporter so gut vorbereiten, dass er ihn frei sprechen kann. Das wirkt echter und lässt den Reporter leichter auf Unvorhergesehenes reagieren.
- Bei Reportagen und teilweise auch bei Berichten vermittelt der Fernsehjournalist nicht nur Fakten, sondern gibt auch eigene Eindrücke vom Übertragungsort und den Ereignissen dort wieder (in der Reportage auch Emotionen). Deshalb ist er ja gerade vor Ort. Auch ein Interview sollte in »Szene gesetzt werden«, bildlich und mit Bezügen auf Ort und Geschehen in den Fragen.

Der Bildtechniker kümmert sich um die technische Seite des Bildes. Er prüft alle Anschlüsse, baut die Kameras auf, schneidet auch, wenn kein Cutter zur Besatzung gehört. Die Zuspielung von Einspielern ist ebenfalls seine Aufgabe.

Der Tontechniker an Bord der SNG sorgt dafür, dass Reporter, Redakteur, Senderegie und Moderator im Studio stets miteinander kommunizieren können. Neben der Kommandoanlage kümmert er sich um die drahtlosen Mikrofone, die am Übertragungsort eingesetzt werden. Der Tontechniker macht die Tonaufnahmen bei den Einspielfilmen und sorgt während der Schalte für die Tonmischung.

Der Aufbau des Parabolspiegels ist seine Sache ebenso wie die Verbindung zum Satelliten. Das dauert etwa zehn Minuten, die Redakteur und Reporter mindestens in ihrer Planung berücksichtigen müssen.

Mit den Kameraleuten muss sich der Reporter bei Live-Reportagen oder Reporter-Berichten besonders gut abstimmen. Die Aufgabenteilung bei zwei Kameraleuten sieht meist so aus, dass eine Kamera auf den Reporter und seine Gesprächspartner gerichtet ist, während die zweite mit Zwischenschnitten den Reportertext bebildert. Damit die Zwischenschnitt-Kamera jeweils die zum Wort passenden Bilder zeigt, ist eine genaue Absprache mit Stichworten nötig.

Manchmal läuft es aber auch umgekehrt: Der Reporter sieht, was die Kamera gerade zeigt und geht spontan darauf ein. Absprachen sind auch nötig, damit Interview-Partner nach Aufsagern des Reporters rechtzeitig zusätzlich ins Bild genommen werden und nicht noch lange im Bild bleiben, wenn sie nicht mehr gefragt sind (befragt werden sollen).

Vor der Schalte werden beide Kameras für die Einspielfilme eingesetzt.

Der große Ü-Wagen ist ein rollender Studiokomplex (vgl. »Journalistischer Arbeitsplatz Studio«) mit im Prinzip vergleichbaren technischen Möglichkeiten, wenn auch nicht vom Ausmaß und

Umfang her. Es geht eng zu, Platz ist Mangelware. Trotzdem gestattet das Mischpult annähernd alles, was auch im Studio möglich ist. Schnitt- und Nachbearbeitungskapazität steht ebenfalls zur Verfügung.

Die Arbeit im großen Ü-Wagen unterscheidet sich im Prinzip nicht von der mit der SNG. Dennoch gibt es Unterschiede:

- Aufgezeichnet oder live übertragen werden nicht einzelne Beiträge, sondern ganze Sendungen oder Programmstrecken.
- Zur Mannschaft gehören deshalb immer ein Redakteur und ein Regisseur und ein Aufnahmeleiter, evtl. mit Assistenten. Mehrere Reporter sind im Einsatz. Die sonstigen Arbeitsbereiche sind zum Teil mehrfach besetzt.
- Kameras können in großer Zahl im Einsatz sein. Sie arbeiten im Verbund (sind also miteinander und mit dem Ü-Wagen über Kabel oder Funkstrecke verbunden). Die Kameras können teilweise weit entfernt vom Ü-Wagen arbeiten (als abgesetzte Kameras).
- Große AÜs bedeuten einen erheblichen finanziellen Aufwand. Bezahlt werden müssen der Ü-Wagen (der manchmal von technischen Dienstleistern angemietet ist) und weitere Fahrzeuge, das Personal, die Reisespesen, die Übertragungs- und weitere Zusatzkosten. Deshalb wird von der Planungsphase an ein *Produktionsleiter* eingesetzt, der die wirtschaftliche Seite einer AÜ betreut und abwickelt.

Der Ü-Wagen-Einsatz orientiert sich am Umfang der Produktion und auch den räumlichen Gegebenheiten am Ü-Ort. Je nach Sender gibt es deshalb Ü-Wagen in verschiedenen Größen, von der kleinen SNG für die Reportereinsätze bis hin zum großen Ü-Wagen zur Übertragung von Großereignissen von Sport bis Kultur.

Zusatzwagen unterstützen bei Bedarf den Ü-Wagen. Im *MAZ-Wagen* sind Server oder auch noch Recorder für die Bildaufzeichnung untergebracht. *Lichtwagen* in unterschiedlichen Größen transportieren Scheinwerfer und Lichtpulte. *Aggregatwagen* sichern die unabhängige Stromversorgung. In *Rüstwagen* werden die Kameras transportiert (und weiteres Zubehör). Sonderfahrzeuge werden z. B. für die Satellitenstrecke, die Beschallung oder die Maske eingesetzt.

Eine Produktion mit dem großen Ü-Wagen ist Generalstabsarbeit, die Regisseur, Produktions- und Aufnahmeleiter, Redakteure und Reporter nur gemeinsam mit einem großen Team bewältigen können. Eingesetzt wird dabei, wer über viel Erfahrung verfügt, starke Nerven hat und als guter Teamarbeiter ausgewiesen ist.

Berufsanfänger werden bei solchen Großeinsätzen also in der Regel als Reporter oder Redakteure nicht dabei sein. Aber junge Sportjournalisten z. B. können relativ schnell die Chance bekommen, auch bei großen Außenübertragungen eingesetzt zu werden. Manchmal ergibt sich die Möglichkeit, bereits im Volontariat oder gar schon im Praktikum die Arbeit bei einer AÜ kennen zu lernen.

Wenn das nicht der Fall ist: Es finden sich immer freundliche Kollegen für eine Führung und ausführliche Erklärung, wenn der große Ü-Wagen zwischen zwei Einsätzen oder zur Wartung im Wagenpark des Funkhauses steht.

Auch wer neu im Beruf ist, kommt dagegen mit der SNG-Arbeit schnell in Berührung.

→ Tipp: Gerade bei journalistischen AÜ-Großeinsätzen gibt es in aller Regel Jobs für Helfer in Produktion und (manchmal auch) Redaktion.

Beim Fernsehen arbeiten

Rechtstipps für Fernsehjournalisten

Mag der Zeitdruck, gerade bei tagesaktuellen Produktionen, noch so groß sein, gewisse rechtliche Spielregeln sind unbedingt zu beachten, und zwar sowohl

- vor dem Dreh,
- während des Drehs und auch
- nach dem Dreh.

Sonst droht allerhand Ungemach in Form von Schadenersatz- und Schmerzensgeldklagen bis hin zu einem strafrechtlichen Ermittlungsverfahren. Selbst wenn der TV-Journalist am Ende mit einem blauen Auge davonkommen sollte, so muss er doch zunächst einen Wust an Mehrarbeit (senderinterne Stellungnahmen, Besprechungen mit dem Anwalt) bewältigen, der seine ganze Arbeitskraft über Wochen binden kann.

→ Tipp: Wann immer Zweifel auftauchen, den verantwortlichen Redakteur/nächsten Vorgesetzten in die Entscheidung einbeziehen. Und lieber einmal zu oft die Juristen des Senders um Rat fragen als einmal zu wenig.

Vor Beginn der Dreharbeiten hat der Reporter sicherzustellen, dass er an den geplanten Drehorten überhaupt drehen darf.

Bewegt er sich auf öffentlichem Grund, darf er problemlos Bauwerke, Häuser, Straßenverkehr etc. filmen. Ähnliches gilt für Aufnahmen aus der Luft. Leicht allerdings kann es passieren, dass man den öffentlichen Grund verlässt. Etwa wenn es regnet und man die gewünschte Umfrage in eine trockene Einkaufspassage verlegt.

→ Tipp: Ein Anruf vorab beim Center-Management erspart Scherereien mit den »Schwarzen Sheriffs«. Oder: sich eine generelle Drehgenehmigung beschaffen. Eine Redaktion z. B. tat dies für Umfragen bei einer Autowaschstraße. Vorteil: die Waschstraßenkunden haben Zeit, laufen nicht weg. Und die Kamera bleibt trocken.

Ein *Hausrecht* gilt auch in Zügen und Bahnhöfen der Deutschen Bahn, in Straßenbahnen und Bussen, auf Messen, in Behörden und auf Gerichtsfluren. Die jeweiligen Pressesprecher wollen rechtzeitig zumindest über Art und Dauer des Drehs informiert werden. Bei Gericht kann der Pressesprecher (im Namen des Gerichtspräsidenten) nur über das Filmen auf den Fluren entscheiden (vgl. unten »Hausfriedensbruch ist strafbar«).

Über das Drehen im Gerichtssaal (und in dem dazugehörigen Vorraum) entscheidet jeweils der Richter im Rahmen seiner Sitzungshoheit. Es kann dabei nur um das Drehen vor Sitzungsbeginn, in den Pausen und nach Verhandlungsende gehen. Während der Gerichtsverhandlung selbst herrscht per Gesetz Drehverbot.

Werden Kameras überhaupt in den Saal gelassen? Und wenn ja: Dürfen Kameras von allen interessierten Sendern in den Saal? Oder verfügt das Gericht eine sog. »Pool-Lösung« und lässt jeweils nur ein Kamerateam für die öffentlich-rechtlichen und eins für die privaten Sender hinein? Wer ist »Pool-Führer«? Ab wann ist das »Pool-Material« auf welche Weise für die anderen erhältlich? Ist bereits bekannt, ob sich alle Prozessbeteiligten drehen lassen wollen?

Wenn nein: Lässt der Redaktionsetat es zu, einen *Gerichtszeichner* zu beauftragen?

→ Tipp: Mit allen Prozessbeteiligten sollte vorab geklärt sein, wer bereit ist, erste Interviews schon morgens vor Verhandlungsbeginn für die Mittagssendung zu geben. Denn wenn sich die Verhandlungstüren erst einmal für längere Zeit geschlossen haben, ist nichts mehr zu machen.

Fast alle Gerichtsverfahren sind öffentlich – für Bürger und Journalisten im Saal gleichermaßen, bloß nicht für Mikrofone und Kameras. Nicht öffentlich verhandelt wird bei Prozessen gegen jugendliche Straftäter und in Familienrechtsangelegenheiten. Drohen Staatsgeheimnisse ausgeplaudert oder schützenswerte Intimitäten öffentlich zu werden, kann das Gericht vorübergehend die Öffentlichkeit ausschließen.

Bei spektakulären Großprozessen ist das Gericht nicht verpflichtet, in die Stadthalle umzuziehen, um dem erwarteten Besucher- und Medienandrang gerecht zu werden. Deshalb empfiehlt sich eine rechtzeitige Nachfrage beim Pressesprecher des Gerichts, wie der Zugang geregelt ist. Gibt es Platzkarten? Sind die jeweils auf die einzelnen Sender, Agenturen und Zeitungsredaktionen ausgestellt? Oder gibt es persönliche Akkreditierungen für die einzelnen Redaktionsmitarbeiter?

Wer bei der Akkreditierung nicht berücksichtigt wird, dem bleibt nur die Möglichkeit, sich früh morgens in die lange Schlange der normalen Prozessbesucher einzureihen. Manche Gerichte sparen sich die Mühen eines Akkreditierungsverfahrens und überlassen es dem Schicksal, welcher Journalist in der Lage ist, früh genug aufzustehen, um noch eingelassen zu werden.

➜ Tipp: Glücklich im Saal eingetroffen, sollte der Journalist allerdings auch wissen, was passiert, wenn er kurz den Sitzungssaal verlässt – und sei es nur für ein kurzes Telefonat mit der Redaktion. Der Anblick eines freien Platzes im Saal bereitet manchem Richter Kopfschmerzen, solange draußen noch Zuschauer warten. Mit der Begründung, die Öffentlichkeit müsse gewahrt bleiben, wird dann bisweilen der freie Platz flugs neu belegt – und der Reporter steht nach seinem Telefonat unfreiwillig draußen.

Der Einsatz von Archivmaterial wird umso wichtiger, je schlechter die Bedingungen beim Neudreh sind. Dabei muss der Reporter sicherstellen, dass das verwendete Archivmaterial nicht mit *Fremdrechten* behaftet ist. Bisweilen kauft ein Sender Fremdmaterial nur für ein ganz bestimmtes Filmprojekt ein. Die entsprechenden Szenen müssten dann erneut erworben werden. Geschieht dies nicht, riskiert der Autor (evtl. horrende) Schadenersatzansprüche.

➜ Tipp: Rechtzeitig über das Archiv klären lassen, ob das Material ohne Einschränkungen verwendet werden kann, oder Rechte erworben oder erneut abgegolten werden müssen.

Vor dem Dreh mit Kindern und Jugendlichen sollte sich der Reporter rechtzeitig um das Einverständnis der Eltern kümmern. Jedermann hat ein Recht am eigenen Bild. Während Erwachsene spontan einwilligen können, wenn man sie filmen will, zählt das »Ja« bei Kindern und Jugendlichen ohne ein »Ja« der Erziehungsberechtigten herzlich wenig.

➜ Tipp: Vor dem Filmen in Kindergärten und Schulklassen sollten deshalb die Betreuerinnen bzw. Lehrer gebeten werden, entsprechende kurze Elternerklärungen auszugeben und anderntags unterschrieben wieder einzusammeln. Manche Sender verfügen über entsprechende Vordrucke.

Kinder, bei denen das Eltern-Einverständnis fehlt, sollten möglichst vom Lehrer so gesetzt werden, dass sie nicht zwangsläufig ins Bild geraten. Ist aus Aktualitätsgründen die oben erwähnte Formblattaktion nicht rechtzeitig durchführbar, sollte sich der Reporter mit Massenszenen auf dem Schulhof bzw. nach Schulschluss am Schultor begnügen, bei denen das einzelne Kind zum bloßen »Beiwerk« der Szene wird. Ein erhöhter Standort (z. B. Fenster zum Schulhof) verhindert, dass die Kinder der Kamera zu nahe kommen und dadurch die Rolle des bloßen Beiwerks wieder einbüßen. Auch Detailaufnahmen (z. B. von schreibenden Kinderhänden) könnten sich hier anbieten – solange die Kinder dadurch nicht identifizierbar werden.

➜ Tipp: Beim Dreh mit Kindern muss der Reporter auch darauf achten, dass sich aus den Dreharbeiten keine anmeldungspflichtige *Kinderarbeit* entwickelt. Deshalb sollte er auf eigene Regieanweisungen verzichten, sich mit dem Durcheinander etwa in einer lebhaften Kindergartengruppe einfach abfinden und genau dieses natürliche Treiben ins Bild setzen. Dabei handelt es sich um Spiel und nicht um Arbeit.

Während des Drehs wird der Autor immer wieder mit der Frage des *Persönlichkeitsschutzes* konfrontiert, speziell mit der Frage des *Rechts am eigenen Bild.* Grundsätzlich ist es so, dass jeder Mensch das Recht hat, selbst zu bestimmen, ob überhaupt, wie und was über ihn berichtet wird. Deshalb ist die Lage am klarsten, wenn der Drehpartner sein Einverständnis ausdrücklich erklärt.

→ Tipp: Wird das Einverständnis nur mündlich erklärt, ist es in problematischen Situationen gut, wenn der Reporter für den Fall der Fälle Zeugen hat, z. B. das Team.

Im Regelfall aber wird das Einverständnis durch *schlüssiges Verhalten* erklärt, etwa wenn sich jemand von einem Team filmen lässt, bei dem das Senderlogo deutlich auf Kameras und Autos zu sehen ist. Auch durch die Bitte um Zusendung eines Sendemitschnitts oder durch die Überlassung eigenen Foto- oder Videomaterials, kann davon ausgegangen werden, dass der Aufnahme und Ausstrahlung zugestimmt wurde. Ein einmal erteiltes Einverständnis darf der Drehpartner hinterher im Normalfall nicht einfach zurückziehen. Er muss sich daran festhalten lassen. Es sei denn, der Reporter hat ihn zuvor getäuscht.

Strafbar schon beim Drehen macht sich, wer ohne Einverständnis Aufnahmen macht und dadurch den höchstpersönlichen Lebensraum verletzt. Nach § 201a StGB ist eine Person vor unbefugten Bildaufnahmen geschützt, die sich in einer Wohnung oder in einem gegen Einblicke besonders geschützten Raum befindet. Dabei kann es sich um die eigene Wohnung des Betroffenen, aber auch um eine fremde Wohnung, ein Gäste- oder Hotelzimmer handeln.

Es kommt nicht darauf an, ob die Aufnahmen in der Wohnung selbst oder von außen durch ein Fenster oder eine offen stehende Tür gemacht werden. Es können auch andere Räume mit Sichtschutz sein, z. B. Umkleidekabinen, ärztliche Behandlungszimmer, Toiletten, Nebenräume im Restaurant (»geschlossene Gesellschaft«), Beichtstühle, Beratungszimmer in Anwaltskanzleien, Wohnwagen, Wohnmobile, dicht umschlossene Gärten und Höfe. Nicht erfasst sind öffentliche Straßen und Plätze, Büros und Geschäftsräume, Gaststuben in Restaurants.

Der Reporter macht sich aber nur strafbar, wenn er mit dem Drehen solcher Filmaufnahmen die »Intimsphäre« des Opfers verletzt, etwa indem er es nackt, krank, tot, beim Sex oder beim Toilettengang zeigt.

Das Risiko der Strafbarkeit wurde durch diese Vorschrift für den Journalisten nach vorn verlagert. Seit der Einführung des neuen § 201a StGB riskiert der Reporter (und mit ihm auch das Kamerateam!), sich allein durch das *Drehen* (Aufzeichnen von Bild und Ton) bereits unmittelbar bei den Dreharbeiten strafbar zu machen. Der Reporter ist bei seiner Entscheidung vor Ort also allein auf sich gestellt.

→ Tipp: Wenn Zeit ist, schnell telefonisch Rat einholen von der Redaktion oder der Rechtsabteilung.

Ohne Einverständnis des Betroffenen darf der Reporter also noch nicht einmal drehen, wenn er dadurch den in § 201a StGB geschützten *höchstpersönlichen Lebensraum* verletzt. Ist das nicht der Fall, macht er sich zwar beim *Drehen* noch nicht strafbar – möglicherweise aber beim *Senden* des Materials.

Denn Betroffene müssen nur in einer Reihe von (Ausnahme-)Fällen die identifizierende (Bild-)Berichterstattung über die eigene Person gegen ihren Willen (er)dulden. Ein kompliziertes Spannungsfeld, in dem der Journalist immer wieder neu abzuwägen hat zwischen den Individualrechten und den Interessen der Öffentlichkeit. Das aber muss er noch nicht beim Drehen tun. Dafür ist beim Schneiden des Materials noch Zeit (s. unten »Nach dem Dreh«).

Hausfriedensbruch ist strafbar. Selbst wenn ein Kameraeinsatz nicht gegen § 201 a StGB verstößt, kann er gleichwohl strafbar sein. Der Dreh ohne Genehmigung des Hausrechtinhabers kann einen Hausfriedensbruch nach § 123 StGB darstellen.

Unbefugte heimliche Tonaufnahmen sind nach § 201 StGB verboten. Jeder Mensch soll wissen, wann er in ein (Journalisten-)Mikrofon redet, damit er selbst verantwortlich entscheiden kann, was er sagt und ob er überhaupt etwas sagen will. Zu Problemen kann es deshalb beim Dreh mit versteckter Kamera auch kommen, weil dabei gleichzeitig der Ton mitläuft. Mag der Reporter dann die Stimme mit technischen Hilfsmitteln auch gekonnt verfremden, hat er sich damit trotzdem selbst ans Messer geliefert. Schließlich belegt die Ausstrahlung gerade die vorangegangene strafbare heimliche Tonaufnahme.

Für Abhilfe sorgt hier eine Sprecherstimme, die den Text im Film nachspricht. Damit der Zuschauer dabei nicht die Orientierung verliert, wird dazu ein Schriftband eingeblendet: »Stimme nachgesprochen.«

→ Tipp: Der nachgesprochene Text darf natürlich nur aus dem Gedächtnis protokolliert worden sein.

In der Praxis wird beim Aufstellen so genannter »Kamerafallen« bisweilen versucht, sich das nachträgliche Einverständnis zur Ausstrahlung der peinlichen Situation mit einem Scheck zu erkaufen. Das ist ausgesprochen heikel, denn streng genommen haben sich Reporter und Team bereits durch die heimliche Tonaufnahme strafbar gemacht. Sollte sich der heimlich Belauschte das bewusst machen, hätte er ein Druckmittel in der Hand, damit der Scheck ein bisschen höher ausfällt.

Der Einsatz der versteckten Kamera stellt prinzipiell einen erheblichen Eingriff in die Persönlichkeitsrechte der von der Berichterstattung betroffenen Personen dar. In der Regel fällt er darum unter das Verbot unlauterer Recherchemethoden (das auch in den Programmanweisungen der meisten Fernsehsender festgeschrieben ist). Der Dreh mit versteckter Kamera ist nicht durch die Pressefreiheit gedeckt. Entsprechend gewichtige Gründe sind erforderlich, um den Einsatz einer versteckten Kamera im Ausnahmefall dennoch zu rechtfertigen. Rein dramaturgische Erwägungen reichen jedenfalls nicht.

Es müssen übergeordnete Interessen vorliegen, etwa das Aufdecken einer schweren Straftat. Wer sicher gehen will, sollte solch einen Dreh ohne Zeitdruck mit dem Justiziariat des Senders absprechen. Das gilt grundsätzlich auch für Spaßproduktionen nach der Methode »Vorsicht, Kamera!«.

Viele Unternehmen setzen auf die Macht der eigenen Bilder. Sie drücken den TV-Reportern beim Dreh selbst produzierte Bänder mit Hochglanz-Einstellungen ihrer Produktionsanlagen in die Hand, garniert mit edlen Luftaufnahmen ihrer Firmensitze und fein abgeschmeckt mit aufwendigen Kranfahrten vom letzten Firmenjubiläum (sog. Footage-Material).

Auf diese Versuchungen reagieren die Sender hierzulande höchst unterschiedlich. Der eine freut sich über ersparte eigene Drehaufwendungen, der andere wittert sofort einen Manipulationsversuch und verbietet seinen Mitarbeitern die Verwendung solcher Firmenvideos. Die Ausstrahlung einzelner (nach journalistischen Kriterien ausgewählter) Sequenzen mit dem eingeblendeten Zusatz »Unternehmensvideo« erscheint den meisten berufsethisch unbedenklich.

Beim Dreh im Gericht empfehlen sich klare Absprachen mit dem Richter und den Verteidigern, denn auch der Angeklagte behält im Grundsatz das Recht am eigenen Bild. Im Zweifel hilft das Versprechen, das Gesicht des Angeklagten vor der Ausstrahlung unkenntlich zu machen (»zu verpixeln«). Bisweilen flüstert der Verteidiger seinem Mandanten ein, er möge sich weigern, den Verhandlungssaal zu betreten, solange sich dort noch Kameras befinden. Dann beginnt ein kurzer Nervenkrieg. Der Prozess »hängt«. Das Gericht muss entscheiden, wie es weitergeht. Früher war es üblich, dass Kamerateams, die »den Betrieb aufhalten«, kurzerhand aus dem Saal gebeten wurden. Das Bundesverfassungsgericht (1 BvR 654/09) sieht in solchen sitzungspolizeilichen Anordnungen, die eine Bildberichterstattung über den Angeklagten insgesamt unterbinden sollen, eine »gewichtige Beschränkung von Informationsmöglichkeiten der Öffentlichkeit«. Mit anderen Worten: Verspricht der Reporter, den Angeklagten zu »verpixeln«, muss das Gericht Bildaufnahmen ermöglichen .Trotzdem zeigen sich manche Richter weiter sperrig.

→ Tipp: Der Reporter sollte stets ein Exemplar des Bundesverfassungsgerichtsbeschlusses mit sich führen, um im Konfliktfall damit argumentieren zu können (http:///www.bverfg. de/entscheidungen/rk20090403_1bvr065409.html).

Nach dem Dreh hat der Reporter dann im Schneideraum letzte Entscheidungen darüber zu treffen, was er senden darf und was nicht. Grundsätzlich gilt: Der *höchstpersönliche Lebensraum* ist jedenfalls geschützt (s. o.). Und unter keinen Umständen darf natürlich gesendet werden, was nach § 201a StGB schon gar nicht hätte aufgenommen werden dürfen.

→ Tipp: Ist aus Versehen solches Material gedreht worden, muss es sofort gelöscht werden.

Aber wie geht der Journalist mit dem Material um, das zwar nicht den höchstpersönlichen Lebensraum verletzt, das aber die Persönlichkeitsrechte (speziell das »Recht am eigenen Bild«) gedrehter Personen berührt und für dessen Sendung eine wirksame Einwilligung fehlt?

Für drei unterschiedliche Personengruppen gelten dabei jeweils verschiedene Regelungen:

»Absolute Personen der Zeitgeschichte« sind bekannte Politiker, Topmanager, prominente Künstler, herausragende Spitzensportler. Doch auch sie müssen heute nicht mehr jede Bildveröffentlichung hinnehmen, die gerade noch ihre Intimsphäre respektiert. Der Europäische Gerichtshof für Menschenrechte hat die Grenzen enger gezogen und entschieden: Die Allgemeinheit hat keinen Anspruch auf Bilder aus dem Privatleben der Prominenz. Ganz gleich, wie öffentlich es sich auch abspielt. Zur einwilligungsfreien Veröffentlichung bleiben dann nur Bilder, die den Prominenten in Ausübung seines Amtes, seines Berufes oder bei öffentlichen Veranstaltungen zeigen. Nebeneffekt dieser Rechtsprechung: Der Promi kann jetzt ganz gezielt seltene Einblicke in sein Privatleben gewähren und damit an seinem Image basteln.

»Relative Personen der Zeitgeschichte« sind solche, die lediglich in Bezug auf ein bestimmtes Geschehen in das Blickfeld der Öffentlichkeit treten und bei denen allein aufgrund dieses Geschehens ein öffentliches Interesse an ihrem Bildnis besteht. Dieses Informationsinteresse wird durch die Veröffentlichung gestillt. Zu den relativen Personen der Zeitgeschichte zählen zum Beispiel Lebensretter und Wettgewinner in einer Samstagabend-TV-Show. Auch Zeugen, die z. B. eine schwere Straftat beobachtet haben, können im Zusammenhang damit zu »relativen Personen der Zeitgeschichte« werden.

Straftäter als relative Personen der Zeitgeschichte. Über ver-
urteilte Straftäter kann mit Bild und Namen (also identifizierend)
berichtet werden – vorausgesetzt, es handelt sich um Straftaten
von besonderer Schwere oder solche, die unter besonders spektakulären Umständen begangen wurden. Ein kleiner Ladendieb-
stahl oder auch eine kleinere Körperverletzung macht einen ver-
urteilten Täter noch nicht zur relativen Person der Zeitgeschichte.
Rückt dann die Straftat nach einiger Zeit immer mehr in die Ferne,
gewinnt das Persönlichkeitsrecht wieder die Oberhand gegenüber
dem Informationsinteresse der Allgemeinheit an einer Bildberichterstattung. Bei Straftätern kommt noch ein so genanntes »*Resozialisierungsinteresse*« hinzu, damit der Start in die Freiheit durch
neue identifizierende Bildveröffentlichungen nicht erschwert wird.

Dieses Resozialisierungsinteresse mag etwa sechs Monate
nach der rechtskräftigen Verurteilung aufkeimen. Es kann aber
auch schnell wieder verblühen: etwa wenn sich der Delinquent
aus der Haft heraus mit offenen Briefen in den noch laufenden
Prozess gegen seinen mutmaßlichen Mittäter einmischt. Oder
wenn er seine Memoiren schreibt und sich darin mit seiner
Straftat befasst. Einige Wochen nach einem solchen neuerlichen
Ereignis könnte sich dann aber die Gewichtung von privaten und
öffentlichen Interessen wieder umkehren.

Wer keine »Person der Zeitgeschichte« (mehr) ist, darf nur mit
seinem Einverständnis in erkennbarer Form abgebildet werden.
Fehlt dieses Einverständnis, müssen die Bilder dieser Person
»verpixelt« werden. Das geht heute unmittelbar an den meisten Schneidetischen, braucht aber immer ein bisschen Zeit. Zumeist reicht es, dass die Stirn-Augen-Nase-Partie unkenntlich gemacht wird. Auch bei Straftätern ist eine Berichterstattung Jahre
nach der Tat zulässig, solange sie den Täter nicht unmittelbar
identifiziert. Dokumentarische Sendereihen, die sich mit längst
vergangenen Verbrechen beschäftigen, sind nicht schlechthin unzulässig. Daran ändert sich auch dann nichts, wenn es einem Zuschauer gelingt, dank findiger eigener Recherchen die Person des
Täters zu identifizieren. Unschädlich ist auch, wenn der Straftäter

von Personen, die ihn bereits als Straftäter kennen, identifiziert wird. Jedenfalls, so das Bundesverfassungsgericht, sind dann seine Persönlichkeitsbelange noch nicht erheblich beeinträchtigt.

Ob die Person mit ihrem vollen Namen genannt werden darf, hat der Reporter spätestens beim Texten des Beitrags zu entscheiden. Bei *Jugendlichen* (bis 18 Jahre) und bei *Heranwachsenden* (bis 21 Jahre) hat er grundsätzlich auf eine Namensnennung zu verzichten.
Bei älteren Beschuldigten hat der Reporter eine umfassende *Abwägung* zu treffen. In seine Entscheidung hat er mit einzubeziehen, wie schwer die erhobenen Vorwürfe wiegen. Handelt es sich um leichtere Vergehen, spricht viel für eine Geheimhaltung des Namens. Handelt es sich aber um Verbrechen (mit einer Mindestfreiheitsstrafe von einem Jahr), kommt schon eher eine Namensnennung in Betracht.

Die gesetzliche Unschuldsvermutung gilt selbstverständlich weiter. Bei allen angeklagten Tatvorwürfen muss deutlich darüber informiert werden, dass es sich zunächst einmal nur um Vorwürfe und noch nicht um erwiesene Taten handelt.
Geht es um schwere und schwerste Verbrechensvorwürfe und darf der Angeklagte auch nach den Grundsätzen zum Recht am eigenen Bild offen gezeigt werden, dann liegt parallel dazu auch eine offene Namensnennung auf der Hand.
Liegen die fragliche Tat und ihre Aburteilung schon lange zurück, bedarf es eines frischen Anlasses, um erneut unter Namensnennung berichten zu dürfen. Der Journalist kann einen solchen Anlass nicht mit seinem geplanten Filmbericht selber setzen. Auch eine erneute kleinere Straftat des gleichen Täters genügt nicht. Gibt es einen solchen Anlass nicht und handelt es sich allein um einen zurückschauenden Bericht, so soll zwar keine Nennung des Täternamens, wohl aber noch die Nennung seines früher in den Medien verwendeten *Spitznamens* möglich sein.

Auto-Kennzeichen ermöglichen oft Rückschlüsse auf die Person des Fahrers. Man muss sie im Film verpixeln, wenn man in der gleichen Situation den Fahrer selbst nicht gegen seinen Willen erkennbar zeigen darf, z. B. bei einem Bericht über einen Verkehrsunfall. Bei Filmen über Autobahnstaus oder Schadstoffmessungen auf Ausfallstraßen dagegen gerät der einzelne Autofahrer inmitten einer Vielzahl anderer Autofahrer zum bloßen »Beiwerk«. Das sollte aber auch bei der Bildauswahl im Schneideraum beachtet werden: Fahren mehrere Fahrzeuge gleichzeitig durchs Bild, so gewinnt keines von ihnen eine solche Wichtigkeit, dass das Kennzeichen gepixelt werden müsste. Schwenkt die Kamera dagegen einem bestimmten Fahrzeug nach, gilt schnell das Gegenteil.

Weiterführende Literatur:

Dorothee Bölke, Presserecht für Journalisten. Freiheit und Grenzen der Wort- und Bildberichterstattung (dtv, München 2005)

Dieter Dörr/ Rolf Schwartmann, Medienrecht, (C.F.Müller-Verlag, 2008)

Dieter Dörr, Recht der Rundfunkwerbung, Ausloben von Preisen, Sponsoring; in: Walther von La Roche/Axel Buchholz (Hrsg.), Radio-Journalismus, (9. Auflage, Econ Journalistische Praxis, Berlin 2009)

Zur verfassungsrechtlichen Grundlage für die Arbeit bei den Medien generell und die Rechtsgrundlagen für den Öffentlich-rechtlichen Rundfunk speziell vgl.: Eva-Maria Michel, Medienrecht für Radioleute; in: Walther von La Roche/Axel Buchholz (Hrsg.), Radio-Journalismus, (9. Auflage, Econ Journalistische Praxis, Berlin 2009)

Zuschauerforschung für die Programmpraxis

Zur Beschreibung des Fernsehverhaltens lassen sich *quantitative* Daten ebenso verwenden wie *qualitative* Ergebnisse. Die quantitative Zuschauerforschung gibt beispielsweise darüber Aufschluss, in welchem Umfang und wann welche Programme wie lange genutzt werden und wann welche Zuschauer um- oder abschalten. Qualitative Zuschauerforschung kann z. B. die Ursachen für Programm- oder Sendungspräferenzen deutlich machen.

Wer sein Publikum nicht kennt, wird auch keinen Erfolg haben. Deshalb sind solche Daten für Programmmacher von eminenter Bedeutung. Sie werden in der Regel von Medienforschungsbereichen oder -abteilungen in den einzelnen (öffentlich-rechtlichen oder privatrechtlichen) Häusern zur Verfügung gestellt.

Die Fernsehnutzung in Deutschland wird seit 1984 von der GfK-Fernsehforschung (GfK = Gesellschaft für Konsumforschung) in Nürnberg ermittelt. Dies geschieht im Auftrag der AGF (Arbeitsgemeinschaft Fernsehforschung), einer für diesen Zweck gegründeten Partnerschaft zwischen öffentlich-rechtlichen und privatrechtlichen Fernsehanbietern. Basis der Erhebung der Daten ist ein sogenanntes Panel.

Dieses AGF/*GfK-Panel* stellt ein verkleinertes Abbild aller Privathaushalte in Deutschland mit mindestens einem Fernsehgerät dar. Berücksichtigt sind nur Haushalte, deren Haushaltsvorstand bzw. Haupteinkommensbezieher entweder die deutsche Staatsangehörigkeit hat (sog. *D-Panel*) oder die eines anderen EU-Staates (*EU-Panel*). Haushalte von Nicht-EU-Ausländern werden also zurzeit nicht erfasst.

Fernsehnutzung 2009											
	Gesamt	Frauen	Männer	3-13 Jahre	14-19 Jahre	20-29 Jahre	30-39 Jahre	40-49 Jahre	50-59 Jahre	60-69 Jahre	ab 70 Jahre
Tages-reichweite in %	71	73	69	57	49	56	72	73	77	82	86
Sehdauer in Minuten	212	226	197	88	100	159	202	217	255	286	295
Verweildauer in Minuten	293	303	282	149	197	279	273	293	326	346	341

Quelle: AGF/GfK, TV Scope, Fernsehpanel (D+EU), Montag-Sonntag, BRD gesamt.

In einem kleinen Abbild der gesamten Bundesrepublik wird also das Fernsehverhalten gemessen. Es basiert auf 5 640 Haushalten, in denen fast 13 000 Personen ab 3 Jahren leben. Damit wird repräsentativ die Fernsehnutzung von 72,23 Millionen Personen ab 3 Jahren bzw. von 35,49 Millionen Fernsehhaushalten abgebildet (Stand 1.1.2010).

Ein solcher »GfK-Haushalt« steht somit stellvertretend für durchschnittlich 6000 Fernsehhaushalte in Deutschland. Die Haushalte sind repräsentativ über die gesamte Bundesrepublik verteilt, bilden unterschiedliche Alters- und Bildungsschichten repräsentativ ab, ebenso die Verteilung der Geschlechter. Auch der Prozentsatz von Kabel-, Satelliten- und terrestrischen Haushalten ist so wie in der Gesamtbevölkerung.

Durch Haushalts- und Personenbefragungen sind für alle Personen in diesen Haushalten *viele weitergehende Daten* bekannt. Das sind z. B. Genrepräferenzen (Arten von Fernseh-Sendungen), die soziale Position oder die »Milieu-Zugehörigkeit« (sog. Sinus-Milieus, s. weiter unten).

Nur der GfK bekannt sind alle Personen, die im Panel mitarbeiten. Dafür sorgt der *Datenschutz*. Die Programmveranstalter und anderen Auftraggeber des AGF/GFK-Systems kennen also die einzelnen Personen/Haushalte im Panel nicht. Dies ist eine wichtige Voraussetzung dafür, dass diese nicht von den Programmveranstaltern oder der Presse in ihrem Sehverhalten direkt z. B. durch Telefonanrufe beeinflusst werden.

Messgeräte stehen in allen diesen GfK-Haushalten. Sie erkennen und speichern automatisch und sekundengenau, welche Programme im Haushalt eingeschaltet werden, egal ob auf dem ersten Fernsehgerät oder ggf. auf einem Zweit- oder Drittgerät. Gäste im Haushalt können ebenfalls erfasst werden. Gleichzeitig wird auch z. B. die *Videotextnutzung* registriert.
Damit diese Daten den in den Haushalten lebenden Personen zugeordnet und damit auch ausgewertet werden können, melden sich die Haushaltsmitglieder jeweils beim »Seh-Beginn« und beim »Seh-Ende« auf einer speziellen Fernbedienung an bzw. ab.

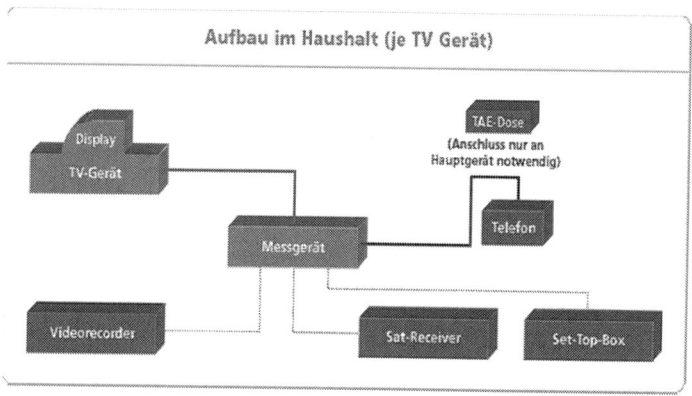

Quelle: AGF Fernsehforschung, Messtechnik

Fernsehdaten sind sehr aktuell. Die in den Panelhaushalten durch die Messgeräte abgespeicherten Daten werden jeden Morgen zwischen 3.00 Uhr und 5.00 Uhr über das Telefonnetz an einen zentralen Rechner bei der GfK-Fernsehforschung übertragen. Diese Nutzungsdaten werden dort mit den Sendeabläufen der einzelnen Programme/Sender (Sendeprotokoll) abgeglichen und zusammengeführt. Ab ca. 8.30 Uhr/9.00 Uhr stehen dann den Medienforschungsbereichen in den Häusern die Reichweiten der protokollierten Sender vom Vortag zur Verfügung – und gehen von hier schnell an die Programmmacher.

Kleine Einschränkung: Durch diese Kurzfristigkeit des *»Over-Night-Reportings«* kann zunächst kein 100prozentiget Abruf und damit die Erfassung aller Daten gesichert werden (z. B. wegen technischer Abruf-Probleme in einzelnen Haushalten). Deshalb liegen die Ergebnisse zunächst als »vorläufig gewichtet« vor. Hinzu kommt, dass seit dem 1.7.2009 die zeitversetze Fernsehnutzung – also das Ansehen zuvor aufgezeichneter Sendungen – bis einschließlich zum dritten Tag nach der Ausstrahlung der Nutzung zugerechnet wird. Die »endgültig gewichteten« Werte liegen darum erst vier Tage später vor, nach Abruf bzw. Integration aller vorliegenden Daten.

Die geltende Währung für den bundesdeutschen Fernsehmarkt sind diese Daten aus dem AGF/GfK-Fernsehpanel. Sowohl die Programmplanung in den Sendern als auch beispielsweise die Werbeplanung (der Werbe-/Media-Agenturen) basieren auf diesen Daten. Damit werden z. B. auch die Preise für die Schaltung von Werbespots ermittelt.

Der Fernseh-Journalist muss Facts und Fachbegriffe kennen, wenn er Daten aus dem Bereich der Fernsehforschung nutzen möchte.

Die Tagesreichweite gibt z. B. an, wie viel Prozent der Gesamtbevölkerung (Personen ab 3 Jahren) am Tag für mindestens eine Minute durch das Fernsehen erreicht werden, unabhängig davon, wie lange und zu welchen Zeiten ferngesehen wird. Das sind 71 Prozent (2009) der bundesdeutschen Bevölkerung. Die Tagesreichweite kann ebenfalls in absoluten Zahlen (in Millionen oder Tausend) angegeben werden. Je nach *Tageszeit* ist die Reichweite natürlich unterschiedlich.

Bei der Fernsehnutzung gibt es auch *jahreszeitliche Schwankungen*, so werden in den Sommermonaten urlaubsbedingt weniger Zuschauer vom Fernsehangebot erreicht als in den Wintermonaten.

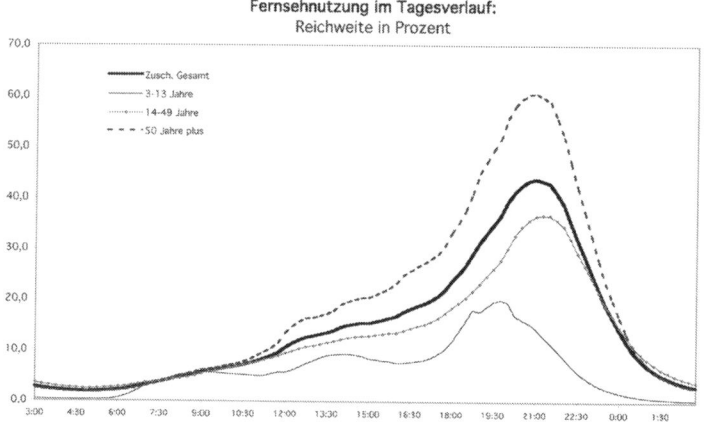

Fernsehnutzung im Tagesverlauf:
Reichweite in Prozent

Gebiet: BRD
Quelle: AGF/GfK; PC#TV; Zuschauer gesamt; Fernsehpanel (D+EU)

Sendungsreichweite. Programm-Macher wollen für ihre tägliche Arbeit wissen, welche Reichweite ihre eigenen Sendungen erreichen. Dafür werden alle Zuschauer gezählt, die für mindestens eine Minute eine Sendung angesehen haben.

Die Sehdauer gibt an, wie lange im Durchschnitt ferngesehen wird. In diesen Durchschnittswert gehen alle Zuschauer mit ein, gleichgültig, ob sie tatsächlich ferngesehen haben (mit ihrer Verweildauer, s. u.) oder nicht (mit null Minuten). So wurde 2009 im Durchschnitt 212 Minuten ferngesehen. Ältere Zuschauer sehen länger als jüngere. Kinder im Alter zwischen drei und 13 Jahren schauten z. B. durchschnittlich 88 Minuten, ab 70-Jährige 295 Minuten oder knapp fünf Stunden.

Insgesamt hat sich die Fernsehnutzung gegenüber 1995 im Schnitt pro Bundesbürger um 37 Minuten erhöht.

Die Verweildauer: Die Berechnung der Verweildauer basiert nur auf den Personen, die tatsächlich auch gesehen haben. Der Verweildauerwert dokumentiert also das Zeitbudget, das mit dem Medium Fernsehen verbracht wurde. Ergebnis: Diejenigen, die den Fernseher an einem Durchschnittstag einschalten, verbrachten 2009 rund 293 Minuten vor dem Gerät (dagegen Sehdauer im gleichen Zeitraum: 212 Minuten).
Generell gilt dabei: je älter die Zuschauer sind, umso höher die Verweildauerwerte. Dies hängt eng mit dem größeren Maß an freier Zeit (Rentner, Arbeitslose) zusammen, aber auch damit, dass das Fernsehen bei Alleinlebenden (para-)soziale »Aufgaben« übernimmt.

Die Sehbeteiligung einer Sendung besagt, wie viele Zuschauer im Durchschnitt eine Sendung durchgehend angesehen haben. Dass diese Zuschauerzahl nicht von Anfang bis Ende gleich ist, zeigen Verlaufs- oder auch Umschaltanalysen (siehe Verlaufsanalysen).

Der Marktanteil ist in der Fernsehforschung eine sehr wichtige »Währung«. Er drückt aus, welcher Prozentanteil der mit dem Fernsehen verbrachten Zeit, auf einen einzelnen Sender/ein Programm oder eine Sendung entfällt. Der Marktanteil kommt dadurch zustande, dass die gesehene Zeit, die auf einen Sender/eine Sendung entfällt, durch die Gesamt-Sehmenge für das Fernsehen im betrachteten Zeitintervall geteilt wird.
Für jede beliebige Einheit kann der Marktanteil ermittelt werden, egal ob Zeiteinheit (Sendung, Tag, Monat usw.) oder Zielgruppe (z. B. Frauen während einer bestimmten Sendung).

Der Erfolg der einzelnen Fernsehprogramme in Deutschland lässt sich auf Basis der Marktanteile analysieren. So entfielen beispielsweise im Jahr 2009 12,7 Prozent der gesamten bundesdeutschen Fernsehnutzung auf Das Erste, jeweils 12,5 Prozent auf das ZDF und RTL und 13,5 Prozent auf alle Dritten zusammen.

Die AGF/GfK-Daten ermöglichen – weil sie sekundengenau vorliegen – vielfältige Analysen.

Fernsehsender 2009 Marktanteile in Prozent

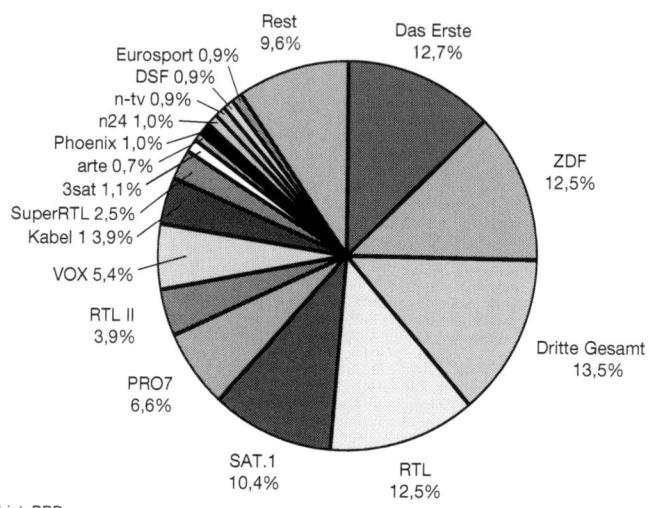

Gebiet: BRD

Quelle: AGF/GfK; PC#TV; Zuschauer gesamt; bis 2000 Fernsehpanel (D), ab 2001 Fernsehpanel (D+EU)

Verlaufsanalysen zu einzelnen Fernsehsendungen stellen in kleinen Zeitabschnitten genau fest, wie sich die Zusammensetzung der Seherschaft einer Sendung entwickelt hat. Möglich ist auch festzuhalten, wer (welche Zuschauergruppe) wann weggeschaltet hat (und wohin), auch ob sie später noch einmal zurückgekommen ist. Solche Analysen erlauben Aussagen über die (quantitative) Akzeptanz einer Sendung, die sehr detailliert sind.

Audience Flow. Bei der Analyse des Audience Flow wird die *identische* Seherschaft aufeinanderfolgender Sendungen eines Programms berechnet. Es wird also festgestellt, welcher Anteil der Seherschaft einer untersuchten Sendung von der vorherigen Sendung übernommen wird bzw. an die anschließende Sendung übergeben werden konnte. Der Audience Flow ist somit ein Maß

für die »Kundenbindung«, einem wichtigen Ziel der Programmplanung der Fernsehsender.

Für die Programmplanung erlauben AGF/GfK-Zahlen auch
Analysen darüber, an welchem Sendeplatz welches Zuschauer-
Potenzial (nach Alter, Geschlecht, Bildung, Programminteres-
sen usw.) überhaupt erreichbar wäre, wie Genre-Gewohnheiten
über den Tag, über den Wochenverlauf ausgeprägt sind, auch
mit welchen Konkurrenten zu rechnen ist. Und wie erfolgreich
diese sind. Daraus leitet die Programmplanung dann ihre Stra-
tegien bei der Einplanung der verschiedenen Formate ab. Geht
es beispielsweise darum, einer neuen Unterhaltungssendung
einen guten Start zu verschaffen, programmiert man die Sendung zum Beispiel im Anschluss an eine bereits erfolgreiche
Unterhaltungssendung (»Jump Start« durch hohen Audience
Flow).

Was die Medienforschung auf der Basis der GfK-Daten für die
jeweiligen Bedürfnisse der Sender oder der einzelnen Redaktionen tun kann, ließe sich noch wesentlich erweitern, detaillieren
oder präzisieren.

Dafür bedürfen die sog. quantitativen Daten aber der Ergänzung
durch qualitative Daten. Einige der zur Verfügung stehenden Op-
tionen sollen hier detaillierter dargestellt werden.

Für das Verständnis des Stellenwerts des Fernsehens in
Deutschland sind solche Untersuchungen z. B. von grundsätzli-
cher Bedeutung. Trotz aller Entwicklungen im Bereich von PC
und Internet erfreut sich das Medium einer ungebrochenen – und
wie bereits dargestellt – auch zeitlich eher größer werdenden Zu-
neigung.

Basis dafür ist die Breite der Funktionen. So wird dem Fernsehen zum Beispiel sowohl eine hohe Informations- als auch eine
hohe Unterhaltungsfunktion bescheinigt. »Sich informieren« und
»entspannen« rangiert vor anderen Nutzungsmotivationen. Dies
sind Ergebnisse aus dem Jahr 2010. Basis ist die Studie »Massenkommunikation«, eine der zentralen bundesdeutschen Studien zum Thema Medienverhalten. Sie wird seit 1964 im Abstand

von ca. fünf Jahren durchgeführt und erlaubt dadurch eine langfristige Beobachtung des Medienwandels in Deutschland.
→ Tipp: Das Lesen der Studienergebnisse lohnt sich, auch weit über das engere Thema Fernsehen hinaus. Die Fachzeitschrift Media Perspektiven veröffentlicht regelmäßig Analysen des Medienverhaltens auf der Basis dieser Studie.

Nutzungsmotive Fernsehen 2010
Angaben in Prozent

	trifft voll und ganz / weitgehend zu
sich informieren	84
macht Spaß	81
entspannen	77
Nützliches für den Alltag erfahren	64
sich ablenken	61
aus Gewohnheit	58
mitreden können	58
Denkanstöße bekommen	51
nicht alleine fühlen	26

Basis: BRD Gesamt, Deutschsprachige Bevölkerung ab 14 Jahren

Quelle: ARD/ZDF Langzeitstudie Massenkommunikation

Erlebnisqualität. Das Fernsehen wird also auf einer Bandbreite zwischen Information, Unterhaltung und Spaß erlebt. Das lässt sich auch bei der Rezeption einzelner Sendungen wiederfinden. Analysen gehen hier von fünf Dimensionen aus, die die Erlebnisqualität ausmachen:
- Emotionalität,
- Orientierungsleistung,
- Beitrag zum *psychischen Ausgleich* der Zuschauer bei der Rezeption,
- Empfinden von *Zeitvertreib* und als fünfte und schwächste Komponente,
- dem *sozialen Erleben* im Rahmen des Fernsehkonsums.
Je nach Programmgenre und Zielgruppe müssen Fernsehsendungen diesen Dimensionen gerecht werden, wollen sie nicht an den Zuschauern vorbeizielen.

Die Methoden sind wesentlich zahlreicher und differenzierter geworden, um diese und ähnliche Fragen zu untersuchen und die Gefühlswelten der Zuschauerinnen und Zuschauer zu ermitteln. Für die Wahl der Methode ist die Frage entscheidend, was die Programm-Macher wissen wollen. Danach wird sie von den Medienfachleuten ausgewählt. Im Folgenden wird ein Beispiel aus dem Bereich Zielgruppenbeschreibung vorgestellt.

Zielgruppenbeschreibungen (z. B. für einzelne Sendungen, für Sendeplätze oder ganze Programme) sind auf unterschiedliche Weise möglich. Soziodemographische Segmentierungen des Publikums sind ein möglicher Zugang zur Differenzierung der Fernsehnutzung. Es kann also untersucht werden, wie das Publikum zusammengesetzt ist (z. B. nach Alter, Geschlecht, Vorlieben), das zu einer bestimmten Zeit fernsieht, also an einem Sendeplatz zur Verfügung steht.

Die »Sinus-Milieus«, nach dem gleichnamigen Heidelberger Institut benannt und ebenfalls im AGF/GfK-Panel verfügbar, sind eine andere Möglichkeit für die Zielgruppenbeschreibung. Sie basieren auf der Lebensweltanalyse unserer Gesellschaft, in die grundlegende Wertorientierungen der einzelnen Zuschauer ebenso eingehen wie Alltagseinstellungen. Basis für die Zielgruppen-Segmentationen sind ausführliche quantitative und qualitative Befragungen.

Auf der Basis dieser Angaben lassen sich beispielsweise zwei 60-jährige Männer mit unterschiedlicher Lebenserfahrung und unterschiedlichem biographischen Hintergrund unterschiedlichen Milieus zuordnen. Die rein soziodemographische Analyse-Ebene »beide 60, beide Männer« kann damit überwunden werden. Die so gebildeten zehn Milieus dokumentieren auch die unterschiedlichen Zugänge zu den Medien, verschiedene Interessen und Erwartungen und damit auch Sparteninteressen im Bereich des Fernsehens. Analysen der Ist-Zusammensetzung des Publikums und der angestrebten Zielgruppen erlauben so einen tiefen Einblick in die Welt der (Fernseh-)Publika. Die Grenzen zwischen den Milieus sind dabei fließend. So sind auch Ähnlichkeiten zwischen den benachbarten Milieus möglich, es existieren Übergänge. Die Position nach sozialer Lage (Bildung, Einkommen, Beruf) und Grundorientierung (Tradition, Modernisierung/Individualisierung, Neuorientierung) veranschaulicht die sogenannte »Kartoffelgrafik«.

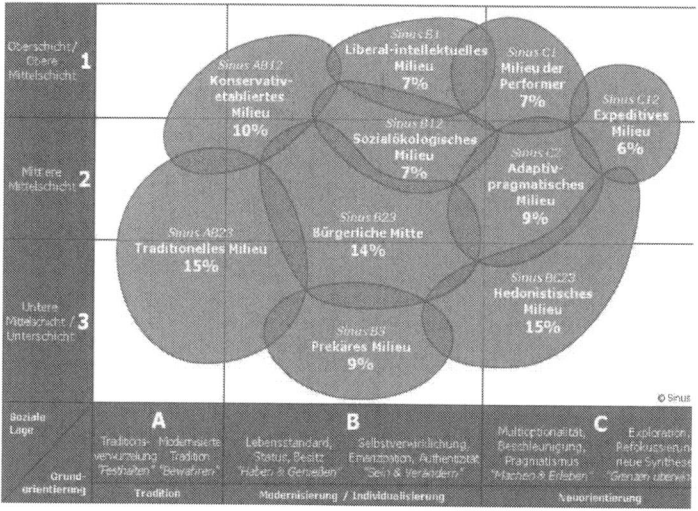

Die Entwicklung im Fernsehmarkt. Fernsehen ist nach wie vor für die Bundesdeutschen ein sehr attraktives Medium, auch im Zeichen von PC und Internet. Allerdings: Die Zahl der neuen Programme und Anbieter wächst nicht zuletzt durch die Digitalisierung im Augenblick wesentlich schneller als sich die Zuwendungszeit der Deutschen zum Medium nach oben entwickelt.

Die Konkurrenz nimmt deutlich zu, das ist die Konsequenz. Und dies ist nur eine von mehreren Dimensionen, die Anbieter und Macher zu berücksichtigen haben. Eine weitere Dimension: Die Zuschauer werden immer wählerischer. Die Vielzahl der Programme und die Fernbedienung zum Zappen machen es ihnen leicht. Trotz der Kanalvielfalt finden sich aber nach wie vor nur wenige Sender im sogenannten »Relevant Set« der Zuschauer: Aktuell werden von den durchschnittlich 73 empfangbaren Sendern nur sechs intensiv genutzt (d.h. auf diese entfallen mindestens 80 Prozent der jeweiligen Fernsehnutzung).

Wer also »sein Publikum« nicht präzise kennt, wird es schwer haben, denn Nutzungsgewohnheiten verändern sich nur sehr langsam, neue Programmangebote haben es schwer, Aufmerksamkeit zu erzielen und sich gegen Bewährtes durchzusetzen. Deshalb müssen sich Fernseh-Journalisten und Programmverantwortliche über das Zuschauerverhalten kontinuierlich informieren und dieses berücksichtigen.

Fernsehen und Internet. TV-Sendungen bzw. deren Inhalte werden schon lange nicht mehr alleine linear – also im klassischen Fernsehen – genutzt, sondern auch zeitversetzt. Früher bedeutete dies Videorecorder, DVD-Recorder oder Festplattenrecorder, heute zunehmend Onlineauftritte und Mediatheken. Deshalb wird das Denken in »Marken« mit multimedialer Vernetzung immer wichtiger für Programmplaner und Medienforscher.

Enge Zusammenarbeit von Machern, Planern und Forschern hilft dabei, die Zuschauer zu erreichen, indem alle notwendigen Daten zur Verfügung stehen, aufbereitet und analysiert werden. Ein hausinterner Bereich Medienforschung ermöglicht kurze Wege zwischen Machern einerseits und Programmplanung, Forschung und Beratung andererseits.

Das Know-how der Macher bleibt aber gefragt. Trotz aller Hilfen und Erkenntnisse, die die Medienforschung zur Verfügung stellt, kann sie den Programmmachern die Entscheidungen nicht abnehmen.

➡ Tipp: Kontakte zur Medienforschung kann man evtl. schon im Rahmen eines Studentenjobs knüpfen. Häufig gibt es dort auch Praktikumsplätze oder die Möglichkeit, während des Volontariats dort eine Wahlstation zu absolvieren.

Aus- und Fortbildung

Hochschulen, Journalistenschulen und Kurse

Die klassische praktische (Fernseh-)Journalistenausbildung in Deutschland findet in Volontariaten bei öffentlich-rechtlichen und privaten Sendern statt (vgl. jeweils dort). Auch Produktionsfirmen bieten Volontariate an. Bei Privatsendern und Produktionsfirmen wird das Volontariat teilweise durch überbetriebliche Ausbildung ergänzt.

Zudem führen noch viele andere Ausbildungswege in den Fernsehjournalismus, die allerdings ganz überwiegend Teil einer allgemeinen journalistischen Ausbildung sind.

Man sollte die Angebote sorgfältig vergleichen und dazu den Rat von erfahrenen Journalisten oder Absolventen von Ausbildungsgängen/Teilnehmern von Kursen einholen. Auch die journalistischen Berufsorganisationen und die Fort- und Ausbildungsbeauftragten der Sender beraten gern. Bei der Auswahl eines Studienganges sind zudem die Fachberater der Bundesagentur für Arbeit empfehlenswerte Ansprechpartner.

Ein Kriterien-Katalog kann hilfreich bei der Entscheidung für einen Studiengang sein. Er sollte mindestens folgende Punkte umfassen:

- fernsehspezifische Inhalte
- Dozenten
- Verhältnis Praxis/Theorie
- Abschluss/Zeugnis/Teilnahmebestätigung
- Mediennähe des Standorts der Bildungseinrichtung
- Vorgesehene Praktika/Hilfe bei der Vermittlung
- Vertiefungsmöglichkeit
- Kosten/Stipendien

Das Angebot an Ausbildungsgängen und Kursen ist in Deutschland sehr groß. Die Zielsetzung ist unterschiedlich:

- erste Orientierung im Berufsfeld,
- gezielte Ausbildung für den Fernsehjournalismus, entweder studienbegleitend oder an Journalistenschulen, in Journalistik-Studiengängen oder an Film- und Fernsehakademien,
- Angebote zur überbetrieblichen Ausbildung für Volontäre,
- berufliche Fort- und Weiterbildung, die auch für Berufswechsler interessant sein kann.

Erste Orientierung. Wer an der Arbeit beim Fernsehen interessiert ist, kann bei verschiedenen Veranstaltern Einführungskurse besuchen und das Medium dabei einfach einmal ausprobieren. Stiftungen und Akademien, kirchliche und berufsständische Bildungseinrichtungen, Offene Kanäle und Bürgersender, Aus- und Fortbildungs- bzw. Erprobungskanäle und Journalistenschulen bieten diese Orientierung an.

Studienbegleitende Ausbildung findet an Journalistenschulen oder Akademien statt. Es ist eine allgemeine journalistische Ausbildung, die in unterschiedlichem Umfang auch das Medium Fernsehen umfasst.

Journalistenschulen zählen zu den ältesten Ausbildungswegen in den Journalismus. Die Ausbildung zum Fernsehjournalisten ist in die Curricula der Journalistenschulen mehr oder weniger stark integriert.

Journalistik/Journalismus-Studiengänge. Das praxisorientierte Fach Journalistik/Journalismus hat sich etwa seit 1975 an Universitäten/Fachhochschulen neben den sozial- oder geisteswissenschaftlich orientierten Studiengängen für Publizistik und Kommunikationswissenschaft etabliert. Die Studiengänge bilden in unterschiedlichem Umfang auch für den Fernsehjournalismus aus. Wer weiß, dass er (vor allem) als Fernsehjournalist arbeiten will, sollte sich also gezielt über den Anteil der fernsehspezifischen Ausbildung informieren.

Film- und Fernsehakademien sind Ausbildungsstätten für künstlerische Berufe, also in erster Linie für künftige Filmemacher, aber auch für Dramaturgen, Autoren, Kritiker, Medienberater und Fernsehjournalisten.

Angebote zur überbetrieblichen Ausbildung. Für die in manchen betrieblichen Ausbildungswegen festgelegten Phasen überbetrieblicher Bildung steht bei den Bildungsinstituten ein relativ großes Angebot bereit. Das gilt für den vierwöchigen Volontärskurs ebenso wie für Weiterbildungsseminare mit einer breiten Palette von Themen und Seminarformen.

Die berufliche Fort- und Weiterbildung für Journalisten im Bereich Fernsehjournalismus ist in Deutschland überwiegend von Einzelinitiativen geprägt. Verbände, Parteien, Stiftungen und Interessengruppen wenden sich mit Seminarangeboten zu Sachthemen an Journalisten, während sich eine systematische journalistische Weiterbildung auf relativ wenige Anbieter beschränkt.

 Anbieter von Aus- und Fortbildung (»Online plus«)

Weiterführende Literatur:

Walther von La Roche, Einführung in den praktischen Journalismus. Mit genauer Beschreibung aller Ausbildungswege, Deutschland, Österreich, Schweiz (18. Auflage, Journalistische Praxis, Econ, Berlin 2008)

Walter Hömberg & Renate Hackel-de Latour (Hrsg.), Studienführer Journalismus, Medien, Kommunikation (UVK, Konstanz 2005)

Deutscher Journalisten-Verband (Hrsg.), Journalist/in werden? Ausbildungsgänge und Berufschancen im Journalismus (DJV-Wissen Nr. 5, 2008/2009).

Erfolgreich sein in Hospitanz und Praktikum

Die »Generation Praktikum« ist zum Negativ-Schlagwort geworden: Studenten absolvieren ein Praktikum nach dem anderen und werden dabei als kostenlose Arbeitskräfte gnadenlos ausgenutzt. Für die eigene Aus- oder Fortbildung profitieren sie dabei oft kaum. Bei den öffentlich-rechtlichen und den großen Privatsendern kann man allerdings in der Regel davon ausgehen, dass man gut betreut wird. Die Redaktionen investieren dort in die Ausbildung Zeit und Mühe, um die Kollegen von morgen zu casten.

➜ Tipp: Sprechen Sie mit ehemaligen Hospitanten/Praktikanten des Senders und erkundigen Sie sich, welche Redaktionen besonders geeignet sind.

Gute Hospitanten- und Praktikumsplätze sind nach wie vor rar und sehr begehrt. Sie müssen meist als vorgeschriebener Teil einer (fernseh-)journalistischen Ausbildung absolviert werden und gelten zudem immer noch als der beste Einstieg in den TV-Journalismus, sei es für Festanstellung, Zeitvertrag oder freie Mitarbeit.

➜ Tipp: Rechtzeitig bewerben. Die Aus- und Fortbildungsredaktionen vergeben die Hospitanzen sehr langfristig. Planen Sie mit einem Vorlauf von sechs bis zwölf Monaten – vor allem für die Semesterferien.

Die Bewerbungsunterlagen (egal ob per Post oder als Online-Bewerbung) müssen optisch ansprechend und formal korrekt sein. Dazu gehört u.a. die Rechtschreibung. Auf dem Schirm »versenden« sich zwar manche Fehler, trotzdem wird von angehenden Journalisten erwartet, dass sie ihr wichtigstes Handwerkszeug, die Sprache, beherrschen. Im Anschreiben sollten Sie in jedem Fall begründen, *mit welcher Motivation* Sie sich gerade diesen Sender oder diese Redaktion ausgesucht haben. In den tabellarischen Lebenslauf gehören Ihre journalistischen Schwerpunkte und Interessen, dazu die bisherigen Stationen wie frühere Hospitanzen/Praktika, freie Mitarbeit, Engagement für Schülerzeitung oder Campus-TV.

➜ Tipp: Auch *soziale und kommunikative Kompetenzen* interessieren, denn Fernsehen ist Teamarbeit (vgl. »Im Team arbeiten«). Wer z.B. im Sportverein, der Pfarrgemeinde oder einer Jugendorganisation Verantwortung für andere übernommen hat, sollte das anfügen.

Die Wunschredaktion kann im Bewerbungsschreiben genannt werden. Besonders sinnvoll ist das, wenn *Spezialkenntnisse* den Wunsch nahe legen. Fachredaktionen für Zeitgeschichte oder Naturwissenschaft bevorzugen Hospitanten mit entsprechender Qualifikation. Machen Sie aber auch deutlich, dass Sie *für Alternativen offen* sind, sonst wird am Ende vielleicht gar nichts aus der Bewerbung, weil in der gewünschten Redaktion kein Platz mehr frei ist.

Aktuelle Redaktionen sind sehr geeignet, denn sie produzieren besonders viel. Ihre Programme sind so kleinteilig, die Arbeitsabläufe so aufwendig, dass jede helfende Hand willkommen ist. Hier ist der Einstieg für Anfänger günstig und der erste eigene Beitrag eher möglich. In einer Feature-Redaktion wird der Praktikant erstens vor allem andere bei der Arbeit beobachten können und zweitens meist auch nur bestimmte Teile einer Produktion mitverfolgen können, weil er nicht lange genug in der Redaktion bleibt.

Gründliche Vorbereitung ist der erste Schritt nach einer erfolgreichen Bewerbung.

- Erkundigen Sie sich nach dem *Format der Sendung.*
- Schauen Sie sich das Programm intensiv an.
- Sammeln Sie Fakten und Hintergründe aus dem Online-Auftritt des Senders. Handelt es sich um eine Informationssendung mit Inlands- und Auslandsnachrichten, um ein Magazin mit rein regionalem Bezug oder um Boulevard mit Promi- und Schicksalsgeschichten?
- Richten Sie Ihre persönliche Mediennutzung und Recherche auf dieses Spektrum aus.
- Arbeiten Sie die entsprechenden Kapitel von »Fernseh-Journalismus« besonders gründlich durch.
- → Tipp: Ein kleiner Koffer voller eigener *Themenvorschläge* ist die beste Visitenkarte. Platzieren Sie die Themen gut dosiert während der Konferenzen.

Die Orientierungsphase verkürzt, wer weitere wichtige Eckdaten schon vorher kennt: In welchem Turnus sendet die Redaktion, wie lang ist die Sendung, wie viele Einspielfilme gibt es im Regelfall, wie sieht die *Mischung der Themen* aus, wie heißen Moderator oder Moderatorin und wer leitet die Redaktion? Zur Vorbereitung gehört auch das Wissen um Konkurrenz und Marktumfeld. Was ist das *Alleinstellungsmerkmal der Sendung*, und wer sendet »gegen« die Redaktion, wo sind Stärken und Schwächen der Wettbewerber?

So präpariert, können Sie sich an den Redaktionssitzungen aktiv beteiligen.

→ Tipp: Das Sekretariat um alte Ablaufpläne bitten. So lernt man Eigenheiten, Dramaturgie und das innere Gerüst der Sendung kennen.

Wer in einem Landesstudio hospitiert, klärt vorher das *Berichtsgebiet* und seine Besonderheiten. Für welche Sendungen arbeitet das Studio, welche Redaktionen bedient es? Fallen in die Zeit der Hospitanz wichtige Ereignisse wie Wahlen, Messen, Sportturniere oder Höhepunkte des lokalen Brauchtums? Andere regionale Medien sind wichtige Quellen für diese Recherchen. Zeigen Sie keine Scheu vor scheinbar unscheinbaren Themen. Im Landesstudio sind *Allrounder* gefragt.

Beim Start in der Redaktion schreckt manches ab. Man findet vielleicht kaum Ansprechpartner, bekommt keinen Schreibtisch und keinen Computer. Die Kollegen gehen ihrer Arbeit nach und machen den Eindruck, dass man sie lieber nicht stören sollte. Aber dahinter steckt in der Regel keine Absicht. Meistens ist in der Hektik untergegangen, dass ein neuer Hospitant kommt.

Oft arbeiten die Kollegen selbst sehr beengt, und freie Plätze und PC sind auch für sie Mangelware.

→ Tipp: Lassen Sie sich nicht aus der Ruhe bringen, stellen Sie sich den Kollegen freundlich vor und bitten Sie »Alt-Hospitanten«, Sie einzuweisen.

Der erste Eindruck zählt. Freundlichkeit, Einsatzfreude und Selbstbewusstsein kommen gut an. Machen Sie Eindruck mit Ideen und Interesse, nicht mit übertriebenen modischen Statements oder allzu legerer Kleidung. Arroganz und Besserwisserei führen nicht sehr weit.

→ Tipp: Halten Sie sich von Flurfunk, Tratsch und internen Streitigkeiten besser fern. Da steht man schnell auf der falschen Seite.

Ein Ansprechpartner für Hospitanten ist eigentlich die Regel. Häufig ist es zunächst der *Redaktionsleiter* oder der *Chef vom Dienst.* Manche Redaktionen haben auch eigene *Ausbildungsbeauftragte.* Von ihnen erfahren Sie Details über Arbeitsabläufe, spezielle Recherchetools, Zuständigkeiten und Ihre ganz persönlichen Einsatzmöglichkeiten.

→ Tipps: → Bieten Sie Ihre Bereitschaft zur Mitarbeit an, ohne dabei zu nerven. Mit ein bisschen Gespür finden Sie den richtigen Zeitpunkt, Fragen zu stellen. → Bringen Sie immer wieder *Themenvorschläge* ein. Hospitanten, die nur am PC sitzen oder Kaffee kochen, sind meist selbst für ihre Langeweile verantwortlich. → Schauen Sie nicht auf die Uhr, wenn es einmal länger dauert. Das könnte als *mangelndes Interesse* gedeutet werden.

Der Online-Auftritt der Redaktion kann Ihr Einstieg werden. Für den eigenen Ansatz, das vollständige Interview oder das besondere Tool zum TV-Thema haben die Kollegen manchmal keine Zeit.

→ Tipp: Bieten Sie Ihre Mitarbeit als *Online-Autor* an.

Von den Richtigen lernen, das ist wichtig. Wer freundlich und rechtzeitig fragt, kann einen erfahrenen Kollegen bei Dreh und Schnitt begleiten. Am besten eignen sich dafür diejenigen, die viel produzieren und ein großes Themenspektrum haben. Aber begleiten Sie immer auch mal andere Kollegen und *vergleichen Sie die Arbeitsstile.* Helfen Sie möglichst viel mit.

Der eigene Fernsehbeitrag ist eigentlich das Ziel jeder Hospitanz. Wenn Sie sich das zutrauen, machen Sie es rechtzeitig bekannt. Suchen Sie einen Kollegen, der Ihnen als *Supervisor* bei der Produktion über die Schulter schaut. Aber nicht immer ist dieses Ziel realistisch. Viele Redaktionen scheuen das Risiko, einen »Abschreiber« (nicht sendefähigen, aber Kosten verursachenden Beitrag) zu produzieren. Aber auch beim Einfangen von Umfragen (Vox-Pop) oder Statements (vgl. jeweils dort) können Sie viel lernen.

→ Tipp: Steigen Sie zunächst als *Co-Autor* bei einem erfahrenen Kollegen ein und fertigen Sie den Beitrag gemeinsam. Je nach Anteil, bekommen Sie ein *Doppel-Insert,* also auch Ihr Name steht in der Autorenzeile. Solche Stücke sollten Sie sich als *Belegexemplar* für weitere Bewerbungen kopieren.

Alles Schriftliche, wie interne/externe E-Mails, Exposés, Themenvorschläge oder Sendemanuskripte sollte sprachlich fehlerfrei sein und alle relevanten Informationen enthalten. Wenn ein Insert falsch über den Sender geht, ist Lässigkeit am Ende nur Nachlässigkeit.

→ Tipp: Arbeiten Sie online. Ihre Texte können dann zeitnah alle Kollegen erreichen, die Inserts oder Angaben zur Länge benötigen. Das spart nervige Telefonate.

Feedbackgespräche geben beiden Seiten die Möglichkeit, eventuelle Probleme anzusprechen – und noch rechtzeitig auszuräumen. Fragen Sie während der Hospitanz oder des Praktikums ruhig einmal nach, wie Ihre Arbeit ankommt, was besonders gelungen war und was weniger. Ein »war schon in Ordnung so«, bringt Sie nicht weiter. Bitten Sie um genaue Begründungen.

→ Tipp: Bemühen Sie sich rechtzeitig um ein Abschlussgespräch in der letzten Woche. Dabei können Sie nach Stärken und Schwächen fragen. Das zeigt Ihr *professionelles Interesse.*

Das Zeugnis ist wichtig für weitere Bewerbungen. Eine Bescheinigung ist das Minimum, aber sie enthält meist nur die formalen Daten Ihrer Hospitanz. Bitten Sie also auf jeden Fall um eine richtige Beurteilung. Die lässt häufig einige Wochen auf sich warten. Spätestens nachdem zwei Monate vergangen sind, höflich nachfragen – und nicht locker lassen.

→ Tipp: Listen Sie schon während der Hospitanz Ihre Tätigkeiten auf (Datum, Sendung, Vox-Pop für Beitrag X, Recherche für Beitrag Y u. a.). Diese Informationen können ins Zeugnis eingehen.

Weitere Mitarbeit ist oft die gewünschte Konsequenz einer gelungenen Hospitanz oder eines Praktikums. Wenn sie Ihnen nicht angeboten wird, Sie aber ein gutes Gefühl haben, fragen Sie selbst danach. Vielleicht gibt es ja in anderen Redaktionen des Senders Einstiegsmöglichkeiten.

→ Tipp: Ans Danke denken. Ein persönlicher Abschied hält die Erinnerung wach. Manche Hospitanten versüßen ihrer Redaktion den letzten Tag mit einer kleinen Leckerei.

Ausbildung beim öffentlich-rechtlichen Rundfunk

ARD und ZDF beteiligen sich an der Ausbildung von Fernseh-Nachwuchs nicht nur im Blick auf ihre gesellschaftliche Verantwortung. Sie engagieren sich hier auch, um junge Leute für Berufe bei Fernsehen und Hörfunk zu interessieren und gegebenenfalls als Mitarbeiter zu gewinnen. Die Rundfunkanstalten bieten in der Regel an:

- Praktika,
- Hospitanzen/Hospitationen und
- Volontariate

(vgl. Beitrag »Erfolgreich sein in Hospitanz und Paktikum«).

Praktikum nennt man im Allgemeinen einen Betriebsaufenthalt, der z. B. von Journalistenschulen, Journalistik-Studiengängen und Film- oder Fachhochschulen im Rahmen eines Studiengangs vorgeschrieben ist. Die Vorkenntnisse haben die Absolventen in ihren Ausbildungseinrichtungen erworben; in der Redaktionspraxis haben sie die Möglichkeit, Einblicke in den Alltag von Programm-Machern zu erhalten und sich oft auch mit Beiträgen zu den Programmen zu erproben. Die Dauer der Praktika ist in aller Regel in den Studienordnungen vorgeschrieben, meist drei Monate.

Hospitanzen oder Hospitationen mit einer Dauer von vier bis zwölf Wochen werden für Studenten angeboten, die bereits bei Zeitungen, Radiostationen oder anderen publizistischen Medien journalistische Erfahrungen erworben haben. Bewerbungsbedingungen, angebotene Zeiten und Möglichkeiten sind von Sender zu Sender verschieden; beim Bayerischen Rundfunk gibt es beispielsweise zur Vorbereitung einen einwöchigen Einführungskurs. Im Verlauf einer Hospitanz lernt man Betriebsabläufe und Produktionsbedingungen kennen. Je nach den Aufgaben der Redaktion kann man auch am Programm mitwirken.

Das Volontariat ist eine betriebliche Ausbildung, die theoretische Wissensvermittlung und praktische Übungen systematisch verbindet. Der Ruf der Volontariats-Ausbildung bei ARD und ZDF ist gut. Sie ist allerdings nicht einheitlich geregelt. Meist benötigen Bewerber einen Studienabschluss und praktische Vorerfahrungen auf einigen Feldern des Journalismus. Die Altersgrenze liegt durchweg bei 30 Jahren.

Beim *ZDF* dauert das Volontariat 18 Monate. Das 18-24-monatige Volontariat der *ARD*-Sender umfasst Hörfunk, Fernsehen und eine Online-Ausbildung.

Das Volontariat ist aufgeteilt in *Werkstatt-Phasen* und in *Redaktionsaufenthalte* mit Pflicht- und Wahlstationen. Während der Werkstatt-Phasen lernen die Volontäre wie in einer Schule das journalistische Handwerk (etwa: Recherche, Nachrichten, Interview, Moderation, Multimedia, Beiträge erstellen, verschiedene Sendeformate bedienen). In den Redaktionen werden sie zu den anfallenden Redaktionstätigkeiten hinzugezogen. Wenn sie schon etwas Erfahrung gesammelt haben, dürfen sie meist auch selbständig arbeiten. Häufig ist es möglich, Beiträge oder Sendungsteile eigenverantwortlich zu übernehmen. Mitunter werden Volontäre auch zu Redaktionsmanagement-Aufgaben herangezogen.

Informationen verschicken einige Sender (vgl.»Anschriften«) zwar noch in Form von *Merkblättern* zu Hospitanz oder Volontariat. Umfangreicher und ständig auf dem neuesten Stand sind aber die *Websites* der Sender. Hier wird übrigens auch über die Programme der Sender informiert, die jeder Bewerber kennen sollte. Bei weitergehenden Fragen empfehlen sich E-Mails oder Telefonate mit den Ausbildungsabteilungen.

→ Tipp: Lassen Sie sich nicht von großen Bewerberzahlen oder von hohen Ansprüchen abschrecken. Verbessern Sie Schritt für Schritt Ihre journalistischen Fähigkeiten; damit erhöhen Sie Ihre Bewerbungschancen und die Aussicht, sich gegenüber den Mitbewerbern zu behaupten.

Sehr viele erfolgreiche Bewerber um ein Volontariat haben zuvor bereits als freie Mitarbeiter bei Print- oder elektronischen Medien gearbeitet, haben mehrere Praktika und Hospitanzen absolviert oder können schon berufliche Erfolge bei Privatsendern vorweisen. Bewerber ohne praktische journalistische Vorkenntnisse haben keine Chancen.

Die beruflichen Möglichkeiten sind nach einem Volontariat sehr gut – auch wenn die Chance für eine direkte Festanstellung nur noch selten besteht. Dafür wird in der Regel ehemaligen Volontären die Möglichkeit gegeben, als freie Mitarbeiter journalistisch zu arbeiten. Bei späteren Bewerbungen um eine Festanstellung ist das Volontariat dann wieder ein Vorteil, mancherorts eine Bedingung.

Weiterführende Literatur:

Axel Buchholz, Auf Hospitanz und Praktikum vorbereiten; in: Walther von La Roche/ Axel Buchholz (Hrsg.), Radio-Journalismus (9. Auflage, Journalistische Praxis, Econ, Berlin 2009)

Fortbildung beim öffentlich-rechtlichen Rundfunk

Die überbetriebliche Fortbildung der öffentlich-rechtlichen Rundfunkanstalten wird von der »ARD.ZDF medienakademie« angeboten. Daneben bilden die einzelnen öffentlich-rechtlichen Rundfunkanstalten in kleinerem Rahmen ihre Mitarbeiter auch in eigenen Seminaren fort. Die Akademie muss sich dabei aus den Seminargebühren vollständig finanzieren. Sie erhält keinerlei Zuschüsse von den Rundfunkastalten. Die Angebote stehen deshalb auch jedem Interessierten offen und sind von der Mehrwertsteuer befreit.

Die ARD.ZDF medienakademie ist in die vier Geschäftsbereiche Programm, Integrierendes Angebot, Produktion und Technik sowie Überfachliches Angebot gegliedert. Sie liefert Fortbildung aus einer Hand, die die gesamte Wertschöpfungskette einer Rundfunkanstalt umfasst. Mit einem Volumen von insgesamt ca. 2000 Veranstaltungen erreicht sie mehr als 15 000 Mitarbeiterinnen und Mitarbeiter aus Hörfunk, Fernsehen, Online, Produktion, Technik und Verwaltung.

Die Leistungen sind gegliedert in ein offenes Angebot und in Auftragsveranstaltungen. Die Bandbreite reicht vom Informationstag bis zu Werkstattwochen und Trainingscamps und schließt Beratung, Coaching und Prozessbegleitung mit ein.

Das journalistisch geprägte offene Angebot der Geschäftsbereiche Programm und Integrierendes Angebot umfasst

- Trainings im journalistischen Handwerk (Recherchieren, Produzieren, Präsentieren) sowie in Produktion und Technik,
- Erfahrungs- und Informationsaustausch über neue Entwicklungen in Programm und Technik,
- Erweiterung des Sach- und Hintergrundwissens,
- Führungs-, Redaktions- und Produktionsmanagement,
- Marketing,
- Öffentlichkeitsarbeit und
- multimediales Arbeiten.

Für Mitarbeiterinnen und Mitarbeiter der öffentlich-rechtlichen Rundfunkanstalten übernehmen in der Regel die einzelnen Sender die Kosten. Anmelden kann man sich über den jeweiligen Vorgesetzten. Jährlich wird durch eine Bedarfsabfrage ermittelt, welche Veranstaltungen erwünscht sind. Konkrete Informationen zu den Seminaren gibt es kontinuierlich im Internet (www.ard-zdf-medienakademie.de) sowie in der gedruckten Gesamtübersicht, die zweimal jährlich erscheint.

Auftragsveranstaltungen werden auf Anfrage organisiert. Entsprechend den Anforderungen einer Redaktion, eines Programmbereichs oder einer Abteilung werden Konzepte für vielfältige Bedürfnisse maßgeschneidert – von Programmanalysen bis hin zur Prozessberatung, verbunden mit den erforderlichen Trainings. Dabei kann es sich um eine Einzelveranstaltung handeln oder um ein umfassendes Weiterbildungsprojekt.

Jüngere Programm-Mitarbeiter wählen eher handwerklich orientierte Trainings, die als Vorbereitung auf neue Tätigkeiten dienen. Das Zusammenwachsen von Redaktion, Produktion und Technik führt zu Veränderungen der Profile und macht das Ausprobieren in neuen Berufsrollen notwendig.

Berufserfahrene Kollegen besuchen eher Veranstaltungen, die Austausch, Reflexion, Analyse und Innovation bieten.

Trainer. Um die 500 Berater, Trainer und Referenten sind jährlich im Einsatz. Sie kommen zum überwiegenden Teil aus den Rundfunkanstalten und Medienunternehmen, aber auch von Hochschulen und Forschungseinrichtungen, aus Politik, Kultur und Wirtschaft. Trainingszentren gibt es in Hannover, Nürnberg und Wiesbaden (für die Adressen s. Internet).

Aus- und Fortbildung beim Privatfernsehen

Das Thema Ausbildung wird von den privaten Fernsehveran-
staltern sehr unterschiedlich behandelt. Klare Konzepte dafür –
wie z. B. bei RTL – sind aber eher die Ausnahme. Gleichwohl ist
das private Fernsehen für viele Berufsanfänger attraktiv, zumal
sich durch die Zulassung neuer Sender weitere Ausbildungsmöglichkeiten für Journalistinnen und Journalisten ergeben.
Ungewiss ist allerdings, ob sich daran dann Arbeitsmöglichkeiten auf Dauer anschließen.

Auskünfte über die Ausbildungsmöglichkeiten geben die
großen nationalen TV-Anbieter selbst. Überwiegend bilden sie
auch journalistischen Nachwuchs aus. So hat beispielsweise
RTL eine Journalistenschule für den journalistische Nachwuchs
des Senders und seiner Tochterunternehmen gegründet.

Produktionsfirmen bilden ebenfalls aus. Sollten dort (wie auch
bei den Sendern) klare Konzepte dafür nicht vorhanden sein, ist
Vorsicht beim Abschluss eines Ausbildungsvertrages geboten. Denn nicht selten wird (gerade bei kleinen Produktionsfirmen) die Volontärin/der Volontär dazu verwendet, den/die aus-
gebildeten, aber in der Regel teurere(n), Redakteur/in zu ersetzen.

Allround-Talente haben im privaten Fernsehen die besten
Chancen, denn geprägt wird die Ausbildung wesentlich von den
Inhalten der Programme. Im Vordergrund der Ausbildung steht
daher naturgemäß die Vielseitigkeit. Als Stichwort sei hier nur der
Begriff *Infotainment* angeführt.
Die Ausbildung hat ihre Schwerpunkte dort, wo die Sender ihre
programmlichen Schwerpunkte setzen. Im Hinblick auf die un-
terschiedliche Ausrichtung der Programme lassen sich die ein-
zelnen Ausbildungsgänge bei den verschiedenen Anbietern
nicht miteinander vergleichen.
So verbringen Volontäre/innen bei SAT. 1 den größten Teil ihrer
Ausbildungszeit in den Redaktionen Aktuelles oder Sport. Bei

RTL durchlaufen Volontäre/innen die Stationen »Unterhaltung/ Wort«, »Unterhaltung/Musik und Show« sowie »Unterhaltung/ Spiele«. Sie können Schwerpunkte im Unterhaltungs- oder Nachrichtenbereich wählen.

Redaktionelle Stationen kann ein/eine Volontär/in bei allen ausbildenden Sendern durchlaufen. Bei Sendern mit Regionalredaktionen in den einzelnen Bundesländern ist es zudem Übung, sie auch dort einzusetzen. Ziel ist es, den/die auszubildende(n) Journalisten/in mit den besonderen Anforderungen vertraut zu machen, die bei der Produktion regionaler Fensterprogramme gestellt werden. Teilweise besteht auch die Möglichkeit, in einem Korrespondentenbüro im Ausland tätig zu werden.

Video-Journalismus gehört zur Ausbildung. Auf Grund der immer härter werdenden Wettbewerbsbedingungen im Bereich des privaten Fernsehens wollen und müssen die Sender möglichst kostengünstig produzieren. Dies hat dazu geführt, dass Journalistinnen und Journalisten auch Tätigkeiten übernehmen müssen, die nicht in das klassische Berufsbild des Journalisten passen. So versteht es sich, dass die Auszubildenden bei privaten Sendern mittlerweile auch lernen, ihre Beiträge selbst zu drehen und zu schneiden (vgl. Kapitel »Als Video-Journalist arbeiten«).

Der Ausbildungsplan wird bei den größeren Privatsendern vorher festgelegt, wobei besondere Wünsche der Volontärin/des Volontärs berücksichtigt werden können. Mehrere Sender haben für die Ausbildung einen Volontärsbeauftragten. Einige Sender gewährleisten zudem, dass die Volontärin/der Volontär alle relevanten Redaktionen des Senders durchläuft. Die Ausbildungszeit beträgt in der Regel zwei Jahre.
Bei der theoretischen Ausbildung greifen die Sender sowohl auf hausinterne Seminare als auch auf Journalisten-Ausbildungszentren zurück, wie z. B. die Akademie für Publizistik in Hamburg, die Springer Journalisten-Akademie oder die Akademie

der Bayerischen Presse. Teilweise wird auch eine externe Aus-
bildungsstation bei einem Hörfunksender, einer Tageszeitung
oder einer Nachrichtenagentur angeboten. Da zur Ausbildung
im Medium Fernsehen auch ein ansprechendes Auftreten vor
der Kamera und ein sicherer Umgang mit dem Mikrofon
gehören, werden entsprechende Schulungen geboten, wobei
dies von Sender zu Sender unterschiedlich intensiv gehandhabt
wird.

Die Ausbildungsbedingungen im privaten Fernsehen sind
mit denen des öffentlich-rechtlichen Rundfunks nicht zu vergleichen. Aber dennoch ist das Volontariat bei einem privaten Fernsehsender für viele Bewerber/innen ein Weg in den
Journalismus.
Einen Tarifvertrag, der die allgemeinen Arbeitsbedingungen und
die Gehälter regelt, gibt es derzeit nur noch bei RTL und den RTL
Fensterprogrammen. Die Volontärsgehälter bei den nationalen
Vollprogrammen entsprechen denen im Printbereich. Bei anderen privaten Anbietern ist neben einer mittelmäßigen Bezahlung
und einem Mangel an sozialer Absicherung auch mit einer Vielzahl von Überstunden zu rechnen. Im Gegensatz zum öffentlich-
rechtlichen Rundfunk werden aber ebenfalls sog. *Seiteneinstei-
ger* – auch ohne abgeschlossenes Hochschulstudium – berücksichtigt. Dies allerdings nicht mehr in dem Ausmaß wie in früheren Jahren.

Dem Ausbildungsvertrag kommt eine besondere Bedeutung
zu. Er sollte auf jeden Fall schriftlich abgeschlossen werden.
Durch ihn kann und sollte gewährleistet werden, dass eine ge-
ordnete und gründliche journalistische Ausbildung erfolgt. Der
Ausbildungsvertrag ist juristisch als befristeter Dienstvertrag an-
zusehen. Er muss auf jeden Fall das Ziel des Volontariats, die
Ausbildung zum Rundfunkredakteur, ausdrücklich erwähnen.
Außerdem sollte er folgende Regelungen enthalten:
- Art, sachliche und zeitliche Gliederung der Ausbildung,
- Anzahl und Art der Ausbildungsstationen,
- Beginn und Dauer der Ausbildung,

- vorgesehene Ausbildungsmaßnahmen außerhalb des Senders, z. B. in einer Landesredaktion, einer Ausbildungseinrichtung oder bei einer Zeitung,
- Dauer der regelmäßigen Wochenarbeitszeit,
- Dauer der Probezeit (nicht länger als drei Monate),
- Dauer des Urlaubs,
- rechtzeitige Mitteilung, ob Übernahme in ein festes Anstellungsverhältnis erfolgt,
- Art und Umfang des auszustellenden Zeugnisses.

Einen Ausbildungstarifvertrag für den privaten Rundfunk gibt es bisher lediglich für die dem Tarifverband Privater Rundfunk angehörenden landesweiten Hörfunksender. Der vorliegende Manteltarifvertrag wird nur in wenigen Sendern angewandt und enthält nicht zu allen genannten Punkten Regelungen. Deshalb kommt es ganz entscheidend auf den einzelnen Vertrag an. Der Deutsche Journalisten-Verband e.V. (DJV) bietet dazu einen *Musterausbildungsvertrag* an, der sich im Wesentlichen an den bei den Printmedien üblichen Regelungen orientiert.

Ein Praktikum oder eine Hospitanz sind als Station geeignet, wenn man sich im privaten Fernsehen zunächst einmal umsehen möchte. Sie sind grundsätzlich bei fast allen Anbietern möglich. Während bei einer Hospitanz zwei Wochen die Regel sind, variiert die Dauer eines Praktikums je nach Anbieter. Es zeichnet sich ein Trend ab, dass immer mehr Sender vor einem Volontariat ein längeres Praktikum oder freie Mitarbeit erwarten. Das Praktikum kann dann schon einmal sechs Monate oder noch länger dauern.

Aus- und Fortbildung in Österreich

Angehenden JournalistInnen stehen verschiedene Wege offen. Neben der Ausbildung beim *Österreichischen Rundfunk* (ORF, öffentlich-rechtlich) gibt es Lehrgänge an *Universitäten* oder

Fachhochschulen und Kurse von *privaten Veranstaltern* (z. B.: Kuratorium für Journalistenausbildung, Medienmacher, Wirtschaftsförderungsinstitut).

Der ORF als Ausbildungsstätte. Der Einstieg in den ORF erfolgt über das so genannte Assessment-Center. In einem standardisierten mehrstufigen Testverfahren werden Allgemeinwissen, journalistische Neugier, Kreativität, Mikrofonstimme und z. B. Performance vor der Kamera getestet. Hat der/die BewerberIn diese Tests erfolgreich absolviert, steht ein weiterer Testtag auf dem Programm, an dem vor allem Persönlichkeit und Teamfähigkeit überprüft werden (http://jobs.orf.at/).

Vielfältige Seminare bietet danach die Schulung des ORF- auch freien MitarbeiterInnen – an, um die Fach-, Methoden- und Sozialkompetenz der MitarbeiterInnen zu fördern. Das reicht von PC-Schulungen und Technikseminaren aller Art bis hin zu Schulungen in allen Details der Programmarbeit in Radio, Fernsehen und Internet.
Der Wissenstransfer geschieht auf mehreren Ebenen:
- in (offenen) Kursen,
- bei Workshops oder
- nach Bedarf maßgeschneidert für individuelle Anforderungen.
2010 fanden insgesamt an die 900 verschiedene Bildungsmaßnahmen statt.

Ein Trainee-Programm hat der ORF zusätzlich installiert. Zehn NachwuchsjournalistInnen arbeiten innerhalb eines Jahres nach einem Rotationsprinzip in verschiedenen Redaktionen des ORF und werden parallel dazu multimedial ausgebildet.

Aus- und/oder Fortbildung für FernsehjournalistInnen findet sich als Kursangebot bei folgenden Ausbildungsinstituten:
- FH Wien, Studiengänge der Wirtschaftskammer Österreich (www.fh-wien.ac.at/journalismus-medienmanagement/)
- FH Joanneum, Graz, Journalismus und Unternehmenskommunikation (www.fh-joanneum.at)

- FH St. Pölten, Medienmanagement (www.fhstp.ac.at/index)
- FH Salzburg, Digitales Fernsehen (www.fh-salzburg.ac.at)
- Donau-Universität Krems (www.donau-uni.ac.at)
- Katholische Medien Akademie, Wien (www.kma.at)
- Medienakademie EUREGIO-Pannonia, Burgenland (www.medienakademie.at)
- Medienmacher, Tirol (http://www.tirol.wifi.at/eShop/bildungs-bausteine.aspx?ST=MEDIENMACHER-LEHRGANG&QS=on)
- Webster University, Wien (www.webster.ac.at)
- Universitätslehrgang Sportjournalismus, Salzburg (http://spowww.sbg.ac.at/sj/)
- Filmakademie Wien (http://www.mdw.ac.at/l111/html/)
- Universitäten: Die (zumeist kommunikationswissenschaft-lichen) Institute verschiedener österreichischer Univer-sitäten bieten einzelne Seminare zum Thema Journalismus an:
  Universität Wien (www.univie.ac.at/publizistik/)
  Universität Salzburg (www.uni-salzburg.at/portal/page?_pageid=1867,764232&_dad=portal&_schema=PORTAL)
  Universität Klagenfurt (www.uni-klu.ac.at/mk/inhalt/1.htm)
  Universität Graz (www.uni-graz.at/lmkwww/)
- Polycollege Wien (www.polycollege.at)
- Ausbildungen zum VJ, die mit Titel abgeschlossen werden können, bieten die o.e. FH Wien und St.Pölten an.

Weiterführende Literatur:

Meinrad Rahofer: Wege in die Redaktion. Im Österreich-Kapitel von: Walther von La Roche, Einführung in den praktischen Journalismus (18. Auflage, Journalistische Praxis, Econ, Berlin 2008)

Aus- und Fortbildung in der Schweiz

Die Ausbildungsabteilung von SRF Schweizer Radio und Fern-sehen versteht sich als trimediales Kompetenzzentrum der deutschsprachigen Schweiz für die Bereiche Radio, Fernsehen und Online.

Vier Zugangswege zum Fernsehjournalismus bietet SRF an:
- den *Stage* bei einer Stammredaktion (entspricht dem Volontariat in anderen Fernsehanstalten),
- den Vertrag als *Redaktor/Redaktorin in Ausbildung* (Azubi, d. h. Auszubildender),
- das *Praktikum* für Studierende und
- modularisierte Ausbildungsangebote für *Externe*.

Stagiaires. Der 24-monatige Stage vermittelt eine Grundausbildung zum trimedialen Journalisten (Radio, Fernsehen, Online). Die Ausbildung wird während dieser Zeit *off the job* (ca. 85 Kurstage in der internen Ausbildung) und *on the job* (Mitarbeit in einer Stammredaktion mit internen und externen Praktika) vermittelt. Alle 2 Jahre schreibt SRF trimediale Stagiaire-Stellen aus, 2011 sind es 4 in einer Stammredaktion Radio und 8 in einer Stammredaktion Fernsehen. Die Zahl der zu vergebenen Stages wird von Jahr zu Jahr festgelegt.

Über erste Medienerfahrungen bei Presse, Radio, Fernsehen oder Online müssen die Bewerber und Bewerberinnen bereits verfügen. Teilweise sind auch spezifische Fachkenntnisse (z. B. im Bereich Sport) nötig. Die Voraussetzungen außerdem:
- Alter 24 bis höchstens 32 Jahre,
- breite Allgemeinbildung, d. h. Hochschulstudium oder gleichwertige Berufsausbildung.

Die Besetzung erfolgt über eine Ausschreibung. Auf die Ausschreibung bewerben sich jeweils gegen 1000 Interessierte. Zum Auswahlverfahren gehören u. a. Wissens-, Sprech-, Sprach- und Bildtest.

Auskunft: SRF Schweizer Radio und Fernsehen, Human Resources; Human.Resources@sf.tv und www.sf.tv.

Redaktoren/innen in Ausbildung. Ein Redaktor in Ausbildung (Azubi) muss in der Regel bereits mehrere Jahre Berufspraxis in Printmedien, Radio, Fernsehen oder Online haben und in seinem Fachgebiet über einen eindeutigen und positiven Leistungsausweis verfügen. Auch die Azubis durchlaufen ein

Auswahlverfahren mit Wissens-, Sprech-, Sprach- und Bildtest. Sie erhalten dann ein Grundausbildungspaket durch die interne Ausbildung, welches maßgeschneidert auf ihre Bedürfnisse ausgerichtet ist.
Auskunft: human.resources@sf.tv und www.sf.tv

Praktikum. Das Redaktionspraktikum von 2–3 Monaten richtet sich an angehende Journalisten, vor allem an Studierende von Journalismus-Schulen. Bevorzugt werden Bewerber, welche den zweiwöchigen Videogrundkurs (Fernsehhandwerk) der Ausbildung von SF besucht haben. Verstehen von Schweizerdeutsch ist in den meisten Redaktionen unumgänglich. Die Praktika werden von der Ausbildung koordiniert.
Auskunft: ausbildung@sf.tv

Modularisierte Ausbildungsangebote für Externe. Ausgewählte Ausbildungs-Angebote von SRF stehen gegen Entgelt auch externen Interessierten offen. Besonders beliebt sind der 3-tägige Kurs »Videojournalismus«, sowie der 10-tägige Kurs »Fernsehhandwerk«, den die beiden größten Journalistenschulen der Schweiz in ihr Angebotsprogramm aufgenommen haben: MAZ – die Schweizer Journalistenschule, Luzern (www.maz.ch) und ZHAW – die Zürcher Hochschule für Angewandte Wissenschaften (www.zhaw.ch).
Auskunft: ausbildung@sf.tv und www.sf.tv

Auf die permanente Fortbildung seiner Mitarbeitenden legt SRT großen Wert. So gibt es ein breites Angebot von standardisierten, meist trimedial ausgerichteten Kursen und Workshops (z. B. Story-Telling, Assoziative Bildsprache, Videojournalismus). Der größte Teil der Fortbildung beinhaltet maßgeschneiderte Beitrags- und Sendungsanalysen, Sprechausbildung, sowie Einzel- und Team-Coachings. Zugenommen haben auch die Trainings on the job, bei welchen die Trainer/innen während einer bestimmten Zeit in den Redaktionen stationiert sind und Ausbildung in der täglichen Arbeit anbieten.
Auskunft: ausbildung@sf.tv

Anschriften

Die Fernseh-Landschaft in Deutschland ändert sich teilweise recht schnell. Sender-Namen, Anschriften und Telefonnummern können auch in einem Buch, das regelmäßig in aktualisierten Neuauflagen erscheint, nicht auf dem letzten Stand sein. Deshalb sind hier nur zentrale Organisationen und Verbände aufgeführt, bei denen jeweils die neuesten Angaben zu bekommen sind. Grundsätzlich empfiehlt sich die Recherche im Internet, in dem alle Fernsehsender und einschlägigen Organisationen vertreten sind. ⌨

Öffentlich-rechtliche Rundfunkanstalten. Die ARD hat die Dach-Domain www.ard.de. Links führen zu den Online-Diensten der einzelnen Landesrundfunkanstalten. Die Dachdomain des ZDF ist: www.zdf.de.

ARD (Verlag: Hans-Bredow-Institut, Hamburg) und ZDF (hrsg. von der ZDF-Abteilung Information und Presse) bringen zudem Jahrbücher heraus. Inhalt u.a.:

- Anschriften der Funkhäuser und Landesstudios,
- Namen leitender Mitarbeiter,
- Angaben zu Organisation und Programmen und
- grundsätzliche Beiträge u.a. zur Entwicklung von Programmen, Finanzen, Medienpolitik und Rechtsprechung.

Von beiden Jahrbüchern gibt es eine Online-Ausgaben. Auskünfte geben auch die Pressestellen der Sender.

Privates Fernsehen. Die vor allem für Fernseh-Journalisten interessanten bundesweiten Vollprogramme und Nachrichten-Spartensender haben teilweise Studios in Berlin und den Bundesländern, manche strahlen regionale oder themengebundene Fensterprogramme aus. Neben den bundesweiten Programmen und den zahlreichen Spartensendern gibt es auch regionale und lokale Programmveranstalter. Den jeweils aktuellen Stand erfährt man bei den Landesmedienanstalten. Der Dachverband aller Landesmedienanstalten ist die Arbeitsgemeinschaft der Landesmedienanstalten (www.alm.de).

Im »DLM-Jahrbuch« der Direktorenkonferenz der Landesmedienanstalten (Vistas Verlag, Berlin; auch als download)

- die Anbieter des Privatfernsehens, sowohl regional wie über-
  regional,
- die Offenen Kanäle und Informationen dazu,
- Beiträge zur Entwicklung des Privatfernsehens unter allen
  Aspekten, sowie
- Forschungsergebnisse

Anschriften privater Fernseh-Veranstalter kann man auch erfragen bei der: Arbeitsgemeinschaft Privater Rundfunk (APR):
apr@privatfunk.de und dem Verband Privater Rundfunk und
Telemedien (VPRT): www.vprt.de.

Landesmedienanstalten. Für Zulassung, Weiterverbreitung
und Kontrolle der privaten Fernsehsender sind die Landesmedienanstalten zuständig. Diese öffentlich-rechtlich organisierten
Institutionen gibt es in jedem Bundesland. Die Namen sind unterschiedlich. Bei den Pressestellen kann man Senderadressen
aus dem jeweiligen Bundesland erfragen. Die Landesmedienanstalten haben zum Teil eigene Schriftenreihen mit oft aufschluss-
reichen Beiträgen zu Medienthemen. Gemeinsam geben sie das
»DLM-Jahrbuch« heraus (s.o.).
Die Adressen aller Landesmedienanstalten finden sich bei der
Arbeitsgemeinschaft der Landesmedienanstalten (www.alm.de).

Offene Kanäle. Zahlreiche Offene Kanäle bieten interessierten
Bürgern in Kabelnetzen Sendeplätze für private Video-Produk-
tionen. Dafür werden meist kostenlos Kameras, Schnittplätze
und auch Studios zur Verfügung gestellt. Auch Einführungskurse in die Video-Arbeit oder jedenfalls einführende Betreu-
ung werden angeboten. Dies bereitet nicht auf die professionelle Arbeit eines Fernsehjournalisten vor, ist aber doch
hilfreich, wenn man eine Gelegenheit sucht, zwanglos und un-
verbindlich erste Erfahrungen mit dem Medium zu machen.
Auskünfte erteilt der Bundesverband Offene Kanäle (BOK)
e.V. (www.bok.de) oder das Bildungszentrum BürgerMedien
(www.bz-bm.de).

Aus- und Fortbildungskanäle für Fernsehen gibt es in Dortmund (www.floriantv.de), in München (Aus- und Fortbildungskanal, www.afk.de) sowie in Dresden, Leipzig, Chemnitz und Riesa (Sächsische Ausbildungs- und Erprobungskanäle, www.saek.de).
Einige Offene Kanäle entwickeln sich ebenfalls in diese Richtung und bieten entsprechend mehr Aus- und Fortbildungsangebote.

Das »Jahrbuch Fernsehen« (www.jahrbuch-fernsehen.de), vom Adolf-Grimme-Institut (www.grimme-institut.de), dem Gemeinschaftswerk der Evangelischen Publizistik, und dem Katholischen Institut für Medieninformation herausgegeben, bringt

- Adressen von deutschen Fernsehsendern, Produktionsfirmen und Fernseh-Ausbildungseinrichtungen,
- zahlreiche weitere Service-Informationen und
- Grundsatzartikel.

Bewerbungen für Praktika-, Hospitanzen und Volontariate sind meist an die Personalabteilungen der Sender zu richten. Manchmal hat man aber auch (bei kleineren Sendern) Erfolg, wenn man sich direkt an Redaktionen wendet, die dann von sich aus die Personalabteilung einschalten. Bei kleineren Produktionsfirmen ist nicht ausgeschlossen, dass auch eine persönliche Nachfrage ein erfolgreicher Weg ist.
Um freie journalistische Mitarbeit bewirbt man sich bei den Redaktionen. Für Aushilfsjobs sollte man sein Glück direkt bei den Produktionsbereichen (z. B. bei der Produktionsdirektion, dem Bereich Produktion, der Produktionsleitung oder einzelnen Produktionsleitern) versuchen.

Ausgewählte Senderadressen finden sich im ergänzenden Online-Auftritt von »Fernseh-Journalismus« unter www.journalistische-praxis. de/fern, »Online plus«. 🖥

Autoren

Die Autoren 🖳 wurden um einige Zeilen zur ihrem beruflichen Werdegang gebeten.

ULRICH BERLS, Dr. phil. *(Nachrichtenfilm/NiF)*, geb. 1954 in Reutlingen, Leiter des ZDF-Landesstudios Bayern seit 2005, ab 1994 (Gründungs-)Direktor der Bayerischen Akademie für Fernsehen (BAF), davor seit 1984 zehn Jahre lang beim ZDF, zuerst als Volontär und dann in verschiedenen Redaktionen, zuletzt als Leiter der Redaktion Kultur und Gesellschaft.

BETTINA BLAß *(Fernsehtext, Internet, Multimedia)*, geb. 1971, selbstständige Wirtschafts-Journalistin, Buchautorin und Dozentin für Online-Journalismus. Studium der Neueren Deutschen Literatur und Medien in Marburg, danach Aufbaustudium Journalismus am Journalistischen Seminar der Universität Mainz. 1997 bis 2000 Multimedia-Redakteurin bei WISO/ZDF, 2000 bis 2002 Online-Redakteurin bei der G+J Wirtschaftspresse.

STEPHAN BOEDER, *(Grafik: Texte optisch unterstützen)*, geb. 1937 in Köln, Künstler, von 1992 bis 2002 Professor für Mediengestaltung an der Kunsthochschule für Medien in Köln, bis 1996 Leiter der Abteilung ARD-Design. Nach dem Studium der freien Malerei und Bühnenbildvolontariat seit 1959 Designer beim WDR. Veröffentl.: Grafik-Design, Bildsprache im Fernsehen; in: ARD-Jahrbuch 78 (Hamburg 1978), S. 65–80.

AXEL BUCHHOLZ *(div. Beiträge s. Inhaltsverzeichnis)*, Personalien s. »Herausgeber« am Schluss.

MANFRED BUCHWALD, Dr. phil. *(Redeausschnitte, Texte vom Teleprompter/Autocue lesen)*, geb. 1936 in Oberhausen/Rheinland, Honorarprofessor TU Berlin, bis 1996 Intendant des Saarländischen Rundfunks, vorher Chefredakteur HR-Fernsehen, davor Chefredakteur ARD/Tagesthemen in Hamburg. 1963–1965 politischer Redakteur im Landesstudio Rheinland/Pfalz, SWF Mainz; 1965–1980 stellv. Leiter des FS-Regionalprogramms Rheinland/Pfalz. Vorsitzender des Deutschen Journalistenverbandes 1978–1981. Lehraufträge an den Universitäten Mainz, Hamburg und Berlin (TU), Dozent an der Hamburger Journalistenschule.

WERNER CZASCHKE *(Rechtstipps für Fernsehjournalisten)*, geb. 1960 in Düsseldorf, zweites juristisches Staatsexamen (Wahlstation in der ARD-Rechtsredaktion), TV-Journalist mit Schwerpunkt Gerichtsberichterstattung, seit 1983 freiberuflicher Reporter/Realisator fürs WDR-Fernsehen; Referent beim Institut zur Förderung publizistischen Nachwuchses e.V.

GUNTRAM VON EHRENSTEIN *(Bildschnitt)*, geb. 1929 in München, bis 1992 Abteilungsleiter Produktionsbereich Bearbeitung beim SDR. 1948–1954 Filmtechniker Bavaria-Kopierwerk, 1954–1956 Filmtechniker SDR (Aufbau des Schwarz-Weiß-Kopierwerks), 1956–1963 Cutter SDR, 1963–1973 Chefcutter SDR, war Lehrbeauftragter Fachhochschule Druck in Stuttgart.

ROLAND FREYBERGER *(Bildaufbau)*, geb. 1933 in Freising, bis 1997 Produktionsdirektor WDR, vorher Leiter der Hauptabteilung Planung und Herstellung. Studium der Mathematik und Physik in München und der Soziologie in Köln, 1959–1971 Produktionsingenieur beim WDR. Veröffentlichungen: »Licht-Signale. Bilder, Tricks und Techniken des Fernsehens« (aus diesem inzwischen vergriffenen Buch stammt der überarbeitete Beitrag »Bildaufbau«); zahlreiche Fachbeiträge in Zeitschriften.

AMELIE FRIED *(Talk-Show)*, geb. 1958 in Ulm, Freie Journalistin und Buchautorin,seit 2009 Co-Moderatorin der ZDF-Büchersendung »Die Vorleser«, von 1998 bis 2009 Co-Moderatorin der Talkshow »3 nach 9«; bis 1989 Moderatorin der ZDF-Talk-Show »Live«. Studium der Theaterwissenschaft, Germanistik, Kunstgeschichte; Wechsel an die Münchner Hochschule für Fernsehen und Film. Während des Studiums Beginn der Moderatorentätigkeit bei den Jugendsendungen »Live aus dem Alabama« (BR) und »Gut drauf« (WDR).

HANNS JOACHIM FRIEDRICHS *(Moderationstipps von Hanns Joachim Friedrichs)*, geb. 1927 in Hamm/Westf., gest. 1995, Fernseh-Journalist, Namensgeber des Hanns-Joachim-Friedrichs-Preises für Fernseh-Journalismus (seit 1995);1985 bis 1991 regelmäßiger Moderator der »Tagesthemen« (ARD), zuletzt als »moderierender Chefredakteur«. Einige Stationen seines beruflichen Werdegangs: NWDR/WDR in Köln, ZDF-Korrespondent in Washington, »heute«-Moderator (ZDF), Korrespondent in Vietnam, Leiter der Hauptredaktion Sport, Korrespondent für die UNO in New York.

MARIA GERHARDS, M. A. *(Zuschauerforschung für die Programmpraxis)*, seit 2007 in der SWR Programmplanung, von 1994 bis 2007 Referentin in der SWR-Medienforschung/Programmstrategie. Studium der Germanistik, Psychologie und Geschichte in Bonn. Publikationen (Auswahl): Information und Informationsrezeption (Hrsg. Mit G. Roters, W. Klingler 1999, Mediennutzung in der Zukunft (in MP 3/2003), Informationsverhalten der Deutschen (in MP 01/04), Sparten- und Formattrends im deutschen Fernsehen (in MP 12/2009).

STEFAN HANKE, Dr. rer. pol. *(Fortbildung beim öffentlich-rechtlichen Rundfunk)*, geb. 1966 in Nürnberg, seit Juli 2008 Geschäftsführer der ARD.ZDF medienakademie, vorher langjähriger Mitarbeiter in der Intendanz des Bayerischen Rundfunks mit den Schwerpunkten Strategie- und Organisationsentwicklung und Change Management; Wissenschaftlicher Mitarbeiter an der Universität Erlangen-Nürnberg.

PETER HARDT, Dipl. Ing. (FH) *(Nichtlinearer Schnitt; EB-Kamera; Aufzeichnungsformate, Speicherkarten, MAZ-Bänder)*, geb. 1953 in Mainz, seit 2003 im ZDF-Produktions- und Sendebetrieb zuständig für produktionstechnische Grundsatzfragen; 1968–1971 Ausbildung zum Fernmeldemonteur bei Siemens AG Frankfurt, 1971–1974 Studium der Allgemeinen Elektrotechnik in Bingen, 1974–1980 Prüffeld-Ingenieur bei R. Bosch GmbH Darmstadt, seit 1980 beim ZDF/Fernseh- und Systemtechnische Planung.

THOMAS HARTMANN, Dr. phil. *(Hochschulen, Journalistenschulen und Kurse)*, geb. 1958 in Frankfurt am Main, seit 1992 wissenschaftlicher Mitarbeiter der Geschäftsführung am Journalistischen Seminar der Johannes Gutenberg-Universität Mainz.

GREGOR ALEXANDER HEUSSEN *(Erklärfilm, Rausschmeißer und andere Kurzformen; Dramaturgische Hilfen für Aufbau und Gestaltung; An alles denken – eine Checkliste für die Produktion)*, geb. 1939 in Berlin, Berater und Coach für TV-Dramaturgie, Do-

Autoren

kumentarischen Film und Redaktionsmanagement in dokumentarischen Fernseh-redaktionen. Schwerpunkt: Wissenschaft, Wirtschaft, Geschichte, Kultur, Regional. Seit 1984 auch Trainer in der Ausbildung von Fernseh-Journalisten bei mehreren Sendern und bei der ZFP. Lehrauftrag an der Filmakademie Baden-Württemberg. Seit 1970 Autor und Regisseur von Dokumentarischen Filmen für ARD und ZDF. Adolph-Grimme-Preis 1973, Wilhelmine-Lübke-Preis 197; www.gregor-a-heussen.de.

CHRISTIAN JAKUBETZ *(Für Internet- und Handy-Fernsehen produzieren), geb. 1965,* freier Journalist, Berater und Trainer u. a. an der Deutschen Journalistenschule (München), zuvor bei AZ Media in Köln, davor u. a. Bereichsleiter Redaktion bei Kirch Intermedia, Redaktionsdirektor von Kirch New Media, CvD bei N24.de, Redaktionsleiter u. a. beim privaten Radio und der Passauer Neuen Presse; Volontariate dort und beim Dingolfinger Anzeiger.

PETER KERSTAN *(Bildsprache: Der Aussagewunsch; Die Einstellung; Die Perspektive; Zoom, Kamerafahrten, Gänge und Schwenks; Sequenz und Komplex),* 1939–2007, geb. in Berlin, Kameramann und Regisseur von Dokumentarfilmen, 1978–1986 Lehrauftrag für den Produktionsbereich beim ZDF. Ausbildung zum Cutter, Kameramann und in der Dokumentarfilm-Regie. Autor »Der journalistische Film. Jetzt aber richtig«, Mitautor »DuMont Handbuch der Filmgestaltung«, Dozent.

NORBERT KLEIN *(Kommentar),* geb. 1954 in Körprich-Nalbach (Saarland), Chefredakteur Fernsehen des Saarländischen Rundfunks, Kommentator für ARD-Tagesthemen und regionale FS-Sendungen. Schon als Student frei beim SR, dann im Hörfunk Jugendfunk-Leiter u. Magazin-Moderator; Redakteur und Moderator im Regionalen Fernsehen, Korrespondent ARD-aktuell, Leiter FS-Nachrichten; Kurt-Magnus-Preis der ARD, tätig auch als Dozent. Staatsexamen Germanistik und Sozialkunde.

MICHAEL KLEHM *(Ausbildung beim Privatfernsehen), geb.* 1956 in Witten/Ruhr, Referent für Neue Medien beim Deutschen Journalistenverband e. V. (DJV) seit 1992, vorher Rechtsanwalt in Bonn. Jura- und Germanistik-Studium in Bonn.

BERNHARD KLIEBHAN *(Wirtschaftlich produzieren), geb.* 1948 in Ansbach, freiberuflicher Fernsehjournalist und Dozent u. a. für Videojournalismus, 1974 bis 2008 Redakteur beim Fernseh-Regionalprogramm des Hessischen Rundfunks, Schwerpunkt: Einsatz neuer Technologien; Koordinator der Projekte »Videoreporter« und »Videojournalisten« im HR. Lehrtätigkeit bei verschiedenen Einrichtungen der journalistischen Aus- und Fortbildung im In- und Ausland, u. a. Trainer bei der ZFP seit 1981 (Datenbank-Recherche, PC-Workshop, Von der Idee zur Sendung, Videoreporter).

WALTER KLINGLER, Dr. phil. *(Zuschauerforschung für die Programmpraxis), geb.* 1951, Leiter der SWR-Medienforschung/Programmstrategie; Studium der Soziologie, Zeitgeschichte und Politischen Wissenschaften an der Universität Mannheim. Publikationen (Auswahl): Digitale Spaltung. Informationsgesellschaft im neuen Jahrtausend, Trends und Entwicklungen (Hrsg. mit G. Roters, O. Turecek, 2003), Mediennutzung in der Zukunft (in MP 3/2003), Kultur in Fernsehen und Hörfunk. Kulturinteresse der Bevölkerung und die Bedeutung der Medien (in MP 7/2003). Jugendliche und ihre Mediennutzung 1998 bis 2008 (in MP 12/2008), Sparten- und Formattrends im deutschen Fernsehen (in MP 12/2009).

PETER KLOEPPEL *(Wie eine Nachrichten-Sendung »gebaut« wird), geb.* 1958 in Frankfurt am Main, Chefredakteur RTL seit 2004, Chefmoderator RTL-Aktuell seit

1992, davor Korrespondent in Bonn und New York; Direktor der RTL Journalistenschule für TV und Multimedia.

ALEXANDER KULPOK *(Vor der Kamera)*, geb. 1938 in Berlin, freier Journalist und Autor, Vorsitzender des DJV-Landesverbandes Berlin von 1998 bis 2006. Bis 2004
Leiter ARD-TEXT, zuvor Leiter der ARD/ZDF-Videotext-Zentrale; 1966–1970 stellv.
Leiter des SFB-Zeitfunks, bis 1980 Leiter des Berliner Büros von »ARD aktuell« Dozent für Hörfunk- und TV-Journalismus u. a. an der FU-Berlin, div. Veröffentlichungen u. a.: (mit Axel Buchholz) »Revolution auf dem Bildschirm – Die neuen Medien
Videotext und Bildschirmtext«.

SANDRA MAISCHBERGER *(Interviewen – und was Sandra Maischberger dazu empfiehlt)*, geb. in München, Journalistin, Moderatorin, Gesellschafterin Vincent TV, seit
2003 Moderation der wöchentlichen Talk-Sendung »Menschen bei Maischberger«
(ARD), von 2000 bis 2006 viermal wöchentlich Interviewsendung »Maischberger«
bei ntv. Ausbildung an der Deutschen Journalistenschule (München), parallel dazu
Mitarbeit im BR-Hörfunk, Moderatorin »Live aus dem Schlachthof« (BR-FS). Moderatorin u. a. bei »Talk im Turm« (SAT. 1), »Spiegel TV Interview« (Vox), »Greenpeace
TV« (RTL); Buchautorin. Dokumentarfilmerin, früher gelegentliche Dozententätigkeit
in der Journalistenausbildung; Preise u. a.: Hanns-Joachim-Friedrichs-Preis, Deutscher Fernsehpreis, Goldene Kamera, Medienpreis für Sprachkultur.

LUDWIG MAASSEN, Prof. Dr. phil. *(Ausbildung für den öffentlich-rechtlichen Rundfunk)*,
geb. 1947, Leiter der Ausbildungsredaktion des Bayerischen Rundfunks. Während
des Studiums Mitarbeit bei Presse, Nachrichtenagenturen, Hörfunk und Fernsehen;
seit 1983 in der Journalistenausbildung tätig. Diverse Lehraufträge und Publikationen, Journalistik-Professur an der Universität Passau.

CARL MARCINIAK *(Die Bilder mit der Kamera einfangen, Übungsplan Bildgestaltung,
Fachausdrücke)*, geb. 1951 in Ostrowo, Regie-Kameramann, Ausbilder für Fernsehen beim Institut zur Förderung publizistischen Nachwuchses (München) seit 1987,
freier Kameramann vorwiegend für ZDF und ARD seit 1982. Nach dem Studium der
Filmrealisation in Warschau bis 1981 als Kameramann in der Fernsehanstalt Kattowitz; 1979–1981 Lehrauftrag (Kameraführung) an der Fakultät für Rundfunk und
Fernsehen der Universität Kattowitz.

GERNOT MEYER-SCHWARZENBERGER *(Mit elektronischen Tricks informieren)*,
geb. 1945 in Alzey, Dipl.-Physiker, von 1972 bis 2010 Technischer Autor und Redakteur an der ARD.ZDF medienakademie/Schule für Rundfunktechnik (srt) Nürnberg, Autor und Produzent von Fortbildungsprogrammen für techn. u. außertechn.
Mitarb. d. Rundfunkanstalten; Studium an der TH Darmstadt. Veröffentl. u. a.: »Elektronische Tricks« (1974), »Ausbildungshandbücher für MediengestalterInnen und
VideoeditorInnen« (1999–2004), CD-ROM »MPEG, JPEG, & Co.« (1997), »Lexikon
Video-, Audio- und Netztechnik« (2004), jeweils Hüthig-Verlag.

ANDREA MIRBETH *(Tipps aus der Praxis in mehreren Beiträgen)* geb. 1972. Seit 1998
im BR Autorin v. a. für »quer« und »kino kino«, seit 2000 auch Chefin vom Dienst bei
beiden Sendungen; zahlreiche Reportagen, Beiträge, Features (30/45 Minuten-
Sendungen). Studienabschluss 1996 an der Uni Bamberg in Germanistik/Journa-
listik und Politik, 1996–1998 Volontariat beim BR.

KONRAD MITSCHKA *(Aus- und Fortbildung in Österreich)*, geb. 1969 in Wien; Autor
& Journalist; arbeitet im Public-Value-Kompetenzzentrum des ORF und unterrich-
tet an der Universität Wien sowie an Fachhochschulen in Österreich.

Autoren

JOHANNES MÜLLER, Dr. Ing. *(Licht und Bildgestaltung; Die Kamera kennen lernen; Mikrofone; Lampen und Leuchten)*, geb. 1933 in Scheibenberg/Erzgeb., Dozent in der Journalistenausbildung, bis 1999 Professor (Technik der Kommunikationsmittel für Film und Fernsehen) a. d. Hochschule f. Fernsehen und Film in München. Studium der Physik und Mathematik in Leipzig, ab 1960 Dozent a. d. Hochschule für Fernsehen und Film Potsdam-Babelsberg.

CARMEN NEBEL *(Vor der Kamera)*, geb. 1957 in Grimma bei Leipzig, Moderatorin beim ZDF (»Willkommen bei Carmen Nebel«), zuvor Moderatorin der ARD-Sendung »Die Feste der Volksmusik« (46 Folgen), davor beim MDR und beim DDR-Fernsehen (Fernsehliebling der DDR). Studium der Pädagogik an der Humboldt-Universität zu Berlin, 5 Jahre Lehrerin für Deutsch und Englisch in Berlin. Beginn der Fernseh-Karriere während des Studiums. Goldene Kamera-Preisträgerin (2006).

BERNHARD NELLESSEN *(Wortnachricht, Nachrichtensendungen, Nachrichtenmagazin und Newsshow)*, geb. 1958 in Bad Ems, SWR-Fernsehdirektor seit 2003. Von 1998 bis 2003 SWR-Chefredakteur FS Rheinland Pfalz, Moderator des ARD-Politmagazins »Report Mainz« und stv. Landessenderdirektor Rheinland-Pfalz; von 1995 bis 1998 stv. SWF-Chefredakteur FS; von 1991 bis 1994 Co-Moderator des ZDF »heute-journals« und Chef vom Dienst der Hauptredaktion Aktuelles im ZDF.

CLAUDIA NOTHELLE, DR. phil. *(Nachrichtenfilme bearbeiten, Magazinstück, Magazine)*, Programmdirektorin des rbb, Berlin/Potsdam seit 1. 5. 2009. Journalistische Ausbildung beim Institut zur Förderung publizistischen Nachwuchses, München. 1992 bis 2006 Redakteurin mdr-Fernsehen, Landesfunkhaus Thüringen, Magazine »FAKT«; »Wir«; »ARD aktuell«; Vertretungen im ARD Studio Neu Delhi; ARD-Berichterstattung nach Anschlag auf das New Yorker World Trade Center aus Pakistan und Afghanistan; ARD-Hauptstadtstudio Berlin, Chefredakteurin rbb Fernsehen, rbb-Fernsehdirektorin.

GEBHARD PLANGGER *(Ein Nachrichtenfilm als Beispiel)*, geb. 1937 in Kiefersfelden/Oberbayern. Freier Filmemacher, Dokumentarfilmer. Bis 1999 Hauptabteilungsleiter Fernsehproduktion SWF, zuvor Abteilungsleiter SWF-Fernsehen; Gastdozent für EB an der Schule für Rundfunktechnik.

LUDWIG PROBST *(Der Beitrag des Tons zur Information)*, geb. 1938 in München, bis 1994 Leiter der Betriebsgruppe Vertonung im Filmproduktionsbetrieb des BR, Studium an der Nordwestdt. Musikakademie in Detmold, Abschluss als Diplom-Tonmeister. Gastdozent a. d. Hochschule für Fernsehen und Film in München; zahlreiche Veröffentlichungen.

ANNE REIDT *(Erfolgreich sein in Hospitanz und Praktikum)*, geb. 1967 in Aachen, seit 2009 Redaktionsleiterin des ZDF heute-journals; Studium Germanistik und Theologie in Bonn und Wien; Stipendium beim Institut zur Förderung publizistischen Nachwuchses e. V., ZDF-Volontariat, Reporterin im ZDF-Landesstudio NRW. Autorin bei zdf.reporter. Bis 2009 Leiterin des ZDF-Landesstudios Hessen.

KARL NIKOLAUS RENNER, Prof. Dr. phil. *(Feature und Dokumentation; Dokumentarfilm, Doku-Soap und Doku-Drama)*, geb. 1949 in Ruhpolding. Seit 1995 Professor für Fernsehjournalismus am Journalistischen Seminar der Universität Mainz.Ausbildung zum Kameramann, Studium der Germanistik in München, freier Mitarbeiter des Bayerischen Rundfunks (Features und Dokumentationen, wissenschaftsjournalistische Filmbeiträge).

STEFAN ROBINÉ *(Der Video-Journalist)*, geb. 1959 in Schaffhausen/Saar, Bereichsleiter Integrierendes Angebot bei der ARD.ZDF medienakademie, zuvor seit 2001 stellv. Leiter Zentrale Fortbildung Programm (ZFP), Hannover; zuvor Moderator, Korrespondent, Reporter, stellv. Büroleiter beim Parlamentsbüro Deutsche Welle tv, Phoenix, WDR, DLF, SR und Redakteur im engl. Dienst von AP; Vorstandsmitglied Netzwerk Recherche. Studium Dipl. Medien-Psych./Dipl. Theol.

MICHAEL ROSSIÉ *(Frei sprechen; Den eigenen Beitrag lesen)*, geb. 1958 in Köln, arbeitet seit über 20 Jahren als Sprechtrainer und Coach im Auftrag verschiedener Radio- und Fernsehsender. Veröffentlichungen in der Reihe Journalistische Praxis: »Sprechertraining« und »Frei sprechen«.

SUSANNE SCHERER *(Texten)*, geb. 1960 in Dillingen/Saar, seit 1992 beim Saarländischen Rundfunk als TV-Nachrichtenredakteurin, Planerin, Autorin, Moderatorin; betreut als Ausbildungsredakteurin den journalistischen Nachwuchs. Seit 2000 Trainerin für die ARD.ZDF medienakademie, überwiegend im Bereich »Texten für TV« und »Filmabnahme«.

HEINER SCHMITT, Dr. phil. *(Archive, Bibliotheken, Dokumentationsstellen)*, geb. 1939 in Bonn, von 1979–2003 Leiter der Hauptabteilung »Archiv-Bibliothek-Dokumentation« des ZDF. Studium der Neueren Geschichte, Politischen Wissenschaften und Vergleichenden Religionswissenschaft an der Universität Bonn; danach am Bundesarchiv Koblenz und beim Hessischen Rundfunk tätig.

SIMONE SCHNEPPENSIEFEN *(Zwei Nachrichtenfilme als Beispiele)*, geb. 1966 in Frankfurt a. M., Redakteurin und Reporterin in der aktuellen Fernseh-Redaktion des Bayerischen Rundfunks, arbeitet auch für Tagesschau und Tagesthemen, Auslandsberichterstattung aus dem Iran, vorher Mitarbeiterin bei der »Allgemeinen Zeitung« Mainz; Studium in Mainz und Dijon, Fernseh-Dozentin am Institut zur Förderung publizistischen Nachwuchses (ifp), München.

JÖRG SCHÖNENBORN *(Bericht/Reporterbericht; Live-Bericht und Live-Reportage; Korrespondentenbericht aus dem Ausland; Gebaute Reportage; Aufsager und Live-Aufsager)*, geb. 1964, Dipl.-Journalist. Fernseh-Chefredakteur des WDR, Moderator des ARD-Presseclubs, ARD-Wahl-Moderator, 1997–2001 Leiter d. FS-Redaktionsgruppe Zeitgeschehen Aktuell beim WDR; 1992–1997 NRW-Korrespondent für Tagesschau und Tagesthemen; arbeitete auch als ZFP-Trainer für Fernseh-Journalismus.

GERHARD SCHULT, Dr. phil. *(div. Beiträge s. Inhaltsverzeichnis)*, Personalien s. »Herausgeber« am Schluss.

ALEXANDER VON SOBECK-SKAL *(Beim Dreh: Bild und Ton aufzeichnen; Linearer Schnitt)*, geb. 1955 in München, Rechtsanwalt, Leiter des ZDF-Studios in Paris, bis 2003 ZDF-Korrespondent in Tel Aviv, zuvor Programmgeschäftsführer PHOENIX, zuvor stv. Leiter des ZDF-Studios Bonn, davor ZDF-Korrespondent in Südafrika, Redakteur im Bonner ZDF-Studio, freier Mitarbeiter beim BR in den Redaktionen »Tagesschau/Tagesthemen« und »Landespolitik«, bis 1978 Freier Mitarbeiter im SDR-Regionalfernsehen. Lehrte ab 1981 EB-Produktion an der Deutschen Journalistenschule in München; Dozent in der Volontärausbildung der Deutschen Welle,

Lehrauftrag an der Universität Hamburg, Autor zahlreicher Fernseh-Dokumentationen u. Buchautor.

SABINE STREICH *(Als VJ selber drehen, Als VJ selber schneiden, VJ-Ausrüstung)*, geb. 1970 in Regensburg, Diplom in Kunst mit Schwerpunkt Film. Videojournalistin/Trainerin/Webcaster, freiberufliche Videojournalistin für diverse Fernsehsender und Internetplattformen, Trainerin für Videojournalismus bei diversen ö.-r. und privaten Fernsehsendern in Europa. Gründerin verschiedener Webplattformen, u. a. www.vjakademie.de. Gewinnerin des SCOOP-Axel-Springer Nachwuchspreises, Künstlerische Mitarbeiterin an der Bauhaus Universität Weimar, div. Lehraufträge, u. a. an der Johannes Gutenberg-Universität Mainz.

MICHAEL STREMPEL *(Bericht/Reporterbericht; Live-Bericht und Live-Reportage, Korrespondentenbericht aus dem Ausland, Gebaute Reportage, Aufsager und Live-Aufsager)* geb. 1965, Leiter des ARD-Fernsehstudios Paris, 1994–1999 Redakteur der WDR-Fernsehredaktion Landespolitik, anschließend im ARD-Studio Bonn und im Berliner Hauptstadtbüro des Ereigniskanals PHOENIX. 2002–2004 Planungsredakteur beim ARD-Morgenmagazin. 2004–2007 Korrespondent im ARD-Studio Brüssel. Seminarleiter Live-Reportage für die Aus- und Fortbildungsredaktion des WDR und Dozent für Live-Reportage an der Donau-Universität Krems/Österreich.

CARMEN THOMAS *(Sendungen mit Zuschauer-innen-Beteiligung)*, geb. 1946 in Düsseldorf, Gründerin und seit 2001 Direktorin der 1. ModerationsAkademie für Medien und Wirtschaft, Schloss Ehrenshoven/Engelskirchen. Zuvor Leiterin der WDR-Programmgruppe »Forum für Mitmach-Sendungen«, Moderatorin der HF-Mitmach-Sendung »Hallo Ü-Wagen« (1974–1994); bis 1991 Redakteurin HA Politik WDR. Erste Frau, die im deutschen Fernsehen eine Sport-Sendung präsentierte (ZDF-Sportstudio, 1973/74). Studium der Anglistik und Germanistik. Zahlreiche Veröffentlichungen als Buch-Autorin.

JOACHIM ULLRICH, Dipl. Ing. Elektrotechnik/Nachrichtentechnik *(Journalistischer Arbeitsplatz Digitaler Newsroom; mehrere Aktualisierungen und Ergänzungen u. a. Mit elektronischen Tricks informieren)*, geb. in Thüngen/Unterfranken, Leiter des Fachbereichs Sendung und Ausstattung beim Saarländischen Rundfunk, seit 1977 beim SR als Tontechniker, Bildtechniker, Produktionsingenieur, Leitung Sachgebiet Licht, Leitung Sachgebiet FS-Betrieb und Schaltraum; seit 1996 Mitglied der Fernsehbetriebsleiter-Konferenz ARD/ZDF/ORF/SRG und damit in mehreren ARD-Arbeitsgruppen tätig.

SANDRO VIROLI *(Zwei Nachrichtenfilme als Beispiele, Boulevard- und People-Magazin)*, geb. 1957 in Cesena/Italien, ab 1.10.2011 Direktor des MDR-Landesfunkhauses Sachsen, zuvor Programmbereichsleiter Familien- und Tagesprogramme und stv. Fernseh-Direktor, davor Leiter der Nachrichtenredaktion/Fernsehen. Nach freier Mitarbeit im Hörfunk des Saarländischen Rundfunks (1980) Redakteur im Regionalfernsehen und der ARD-Dokumentation Politik, 1991 Wechsel zum MDR, Leiter des Bereichs Politik und Zeitgeschehen im Landesfunkhaus Thüringen, 1995 Wechsel in die Chefredaktion Fernsehen, Mitarbeit in der Volontärausbildung des MDR und bei der Journalistenausbildung der Kath. Medienakademie.

JOACHIM WEYAND *(Journalistischer Arbeitsplatz SNG und Ü-Wagen)*, geb. 1963 in Schiffweiler/Saar, Redakteur und Moderator Aktuelle Landesinformationen-Fernsehen beim Saarländischen Rundfunk. Studium der Germanistik und Musikwissenschaft in Saarbrücken, Mitarbeit bei der Saarbrücker Zeitung. Seit 1989 beim SR, zunächst als freier Mitarbeiter im Hörfunk (SR1), seit 2003 als Redakteur. Dozent beim Institut zur Förderung publizistischen Nachwuchses (ifp).

ANNE WILL *(Moderieren – und was Anne Will dazu empfiehlt)*, geb. 1966 in Köln, aufgewachsen in Hürth, seit Herbst 2007 Gastgeberin der sonntäglichen Polit-Talkshow »Anne Will« im Ersten. 2001 bis 2007 Moderatorin der Tagesthemen; ab 1999 Präsentatorin der ARD-Sportschau als erste Frau seit 38 Jahren; von 1996 bis 1998 Moderation der WDR-Medienshow »Parlazzo«; zuvor seit 1992 Moderatorin der SFB-FS-Sendungen »Mal ehrlich« und »Sportpalast«. Volontariat beim SFB 1991/92; während des Studiums freie Mitarbeit bei der »Kölnischen Rundschau« und beim »Berliner Volksblatt«; Preise: Goldene Kamera, Deutscher Fernsehpreis, Hanns-Joachim-Friedrichs-Preis.

WERNER ZIMMER *(Sportreportage)*, geb. 1936 in Schaffhausen/Saar, bis 2005 Leiter des ARD/ZDF Tour-de-France-Teams, Präsident des Saarländischen Leichtathletik-Bundes. Bis 20002 stv. SR-Intendant und Programmdirektor Fernsehen SR, zuvor HA-Leiter Aktuelles Fernsehen und Sport beim SR, stv. Chefredakteur. Studium an der Univ. des Saarlandes: Philosophie, Theologie, Geschichte, Leibesübungen; zahlreiche Saarlandrekorde als Leichtathlet; seit 1964 Redakteur, Reporter, Moderator bei olympischen Spielen.

TONI ZWYSSIG *(Aus- und Fortbildung in der Schweiz)*, geb. 1945 in Luzern; bis 2008 Leiter der Ausbildungsabteilung von SF Schweizer Fernsehen. Seit 1979 Fernsehjournalist bei SF Schweizer Fernsehen, u. a. Reporter, Inlandchef der Tagesschau, Korrespondent, Dokumentarfilmer. Studium der Geschichte und der Germanistik.

Herausgeber:

AXEL BUCHHOLZ, geb. 1939 in Berlin, Honorarprofessor am Journalistischen Seminar der Universität Mainz, Lehrauftrag am Mainzer Medieninstitut und an der Universität Trier (Medienwissenschaft), Dozent u. a. an der Deutschen Journalistenschule, dem ifp (beide München) und der Klara – Schule für Journalismus (Berlin); Trainer für Radio, Fernsehen u. Printmedien. Bis 2002 Chefredakteur u. stv. Hörfunkdirektor beim Saarländischen Rundfunk, zuvor Ltd. Redakteur in verschiedenen Positionen sowie Moderator und Reporter bei Radio, Fernsehen u. Zeitungen, zuerst SFB, dann SR, Jura-Studium. Publikationen u. a.: »Radio-Journalismus« (Mit-Hrsg. und Koautor).

Mit-Herausgeber der ersten sechs Auflagen:

GERHARD SCHULT, Dr. phil., geb. 1928 in Hamburg, war neben und nach journalistischer Tätigkeit (zuletzt als Abteilungsleiter Fernsehen-Aktuelles beim Hessischen Rundfunk) seit 1971 Lehrbeauftragter an Universitäten und Hochschulen, seit 1979 in der Aus- und Fortbildung ARD/ZDF (ZFP); Dozent und Trainer für praktischen Journalismus (Printmedien, Hörfunk und Fernsehen) an Journalistenschulen und in Organisationen. Autor von »Fernsehprogramme – programmiertes Fernsehen« (Zürich 1977), »Medienmanager oder Meinungsmacher?« (Zürich 1988) und zahlreicher Fachaufsätze.

Danksagung

Der Herausgeber bedankt sich bei allen Autoren, die ihre Beiträge für die 8. Auflage von »Fernseh-Journalismus« noch einmal kritisch durchgesehen und überarbeitet haben.
Besonderer Dank gilt Simone Schneppensiefen (BR, FS-Redakteurin und Reporterin) und Joachim Weyand (SR, FS-Redakteur und Moderator) sowie den beiden Diplomingenieuren Peter Hardt (ZDF, produktionstechnische Grundsatzfragen) und Joachim Ullrich (SR, Fachbereichsleiter Sendung und Ausstattung), die weit über ihre eigenen Beiträge hinaus dazu beigetragen haben, dass »Fernseh-Journalismus« wieder »auf dem letzten Stand der Dinge« ist.

Außer den Autoren haben noch viele andere durch Gegenlesen, Ratschläge, Anregungen und organisatorische Unterstützung geholfen. Dank auch an sie, vor allem an:
Torsten Behle (WDR, Produktion, gehobener Ingenieur)
Marie-Luise Bersin (SR, Fernsehtext)
Martin Brinkmann (SR, Kamera-Reporter)
Axel Bundenthal (ZDF, Bereichsleiter Archiv, Bibliothek, Dokumentation)
Ingmar Cario (WDR, Redakteur)
Martin Ganslmeier (NDR, Leiter der Intendanz)
Michael Hanke (SR, Leiter Programmgruppe Multimedia)
Jochen Kotelmann (rbb, ARD Text)
Frauke Langguth (rbb, Leiterin ARD Text)
Martin Laue (NDR, Produktionsleiter Tagesschau)
Lara Louwien (NDR, Redakteurin/Pressestelle)
Maria Lutze (WDR, Bilddokumentarin)
Johannes Marchl (BR, Autor u. redaktioneller Mitarbeiter HF u. FS, Dozent in der BR-Ausbildung)
Sandra Niemann (rbb, Redakteurin in der Programmdirektion)
Klaus Rebmann (SR, gehobener Techniker)
Nina Tesenfitz (Will Media GmbH, Presse und Kommunikation)
Peter Wirtz, (SR, Bereichsleiter Technik)

Bildnachweis

Grafiken:

Stephan Boeder:	»Grafik: Texte optisch unterstützen«
Beate Erdmann:	»Filmplan, Storyboard, Drehbuch, Produktionsplan«
Susanna Fanton, Ingrid Mruk:	»Bildsprache« (nach Entwürfen von Peter Kerstan) und »Bildschnitt« (nach Entwürfen von Guntram von Ehrenstein)
Roland Freyberger:	»Bildaufbau«
Richard Kirst:	»Die Kamera kennen lernen«, »Die Bilder mit der Kamera einfangen«, »Umfrage/Vox Pop«
Gernot Meyer-Schwarzenberger:	»Mit elektronischen Tricks informieren«
Klaus Rebmann/ Saarländischer Rundfunk:	»Journalistischer Arbeitsplatz digitaler Newsroom«
Eva Rosenfarb:	»Nachrichtenfilme bearbeiten«
Gabriele Seibert:	»Ein Nachrichtenfilm als Beispiel«, »Interviewen – und was Sandra Maischberger dazu empfiehlt«

Fotos:
Avid Technology GmbH; Bayerischer Rundfunk; center.tv; BFE Studio und Medien Systeme GmbH.; Hessischer Rundfunk; Norddeutscher Rundfunk/Marcus Krüger; Saarländischer Rundfunk/Pasquale D'Angiolillo; Saarländischer Rundfunk/Thomas Krauß; Sony Deutschland; Sabine Streich; Südwestrundfunk; Nina Thomas; Thomson; Westdeutscher Rundfunk/Bundeswehr; Westdeutscher Rundfunk/AÜ & Studioproduktion.

Register

Register

Register

Register

Printed in Poland
by Amazon Fulfillment
Poland Sp. z o.o., Wrocław

50263476R00278